Trágica e Bela

Lúcia Araújo

Trágica e Bela

uma viagem pelas 1001 faces da Pérsia e do Irã

ALTA CULT
EDITORA

Rio de Janeiro, 2021

Trágica e Bela

Erratas e arquivos de apoio: No site da editora relatamos, com a devida correção, qualquer erro encontrado em nossos livros, bem como disponibilizamos arquivos de apoio se aplicáveis à obra em questão.

Acesse o site **www.altabooks.com.br** e procure pelo título do livro desejado para ter acesso às erratas, aos arquivos de apoio e/ou a outros conteúdos aplicáveis à obra.

Suporte Técnico: A obra é comercializada na forma em que está, sem direito a suporte técnico ou orientação pessoal/exclusiva ao leitor.

A editora não se responsabiliza pela manutenção, atualização e idioma dos sites referidos pelos autores nesta obra.

Produção Editorial
Editora Alta Books

Diretor Editorial
Anderson Vieira

Gerência Comercial
Daniele Fonseca

Coordenação Financeira
Solange Souza

Editor de Aquisição
José Rugeri
acquisition@altabooks.com.br

Produtores Editoriais
Ian Verçosa
Illysabelle Trajano
Larissa Lima
Maria de Lourdes Borges
Paulo Gomes
Thié Alves
Thales Silva

Equipe Comercial
Adriana Baricelli
Daiana Costa
Kaique Luiz
Tairone Oliveira
Victor Hugo Morais

Equipe Ass. Editorial
Brenda Rodrigues
Caroline David
Luana Goulart
Marcelli Ferreira
Mariana Portugal
Raquel Porto

Marketing Editorial
Livia Carvalho
Gabriela Carvalho
Thiago Brito
marketing@altabooks.com.br

Atuaram na edição desta obra:

Revisão Gramatical
Flavia Carrara
Kamila Wozniak

Capa
Rita Motta

Diagramação
Heric Dehon

Dados Internacionais de Catalogação na Publicação (CIP) de acordo com ISBD

A663t   Araújo, Lúcia

       Trágica e Bela: uma viagem pelas 1001 faces da Pérsia e do Irã / Lúcia Araújo. - Rio de Janeiro : Alta Books, 2021.
       320 p. ; 16cm x 23cm.

       Inclui bibliografia e índice.
       ISBN: 978-65-5520-567-1

       1. História. 2. Pérsia. 3. Irã. I. Título.

                      CDD 900
2021-2521   CDU 94

Elaborado por Vagner Rodolfo da Silva - CRB-8/9410

Ouvidoria: ouvidoria@altabooks.com.br

Editora afiliada à:

ALTA BOOKS
EDITORA

Rua Viúva Cláudio, 291 — Bairro Industrial do Jacaré
CEP: 20.970-031 — Rio de Janeiro (RJ)
Tels.: (21) 3278-8069 / 3278-8419
www.altabooks.com.br — altabooks@altabooks.com.br

Dedicatória:

A Chema García Martínez e Arthur Araújo Aguillar, companheiros desta minha trajetória de vida e de *apaixonamento*
pela cultura persa.

PRA COMEÇO DE CONVERSA

P rotagonista central da política e da cultura do Oriente Médio, epicentro de controvérsias, o Irã é um mistério para o mundo ocidental. Muitas vezes intriga, outras apavora, sempre surpreende. Complexo, fascinante, esquivo, esse é um país de 1001 faces que refletem mais de dois milênios de civilização.

A nação iraniana é uma das civilizações contínuas mais antigas do mundo e se formou a partir da unificação de populações nômades que migraram da Ásia Central para o atual território do país, a partir de 2000 a.C. Entre elas estavam os elamitas, os medos e os persas, estes últimos pertencentes ao grupo conhecido como ariano. A propósito, Irã, que significa "terra dos arianos" (ou "terra dos nobres", conforme sua origem no sânscrito), era conhecido no Ocidente como Pérsia, até 1935. No Irã, o Irã sempre foi Irã — pelo menos, desde os tempos dos sassânidas (226–651 d.C.).

Ciro II, o Grande, unificou os diferentes grupos étnicos entre 558–528 a.C., criando a primeira dinastia persa e dando a arrancada para a construção daquele que se tornaria o maior império já conhecido pela história, em população: o Império Aquemênida. Consolidado por Dario e depois por Xerxes (respectivamente genro e neto de Ciro), o império abrangia, no seu auge, da Índia ao Egito. Segundo o *Guinness Records Book*, a Pérsia aquemênida comandava uma população de mais de 49 milhões de pessoas, em torno de 44% do mundo conhecido na época (480 a.C.). Enfraquecido após derrotas militares e conflitos internos, o império dos aquemênidas foi devastado no século IV a.C. por Alexandre Magno, também conhecido como Alexandre, o Grande.

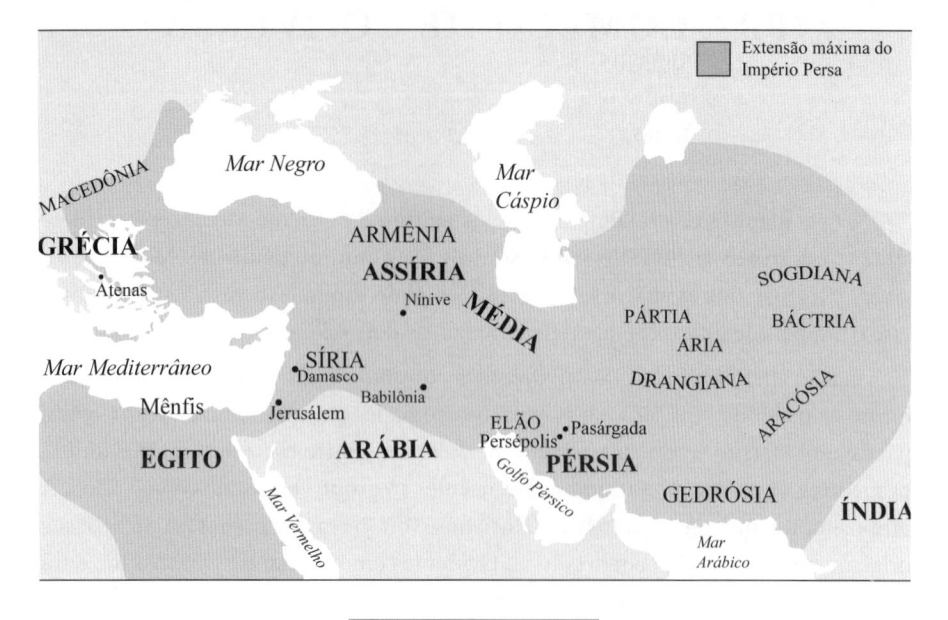

MAPA 1: PÉRSIA ANTIGA

Também foi no Império Aquemênida que nasceu e se consolidou a primeira religião monoteísta do mundo — o zoroastrismo —, que viria a influenciar fortemente o judaísmo e o cristianismo, tornando-se religião oficial até a chegada dos árabes e do islã, no século VII d.C. Nietzsche, em uma de suas maiores obras, *Assim falou Zaratustra*, rendeu homenagem ao profeta do zoroastrismo.

Desde a Antiguidade, a história da Pérsia foi marcada por invasões, ataques, tentativas de dominação por ondas de conquistadores locais e estrangeiros. Após a chegada dos árabes, chegaram os turcos no século XI, os mongóis no século XIII, seguidos pelos afegãos e turcomanos. A partir do século XVIII e XIX, as grandes potências, como Rússia, Grã-Bretanha e, posteriormente, os Estados Unidos, passaram a disputar territórios e reservas petrolíferas do país, exercendo todo tipo de pressão sobre os governantes — a ponto de dar um golpe fatal para a construção da democracia no Irã.

Foram 2500 anos de reinados até 1979, quando, em outra reviravolta histórica, o Irã se tornou uma teocracia, passando a ser comandado por clérigos xiitas. Desde o século XVI, durante a dinastia dos safávidas, o país adotou como sua religião oficial o xiismo, corrente minoritária do islã — os sunitas são ampla maioria entre os países muçulmanos.

As estatísticas mostram que mais de 90% dos iranianos se declaram xiitas (ainda que muitos não o pratiquem com rigor). O zoroastrismo, a religião da antiga Pérsia, assim como o cristianismo ortodoxo, o sunismo e o judaísmo são professados por comunidades minoritárias.

O Irã é hoje uma nação de jovens: 70% de sua população têm menos de 30 anos e mais de 70% dela vivem em centros urbanos como Teerã, Esfahan, Shiraz, Tabriz e Mashad. A taxa de analfabetismo é de apenas 7% e o IDH (índice de desenvolvimento humano, medido pela ONU) é alto, maior que o do Brasil.

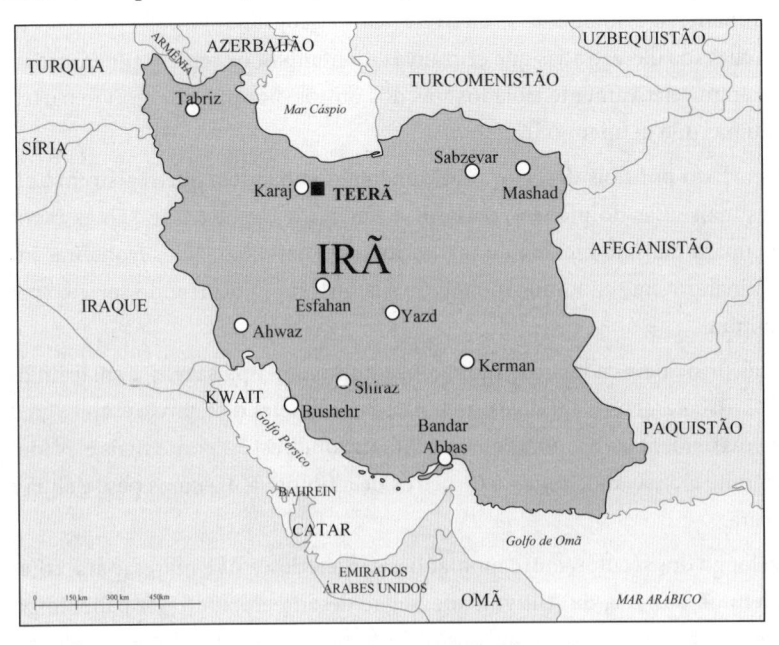

MAPA 2: IRÃ ATUAL

Localizado no sudoeste da Ásia, o Irã é o segundo maior país do Oriente Médio (depois da Arábia Saudita) e tem tamanho equivalente a 1/5 do Brasil, com, aproximadamente, 1.628.771 km². O país faz fronteira com 7 países: ao norte com Azerbaijão, Armênia e Turcomenistão; a leste, com Paquistão e Afeganistão; e ao oeste com Turquia e Iraque. Sua costa vai do mar Cáspio, ao norte; ao Golfo Pérsico, ao sul, onde se encontra seu porto mais importante, Bandar Abbas, no estreito de Ormuz. O controle desse ponto nevrálgico faz do Irã um agente central na geopolítica mundial.

Formado por uma maioria substantiva de persas — em torno de 60% —, o país de mais de 80 milhões de habitantes revela também uma sortido *melting pot* étnico, composto por azeris (ou azerbaijanos), curdos, turcomenos, baluques, baktiaris, luros e outros grupos tribais. O mais importante: os persas não são árabes, um fato que os iranianos não se cansam de reforçar, tampouco falam árabe. O farsi é a língua oficial do país, mas, pelo menos, sete outras línguas, de três famílias linguísticas diferentes — indo-europeia, altaica e afro-asiática —, são faladas regionalmente, além de uma infinidade de dialetos.

Forjada em diferentes reinados e disputada em variados conflitos que agitaram historicamente o Irã, toda essa riqueza étnica e identitária também emerge de um fator determinante: a acidentada — e estratégica — geografia do país. Até o século XX, com a chegada das estradas que cruzam as montanhas, os centros populacionais permaneceram relativamente isolados uns dos outros, porque, em grande parte, são as montanhas que definem o Irã.

Recortado por dois desertos praticamente desabitados, que registram as temperaturas mais altas do planeta, o Dasht-e Kavir e o Dasht-e Lut, são as montanhas que ocupam mais de metade do território e que desenham suas fronteiras internas, determinando sua economia, moldando sua história e encerrando seu rico patrimônio cultural.

Duas principais cadeias de montanhas dominam a paisagem e enlaçam as cidades e os assentamentos agrícolas: ao norte, a cordilheira de Zagros; e, ao largo de suas fronteiras ocidentais, as montanhas de Alborz, onde está o ponto mais elevado do Irã — o monte Damavand, com 5.671 metros de altitude — e a cujos pés se situa a capital, Teerã.

Ao longo dos séculos, entre montanhas e vales, desertos e mares, o Irã, coração do antigo império persa da Antiguidade, segue desempenhando um papel importante na região, tanto por causa de sua posição estratégica como pelos abundantes recursos naturais e pelas reservas energéticas, possuindo a quarta maior reserva de petróleo e a segunda maior de gás do mundo, o que transformou o país em cobiçada e complexa peça-chave na política do Oriente Médio.

Profundamente entrelaçada com sua longa, dramática e rica história, a vigorosa cultura persa não se submeteu aos conquistadores, tivessem eles coroa — como a dos reis do passado — ou turbante — como dos aiatolás de agora. Desde tempos remotos, o povo iraniano é orgulhoso de sua herança cultural, que soube se aproveitar das influências de seus múltiplos invasores para reagir e resistir. A começar pela língua, o farsi, mantida viva, mesmo sob pressão dos invasores árabes, por meio de um poema, o *Shahnameh*, *O Livro dos Reis*, do poeta Ferdowsi.

Ainda no século XXI, seja na capital Teerã, seja em grandes centros de educação, cultura e comércio, como Shiraz e Esfahan, ou em pequenos povoados como Masuleh, Kandowan e Abyaneh e até mesmo no meio do nada, nas ruínas de Persépolis e de Pasárgada, ressoam os passos de uma história milenar. Fundida a ferro e fogo, luxo e privação, sangue e poesia, a cultura persa desabrochou em múltiplas manifestações de beleza de "tirar o fôlego" e conquistou o mundo de forma inquestionável.

Em seus monumentos históricos, jardins, palácios, mesquitas e mausoléus ecoam as realizações de centenas de reis, de guerreiros, de sábios e de poetas, anônimos e reconhecidos, como Avicena, Omar Khayyam, Rumi, Hafez. Em sua arte, estão as pegadas de milhares de artesãos anônimos, muitos deles nômades, que, em suas isoladas tendas, fazem a tapeçaria mais espetacular do planeta. Gente humilde e grandes mestres locais e globais.

Dos tapetes às miniaturas, dos jardins à gastronomia, da poesia à matemática, do cinema aos ritos ancestrais, da medicina à língua, da arquitetura à caligrafia, o aporte científico e cultural da Pérsia para a humanidade é tão extraordinário quanto desconhecido. A contribuição para a beleza do mundo é infinita. É disso que trata este livro.

Vem de um vendedor de tapetes entrevistado pelo repórter polonês Ryszard Kapuscinski a modesta constatação: "O que demos ao mundo não facilitou a vida, apenas a adornou... Para nós, por exemplo, um tapete é uma necessidade vital. Você abre um tapete em um deserto seco e retorcido, deita e sente que está deitado em um prado verde. Sim, nossos tapetes nos lembram os campos em flor. Desse modo, vivendo em um deserto monótono e nu, você tem a sensação de estar vivendo em um jardim eterno, do qual nem a cor nem a frescura desaparecem... E então você se sente inteiro, se sente eminente, está perto do paraíso, você é um poeta."

Por isso, como disse o poeta alemão Johann Wolfgang Goethe, referindo-se à Pérsia: "Quem quer entender a arte da poesia, deve ir à terra da poesia. Quem quer entender o poeta, deve ir ao país do poeta."

Bem-vindo ao Irã, trágico e belo em suas 1001 faces.
Rio de Janeiro, junho de 2020.

APRESENTAÇÃO

Conheci Lúcia Araújo em abril de 2011, em Teerã. Meu marido, Antonio Luis Espinola Salgado, era embaixador do Brasil no Irã desde 2008, tempo suficiente para que nos apaixonássemos pelo país, seu povo e sua cultura.

Lúcia, à época diretora do Canal Futura, havia ido a Teerã por simples interesse pessoal. O Canal Futura contribuía — e segue contribuindo — para as áreas de Educação e Cultura no Brasil, com programas sempre muito interessantes, e saber que Lúcia tinha esse interesse no Irã bastou para que eu ficasse curiosa em conhecê-la.

Convidamos Lúcia para jantar conosco na residência da Embaixada e creio que foi amizade à primeira vista. Ela ficou surpresa ao constatar nosso entusiasmo pelo Irã. Esse entusiasmo fez com que levássemos vários amigos a visitar o país durante nossa estadia lá, e, coincidentemente, um casal amigo havia chegado naquela mesma manhã a Teerã.

Não houve um minuto naquela noite em que a conversa esmorecesse, tantas eram as curiosidades a serem satisfeitas. No ano seguinte, estando no Rio, fomos jantar só as duas e todo nosso papo girou em torno do Irã, dos lugares que ela deveria visitar numa próxima viagem, da troca de experiências já vividas em sua primeira viagem, de minha própria experiência de vida no Irã.

Foi com grande alegria que recebi a notícia deste livro, fruto da paixão de Lúcia por esse país tão longínquo e, ao mesmo tempo, tão próximo, não só a nós duas, mas ao próprio Brasil. Um Irã que tem sido pouco compreendido na multiplicidade de facetas que contém, na riqueza de sua cultura e na generosidade e alegria de seu povo.

Eu já tinha algumas leituras sobre o Irã, mas, certamente, nenhuma tão divertida e bem humorada como a que aguarda os leitores nas páginas que se seguem. Entre um passeio pela história da Pérsia, de seu povo, suas dinastias e sua experiência pessoal em viagens pelo país, Lúcia nos diverte com suas observações sobre a antiga Pérsia, sua literatura, gastronomia, costumes e festas; sua riqueza arquitetônica, seus tapetes… Tudo isso com pitadas de humor e estabelecendo paralelos totalmente inusitados.

Além disso, a leitura me fez voltar no tempo e reviver com nitidez a felicidade e o prazer que sempre experimentei em Teerã e em viagens pelo país. O ambiente dos mercados, as belezas de Isfahan, Shiraz, Yazd, Takht-e, Soleyman, a grandeza de Persépolis, as delícias da culinária local, tudo isso graças à maneira vívida e bem ilustrada por histórias saborosas da narrativa de Lúcia Araújo.

Quando ela me convidou a fazer esta apresentação, senti-me emocionada e feliz. Que este livro sirva de inspiração para que outros desejem visitar a antiga Pérsia e vivenciar suas 1001 maravilhas.

Maria Teresa de Andrade Carvalho.
(Teresa de Carvalho Salgado).
Rio de Janeiro, março de 2020.

SUMÁRIO

PREFÁCIO

M uito falado e pouco conhecido, o Irã é um país incontornável para quem deseja compreender e interpretar os rumos do mundo.

Os persas controlaram o maior império da história, combateram gregos e romanos e influenciaram boa parte da Ásia Central. Na era moderna, tensões constantes marcam as relações entre o Irã e as potências ocidentais desde que o regime dos aiatolás começou a contrariar interesses norte-americanos. Ao mesmo tempo temido e desafiado, o governo iraniano ampara seus aliados e sabota rivais das costas do Mediterrâneo às fronteiras da Índia.

Peça-chave do tabuleiro energético, o Irã tem a quarta maior reserva de petróleo e a segunda maior de gás do mundo, mas sua economia vem sendo debilitada por sanções norte-americanas.

No imaginário ocidental, o Irã ocupa lugar de destaque por sua refinada obra cinematográfica, pela arte ancestral de seus tapetes, sua fabulosa arquitetura e pelos poetas clássicos que cantavam as delícias do amor e do vinho.

O farsi é falado por quase 100 milhões de pessoas em uma dezena de países, três dos quais o têm como língua oficial. Iranianos ganharam dois Oscars e um Nobel.

A riqueza e a complexidade desse país são o tema do livro *Trágica e Bela — Uma viagem pelas 1001 Faces da Pérsia e do Irã*, da jornalista brasileira Lúcia Araújo. A obra ostenta, já no título, as contradições intrínsecas à antiga Pérsia. Muitas dessas 1001 caras são repugnantes e a autora as encara com franqueza: repressão, perseguição, arbitrariedade, leis machistas, hipocrisia… O regime dos aiatolás é uma máquina de causar sofrimento. Mas isso não impede Lúcia de se deixar deslumbrar com o país e sua gente, dos dédalos de Yazd às torres ultramodernas de Teerã.

Lúcia escreve com a propriedade de quem mergulhou na cultura local ao longo de várias idas ao país. Fez amigos, provou maravilhas gastronômicas e bateu perna pelas principais cidades. A autora usa um gênero original, uma espécie de "realismo vivenciado", no qual o descritivo-jornalístico se mistura com o empírico-autoral. O texto flui com elegância em meio a relatos, anedotas e digressões históricas.

O livro me transportou de volta ao país que foi minha casa por quase três anos. Lembrei-me do perfume de rosas nos jardins de Shiraz e revi o retrato grave do Khomeini no desembarque do aeroporto de Teerã. Sorri ao reviver as discussões tão ricas e sofisticadas — sobre qualquer assunto — que só os iranianos sabem conduzir. Bateu uma saudade doída dos amigos tão generosos. Salivei ao recordar-me do sabor agridoce do fesenjān, guisado de carne ou frango à base de romã. Mas também senti novamente a indignação que me embrulhava o estômago a cada vez que eu via a guarda moral em ação. E me voltaram à mente os tantos casos de amigos e conhecidos que tiveram suas vidas dilaceradas pelo sistema. Vários precisaram ir embora do país para sempre. Quando penso neles, quando penso em tudo, minha cabeça dá muitas voltas sem chegar a lugar nenhum. Assim é o Irã, luz e trevas, 1001 faces.

*Samy Adghirni é jornalista e autor do livro *Os Iranianos* (editora Contexto). Ele morou no Irã de 2011 a 2014 na condição de correspondente da *Folha de S. Paulo*.

INTRODUÇÃO

I.

Cinco e quarenta da manhã. Da janela do quarto do hotel, onde acabo de chegar, vejo Teerã adormecida, silente, recolhida às entranhas de sua noite. E penso: "Eu estou no Irã, na Pérsia." E pelos meus olhos flutuam imagens, como figurinhas de um álbum desbotado, como peças soltas de um quebra-cabeça desmontado.

Teerã dorme, emoldurada pelas montanhas nevadas de Alborz, enquanto eu sonho acordada.

E sonho em contagem regressiva, tentando dar alguma ordem aos fragmentos que, por linhas tão tortas, me trouxeram até aqui. Não poderia dormir exatamente nessa hora!

Foi um sentimento de urgência inexplicável que me levou duas vezes ao país, em 2011 e 2012, desafiando todas as recomendações em contrário. Simplesmente, num fulminante golpe de intuição ou de insanidade, me perguntei certo dia: por que não ir pro Irã? E fui. A ironia é que a única agência que aceitou organizar a viagem, naquela época, chamava-se Fui Viagens.

Urgência parecida é essa que agora me convoca a escrever este livro e, finalmente, tentar montar as mil e uma peças de que consiste meu quebra-cabeças. E, mais uma vez, me perguntar: "Por que não?" Desde o dia em que desembarquei, pela primeira vez, no Irã, numa madrugada de abril de 2011, cada pedaço foi achando seu lugar e cobrando seu sentido na minha vida.

Começa a amanhecer no Irã. Os primeiros raios de luz vão acordando as ruas, apagando as lâmpadas e acendendo as casas. O dia desperta nublado, com jeito de querer ser noite. E eu estou no Irã, na Pérsia.

II.

Os famosos tapetes iranianos podem levar anos e um batalhão de tecelões para serem feitos. Nó a nó, fio a fio. Um livro também pode levar anos para ser escrito. Frase a frase, página a página. Este levou uma vida inteira, a partir dos 9, 10 anos, quando subi no tapete voador das 1001 noites com os contos de Sherazade. Ali, nas aventuras de gênios e príncipes, do ladrão Ali baba e do marujo Sindbad começaram a desfilar diante de mim nomes de terras desconhecidas, em geografias remotas, envolvidas em magia. Bagdá, Esfahan, Basra, Shiraz, Samarcanda. Os contos me raptavam de um cotidiano sem graça e profundamente maçante para me asilar numa outra frequência, cheia de aventura, de seres mitológicos, de feitiços, de extraordinária beleza. A identificação com a saga do marinheiro da lenda, Sindbad, foi instantânea. Disse Sindbad:

"O tédio, com o passar dos dias, apoderou-se de mim, e de novo senti desejo de viajar e de negociar por mar..."

Ele, pelo mar, e eu pelas páginas apaixonantes das 1001 noites.

O mundo da Sherazade era um e o da família e o da escola, outro. Existências distintas e paralelas em permanente dessincronia. Aliás, a paixão pela Pérsia nunca passou pela escola. Grande parte das coisas que nos interessam, infelizmente, não visita a escola, não tem lugar ali. E a escola não aproveita bem os interesses que nos atraem no mundo real.

Na época da minha escola, a Pérsia se fazia presente por sua ausência, ou melhor, na escola, que eu me lembre, a Pérsia foi uma passagem fugaz por ocasião das guerras médicas, e nada mais. Um império que apareceu e sumiu em meia página de um livro didático. Nem nas aulas de literatura, onde todos aprendemos o poema *Pasárgada*, de Manuel Bandeira, foi feita qualquer referência à cidade real, cujas ruínas ainda repousam no Irã.

Foram necessárias mais duas décadas e uma toalha de mesa para que eu me reencontrasse com a Pérsia para nunca mais deixá-la, ou seja, uma banalidade se revelou profética de tudo que viria depois. Do livro à toalha, da toalha às miniaturas, das miniaturas aos poetas, da culinária aos filmes, de Avicena e Khayyam a Nietzsche, fui recolhendo essa coleção de impressões que me leva dessa paisagem da janela do hotel em Teerã até as antiguidades de minha vida. Por muitos desvios e extravios existenciais, a Pérsia e o Irã percorreram de cabo a rabo a minha trajetória, tornando inevitável minha viagem até lá.

Por conta disso, cada capítulo deste livro narra o percurso que fez o Irã chegar em mim antes que eu pusesse os pés por lá. Foi chegando aleatória e acidentalmente, se desvendando aos poucos, me seduzindo em pequenos acasos, tirando seus véus em múltiplas situações. Uma toalha aqui, um poema ali, um filme acolá, um cheiro de rosa ou de açafrão. Mas, por alguma razão insondável, não me ocorria ir até lá. Como se fosse algo inexequível, uma fatalidade com a qual eu devia me acostumar. Até o dia em que visitei, a trabalho, Doha, capital do Qatar e, olhando o mapa, me dei conta de que estava a uns 250km do Irã. Lembro-me de sentir um calafrio nessa hora, numa combinação de temor e de sedução. Cheguei a fantasiar conseguir um visto para esticar até lá no dia seguinte. Por muito pouco não cedi ao desvario, larguei tudo e fui, alguns anos antes de efetivamente pegar aquele avião. Naquela noite, no meio do deserto, a decisão estava tomada.

III

"Você está completamente louca" é seguramente a frase que mais se ouve quando se viaja pro Irã, coincidindo com o relato de muitas mulheres que decidiram se aventurar sozinhas por lá, desde o século XIX, e enfrentaram todo tipo de resistência, inclusive burocrática. Duas delas foram as jornalistas Adriana Carranca e Marcia Camargos, autoras do livro *O Irã sob o chador*, que visitaram o país em 2007 e 2008, respectivamente:

"A ideia do perigo iminente estava arraigada de modo tão inexorável que nenhuma empresa aceitou fazer nosso seguro de viagem. Para nós, porém, a questão era clara. Não nos sentíamos como cavaleiros das Cruzadas investindo contra muçulmanos incultos e sanguinários. Já desconfiávamos que, ali, os bárbaros seríamos nós."

No meu caso, as razões que as pessoas apontavam eram falsas questões. Talvez a complexidade do assunto e da ardência de tudo que pertence ao universo muçulmano neste novo milênio faça as pessoas misturarem tudo. Não, o Irã não tem nada a ver com a Al-Qaeda nem com Bin Laden, nem com Talibã nem com Estado Islâmico; não está tendo nenhuma rebelião à semelhança da Tunísia, Egito, Síria, Iêmen... não, atentados são raríssimos por lá; sim, o Irã é muito seguro para as mulheres, desde que respeitadas as diretrizes para o figurino e o comportamento. E, sim, também é verdade que mulheres são duramente coibidas, que a liberdade tem muitas restrições, que a teocracia pode ser feroz. Completam as jornalistas brasileiras: "Em face desses conflitos, as leituras negativistas e estereotipadas do universo islâmico forjadas no imaginário ocidental se estendiam ao Irã e ecoaram nos nossos ouvidos por semanas."

Quando comecei a cogitar remotamente ir ao Irã, muitas amigas manifestaram o desejo de me acompanhar, mas quando tomei a decisão, no auge da primavera árabe, todas deram para trás. Embora o Irã não tivesse nada a ver com os tumultos, quase me deixei levar pela maioria e desisti temporariamente por um mês, até que me convenci de que não tinha o que temer. Pelo menos, não o medo que dominava minhas companheiras. E, intimamente e diferentemente de todos que tentaram me convencer a não ir ao Irã, meu maior medo não eram os aiatolás, o Ahmadinejad, a polícia secreta, as chicotadas, o urânio enriquecido. Meu maior medo era simplesmente um terremoto, fenômeno que periodicamente arrasa alguma parte do país persa. O Irã repousa sobre três placas tectônicas: arábica, eurasiana e indiana. O atrito entre elas faz algum lugar do país tremer todo dia por ali, tornando o Irã campeão em terremotos. O último grande abalo sísmico aconteceu em 2003, arrasando a cidade histórica de Bam e matando mais de 30 mil pessoas. Meu medo, portanto, tinha bastante fundamento. Semanas antes de ir, eu me acostumei a acompanhar as estatísticas e prognósticos dos observatórios internacionais de sismologia investigando riscos iminentes.

Antônio Salgado, embaixador brasileiro em Teerã, na época, me fez o favor de colocar outro medo na escala de prioridades: a malha aérea nacional. "Aqui você tem é que ter medo de andar de avião. Dado o boicote e as sanções dos países ocidentais, o Irã tem grandes dificuldades em conservar e atualizar sua frota aérea e figura entre os campeões de acidentes aéreos."

Ironicamente, no dia 6 de janeiro de 2020, num dos momentos mais nervosos da vida recente do Irã, enquanto milhares de pessoas eram pisoteadas no funeral do comandante militar Qasem Soleimani, um terremoto abalou uma região próxima a uma das plantas nucleares do país. Para completar a sinistra coordenação de tragédias, um míssil disparado acidentalmente pelo governo iraniano abateu um avião ucraniano, matando mais de 170 pessoas, ou seja, meus dois maiores medos reunidos num só dia!

Felizmente, no meu caso, durante as duas viagens, encontrei terra firme e céu de brigadeiro. Encontrei, sobretudo, todas as razões pelas quais me apaixonei pela Pérsia, pela civilização que inspirou Montesquieu, Goethe, Nietzsche, Machado de Assis e Bandeira.

O dia amanheceu rápido e eu não consegui pregar os olhos. Escrutinava a paisagem feiosa do quarto do hotel, os móveis antigos, as cortinas pesadas, a decoração de um singelo *démodé* . Agarrei meu véu e "rua". Eu estava na Pérsia e não podia dormir nessa hora.

Capítulo 1

DOIS POETAS E UM IMPÉRIO

A Pasárgada Tropical

❝Vou-me embora pra Pasárgada

Lá sou amigo do rei

Lá tenho a mulher que eu quero

Na cama que escolherei

Vou-me embora pra Pasárgada

Vou-me embora pra Pasárgada

Aqui eu não sou feliz...❞

Manuel Bandeira: *Vou-me embora pra Pasárgada*

Dificilmente o brasileiro consegue passar a vida incólume à "Pasárgada". Para a maioria dos estudantes, o poema de Manuel Bandeira é uma questão certeira nos exames para a entrada nas universidades. Ele e sua "Pasárgada" só perdem para o poeta mineiro, Carlos Drummond de Andrade, em frequência nas provas. Componente curricular do ensino de literatura do ensino médio, o poema é citado frequentemente como um bom exemplo do Modernismo na poesia.

"Pasárgada" também figura entre os dez poemas brasileiros mais conhecidos, de acordo com qualquer ranking, lista ou conversa de botequim de populares, de doutores, de jovens, de velhos. Metáfora para o anseio de fuga de um profundo desalento para uma realidade utópica, inventada, "bricabraqueada", com todos os prazeres da vida, ela socorre corações, resgata utopias, projeta sonhos. E inspira todo tipo de atividade. Referências à "Pasárgada" comparecem nas colunas políticas e críticas de costumes, em músicas e numa infinidade de iniciativas, ou seja, no Brasil, ou todo mundo quer se mandar ou virar amigo do rei.

Numa consulta rápida ao Google, descobre-se que Pasárgada empresta seu nome com aura poética a farmácias, postos de gasolina e até operação da polícia federal mineira para investigar corrupção. Dá nome ainda a condomínios de luxo, a uma avenida de Macaé, a uma república de estudantes em Ouro Preto, a uma padaria. E, como não podia deixar de ser em terra de batuqueiro, Pasárgada também já foi tema de enredo de escola de samba. Nada menos que da Portela, que, mais uma vez, demonstra que não perde a majestade.

Em 1973, a Azul e Branco saiu na avenida com o tema "Pasárgada, Amigo do Rei" e samba composto por Agepê. Foi uma feliz escolha. Diante da infinita tristeza que habita o poema de Bandeira, nada melhor do que um samba clássico, que entende das dores do mundo, e de uma escola que entende de fantasia: "Ao embarcar na ilusão, senti palpitar meu coração... Nesse reino azul[1], tem tudo o que desejei, auê, auê, auê, eu sei. Eu sei que sou o amigo do rei."

Bandeira intuía que sua Pasárgada conquistaria seu país. Em 1959, o poeta e escritor pernambucano disse que gostava do poema particularmente porque enxergava nele toda sua vida "e também porque parece que nele soube transmitir a tantas outras pessoas a visão e promessa da minha adolescência — essa Pasárgada onde podemos viver pelo sonho o que a vida madrasta não nos quis dar".

Pelas graças do poeta, cada brasileiro tem a sua Pasárgada no reino livre da imaginação. O jornalista Zuenir Ventura, que foi aluno de Bandeira, explica num artigo no jornal *O Globo* de 16 de janeiro de 2016 a aderência do poema à vida brasileira: "Quando as coisas apertam por aqui, há sempre um leitor de Manuel Bandeira para recitar *Vou-me embora pra Pasárgada*, aquele lugar mítico, paradisíaco, onde o poeta, infeliz, sonhava em se refugiar, e que, com essa viagem onírica, compôs um dos mais populares e bonitos poemas de evasão."

Acometido pela tuberculose aos 15 anos, Manuel Bandeira conheceu Pasárgada, a "legítima", na escola, num tempo recôndito em que se ensinava algo sobre o maior inimigo dos gregos nas guerras da Antiguidade. E é o próprio Bandeira quem explica em *Itinerário de Pasárgada*. "Vi pela primeira vez esse nome de Pasárgada quando tinha os meus 16 anos e foi num autor grego. Estava certo de ter sido em Xenofonte, mas já vasculhei duas ou três vezes a *Ciropedia* e não encontrei a passagem... Esse nome de Pasárgada, que significa "campo dos persas", suscitou na minha imaginação uma paisagem fabulosa, um país de delícias [...]. Mais de vinte anos depois, quando eu morava só na minha casa da Rua do Curvelo, num momento de fundo desânimo, da mais aguda sensação de tudo o que eu não tinha feito na minha vida por motivo da doença, saltou-me de súbito do subconsciente esse grito estapafúrdio: "Vou-me embora pra Pasárgada!" Senti na redondilha a primeira célula de um poema, e tentei realizá-lo, mas fracassei. Abandonei a ideia. Alguns anos depois, em idênticas circunstâncias de desalento e tédio, me ocorreu o mesmo desabafo de evasão da "vida besta". Dessa vez o poema saiu sem esforço, como se já estivesse pronto dentro de mim."

"Pasárgada" foi a resposta de Bandeira à vida madrasta, a "toda a vida que podia ter sido e que não foi". Ao criar a metáfora, o poeta destronou a própria história, atribuindo ao nome

---

1   Como se trata da Portela, agremiação de cor azul, o mar tem que entrar até em terras de deserto.

Pasárgada tal carga simbólica que acabou eliminando qualquer sombra dos fatos reais. Ironicamente, se é verdade que todos conhecem o poema, também é certo que quase ninguém sabe que Pasárgada, de fato, existiu. "Essa outra civilização", aludida pelo poeta — e talvez o único fato entre as tantas ilusões entoadas ali — não só existiu como foi a capital de um dos maiores impérios de todos os tempos. Ainda que muito pouco tenha sobrado dela, Pasárgada resiste. Para além da poesia.

Fui! Embora pra Pasárgada

Os guias iranianos sempre ficam curiosos com o entusiasmo dos brasileiros que visitam o Irã ao conhecer Pasárgada. A repórter Glória Maria, da *TV Globo*, que gravou dois programas de televisão no país em 2017, por exemplo, fez coro à unanimidade de turistas brasileiros que viajam ao Irã e registram nas redes sociais suas epifanias, ao conhecer o lugar que o poeta brasileiro ressignificou. Declarou a jornalista: "Eu recitei os famosos versos de Bandeira quando cheguei lá! E quase chorei de emoção, porque isso remeteu à minha adolescência, eu estava em Pasárgada! Talvez, se ainda tivesse rei lá, teria ficado amiga dele também."

Uma espiada na blogosfera não deixa dúvidas sobre a reincidência poética dos brasileiros ao chegar às ruínas de Pasárgada.

> A Pasárgada de Manuel Bandeira não tem muita relação com a de Ciro, o Grande, mas confessamos que foi emocionante poder conhecer a utópica cidade que tantas vezes imaginamos quando criança."
>
> Fernanda Kiehl e Tiago Ferrara, blog *O viajante*.

Foi também a emoção que fez o intelectual e poeta carioca Affonso Romano de Sant'Anna, ao pisar em Pasárgada, desejar escrever uma carta ao próprio Bandeira para contar que havia ido lá para conferir a "perdida utopia". Numa das crônicas que escreveu em *O Globo*, narrando sua viagem ao Irã, ele comenta "um dia você desperta em Shiraz, ali no meio da antiga Pérsia, hoje Irã, olha pela janela… e diz entre casual e solene: "Hoje vou conhecer Pasárgada. É dizer essa palavra e desencadeiam-se quimeras que Bandeira fabulou."

E quando se conhece Pasárgada parece que a potência dramática do poema se impõe ainda mais fortemente diante do que se encontra: quase nada. Há milênios, o rei se foi e aquela outra civilização de que falou o poeta desapareceu. No meio daquele vazio que inunda a vista e de um silêncio que detém os ponteiros do relógio, Pasárgada e Bandeira parecem que foram feitos um pro outro.

Quando você chega em Pasárgada, descobre que naquele parque de ausências cabem o poema de Bandeira e todas as Pasárgadas que se queira inventar. Inclusive aquela que, um dia, de fato, existiu e sediou um dos mais poderosos impérios da história do mundo antigo: o Império Aquemênida, fundado por Ciro II, também conhecido como Ciro, o Grande.

Como imaginou o poeta Romano de Sant'Anna, "Em Pasárgada, Ciro, o Grande, combateu e venceu as tropas dos Medos, unificou tribos indo-arianas, e decidiu construir ali sua capital, o berço da primeira grande dinastia persa, a Aquemênida".

A aproximadamente 82km de Persépolis e cerca de 830km ao sul de Teerã, Pasárgada, fundada em 550 a.C., não poderia ser mais desolada, poeirenta, terrosa. No meio do terreno plano e descampado só uma construção segue indelével, desafiando as areias, os tempos e se impondo ao presente: o túmulo do grande Ciro.

Desde que as tropas de Alexandre Magno em 330 a.C. e os exércitos árabes, séculos depois, arrasaram a cidade, assim como outros monumentos do Império Aquemênida, nada mais foi construído ali. Sujeita a terremotos, aquela terra acumula destroços milenares. O sítio arqueológico é hoje um Patrimônio Mundial da Unesco. Na Pasárgada do século XXI, só o mausoléu solitário do imperador segue relativamente intacto até hoje, resistindo à passagem conturbada de dois milênios e meio.

O pequeno edifício retangular possui seis largos degraus de pedra e um sepulcro, medindo 3,17m de comprimento, 2,11m de largura, e 2,11m de altura. Possui uma entrada estreita e baixa e é bastante rústico. "Aqui, diante do grande imperador persa, até Alexandre, o Grande, o Demolidor, se persignou. Aqui Tamerlão e sua horda mongol se detiveram para honrar o morto", lembrou Affonso Romano em sua visita a Pasárgada. Dentro do mausoléu, segundo relataram gregos que acompanharam Alexandre, duzentos anos depois, havia uma inscrição reveladora do imperador morto:

> 66 Mortal! Eu sou Ciro, filho de Cambises, que fundou o império persa, e foi rei da Ásia. Não inveje o meu monumento."

Ciro fundou um império, de fato, invejável, que cobria mais de 5 milhões de quilômetros quadrados, atravessando os continentes e abrigando, em seu auge, aproximadamente 49,4 milhões das 112,4 milhões de pessoas do mundo conhecido, em cerca de 480 a.C. Uma história que durou cerca de 200 anos e marcou para sempre a identidade e a história do país. Uma história que começa e termina atravessada por tragédias.

Ciro, o Grande, foi condenado à morte antes mesmo de nascer, segundo a versão de Heródoto. O criador da Pasárgada verdadeira, que viveu entre 558–528 a.C., era filho de Cambises, um nobre persa, e Mandana, filha de Astíages, rei da Média, dois povos dominantes naquele território dividido por tribos. Segundo conta o historiador grego, quando sua mãe estava grávida, seu avô Astíages sonhou que do corpo dela irrompia uma videira que lançava seus ramos sobre toda a Ásia. Advertido pelos adivinhos e astrólogos de que a videira era seu neto que, uma vez nascido, usurparia o poder do reino da Média para conquistar o mundo, Astíages encarregou seu mordomo de matar o menino. Comovido com a criança, o mordomo a entregou para ser criado por pastores. Num dos episódios mais brutais da história da Antiguidade persa, ao descobrir a traição, Astíages esquartejou o filho do mordomo e o serviu em diferentes pratos num jantar ao próprio pai da criança. A título de requinte de crueldade, o rei Medo deixou para o último prato a revelação do segredo do cardápio: a cabeça da criança.

Nada, no entanto, conseguiu evitar que a profecia do sonho de Astíages se tornasse realidade. Ao atingir a maturidade, Ciro derrotou seu avô. Por piedade, não o matou, como teria sido esperado na época. Depois de conquistar o reino da Média e promover a unificação dos reinos, partiu para a expansão do império em direção à Ásia Menor, subjugando a região da Lídia e marchando em direção às cidades-estados gregas situadas na atual Turquia. Seus domínios também englobavam boa parte do Oriente Médio, como a Fenícia e a Síria, anexadas por ele, fazendo do Império Persa um dos maiores e mais importantes do mundo.

Grandezas de Ciro

66Assim diz o SENHOR ao seu ungido, a Ciro, a quem tomo pela mão direita, para abater as nações diante de sua face, e descingir os lombos dos reis, para abrir diante dele as portas, e as portas não se fecharão."

Livro de Isaías

Não é mera coincidência que até hoje, entre os iranianos, Ciro siga figurando como o mais admirado dos reis, elogiado como administrador justo e valente guerreiro, qualidades reconhecidas até pelos seus históricos inimigos, os gregos. Dois dos grandes narradores da Antiguidade, Xenofonte e Heródoto, debruçaram-se sobre o estilo de governança exercido por Ciro para produzir relatos que ganharam a posteridade, garantindo ao imperador persa a posição de governante modelo. Consta que Thomas Jefferson, um dos founding fathers dos Estados Unidos, mantinha três cópias da *Ciropedia, a educação de Ciro*, de Xenofonte, e frequentemente se referia a ele. Nosso Manuel Bandeira conheceu a obra na escola.

Xenofonte foi discípulo de Sócrates, soldado, filósofo, político, estrategista, caçador, um homem de diversificadas habilidades que ficou para a história, criando histórias. Sua capacidade narrativa o coloca ao lado de Heródoto na riqueza da prosa em que descreve povos, lugares e costumes da época helenística.

Em *Ciropedia, a educação de Ciro*, Xenofonte evidencia seu interesse em retratar um governante cujas ideias e práticas deviam ser tomadas como grande exemplo. Cético em relação ao poder, do qual dizia que "mais facilidade tem o homem em governar os animais do que os próprios homens", o sábio grego se recorda "que existiu um persa chamado Ciro, que soube conservar sujeitos ao seu domínio muitos homens, muitas cidades, muitas nações; fomos obrigados a mudar de sentimentos e a pensar que não é impossível nem difícil governar os homens, uma vez que para isso haja suficiente capacidade".

Xenofonte investiga todo o percurso do rei persa, desde a infância, indagando "qual foi a origem desse varão extraordinário, qual sua índole, qual sua educação, que o fizeram tão superior na arte de governar". A narrativa percorre episódios da vida de Ciro e atribui a ele virtudes que o autor julgava fundamentais no exercício do poder. "Para gozar do nome de virtuoso, não é bastante tê-lo sido, é mister conservar incessantemente as virtudes... não nos deixemos, pois, engodar pelos atrativos do deleite. Mui gloriosa é a aquisição de um império, mas muito mais gloriosa é sua conservação."

Entre 550 e 522 a.C., o Império Aquemênida se expandiu para os três continentes num pioneiro movimento de globalização. E Ciro II estava à altura das circunstâncias, como líder que sabia conquistar e, sobretudo, controlar e conservar seus domínios. Administrador estratégico, consta que era respeitado por seus súditos em todos os territórios conquistados. Segundo Xenofonte: "E de tal maneira soube captar o amor dos povos, que todos queriam viver sujeitos às suas leis. Finalmente, fez dependentes de seu império tão grande número de reinos, que é dificultoso percorrê-los."

Para garantir esse controle do império, Ciro II, o Grande, e seu filho, Cambises, criaram um eficiente e engenhoso sistema de satrapias, que funcionavam como unidades administrativas, através do qual controlava seu império, prestigiando os líderes locais e indicando-os como "governadores das províncias". Nesse sistema de governo[2], cabia aos administradores locais defender o território das ameaças externas e crises internas, arrecadar tributos e realizar o recrutamento militar em nome do rei.

Todas as narrativas sobre ele consideram-no um rei piedoso com os subjugados e adepto da liberdade religiosa. Em seu reino não havia escravos, só trabalho remunerado. Segundo Xenofonte, Ciro "pensava que um príncipe não é digno de governar se não é mais perfeito do que seus súditos: 'mostremo-nos mais virtuosos do que os povos de que somos senhores, e por isso tornemo-nos dignos de governá-los'".

Cada satrapia pagava tributos ao império, mas possuía certa autonomia administrativa. Pragmático, Ciro, nas palavras de Xenofonte, acreditava que o modelo ideal de sátrapa, seria os "que se reputarem mais cuidadosos em nos enviar o que o solo produzir de melhor e mais belo, para que, sem sairmos da pátria, participemos das vantagens de todos os países, o que é muito justo, porque nós havemos de defendê-los se forem atacados".

Nas ruínas do palácio real de Dario, sucessor de Ciro, após a morte de Cambises, no trono aquemênida, em Persépolis, a segunda capital do Império Aquemênida, ou no Museu Britânico, em Londres, ainda hoje é possível admirar relevos que mostram os súditos do império entregando ao rei seus tesouros, que podiam ser joias, camelos, leões, armas. A inovação da estrutura das satrapias deu tão certo que se consolidou para atravessar os reinos e as dinastias que vieram depois dos aquemênidas, sobrevivendo até a conquista árabe, séculos depois.

Ciro lançava mão também de bons artifícios de marketing para amealhar a simpatia dos fiéis e influenciar seus hábitos. Conta Xenofonte que ele se vestiu à moda dos medos "porque os trajes

---

2   Ver mais sobre esse sistema de governança, sobre Dario I, segundo grande imperador persa, e Persépolis no capítulo "Como o rei Dario acabou em São Cristóvão".

que usam os medos têm a dupla vantagem de ocultar os defeitos do corpo e dar aos homens uma aparência mais elegante". Também aprovava a pintura de olhos para deixar os homens "mais animados". Também dava recomendações de higiene e comportamento, recomendando, por exemplo, aos seus súditos que "não escarrassem nem se assoassem na presença de alguém".

O império fundado por Ciro atingiu seu apogeu com Dario e Xerxes, quando se estendia da Líbia, no Mediterrâneo até o Vale do Indo, hoje no Paquistão. A área ocupada pela Pérsia corresponde em grande parte ao que chamamos hoje em dia de Oriente Médio. Como prometeu o primeiro grande rei da Pérsia, de acordo com a narrativa de Xenofonte: "Antes de mim, minha pátria era uma província obscura da Ásia; deixo-a senhora da Ásia inteira; nunca perdi uma só de minhas conquistas."

Ciro, o Grande, permaneceu quase trinta anos no poder, mas nenhuma de suas conquistas legou a ele tantos louros quanto a vitória sobre a Babilônia, o inimigo mais aguerrido que podia encontrar. Ali, ele não só entrou para a história como para a Bíblia. Numa noite de outubro de 539 a.C., Ciro acampou em volta de Babilônia, capital do poderoso império com o mesmo nome, com todo seu exército. Enquanto os babilônicos se deleitavam numa festa, os persas desviavam o curso do Rio Eufrates para um lago artificial, permitindo que todo seu exército atravessasse o rio, entrando sem nenhuma resistência. Ao ocupar a Babilônia, o imperador persa liberou os judeus mantidos ali em cativeiro pelo rei Nabucodonosor, tornando-se herói para o povo hebreu. Seu ato foi reconhecido e registrado pelo profeta Daniel, que vivia na cidade, no Antigo Testamento. Segundo a lenda, o rei persa teria recebido uma convocação divina para enviar de volta à Palestina todos os judeus aprisionados na Babilônia.

Dentre as muitas versões sobre a morte de Ciro, alguns historiadores sustentam que ele teria morrido suavemente em Pasárgada, enquanto outros asseguram que ele morreu durante sua última campanha militar, contra os masságetas, uma tribo de nômades que vivia na Ásia Central. Suas tropas foram derrotadas pelo exército da rainha Tomiris e Ciro foi morto. Tomiris, cujo filho havia sido abatido pelo rei persa, então pediu que a cabeça do imperador fosse trazida até ela. Conta a lenda que ela teria colocado a cabeça de Ciro dentro de uma bacia com sangue "para matar a sede de sangue do rei persa". A vitória de Tomiris sobre Ciro inspirou muitos artistas plásticos ocidentais, dentre eles o pintor flamengo, Rubens — *A cabeça de Ciro levada à rainha Tomiris* pode ser visitada no museu de Fine Arts de Boston. Foi-se um Império, mas ficou sua obra.

Da Antiguidade ao século XXI, Ciro permanece como grande referência de condução de um império globalizado, de diversidade alucinante, ao introduzir uma das características mais acentuadas dos governantes persas do Império Aquemênida e de fé zoroastrista[3]: um tipo de "ecumenismo político", que se caracterizava pelo respeito às culturas dos povos conquistados, sem imposição de crenças ou de hábitos, como deixou registrado o próprio Ciro, num objeto que viajou do Iraque de 2500 a.C. até a Londres dos dias de hoje.

---

3   Religião fundada na Pérsia pelo profeta Zaratustra (ou Zoroastro, segundo os gregos) por volta do século VI a.C. É considerada a primeira religião monoteísta do mundo.

O cilindro da glória e da discórdia

Todas as vezes em que tenho a oportunidade, corro para visitar uma pequena preciosidade de enorme valor para a humanidade. No meio do corredor na galeria dedicada à Pérsia, no Museu Britânico, em Londres, dentro de uma pequena caixa de vidro, está um dos testamentos do legado impressionante deixado por Ciro, o Grande. É o cilindro de Ciro, considerada a Primeira Declaração dos Direitos Humanos.

Feito de barro, com formato que lembra o de uma bola de futebol americano, e coberto com inscrições em escrita cuneiforme, ele é produto da época em que a Pérsia reinava soberana. Foi encontrado na Babilônia, no Iraque moderno, em 1879, durante uma escavação realizada por arqueólogos do próprio museu. No cilindro, fabricado em 539 a.C., após Ciro conquistar a Babilônia, e dirigido aos babilônicos, consta a permissão do Imperador para que os povos exilados, cativos ali, regressassem às suas terras de origem. Em 45 linhas, a inscrição do cilindro conta como a Babilônia foi conquistada sem guerra. E assegura aos prisioneiros a liberdade, invocando a bênção do deus babilônico, Marduk, na tradução de Irving Finkel, curador das coleções cuneiformes do Museu Britânico: "Marduk, o grande senhor, concedeu a mim como meu destino a grande magnanimidade de quem ama a Babilônia, e todos os dias eu o procurei com reverência. Minhas vastas tropas marcharam pacificamente na Babilônia, e toda a Suméria e a Akadia não tinham nada a temer. Busquei o bem-estar da cidade de Babilônia e todos os seus santuários. Quanto à população da Babilônia […], como se sem uma intenção [divina] tivesse suportado um jugo não decretado por eles, acalmei sua exaustão, libertei-os de suas amarras."

O aspecto mais importante do cilindro é que ele representa a voz dos persas se dirigindo ao mundo, algo incomum, uma vez que, em geral, a história dos persas foi narrada pelos gregos, seus históricos arqui-inimigos. Ainda assim, o cilindro foi exposto só duas vezes em terras persas.

No Museu Nacional de Teerã, um nicho guarda a réplica do cilindro de seu maior imperador. Em 2010, pela segunda vez, os persas puderam ver a relíquia autêntica, parte central de sua história, em posse dos ingleses. Quando o cilindro foi exposto, mais de um milhão de pessoas, entre muçulmanos, cristãos, judeus e zoroastristas acorreram para vê-lo. Lembrando que o cilindro representa a história do Oriente Médio num único objeto, o ex-diretor do Museu Britânico, Neil MacGregor, costuma dizer que o cilindro ajudou a moldar o mundo ao nosso redor. Em palestra à plataforma TED, Neil salienta: "No Oriente Médio no momento, o debate, como vocês sabem, é estridente. Mas eu acho que seja possível que uma das vozes mais sábias e poderosas de todas seja a voz dessa coisa muda: o cilindro de Ciro."

Se o cilindro pudesse falar, sem dúvida protestaria quando, em 1971, foi exposto aos iranianos pela primeira vez. Nesse caso, era a tentativa de outro rei de se apropriar desse verdadeiro tesouro do passado glorioso da era Aquemênida para se autopromover, bancando a maior festa que o mundo do século XX conheceu. Ao celebrar os 2.500 anos da fundação do Império Persa, o Imperador Mohammad Reza Pahlavi decidiu emular os grandes imperadores e se posicionar como parte de uma grande tradição. Cunharam-se moedas e selos, estampando o monarca ao lado do cilindro. Ele só não imaginava que estava assinando a sentença de morte de seu regime e da milenar monarquia persa.

Conservada a base de tudo que a tecnologia cosmética dá direito (inclusive, no passado, ao bisturi do Pitangui), Farah Pahlavi (conhecida como Farah Diba) não perde a majestade, do alto de seus mais de 80 anos. Décadas de exílio depois, dois filhos suicidas depois, dois livros depois (*An enduring love: my life with the shah, My thousand and one days: autobiography*), ela segue envergando a imaginária coroa.

Em entrevista à revista *Ela*, do jornal *O Globo*, em 2019, a imperatriz deposta do Irã relembra, em sua residência parisiense, sua passagem pelo Rio de Janeiro ao lado do marido, o imperador Mohammad Reza Pahlavi: "Lembro-me do Rio, com aquela Praia de Copacabana magnífica e o Corcovado, mas devo falar da beleza das mulheres. Ah, não é a coisa mais importante, mas é impossível passar despercebida (*risos*). Fomos recebidos com muitas flores. Paredes inteiras estavam cobertas com elas, as mais lindas e impressionantes. Também nos prepararam um pequeno carnaval, com as dançarinas, o samba, as fantasias. Brasília ainda estava sendo construída, não tinha sido finalizada."

Não é à toa que Brasília chamou a atenção da imperatriz, que era também arquiteta de formação. Farah Diba teve papel destacado com relação à preservação de antiguidades arqueológicas iranianas. Foi dela a ideia de fundar o Museu do Vidro, que acolhe uma das mais importantes coleções de artefatos e objetos em vidro, encontrados em escavações arqueológicas. Também criou um Museu da Arte Moderna/Contemporânea em Teerã, que existe até hoje e tem ótimo acervo, que inclui Monet, Warhol e Miró, dentre outros. Para tanto, usou seu prestígio social à época e conseguiu obras fantásticas, que hoje compõem o acervo do museu. Farah Diba soube, ainda, valorizar a moda iraniana, fazendo vestidos que valorizassem e evocassem sempre a tradição de tecelagem em seda e os temas iranianos em detalhes de seu guarda-roupa.

Os monarcas estiveram no Brasil em 1965, em plena "revolução branca" no Irã, quando Reza Pahlavi, depois de anos de uma feroz ditadura e impulsionado pelos seus grandes aliados anglo-americanos, empreendeu uma série de reformas seculares de natureza política e social, visando ocidentalizar o país e blindá-lo do poder dos religiosos. Dentre as medidas, permitiu o voto e o divórcio às mulheres, desapropriou terras das lideranças xiitas, atiçando a ira dos conservadores e das autoridades religiosas, como aiatolás e mulás. E abriu o caminho para sua própria destituição oito anos depois.

Na escalada das reformas e do milagre econômico, proporcionados pelos royalties do petróleo, que transformou a infraestrutura do país, o rei esbanjava riqueza, estrelando as revistas ocidentais dedicadas ao jet set internacional, em suas viagens para esquiar nos Alpes suíços ou para banhar-se em Marbella, na Espanha. Em seu país, a pobreza e a desigualdade se agigantavam e a temível Savak, a polícia secreta iraniana, mantinha milhares de presos políticos e dissidentes aprisionados e sob tortura.

Embriagado pela ilusão de que o Irã vivia seu grande milagre, em 1971, Mohammad Reza Pahlavi teve, talvez, a pior ideia de todo seu reinado: fazer a maior festa de que o mundo tinha notícia, conforme ele próprio anunciou, para celebrar o aniversário de 2.500 anos do Império Persa nas ruínas de Persépolis e junto ao túmulo de Ciro, em Pasárgada. Como *leitmotiv* da programação visual do convite e da festa, elegeu o respeitado cilindro. Com isso, Reza buscava investir a legitimidade de seu falso autoproclamado império, fruto de um golpe e de uma dinastia inventada no começo do século por seu pai, Reza Xá, um cossaco, filho de um pastor humilde do norte do Irã. Tratava-se de demonstrar, como declarou Farah Diba em suas memórias, que a era Pahlavi foi "um período de renascimento da civilização iraniana".

A festa nababesca durou três dias e atraiu mais de sessenta reis e chefes de Estado, do Ocidente e Oriente, de nações à direita e à esquerda do espectro político. Dentre eles, o Marechal Tito, da Iugoslávia; Ceauşescu, da Romênia; Nikolai Podgorny, da União Soviética. Também presentes estiveram os reis da Suécia e Dinamarca, da Bélgica, do Marrocos, da Noruega, da Jordânia, do Nepal e da Dinamarca; a princesa Grace de Mônaco; o imperador Selassié, da Etiópia, cujo cachorrinho também acorreu ao convescote, ostentando uma coleira de diamantes; os presidentes da Áustria, da Turquia, da Índia. Houve também os que se acautelaram e não compareceram, farejando que a festa poderia ser uma grande "roubada", como Charles de Gaulle e a rainha Elizabeth II, muito mais calejada nas intrigas reais, que mandou o marido e a filha a representarem. De acordo com documentos recentemente divulgados em outubro de 2001 pelo Public Records Office em Londres, a rainha Elizabeth foi instada pelo Ministério das Relações Exteriores a não ir, já que temiam que as comemorações fossem "indignas e inseguras".

O governo de Reza Pahlavi não mediu recursos nem esforços para acolher os distintos visitantes e mais seiscentos convidados. Erigiu uma verdadeira cidade no deserto que circunda as duas cidades históricas: Persépolis e Pasárgada. Abandonada há séculos, sem qualquer estrutura para hospedar uma lista de convidados jamais vista, a região estava infestada de cobras, escorpiões e outros animais peçonhentos, alguns inclusive desconhecidos da biologia até então. Foi necessário arregimentar um exército de dedetizadores para exterminar os bichos indesejáveis antes que pudessem estragar a festa.

Para dar conta da empreitada com todo requinte que o dinheiro pudesse pagar, o Xá contratou arquitetos, decoradores de interiores e costureiros franceses para projetar e vestir 50 tendas à moda dos antigos persas, com paredes cobertas de veludo e alinhadas em 5 pontas de uma estrela para os visitantes reais. A cidade de tendas levou um ano para ser construída e empregou 37km de seda em sua confecção.

Na tentativa de cenografar o ingrato ambiente com ares de 1001 e uma noites, foi plantada uma floresta inteira e importados da Europa 50 mil pássaros canoros. Três dias depois estavam todos mortos, abatidos pelo nada gentil clima do deserto, onde, ao meio-dia, as temperaturas ultrapassavam os cinquenta graus e, à noite, caíam abaixo de zero.

Nas semanas e meses que antecederam a festa, aviões cruzavam os 5 mil quilômetros da rota Paris–Shiraz febrilmente, transportando todo tipo de produto da mais alta qualidade para a celebração. Foram 150 toneladas de equipamentos de cozinha; da Baccarat vieram serviços completos de milhares de peças de cristal; de Limoges, a porcelana do jantar oficial; da grife francesa Lanvin, vieram os uniformes dos empregados; da Holanda, as flores; da Suíça os garçons e uma quantidade incalculável de comida, encomendada do badalado restaurante parisiense, o Maxim's, que teve que fechar sua sede por duas semanas para dar conta do banquete de gala. Três dias antes do evento, desembarcaram em Persépolis 18 toneladas de comida, compostas por 2,700kg de carne bovina, suína e de cordeiro; 1,280kg de aves e caça e 30kg de caviar, a única exceção iraniana do cardápio e, possivelmente, da festa. Segundo os fornecedores, "Tudo foi trazido de Paris, até salsa e cebolinha". Importante dizer que o gelo era local, outra exceção admirável. Diariamente um helicóptero transportava de Teerã até Persépolis um bloco de gelo do tamanho de um automóvel para garantir que as bebidas fossem servidas na temperatura adequada.

A mídia internacional, entre extasiada e chocada com o porte da extravagância, acompanhava os preparativos com empolgação. Comentava-se que a mesa para os convidados de honra tinha quase 70 metros de comprimento e que a toalha tinha sido bordada por 125 mulheres durante 6 meses. Também circulavam as quantidades etílicas oferecidas: 2.500 garrafas de champanhe, 25 mil garrafas de vinho, entregues em uma adega construída especialmente para esse fim em Persépolis 4 semanas antes das celebrações.

Dizem no Irã que as tempestades de areia do deserto são mensageiras de bons presságios. Assim, pelo menos, entendeu o Xá Reza Pahlavi, quando, numa manhã de outubro, ao final de seu discurso junto à tumba de Ciro, em Pasárgada, na abertura das festividades, uma tempestade de vento do deserto quase terminou com a festa e com as "boas intenções" do monarca. Dignitários estrangeiros, intelectuais, militares, estudantes e trabalhadores e o Xá, que tinia no seu uniforme militar, carregado de medalhas — todos empanados de areia até o pescoço.

Em seu discurso, Mohammad Reza Pahlavi, autoproclamado "Rei dos Reis", Luz dos Arianos, Sombra do Todo-Poderoso, dirigiu-se a Ciro II: "Ciro! Grande Rei, Rei dos Reis... Imortal herói da História, pai do império mais antigo do mundo, grande libertador de todos os tempos, digno filho da humanidade... Depois de 2.500 anos, a bandeira persa agita-se com orgulho como na sua era de glória... Hoje, como no seu dia, a Pérsia traz a mensagem de liberdade e amor da humanidade em um mundo conturbado... Ciro, Grande Rei, Rei dos Reis..., você pode descansar em paz, pois estamos vigilantes e permaneceremos assim para sempre." Inocência ou cinismo?

Entre festas e banquetes na tenda principal, também foi servido aos convidados entre as ruínas de Persépolis um desfile suntuoso, relembrando as mais importantes dinastias do Império Persa desde a sua fundação: aquemênidas, partos, sassânidas, safávidas, qajars e pahlavis. Centenas de cavalos, camelos e 1.724 soldados, envergando barbas e perucas falsas e uniformes excêntricos, foram mobilizados para o grande desfile. Trajes, carruagens, armas, escudos e até réplicas de três navios antigos que remontam aos dias gloriosos de Xerxes foram confeccionados a partir de farta pesquisa de historiadores. Dentre outras singularidades, o Xá contratou Hollywood para fazer o filme oficial da festa e ninguém menos que Orson Welles para narrá-lo. Em *As chamas da Pérsia*, disponível no YouTube, o narrador declara: "Esta não foi uma festa do ano, foi a celebração de 25 séculos!"

Ao mesmo tempo em que os notáveis brindavam com Moët et Chandon 1911 e se banqueteavam com outro antigo símbolo da monarquia persa, o pavão — cinquenta pavões assados, com penas de cauda restauradas, recheados com *foie gras* —, a imprensa local e internacional especulava sobre o custo do evento imperial. As apostas variaram de US$17 milhões (na versão oficial) a US$300 milhões, segundo as versões ocidentais. O Xá reagiu às críticas à 'la Maria Antonieta': "Como eles acham que eu deveria alimentar cinquenta chefes de Estado? Com pão e rabanete?"

Do seu exílio na França, um dos maiores e mais barulhentos opositores do xá, o aiatolá Khomeini, rugiu: "É a festa do demônio." Acusou de "vergonhosos" e "traidores" os frequentadores da patuscada real e encorajou os iranianos famintos a se levantarem contra seu governante. E eles tinham motivo para isso. Mais que excluídos da festa, a imensa maioria vivia abaixo da linha da pobreza e praticamente excluída da vida.

Farah Diba protestou contra os críticos da festa em seu livro de memórias. "Aos olhos dos clérigos mais fundamentalistas, as cerimônias devem ter aumentado essa causa de irritação — sem que tivéssemos consciência disso." Já o Xá, ao assistir ao filme narrado por Orson Welles, teria comentado, perplexo: "Onde estão todos os iranianos?" Não se sabe se, de verdade, ele se deu conta ali do erro catastrófico que acabaria por enterrar seu reinado e toda a monarquia. Pobre Ciro, esperando até hoje pela promessa de permanência do seu império!

Não foi apenas a escala, a extravagância e o preço que projetaram a festa do Xá acima de qualquer outra possivelmente da história. O que realmente distinguiu a "festa do século" em Persépolis foi seu impacto. A esbórnia real não passou despercebida pelo jornalista e correspondente polonês, Ryszard Kapuscinski: "Aos olhos do homem médio iraniano, a Grande Civilização, a revolução do Xá, era, sobretudo, a 'Grande Pilhagem', por parte da elite. Todos no governo roubavam."

O episódio foi um dos estopins da cadeia de acontecimentos que, afinal, levaram ao rompimento definitivo entre o "Rei dos Reis" e o povo do Irã sobre o qual ele reinou, culminando com seu exílio apenas alguns anos depois e com a derrocada da monarquia.

Quando o Xá deixou o Irã em 16 de janeiro de 1979, ele não encontrou refúgio por muito tempo. Vagou por diferentes países, mas foi rejeitado por quase todos os que anos antes haviam desfrutado das benesses festivas em Persépolis. Nenhum governo queria atiçar a ira dos temíveis aiatolás. E, diferentemente daquele que um dia quis homenagear, Mohammed

Reza Pahlavi não podia repetir as palavras que teria dito o aquemênida Ciro antes de morrer, segundo o relato de Xenofonte: "Quando eu já não existir, olhai-me como um homem feliz."

A grande ironia é que a triste festa do Xá, programada para louvar a coroa, acabou por ajudar a derrubá-la. Como constatou Kapuscinski, a "grande civilização" invocada pelo Xá "atingiu os iranianos, acima de tudo, como uma grande humilhação". Ao ignorar as lições do próprio Ciro de que a conservação de um império depende de sabedoria, com a celebração do 2500º aniversário da fundação do Império Persa, Pahlavi conseguiu que não houvesse um próximo aniversário.

Na ressaca dos festejos, ficaram memórias luxuriosas e dois souvenirs: um pequeno cilindro de argila, réplica do tesouro de Ciro e uma cópia do livro fundador da cultura persa: o *Shahnameh, O Livro dos Reis*, escrito sete séculos antes por Ferdowsi. Mais uma vez a ficção antecipou a realidade, concretizando a profecia anunciada tantas vezes ao longo da maior obra-prima literária da cultura persa.

> 〝Assim gira o mundo; seus favores passam logo
>
> todos os que ela nutre devem finalmente morrer.
>
> Um ele elevará da Terra para alturas desconhecidas,
>
> um ele derrubará de um trono real,
>
> mas não há motivo para triunfo ou queixa,
>
> é assim que ele gira e gira novamente:
>
> Onde estão esses heróis agora, aqueles campeões, onde?
>
> Expulse esses pensamentos mortais que apenas trazem desespero."[4]

Shahnameh: ascensão e queda do Reis dos Reis

〝O *Livro dos Reis* era como se estivesse abrindo a porta imensa de um palácio."

Orhan Pamuk, *Meu nome é vermelho*.

Mohammad Reza Pahlavi estava mais para personagem do *Shahnameh* do que de Ciro, o Grande. No lendário *Livro dos Reis*, os monarcas retratados são falíveis, fracos, cometem equívocos capazes de arriscar os reinos, são impiedosos e muitas vezes dissolutos. Não há lugar para a grandeza do Ciro real no épico fictício de Ferdowsi, mas muitos de seus conceitos estão presentes em alguns personagens heroicos e lendários.

A maior obra da civilização persa não foi iniciativa de nenhum soberano, apesar de abordar diferentes monarquias; nem conquista de nenhum herói, ainda que os exalte; não foi esculpida na pedra, mas resiste através dos séculos. Composta em 60 mil versos, levou 30 anos para

---

4   Tradução livre da autora: "So turns the world; her favors are soon passed, / all whom she nourishes must die at last. One she will raise from Earth to Heights unknown, / one she will cast down from a royal throne. But there's no cause to triumph or complain, / such is the way she turns, and turns again: Where are those heroes now, those champions, where? Drive out such mortal thoughts, that bring despair." **Stories from the Shahnameh, Vol II, tradução: Dick Davis.**

ser escrita e quase arruinou seu autor. O *Livro dos Reis*, escrito por Ferdowsi, entre o final do século X e começo do XI, é uma epopeia só comparada ao *Mahabharata* indiano e até certo ponto à *Ilíada* e à *Odisseia* juntas. Sobreviveu aos terremotos, às invasões, às grandes batalhas, a centenas de imperadores e aiatolás.

Eterniza-se há muitos séculos até os dias de hoje nos rituais, na língua, nas tradições dos iranianos e é motivo de grande orgulho. Dizem que versos da obra serviram para animar soldados durante as guerras e para iluminar momentos especiais como o *Nowruz*, Ano-novo Persa.

"Nem Alexandre foi capaz de tamanha violência na tentativa de impor sua cultura. Os persas só conseguiram preservar sua língua e sua cultura, apesar da devastadora invasão árabe e islâmica, graças ao *Shahnameh*", advertiu-me de cara minha guia no Irã, que se arrepia quando inadvertidamente algum turista desavisado se refere a eles como árabes.[5]

Até ir para o Irã, eu não tinha ideia de que existisse tal monumento literário. A cada aprendizado, só ficava mais evidente minha proverbial ignorância sobre essa terra que há décadas me fascinava.

Quando Ferdowsi nasceu, na província de Khorasan, no nordeste do Irã, entre 932 e 941, os árabes já haviam se instalado na Pérsia há mais de 300 anos. Dizem que sua principal motivação, como nobre de linhagem puramente iraniana que era, foi manter viva a identidade cultural dos persas diante da ameaça que representava avassaladora invasão dos costumes e valores trazidos pelos dominadores maometanos. Poema de resistência, o *Shahnameh* venceu as eras, para converter-se no maior repositório de mito, lenda e história pré-islâmicos ainda cultivado na cultura persa.

O *Livro dos Reis* começa com as lendas persas de criação do mundo e se desenrola até a chegada dos árabes, no século VII, cuja vitória sobre os persas implicou a imposição de uma nova religião: o Islã.

A obra se distingue por mesclar momentos mitológicos com material histórico. O conflito básico do *Shahnameh* está centralizado entre Irã e Turán, que os gregos chamavam de Transoxiana, na Ásia Central. Inútil tentar construir outras pontes com a história real dos titânicos aquemênidas, Ciro, Dario e Xerxes. O *Shahnameh* não os menciona. Até a entrada em cena de Alexandre, o Grande — Eskandar, no poema —, todos os reis e histórias são ficcionais. A partir daí, o *Shahnameh* constrói um diálogo com as dinastias e soberanos que se sucederam até o reinado dos sassânidas[6], destronados pela invasão árabe. A origem dessa dinastia é ali abordada numa trama que enlaça história e lenda. Ferdowsi conta a história da fuga para a Índia do príncipe Sasan, ancestral e futuro fundador da dinastia. O surgimento de Sasan

---

5   Talvez a confusão brote do fato de persas e árabes serem muçulmanos e adotarem um alfabeto em comum (com algumas variações), mas são tão diferentes quanto brasileiros e alemães.

6   Ver mais sobre a dinastia sassânida no capítulo "Assim falou…"

demarca o momento em que a narrativa se move da lenda para a história real, iluminando personagens com alguma correspondência com personagens verdadeiros.

O *Livro dos Reis* é estruturado em torno de cinquenta reis que governaram a Pérsia pré-islâmica, alguns deles ficcionais, como Fereydun, Key Khosrow, Kay Kavus; e outros verdadeiros, como Eskandar (Alexandre Magno), Adeshir, Sasan, o que parece enfatizar a reverencial centralidade da realeza para o legado persa que Ferdowsi queria deixar. É significativo que o primeiro desses costumes que o poeta destaca é de uma realeza divinamente sancionada. Os reis em geral são portadores do *"farr"* real, expressão com origem no *Zend Avesta*, livro sagrado da primeira religião monoteísta do mundo, o zoroastrismo, que significa uma luz de origem divina, outorgada à realeza legítima. Muito possivelmente, a auréola, o brilho que irradia ao redor de santos e anjos tenha origem no *farr* zoroastrista.

E na corte do *Shahnameh*, um centro de justiça e prazer, valia realmente ser amigo do rei, como fantasiou nosso Manuel Bandeira. O rei ideal administrará a justiça, protegerá a qualquer custo as fronteiras do país contra as invasões; mas sua corte também representará uma espécie de paraíso terrestre cujos prazeres incluem muito vinho, comida e presentes, a caça e a celebração das principais festas do ano zoroastrista. A ambição exagerada e a crueldade estão entre os piores pecados na sociedade retratada pelo poeta.

Outra característica muito instigante da seção histórica do livro é a presença bastante constante do prazer erótico, parte da concepção da corte como um paraíso de deleites, algo que não aparece na parte lendária do livro. De novo, aqui, nosso Bandeira encontraria alguma sinergia com sua Pasárgada: "Terei a mulher que eu quero. Na cama que escolherei." Ao descrever um harém com 930 mulheres, o volume 3, de *Stories from the Shahnameh of Ferdowsi* relata que os sábios da corte comentam que o rei nunca se farta de dormir com as mulheres. "E toda essa cama com mulheres vai destruí-lo. Ele logo estará mais macio que seda… Tantos males advêm de se juntar com as mulheres. Uma vez por mês é o suficiente para o sexo. Mais que isso tira as forças de um homem."

Como se vê, no *Shahnameh* o poeta é bem mais crítico aos reis — os reais e os imaginários — do que no reino sonhado por Bandeira. O poeta persa mostra, por exemplo, como reis bem intencionados podem tomar decisões desastrosas, ser vencidos pelos efeitos destrutivos da empáfia ou vencidos pela própria incompetência. Com frequência, no *Livro dos Reis*, o Irã e seus reis precisam de um salvador da pátria.

E o salvador do Irã e de sua monarquia em várias ocasiões, conforme o relato do livro, é o grande herói mítico, Rostam, cujas origens remetem a um universo de realismo mágico. Sua mãe era Rudabeh, uma princesa afegã, "descendente do demônio árabe"; e seu pai, uma das criaturas mais fascinantes do *Shahnameh*: Zal, da estirpe dos grandes guerreiros, que, rejeitado por seu pai por ser albino, é criado por um pássaro fantástico chamado Simorgh, que tem poderes divinos. Preocupado com o casamento, o avô de Rostam consulta os astrólogos: "Qual será o fruto do que foi criado pela ave e pelo gênio diabólico? Que descendência engendrarão?" Reúne astrólogos, que anunciam: "Se dois inimigos se juntam, se deve ao destino. Desse casal sagaz nascerá um homem forte como um elefante, que será em todos e cada um dos momentos da sua vida um herói. Com sua espada, dominará o mundo. Colocará o trono do rei por cima das nuvens. Cortará o mal pela raiz, acabará com os perversos e na terra não restará baixeza. Será a esperança dos iranianos, a alegria e a bem-aventurança de todos os heróis."

Rostam esteve à altura das profecias. Ele se tornou uma espécie de símbolo das virtudes persas, parte integrante da cosmogonia do país. Nasceu herdeiro de duas forças poderosas: o mundo real e o sobrenatural. Herói mitológico de toda primeira parte do *Shahnameh*, ele é protegido por magia, dono de força extraordinária. Um personagem íntegro, honrado, aguerrido na batalha e misericordioso em relação ao sofrimento dos vencidos. Dedicava-se à guerra com a mesma volúpia com que se entregava à caça, ao vinho e aos prazeres da corte. De lealdade canina aos reis a quem serve, Rostam vivia em permanente conflito e exasperação com seus monarcas. Apesar disso, ele rejeita qualquer possibilidade de assumir o trono do país. Daí que grande parte da tensão presente na narrativa vem do modo pelo qual Rostam e toda a linhagem de heróis de sua família são convocados a obedecerem reis que são, com frequência, moralmente inferiores. O rei está virtualmente sempre do lado errado e o romance nos convida a estar mais do lado do campeão do que do rei, como mostra o caso de Rostam, cuja bravura acompanha vários monarcas.

Fortemente referenciado em elementos zoroastristas[7], o *Livro dos Reis* incorporou lendas anteriormente escritas por sacerdotes dessa religião. Sobram menções ao *Avesta*, e aos altares de fogo. Em muitas de suas falas, Rostam, o grande herói, faz uma abertura saudando os símbolos sagrados da religião: "Pelo próprio Deus, por Zoroastro e a fé pura, pelo fogo sagrado e o divino *farr*, pelo sol e a lua e o *Zend Avesta*."

O cultivo da espiritualidade está entre as ideias centrais do *Livro dos Reis*, traduzida na busca da sabedoria, nas indagações sobre a inexorabilidade do destino da alma humana e a insondabilidade dos propósitos de Deus. "Mesmo que a roda celestial confessasse seus segredos, você não seria capaz de compreender o que resulta de suas voltas. Ela concede chifres e trono alto, concede escuridão e humilhação. Gira para amigos e inimigos. Às vezes atinge a carne, às vezes o osso. Se um dia a sua cabeça puder tocar uma nuvem, a sua casa será finalmente a terra."

A trajetória de Rostam é um exemplo. O brilhante herói de todas as batalhas é um herói trágico. Numa delas, mata sem saber seu próprio filho, Sohrab. O *Shahnameh* pontifica: "Quão estranhos são os caminhos do mundo! Todos os animais reconhecerão seus filhotes — os peixes no mar, os jumentos selvagens na planície —, mas o sofrimento e o orgulho tornarão um homem incapaz de distinguir seu filho de seu inimigo."

---

7   Ver mais sobre o zoroastrismo no capítulo "Assim falou…"

O mesmo céu que te levanta, te derruba, como não se cansa de advertir o *Livro dos Reis*.

Segundo os estudiosos, o que caracteriza a obra, além de suas grandes dimensões, é seu estilo e o uso de um persa quase puro, com poucas contribuições do árabe. Aliás, algumas histórias do *Shahnameh* evidenciam profunda desconfiança da cultura árabe. Um dos principais personagens da primeira parte do livro — o rei-demônio Zahhak — era árabe e reinou por mil anos. De seus ombros nasceram duas cobras, depois de serem beijados pelo demônio. Mas, de modo geral, os árabes são mais notados por sua ausência. E também pela percepção de que, depois deles, nada na Pérsia seria o mesmo.

"Mas pelos persas eu vou chorar e pela casa de Sassan arruinada por esta guerra! Ai de sua grande coroa! O esplendor real destinado agora a desabar. E ser fragmentado pelo poder árabe. As estrelas decretam derrota e fuga. Serão quatrocentos anos nos quais nosso nome será esquecido e esvaziado de prestígio." Seu nome e legado nunca foram esquecidos. Já a monarquia...

Demorou bastante tempo para a monarquia ser sepultada no Irã. Precisou vir um rei falso, com um reino inventado, seguramente sem o *farr* que legitimava os antigos soberanos, segundo o *Shahnameh*. Ao cultuar a memória de Ciro, cercado de luxos e longe do povo, Reza Pahlavi não levou em conta as lições do grande imperador nem as advertências do livro fundador da cultura persa, que ele distribuiu como souvenir aos ditosos convidados. Se tivesse parado para prestar atenção nas recomendações do rei sassânida Ardeshir, conforme relatadas pelo *Livro dos Reis*, teria farejado a revolução que os religiosos estavam cevando.

"Quando um rei respeita a religião, a religião e a realeza tornam-se irmãs: a religião não tem estabilidade sem o trono real, a realeza não pode sobreviver sem religião. São dois brocados entrelaçados um no outro pela sabedoria. A religião não pode prescindir do rei e o rei não será respeitado sem religião; eles são guardiões um do outro." As lições dos antigos reis e poetas não aprendidas pelo Xá lhe custaram o reino. Pela primeira vez e por mais de quarenta anos, o turbante suplantaria a coroa.

Poetas são incomparáveis, assim como as "Pasárgadas" e os "Shahnamehs", mas Bandeira e Ferdowsi tinham um traço em comum: ambos viviam atravessados por algum tipo de desconforto: Ferdowsi pela ameaça de extinção da cultura de seu povo e Bandeira por suas penas com a tuberculose. Ambos também sabiam que, pela palavra, não sucumbiriam e conquistariam algum tipo de lugar na eternidade:

> ❝Com versos, consolidei um alto palácio, que não destruirão os ventos nem as tormentas. Muito me esforcei nesses trinta anos. Ressuscitei o mundo persa com a língua persa. Já não morrerei, viverei, de agora, para sempre. Pois semeei a partir da palavra a semente."
>
> *(Ferdowsi)*[8]

8   Tradução da autora, do *El libro de los reyes*, traduzido do persa para o espanhol por Clara Janés e Ahmad Taheri: "Con versos he consolidado un alto palácio, que no dañaran ventos ni tormentas. Mucho me he esforzado en estos treinta años: el mundo persa he resucitado con la lengua persa. Ya no moriré, viviré, desde ahora, para siempre pues he sembrado, de la palabra, la simiente".

> Não sou arquiteto, como meu pai desejava, não fiz nenhuma casa, mas reconstruí, e 'não como forma imperfeita neste mundo de aparências', uma cidade ilustre, que hoje não é mais a Pasárgada de Ciro, e sim a 'minha Pasárgada.'

(Manuel Bandeira)

Na procura por alívio existencial, nas entranhas de seus infortúnios, parece que poetas se encontram. Em *Morte em Pérsia*, a viajante suíça Annemarie Schwarzenbach, que se encantou com a tradição poética persa, dizia que "para combater a miséria existencial eles se evadem simplesmente até o mundo do fantástico".

E buscam "Pasárgadas", onde quer que seja, para se salvar, até num azulejo. O personagem de um dos maiores e mais malditos clássicos da literatura moderna do Irã, *A coruja cega*, de Sadegh Hedayat, busca evadir-se dentro de um pedaço de cerâmica. Acusado de induzir os jovens ao vício do ópio e do suicídio, o livro foi proscrito do Irã.

> Meu olho descansaria nos azulejos decorados, brilhantes na parede, e eu seria transportado para um mundo delicioso de sonhos. Assim, eu inconscientemente me proporcionei uma maneira de escapar. Durante as orações, eu fechava meus olhos e cobria meu rosto com minha mão nesta noite artificial de minha própria autoria. Eu recitava as orações como sons sem sentido proferidos por alguém que está sonhando…"

Nas rodas do destino, foram-se os impérios, mas ficaram as utopias e seus poemas. A busca por Pasárgadas tem a natureza das eternidades.

Capítulo 2

COMO O REI DARIO ACABOU EM SÃO CRISTÓVÃO

Cornos envergonhados

O mais bem guardado segredo do efervescente caldeirão cultural carioca não consta em nenhum guia e nunca é visitado por nenhum turista. Mas para Seu Manoel — maneira estereotipada de referir-se ao português do bar da esquina — é inesquecível o dia em que o momento chegou em São Cristóvão, o tradicional bairro carioca, onde ele mantém com grande dignidade seu botequim e seus etílicos frequentadores.

Instalada a poucos metros do carbonizado Museu Histórico Nacional, o lugar onde em faustosas épocas reinou Dom Pedro e sua corte, destaca-se, hoje, no centro da rotatória da Avenida Pedro II, uma coluna de mármore. Trata-se da réplica das colunas de Persépolis, segunda capital imperial da antiga Pérsia, depois de Pasárgada. Encimado por duas portentosas cabeças de touro, apetrechadas com um glorioso par de chifres, o panteão persa não demorou a ser batizado pela picardia carioca. Sem muito apreço pela história nem respeito pela nobre origem, mas atenta à piada pronta, a população não demorou em alcunhar a novidade de "Praça dos Cornos".

Até que aterrissasse em São Cristóvão, o desvalido monumento enfrentou mais resistência que as campanhas persas nas guerras contra os gregos. O mimo embarcou na bagagem do polêmico presidente iraniano Mahmoud Ahmadinejad em sua viagem ao Rio de Janeiro para a Conferência das Nações Unidas para o Desenvolvimento Sustentável, a Rio+20, em 2012. Nunca foi inaugurado, e por pouco não acabou devolvido à terra de origem, criando certo impasse diplomático.

Desconfio, com seu Manoel, que a decisão de instalar em São Cristóvão a coluna seja menos por sabedoria histórica (afinal, são dois impérios, dois imperadores, vá lá) e mais em consequência de pragmatismo político. "O prefeito, o governador e a presidente ficaram com vergonha de ganhar essa prenda do mal afamado ditador do Irã", arrisca seu Manoel, mais direto que peixeira de cangaceiro. "Primeiro ofereceram pra colocar no Jardim de Alá (que até poderia fazer algum sentido para um país muçulmano), mandar para Ipanema (provavelmente para fazer companhia ao detestado obelisco do Casé); e, depois, para Copacabana, mas ninguém quis. Aí, depositaram esse negócio aí", sintetiza o vizinho, sem muito apreço pela herança persa. E assim, numa nova e triste evidência da superioridade grega sobre a persa (e sofro ao dizer isso), a coluna dos cornos desembarcou feito Cavalo de Troia, legítimo "presente de grego", nas águas da Guanabara. E em São Cristóvão ela ficou, exilada em território vascaíno, escondida entre a feira de tradições nordestinas e o estádio de São Januário, e ainda por cima apadrinhando "todos os cornudos do bairro", segundo o povo diz por ali.

Foi no meio dessa algaravia urbana, da fúria dos escapamentos furados dos veículos e do acanhamento arquitetônico que fui conferir a novidade persa em terras cariocas, numa tão desesperada quanto inútil tentativa de unir remotos elos perdidos entre a Praça de São Cristóvão com a majestosa capital persa. Por pouco a Persépolis de minha memória não teve sua reputação atingida por um golpe quase mortal. O Rio não perdoa: assim como até as tulipas viram margaridas no calor daqui, também a coluna histórica de Dario se "suburbanizou", e hoje homenageia os cornudos do pedaço. Em comum, só mesmo os chifres.

Ironia também o obelisco de Persépolis despontar no anárquico e barulhento reino carioca, enquanto na Persépolis original, ou no que restou dela, reinam a poeira, a solidão e o silêncio. E um par de colunas legítimas.

Ruínas de um império

Dois milênios e meio depois, a antiga cidade persa ainda tira o fôlego quando aquilo que restou de todo seu esplendor desabrocha bem no meio da hostilidade do deserto de pedras e poeira. Mesmo situada a apenas 60km de Shiraz, Persépolis impacta e deslumbra por seu isolamento. Apesar de ser um dos maiores sítios arqueológicos do mundo, segundo a Unesco, por aqui são poucos os turistas, guias, sorveteiros e vendedores de bugigangas (e temo que seja só por enquanto), ou seja: aqui ninguém precisa disputar monumento para fazer um *selfie* em paz.

Alojada numa região remota e montanhosa, ao pé do Monte Kuh-e Rahmat (Montanha da Graça), no sudoeste do Irã, a capital espiritual e cerimonial do antigo Império Aquemênida, construída pelo sucessor de Ciro, o Grande, o rei Dario I, derrama glória nas suas ruínas de mármore, nos terraços de seus palácios, nas colunas que inspiraram a cópia presenteada ao Rio. Influenciado nos palácios da Mesopotâmia, aqui Dario (e depois seu filho Xerxes e, em seguida, seu neto Artaxerxes) criou no século V a.C. um majestoso complexo palaciano que, segundo os especialistas, não tem equivalência em matéria de arquitetura, de planejamento urbano, de tecnologia da construção e de arte.

Se aqui no Rio de Janeiro os touros respondem pela má fama que a Praça de São Cristóvão ganhou; em Persépolis, grifos, touros e vacas aladas decoram grandiosos terraços e salões e fazem parte da sofisticada decoração que ornamenta paredes, colunas, obeliscos e portais. Dizem que quando o rei Dario anunciava a auspiciosa notícia "sonho com vacas", o império sorria, porque antecipava tempos de riqueza e prosperidade. A vaca está nas origens lendárias do povo persa, segundo a crença zoroastrista. Segundo o *Avesta*, a origem de todos os animais é a vaca.

Morto o filho de Ciro, Cambises, no Egito, Dario assumiu o Império Aquemênida, debelando focos de rebelião e expandindo ainda mais o território. No começo do século, antes de Cristo, o Império Aquemênida governou cerca de 44% da população mundial, estendendo-se do Mediterrâneo ao atual Afeganistão.

Dessa história eu sabia pouco até chegar ao Irã. Mas em Persépolis, subindo as largas e extensas escadarias lavradas em mármore que levam ao Hall das Nações, à Apadana, me extraviei e fui parar nos meus tempos da escola décadas atrás. Porque ali, esculpido na pedra em baixo relevo, estava o conceito que eu conhecia vagamente das aulas de história, o das satrapias, que na antiga língua persa significa "província". Por meio dos sátrapas, os reis persas, a partir de Ciro, administravam um gigantesco território em permanente expansão, uma potência mundial de sua época. Um texto gravado numa rocha dá ideia da variedade e da riqueza do Império Aquemênida. A "Inscrição de Behistun", talhada por volta de 520 a.C., encontra-se no monte de mesmo nome, próxima à cidade iraniana de Kermanshah:

> ❝O rei Dario diz: 'Estes são os países que estão sujeitos a mim, e pela graça de Ahúra Mazda eu me tornei rei deles: Pérsia, Elam, Babilônia, Assíria, Arábia, Egito, os países do mar, Lídia, os gregos, Média, Armênia, Capadócia, Partia, Drangiana, Aria, Khorasmia, Báctria, Sogdia, Gandara, Cíntia, Satagídia, Aracósia e Maka; são 23 territórios no total.'

Em Persépolis, a Sala de Audiências — onde o rei recebia os subordinados — tinha o tamanho correspondente a três campos de futebol. E ali, nas escadarias, como que saída de uma estante, diante de meus olhos desfilavam sátrapas dos diferentes povos que compunham o império, rendiam suas homenagens e prestavam obediência ao Rei dos Reis em sua capital majestosa. Esse ritual, que se repetia anualmente durante o equinócio, reunia guerreiros e guardas, dignitários e servidores, acompanhados de camelos, cavalos, elefantes. Dentre as delegações representadas estão: medos, elamitas, armênios, babilônios, assírios e arianos, egípcios, citas, lídios, partos, bactrianos, indianos, núbios, dentre outros.

Esculpidos na pedra nos mínimos detalhes de seu cabelo, suas túnicas e gorros, suas riquezas, os sátrapas se postam respeitosamente com oferendas de sua cultura e de suas províncias diante de seu imperador. Descrevem as autoras de *O Irã sob o chador*: "Os elamitas que viviam a leste do rio Tigre trazem o leão para simbolizar ferocidade. Já os aracotas da Ásia Central oferecem camelos e ricas peles; os armênios, um cavalo e um vaso de delicada feitura; os etíopes, uma girafa e uma presa de elefante; os somalis, um antílope e uma carruagem; os trácios, escudos e lanças; e os jônios, peças de fazenda e pratos de cerâmica. Os árabes conduzem um camelo; os assírios, um touro; os hindus, um asno carregado com cestos trançados. Todos esses tributos eram depositados aos pés do Rei dos Reis, o monarca cujo poder emanava da Pérsia até os limites do mundo conhecido."

Ao longo do tempo, o número de satrapias variou entre vinte e trinta, operando uma sofisticada máquina burocrática, administrativa e tributária. Cada grupo se submetia a uma respeitável carga de impostos, pagos em ouro, em prata ou na moeda da época, os talentos babilônicos. Havia casos daqueles, como uma tribo do Cáucaso que pagava sua taxa em espécie: cem meninas e cem meninos todos os anos eram entregues aos governantes persas. Para garantir a coleta, o cauteloso Dario nomeou uma tropa militar em cada província para vigiar os governadores provincianos. Por conta de sua sanha por cobrar impostos, Dario era conhecido como "Dono da Loja", aquele que colocava preço em tudo, segundo Heródoto, ao passo que Ciro era considerado "o Pai".

Nessa numerosa procissão, que ornamenta as escadarias de Persépolis, cujas partes hoje estão magnificamente reproduzidas no Museu Britânico, estava representado de forma inquestionável o poder reunido pelos persas durante a dinastia aquemênida. Um poder que venceu as eras para se instalar também no coração de um outro império.

Dois mil e quinhentos anos depois e milhares de quilômetros distante de Pasárgada e de São Cristóvão, quem passa pela sede do Serviço de Correios de Nova York, perto da Penn Station, no coração de Manhattan, quase não nota a homenagem a uma das maiores inovações de Dario I. No alto do edifício, uma frase esculpida em mármore se destaca:

> "Nem a neve, nem a chuva, nem o calor, nem a escuridão da noite impedem os mensageiros de cumprirem com suas jornadas."

Retirada de um texto de Heródoto, a homenagem é justa. Para melhor controlar suas satrapias e acelerar a comunicação no reino, Dario I criou o primeiro sistema de correios conhecido pelo mundo. Para isso, construiu a Estrada Real, um sistema de estradas ligando as cidades-sede do reino às províncias, instituindo um serviço de *couriers* ao longo do percurso. Os mensageiros podiam viajar a cavalo, quase 3 mil quilômetros em 7 dias de viagem. Antes da inovação, uma viagem a pé de Susa, outra das capitais imperiais (no Irã) para Sardis (antiga capital do reino da Lídia, hoje território da Turquia) levava 90 dias. Mais uma evidência de que a mãe das grandes invenções, em geral, é a necessidade.

Dario, um exímio estrategista político não era herdeiro direto de Ciro. Numa armação bem articulada com nobres persas, ele foi coroado rei depois da morte do filho de Ciro, Cambises, tido como bastante sanguinário. Casou-se com duas filhas do lendário imperador e consolidou o império começado pelo duplo sogro. Com a mais poderosa delas, Atossa[1], fez seu sucessor.

---

1   Sobre a rainha Atossa, ver mais no Capítulo "De Sherazade a Sakineh".

Reinou por 36 anos durante os quais empreendeu uma notável ampliação das fronteiras, levando a Pérsia ao apogeu. Para saciar sua grande ambição de anexar a Grécia ao império persa, criou as guerras médicas, sendo derrotado na famosa Batalha de Maratona, em 490 a.C. Morreu de causas naturais e deixou o trono para seu filho Xerxes, o próximo grande imperador da era aquemênida.

Entre os destroços que sobraram do palácio real de Dario, em Susa, tijolos vitrificados e relevos coloridos são visíveis mostrando guerreiros enfileirados com suas lanças, usando roupas elaboradas e muitas joias de ouro. Nas múltiplas batalhas empreendidas contra os gregos, até a derrota final para Alexandre Magno, os persas contavam com um corpo de elite militar que chamou a atenção de Heródoto: os imortais. Essa frente de infantaria pesada representava a coluna vertebral dos exércitos aquemênidas e era mantida constantemente com uma força de exatamente 10 mil homens.

O historiador afirma que o nome da unidade provinha do costume de que todo membro morto, gravemente ferido ou doente fosse imediatamente substituído por um novo, mantendo o corpo como uma entidade coesa com força inalterada por baixas. Os imortais, que formavam a guarda pessoal do rei, consistiam principalmente de persas, mas também incluíam medos e elamitas. Aparentemente, eles tinham privilégios especiais, como permissão para levar concubinas e servos com eles na marcha. Já nas paredes que sobreviveram na capital cerimonial de Persépolis não há rastro de soldados nem cenas de guerra, um detalhe que os iranianos gostam de ressaltar. Restam indeléveis as marcas do vandalismo que se abateu sobre Persépolis na época das invasões árabes. Muitas das esculturas têm sulcos e rasgos na pedra, consequência da tentativa dos árabes de destruir os monumentos, séculos depois do auge de Persépolis. "Uns bárbaros", segundo mais de um iraniano me confidenciou "à boca pequena".

Antes deles, dos árabes, um outro legendário conquistador já havia destroçado boa parte da capital e posto fim à era aquemênida. Por isso, entre os persas, Alexandre da Macedônia não tinha nada de "grande". Ficou para a história como Alexandre, o Cruel.

O CONQUISTADOR CONQUISTADO

  ❝❝O reino grego curvou-se diante do rei persa
Nossa sorte mudou, e Eskandar (Alexandre) sozinho
Governará esta terra e tomará nossa coroa e trono.
Logo ele estará aqui, muito em breve, e a Pérsia então
Será um mar de sangue, os homens deste país,
Suas mulheres e seus filhos serão feitos
Os cativos desse renegado conquistador."

Shahnameh

Tessalônica, segunda maior cidade da Grécia, orgulha-se de suas ruínas romanas e bizantinas e da vida cultural supostamente fervilhante. Também se enxerga na imensa estátua de seis metros, que domina a paisagem do centro, à beira-mar. Sobre seu cavalo — o famoso Bucéfalo — trotando no ar, ergue-se Alexandre Magno, filho da região, nascido em 356 a.C., a poucos quilômetros dali. Localizada no norte do país, a Macedônia também era a terra do pai de Alexandre, Filipe II da Macedônia.

Educado por Aristóteles, ele se tornou rei da Macedônia quando tinha apenas 20 anos, após o assassinato do pai, e conduziu a expansão da civilização grega por todo o mundo. Em uma década, ele ampliou as fronteiras de um pequeno reino europeu até a Índia. Mas pouco pôde desfrutar de suas conquistas. Morreu jovem, aos 33 anos, em circunstâncias controvertidas. Malária? Envenenamento? Síndrome do sistema nervoso? Desarranjo intestinal?

Retratado como conquistador lendário e líder militar nos livros de história ocidentais, o legado de Alexandre, o Grande, soa bem menos grandioso na perspectiva persa. Conhecido na Ásia Central pelo nome de Eskandar, ele é o mais célebre dos muitos invasores que infestaram a Pérsia ao longo dos séculos. O grande Alexandre é considerado ali um bárbaro, um cruel líder colonialista, que queimou o *Avesta*, o livro sagrado zoroastrista, a antiga religião persa, anterior à imposição do Islã pelos árabes. O grego tentou impor a cultura helenística mediante a destruição da cultura iraniana autóctone, cunhada na tradição zoroastrista. Símbolos e templos da religião foram profanados e destruídos.

No Ocidente passou a predominar a narrativa dos gregos sobre a Pérsia, dando conta de que a invasão protagonizada por Alexandre tinha o objetivo de levar os "valores da civilização", quando, na verdade, os persas já esbanjavam refinamento e civilização de dar inveja a qualquer grego. E pertenciam ao maior império do mundo. Era essa a recompensa que Alexandre buscava.

Contam as lendas que Alexandre tomou um porre com vinho de Shiraz antes de arrasar Persépolis e transformar em cinzas os esplendores do outrora poderoso Império Aquemênida. Ele invadiu e saqueou a cidade, em 330 a.C., durante o reinado de Dario III. Apesar de ter poupado alguns pedaços da arquitetura, Alexandre botou abaixo Persépolis e saqueou tudo que podia ser levado. Conta-se que ele teria usado 20 mil mulas e 5 mil camelos para carregar os tesouros persas.

Como passou a ser habitual na história da Pérsia, Alexandre conquistou o império, mas se curvou à sofisticação cultural dos vencidos, passando, inclusive, a adotar costumes persas e os protocolos administrativos, mantendo, por exemplo, o sistema de satrapias. Além disso, se estabeleceu na Pérsia e se casou com mulheres orientais, como a filha mais velha de Dario, e com Roxana, filha do sátrapa do Afeganistão. Também consta que mobilizou cem esposas persas para cem vassalos seus, subornando seus oficiais para que aceitassem mulheres persas como esposas.

A morte de Alexandre, em 323 a.C., em Susa, deixou o império órfão e fragmentado pelos 10 séculos seguintes. Nas pegadas do que restou, um rei, que reivindicava para si a herança greco-persa, tentou um feito único: unir o que as guerras separaram, criando um reinado que somava as grandezas de gregos e persas. As memórias e os escombros do Reinado de Comagena resistem, intrigando o mundo até os dias de hoje, nas montanhas da antiga Mesopotâmia, na Turquia de hoje.

O alto do monte Nemrut Dağ, a uma altitude de 2.150m e a 750km da capital, Ancara, abriga uma paisagem desconcertante. Ali, entre destroços esculpidos pelo tempo, enormes cabeças de pedra olham para o infinito ou para sua própria imortalidade. Declarado Patrimônio Cultural da Humanidade pela UNESCO, Nemrut Dağ data do período helenístico, erguido há mais de 2 mil anos.

Em sua origem, as estátuas tinham 10 metros de altura, mas a inclemência dos terremotos não deixou nenhuma de pé. Identificadas por suas inscrições como divindades, as estátuas representavam as figuras sagradas do panteão de deuses gregos e persas e decoravam o mausoléu de Antíoco I, que fundou e administrou, de 69 a 34 a.C., o reinado de Comagena. Antíoco reivindicava ancestralidade grega, por parte de mãe; e persa, por parte de pai.

Se gregos e persas se mataram no campo de batalha, em Comagena, Antíoco deu um jeito de reconciliá-los. Ali, o Zeus grego convive com o persa Ahúra Mazda e Apollo com Mitras. O próprio Antíoco I também está representado com sua cabeça.

De volta à Pérsia, duas dinastias se sucederam no poder até o império ressurgir com grandeza: os selêucidas, de origem grega, e os partos, oriundos, na altura, de uma satrapia que se revoltou contra o Império Selêucida. A Pérsia só foi recuperar o vigor e o brilho do passado com a última dinastia pré-islâmica a governar o Irã, considerado um dos mais importantes e influentes períodos históricos da história do país. O Império Sassânida alavancou e enriqueceu a civilização persa e sua influência cultural contagiou vários povos e continentes, elevando a chamada religião dos magos, o zoroastrismo, à religião oficial da Pérsia.

Capítulo 3

ASSIM FALOU...

> Um novo orgulho me ensinou meu Eu, que ensino aos homens: não mais enfiar a cabeça na areia das coisas celestiais, mas levá-la livremente, uma cabeça terrena, que cria sentido na terra!"
>
> Friedrich Nietzsche, *Assim falou Zaratustra*.

Assim falou... um mago

Não foi preciso nem magia nem milagre para subjugar as duas grandes dificuldades que se interpuseram no destino do tradicional desfile dos Reis Magos, de Tejeda de Tietar, um "pueblo" espanhol, exilado na Extremadura profunda: o transporte e a caracterização do rei Gaspar.

Nessa data em que toda a Espanha se engalana para festejar, com as majestosas "cabalgadas", a chegada dos Magos do Oriente a Jerusalém, dias depois do nascimento de Cristo, Tejeda vai tentando se superar a cada ano.

Testemunha dos grandes desafios enfrentados por seus vizinhos tejedanos, Isabel Garcia Escudero, minha cunhada, jornalista e escritora de mão cheia, que trocou a cosmopolita Madri pela acanhada cidade, é quem relata em seu livro de crônicas *Planeta Tejeda*: "Apesar da pompa da indumentária, suas Majestades realizam o trajeto rebocados por um trator. Nem camelos, nem cavalos e nem sequer um burro: três cadeiras sobre um estrado no bagageiro e estamos conversados."

Em sua etnografia do Desfile de Reis de seu *pueblo*, Isabel revela outro "senão" do espetáculo: as perucas. "Nada a ver com as vestes ricas. Melchior geralmente consiste em um cabelo branco que não compromete. Baltasar é resolvido com um turbante. No entanto, com Gaspar, quase que inevitavelmente, fazem merda, porque eles costumam colocar uma peruca mole e amorfa, como os índios da Amazônia em filmes série B. Mas no ano passado, meus vizinhos se sentiram criativos e ousados, dotando

Gaspar de uma exuberante e encaracolada cabeleira loira." Resultado é que hoje Gaspar mais parece uma *drag queen* entrada em anos.

No ano em que tive a sorte de estar na vila para o Dia de Reis, fui honrada com uma homenagem pública e espalhafatosa desse rei Gaspar remasterizado, que também vem a ser o taxista do *pueblo*. Ao mesmo tempo em que era alvejada por golpes inclementes de balas e caramelos que os magos atiram para a criançada excitada, que corre e saltita atrás do trator com os distintos sábios, ouvia o mago tejedano gritar, entre suas melenas amarelas, a plenos pulmões: Brasileña! Morrendo de vergonha, debaixo dos olhos de toda a população de Tejeda, eu me senti como Jesus Cristo recém-nascido, sendo saudado num desfile da Mangueira. A seus olhos, a visitante era mais exótica que sua luxuriosa cabeleira.

Apesar de todo desvelo do rei de madeixas douradas, foi mesmo Baltazar quem mais atraiu minha atenção, faminta de entender o que significava aquele senhor robusto e rosado, mais branco que neve, com a cara e as mãos pintadas de negro. Para quem vem de um país com grande população negra é um choque encontrar um branco se travestindo de negro. Segundo se conta, parece que por lá não tem um negro que possa interpretar o papel, porque, simplesmente, não há negros naquela região. Choque duplo. Para nós é inimaginável o mundo sem negros. Mas com o ritmo desenfreado da imigração, seguramente haverá disputa pelo cargo de Baltazar entre pessoas de origem africana na vanguardista Tejeda em muito pouco tempo.

Outra teoria para o rei pintado de negro sustenta que a tradição faz parte das festas populares espanholas. Talvez seja a combinação das duas coisas. Como sempre, a tradição nasce da privação, como costuma acontecer com boa parte das leis, das regras, dos rituais e dos carnavais.

Dia 6 de janeiro, em Tejeda, particularmente, e na Espanha como um todo, é dia de comer *Roscón de Reyes*, e, em Portugal, o Bolo-rei. Também é dia de trocar presentes, assim como, segundo a lenda, fizeram outrora os magos ao presentearem Jesus Cristo com ouro, incenso e mirra. A tradição segue há mais de dois milênios, com a diferença que, nos dias de hoje, coitado de quem se aventura a dar mirra e incenso. Ouro, ainda vá lá. Em reinos cristãos antigos, como Armênia e Geórgia, a grande festa da natividade é o 6 de janeiro. O 25 de dezembro nem existe como data cristã. Os cristãos ortodoxos marcam apenas nesse dia de janeiro o nascimento de Jesus, porque seguem o calendário juliano (criado por Júlio César), que tem 14 dias a mais que o calendário gregoriano, seguido pela Igreja Católica Apostólica Romana.

Na Alemanha, não satisfeitos com o dia 6, eles também celebram a festa de reis numa data própria, em junho, quando os supostos restos mortais dos reis foram depositados na Catedral de Colônia, onde ganharam *selfies* e eternidades. A impressionante catedral é o monumento mais frequentado da Alemanha e um dos mais visitados na Europa. Também no dia 6, por todo o país, crianças se paramentam como os três magos para sair às ruas pedindo donativos para os pobres.

Já no Brasil, são os pobres que fazem a festa naquela que seja talvez a versão mundial mais heterodoxa dessa data: Folia de Reis sem reis. Todo dia 25 de dezembro, meu avô, pescador do litoral sul paulista, se juntava a um grupo de outros pescadores e moradores para sair em peregrinação, de casa em casa, religiosamente todo final de semana do dia 25 de dezembro até o dia 6 de janeiro para visitar e abençoar seus moradores. Passavam em geral uma hora em cada casa, de porta em porta, entoando canções tristes, arrancadas de rústicos instrumentos, contando os dissabores de Cristo e os seus próprios, e suplicando por melhor sorte na vida terrena. Em troca ganhavam um café ralo e, quem sabe, com sorte, umas bolachas.

Quando já tinha mais de 80 anos, ele ainda tocava sua rabeca, pela qual tinha apegos de relíquia. Companheira infalível das velhas folias de reis que ajudava a embalar, a rabeca tinha sido feita ali mesmo, na beira da praia, em madeira de caxeta, pelos caiçaras que pescavam com ele na região entre Bertioga e Ilhabela. Até chegar em praias caiçaras, o instrumento viajou mais de 12 mil quilômetros de distância e quase 5 mil anos desde sua origem. Na Pérsia, nasceu a precursora da rabeca.

Presente no Brasil de norte a sul em manifestações populares e religiosas e confeccionada por artistas populares, a rabeca (e a Folia de Reis) é herança da colonização ibérica e tocada desde o início da colonização brasileira. Entre seus ancestrais mais longínquos se encontram os primeiros instrumentos de cordas friccionadas, trazidos pelos árabes para a Europa, como o *rabab* — ou *rebab* —, de origem persa.

Também parte da tradição, numa "vibe" completamente distinta da melodia fanhosa e melancólica das rabecas, parte da folia se desenrola do lado de fora das casas, ainda hoje em muitas pequenas comunidades rurais: grupos de homens mascarados de diabos e de palhaços, que às vezes são muito assustadores, divertem as crianças na rua ao som de gritos e tambores silenciando as rabecas que seguem entoando as tristezas do lado de dentro. Fica claro porque a festa dos reis aqui virou folia.

Com muitas variações locais, comunidades rurais ou litorâneas realizam as folias por todo o país. Em comum, só o dia, o nome e a ausência dos reis magos. Por aqui, logo aqui, onde Baltazar não teria problemas de encontrar quem o encarnasse, os reis bíblicos perderam o emprego.

Assim falou... a Bíblia

❝... eis que uns magos vieram do oriente a Jerusalém...

Evangelho de Mateus

A diversidade e variedade das celebrações de Reis Magos mundo afora só se comparam à polpuda oferta de versões sobre quem, afinal, foram esses reis — se é que foram reis —, quantos eram, qual sua ligação com Jesus Cristo e a estrela-guia. Grande parte do que se fala não passa de caprichada ficção, como parece ser o caso da urna contendo os restos dos magos, confiada à catedral alemã. Segundo a lenda, o objeto teria percorrido a Turquia e Itália até desembarcar em Colônia. O italiano Marco Polo, por outro lado, garantia que havia visitado os túmulos dos "três sábios" na cidade de Saveh, no Irã.

"Na Pérsia existe uma cidade que se chama Saba (Saveh), de onde vieram os três magos que foram adorar a Cristo em Belém; e os três estão enterrados naquela cidade em um sepulcro justo." O relato também revela que Polo investigou os magos na cidade, mas ninguém soube dar mais informações, além de que haviam sido sepultados ali.

E, como acontece com os restos do santo sudário de Cristo, presente em mais catedrais do que Picassos em museus, deve haver outros lugares que reivindicam o túmulo dos reis do Oriente. Para se ter ideia do grau de incerteza que paira sobre esses homens consagrados em tantas festas, também não se sabe ao certo se os magos eram dois ou três ou vinte, já que a única menção feita a eles na Bíblia, no Evangelho de Mateus, fala no plural, sem mencionar a quantidade ou nomes.

"E, tendo nascido Jesus em Belém de Judeia, no tempo do rei Herodes, eis que uns magos vieram do Oriente a Jerusalém, dizendo: 'Onde está aquele que é nascido rei dos judeus? Porque vimos a sua estrela no oriente e viemos a adorá-lo.'"

Enquanto muitos estudiosos sustentam que não há nenhuma evidência histórica da existência dos supostos magos e que toda a história foi invenção do evangelista para promover e difundir o reconhecimento de Jesus Cristo como Messias, outros acreditam que eles existiram, mas que não eram reis. Ponto para a folia brasileira que nunca teve rei.

Não eram reis, mas eram magos. E zoroastristas. Um trecho do Evangelho Árabe da Infância do Salvador, pesquisado pelo autor Paul William Roberts, em *Journey of the Magi* (*A Jornada dos Magos*), revela uma ligeira diferença em relação ao texto de Mateus: "Quando o Senhor Jesus nasceu em Belém da Judeia, no tempo do Rei Herodes, magos vieram do leste de Jerusalém, como Zaratustra havia previsto; e havia com eles presentes, ouro, franquincenso e mirra."

Conhecidos como magos (magi), não só porque fossem especialistas na magia — e o eram —, mas porque detinham vasto conhecimento de matemática, química, astronomia e astrologia, eles vinham da Pérsia e acredita-se que fossem praticantes do zoroastrismo, a primeira religião monoteísta do mundo, que viria a ter um impacto considerável no Judaísmo e no Cristianismo. Numa próxima encarnação, a cabalgada de Tejeda poderia evoluir para homenagear outro profeta e seu deus: Ahúra Mazda e seu profeta Zaratustra.

Assim falou... Ahúra Mazda

66Pensar bem, falar bem e agir bem."

Esse imperativo marcou a vida de duas estrelas de primeira grandeza da música internacional: o maestro indiano Zubin Mehta, atual regente da Orquestra Filarmônica de Israel; e o roqueiro Farrokh Bulsara, mais conhecido como Freddie Mercury, líder legendário do grupo britânico Queen, falecido em 1991.

Separados pelo estilo, pela nacionalidade e pela geração, eles compartilham a mesma herança identitária: o zoroastrismo, cuja essência se expressa na frase que abre essa narrativa. Ambos atribuíam o segredo de seu sucesso aos princípios filosóficos "Pensar bem, falar bem e agir bem". O maestro e o roqueiro descendem dos parsis, como são chamados os zoroastristas de origem persa que fugiram do Irã entre os séculos VIII e X, após a invasão árabe, para se estabelecer na Índia.

Mercury, nascido em Zanzibar, não era praticante do zoroastrismo, embora alguns especialistas encontrem semelhanças entre conteúdos do zoroastrismo e os temas da música *Bohemian Rhapsody*, que ganhou até filme de Hollywood. O artista gostava de declarar que era um sujeito "que andava por aí feito um persa metido!". E sua irmã disse aos repórteres que achava "que a fé zoroastrista de Freddie fez com que ele trabalhasse duro, perseverasse e seguisse seus sonhos".

Seu funeral foi oficiado a portas fechadas por sacerdotes zoroastristas. Sacerdotes que, como os supostos Gaspar, Melchior e Baltazar, pertenciam a uma casta sagrada, eram conhecidos como "adoradores do fogo" e rezavam ao deus único, Ahúra Mazda, o "Sábio Senhor", há cinco milênios.

Os historiadores gregos Xenofonte e Heródoto (480-425 a.C.) concordam que os magos eram originários de tribos fundadoras da Pérsia e que atuavam como sacerdotes sob os reis aquemênidas (séculos VI–IV a.C.). Explica Xenofonte: "Os magos são os sacerdotes hereditários dos medos e dos persas, assim como os brâmanes são os sacerdotes hereditários da Índia. Excetuando os gregos, todas as tribos arianas possuem uma casta sacerdotal."

Os medos, um dos grupos que, com os persas e elamitas, formavam a Pérsia, gozavam de alta reputação como sábios, sendo especializados no conhecimento e na prática de um conjunto de tradições, de ciências e de crenças muito antigas. Afamados médicos, adivinhos e astrólogos, intérpretes de sonhos e do movimento das estrelas, eles influenciaram todas as decisões das grandes dinastias da Antiguidade pré-islâmica da Pérsia — dos aquemênidas aos sassânidas, até a chegada do islamismo, no século VIII d.C.

Ciro, o Grande, fundador do Império Persa Aquemênida, conhecido como um governante tolerante que permitia que seus súditos não iranianos praticassem suas próprias religiões, era um zoroastrista devoto. Do seu nascimento até a vida de seus descendentes, os magos traçaram seu destino e consolidaram seu poder. Após sua morte e a de seu filho Cambises, os magos se revoltaram na Pérsia e tentaram um golpe de Estado. Mas seu eleito foi assassinado e Dario tomou o trono. Heródoto conta que a Pérsia celebrou essa queda dos magos com um feriado nacional chamado *magophonia*. Apesar das contendas, a casta dos magos recobrou a influência política e religiosa.

A Pérsia aquemênida ainda era uma sociedade politeísta, que adorava o deus Ahúra Mazda, mas também rendia sacrifícios e homenagens ao deus Sol Mitra e à deusa da fertilidade Anahita em cerimônias conduzidas pelos magos. De acordo com estudiosos, no início de suas atividades os magos não eram representantes de nenhuma religião em particular, mas especialistas técnicos, sacerdotes profissionais que serviam ao culto de qualquer deus iraniano mediante pagamento, já que também os reis aquemênidas eram inclinados ao ecletismo religioso.

Segundo registros de Xenofonte, Ciro, que tinha fé nas forças invisíveis, clamava aos astros, incrementando suas oferendas com sacrifícios — nunca com humanos — para que o protegessem; e "reunido ao exército nas fronteiras notou que as aves agoureiras voavam com bons auspícios e entrou no terreno dos assírios. Entrando nele, propiciou à terra com libações e com sacrifícios aplacou os deuses e heróis assírios. Feitas essas coisas, tornou a sacrificar a Júpiter pátrio, não desprezando nenhum dos outros deuses que ocorreram à sua memória".

Tudo isso mudou, em data indeterminada, quando uma parcela dos magos proclamou o persa Zaratustra[1] como seu profeta, desencadeando uma guinada radical que, pela primeira vez na história do mundo, propunha a substituição do politeísmo pelo monoteísmo religioso. Uma mudança que deflagrou conflitos e custou cabeças, incluindo a do próprio Zaratustra, considerado pelo *Dicionário de Filosofia de Oxford* como "o primeiro filósofo do mundo".

Numa passagem de *Criação*, de Gore Vidal, são abordados os embates entre os magos que aderiram a Zoroastro e aqueles que o rejeitaram, lembrando que "o costume persa exige que

---

1   Zoroastro, em grego.

todas as cerimônias religiosas sejam conduzidas pelos magos, o que cria uma enorme tensão. Embora, em sua maioria, os magos não sejam zoroastristas, eles são obrigados pelos costumes a seguir nossos rituais sacros…"

Assim falou o profeta

> ❝Olhais para cima quando buscais a elevação. Eu olho para baixo, porque estou elevado.
> Quem, entre vós, pode ao mesmo tempo rir e sentir-se elevado?
> Quem sobe aos montes mais altos ri das tragédias do palco e da vida."
>
> Friedrich Nietzsche, *Assim falou Zaratustra.*

Não existe nenhuma certeza sobre praticamente nada da vida do profeta persa, nem da época em que viveu. Mas muitas lendas concordam: ao nascer, Zaratustra não chorou. Veio ao mundo com uma sonora gargalhada.

Alguns estudos mais recentes indicam que ele teria vivido em algum lugar no noroeste do Irã, na região entre o sul do Mar de Aral, Uzbequistão, Turcomenistão e oeste do Afeganistão entre 630 e 1200 a.C. e, provavelmente, era sacerdote. Aos 30 anos, assim como Cristo, enquanto se banhava num rio durante um rito de purificação pagã, Zaratustra teria recebido pela primeira vez uma revelação divina. Numa das margens do rio, ele viu um ser cheio de luz que o levou ao deus supremo, Ahúra Mazda, ou Sábio Senhor. Nas outras visões que se seguiram, Zaratustra recolheu os ensinamentos que se tornariam fundacionais da nova religião e reuniu os preceitos da nova fé num livro sagrado, o *Zend-Avesta*, uma coleção de escrituras antigas e místicas, muitas das quais atribuídas a Zoroastro e conhecidas como Gatas.

> ❝Agora, esses dois espíritos gêmeos se revelaram a princípio em uma visão. Seus dois modos de pensar, falar e agir eram o bem e o mal. Dentre essas duas maneiras, os sábios escolheram corretamente e os tontos não o fizeram. E então, quando esses dois espíritos se encontraram pela primeira vez, eles criaram a vida e a não vida, e que deveria haver, no final, a pior existência para os seguidores da mentira, mas, para os seguidores da verdade, a melhor morada."

Dentre os pilares estruturantes do zoroastrismo (também conhecido como mazdeísmo, por Ahúra Mazda) estão um Deus único; o dualismo da luta entre o bem e o mal; a prevalência da eterna lei da verdade; a imortalidade da alma; e o triunfo final do bem sobre o mal. E há também o livre-arbítrio, entendido como uma concessão de Deus que permite aos seres humanos escolherem entre o bem e o mal e sofrerem as consequências de suas escolhas. O historiador Heródoto salienta a centralidade do mandamento de não mentir: "Eles pensam que a coisa mais vergonhosa do mundo é contar uma mentira;

o próximo pior é ter uma dívida: porque, dentre outras razões, o devedor é obrigado a dizer mentiras."

Nomeado por Ahúra Mazda para pregar a verdade, Zaratustra não tentou derrubar as crenças vigentes que adoravam antigas divindades politeístas, mas pregava o amor a um só deus, rebaixando, assim, algumas divindades tribais do panteão persa de deuses. A nova fé rachou os pilares religiosos, criando grande divisão na sociedade e inaugurando na humanidade o conceito de fé monoteísta. A primeira profissão de fé conhecida do monoteísmo, do zoroastrismo, conforme reproduzido na *Jornada dos Magos*, realizada no ato de conversão à nova religião, afirmava: "Eu me professo um adorador de Deus, um seguidor de Zoroastro, rejeitando o mal, aceitando a doutrina divina; aquele que reverencia os Arcanjos. Ao Senhor Deus, o bem, infinitamente rico em tesouros, atribuo a fonte de todas as coisas."

Aqueles que não aderiam à "verdade" de Ahúra Mazda eram chamados de "seguidores da mentira". Gina Nahai, em suas histórias sobre o gueto judaico de Esfahan, contadas em seu livro *Cry of the peacock*, *O Choro do pavão*, revisita o surgimento do zoroastrismo.

> ❝Ahúra Mazda, deus dos persas, pai de filhos gêmeos. Ele deu a cada um a vontade de escolher. Ohrmazd[2] optou pela luz, pela vida e pela benevolência. O outro, Ahriman, escolheu a morte, a escuridão e o mal. Ahúra Mazda dividiu o mundo entre seus filhos. Ohrmazd criou os céus e a terra. Ahriman criou os demônios e a morte."

A nova religião começou a se espalhar pela Média, Pérsia e outros territórios iranianos. Por volta de 520 a.C., Dario I, o Grande, reconheceu o zoroastrismo como sua religião oficial. Na famosa inscrição de Behistun, escrita em três línguas e alfabetos diferentes (persa antigo, elamita e babilônio), o rei Dario faz um adensado relato de seu reino e de suas batalhas, invocando inúmeras vezes o nome do deus zoroastrista. "O rei Dario diz: Isto é o que eu fiz. Pela graça de Ahuramazda eu sempre agi. Depois que me tornei rei, lutei dezenove batalhas em um único ano e pela graça de Ahuramazda derrubei nove reis e os fiz cativos."

Os reis aquemênidas se consideravam os grandes guerreiros a serviço do divino, no combate cósmico do zoroastrismo, entre Ahúra Mazda, o Sábio Senhor, e Ahriman, o espírito maligno. Declaravam-se como A Verdade, lastreada pelo Sábio Senhor; contra a Mentira, apoiada por Ahriman. Naturalmente, na narrativa histórica e na lendária, conforme registrou Ferdowsi, eles identificavam seus próprios inimigos como seguidores da Mentira. "Esse turco com quem você está lidando é astuto e básico. Malévolo e de uma raça má; Ele é poderoso, imaginando que logo Ele levantará a cabeça acima da Lua brilhante."

---

2   Ahúra Mazda (o espírito do bem), também conhecido como Ohrmazd, Ormuzd, Hourmazd, Horhhmazd, Hurmuz e Ormuzed; e Ahriman (o espírito do mal), chamado também de Angra Mainyu, Arimã ou Arimane.

Mesmo estando gravado na pedra de Behistun para a eternidade, as palavras de Dario parecem fazer troça das visões dos estudiosos, segundo os quais o grande rei nunca deixou de flertar com os cultos dos antigos deuses, tendo sido alguns proscritos por Zaratustra, patrocinando outros cultos e religiões, desde que os seguidores desses cultos fossem leais e obedientes. Como lembra uma passagem do romance histórico de Gore Vidal, *Criação*, Dario, por via das dúvidas, rezava para Deus e o Diabo simultaneamente.

> ❝Com o apoio dos sacerdotes não se necessita muito de guarnição para manter a ordem. Isso para nós é vital, pois nós, persas, somos poucos e o mundo é vasto. Como Ciro e Cambises, eu governo os não persas através de seus sacerdotes.❞

O escritor relata que dentro da própria corte aquemênida a divisão entre magos zoroastristas e os de outros cultos reinava: "Uma vez que os magos que adoravam os devas estavam em maioria, eles faziam o possível para prejudicar o punhado de magos que seguiam Zoroastro. Os que seguiam a mentira eram protegidos pela rainha Atossa[3]. Os que seguiam a verdade deveriam ser apoiados pelo Grande Rei. Mas nesse particular Dario era evasivo. Falava com grande carinho do meu avô (Zoroastro), a seguir dava dinheiro aos judeus para reconstruírem sua sinagoga em Jerusalém, aos babilônios para restaurarem o tempo de Bel-Marduk e assim por diante."

Segundo Xenofonte, sob Xerxes, o papel dos magos foi ainda mais fortalecido. Eles administravam os altares de fogo, realizavam as cerimônias de culto e de sacrifícios e preparavam uma droga conhecida como soma ("haoma"), um vegetal alucinógeno, que acompanhava os rituais: "Só aos magos é permitido preparar haoma e eu não sou um mago, isto é, um sacerdote hereditário. Só o que sei é que a base dessa poção sagrada, inspiradora, mística, é uma planta que cresce nas regiões montanhosas da Pérsia e se parece, segundo soube, o que se costuma chamar de ruibarbo."

Só no século XXI, em 2009, a soma — a droga atribuída às cerimônias zoroastristas — ganhou nova leitura, a partir das revelações de uma expedição arqueológica russo-mongol. Ao escavar uma tumba enterrada nas florestas da Mongólia, os pesquisadores encontraram fragmentos de lã vermelha, de uma peça de tapeçaria bordada há mais de 2 mil anos. O desenho retrata uma milenar cerimônia zoroastrista, em que um rei ou sacerdote segura um cogumelo.

De acordo com especialistas, o "cogumelo divino" pertenceria a uma espécie psicoativa, um estimulante do sistema nervoso. Tudo leva a crer que a antiga bebida ritualística dos zoroastristas, a soma, era preparada a partir desses cogumelos.

---

3   Mulher de Dario, filha de Ciro, o Grande.

Apesar do conhecimento sobre tradição do uso da soma como substância psicoativa nos rituais que remontam à Antiguidade na Índia e Pérsia, a bebida é uma das mais misteriosas da história. Acredita-se que a bebida sagrada, com efeito similar à ayahuasca, estava associada à imortalidade. Com o passar os séculos, o conhecimento sobre a planta que dava origem à bebida desapareceu e os praticantes do zoroastrismo passaram a adotar outras substâncias psicoativas, como ruibarbo, maconha, ópio e *ginseng*, dentre outras.

O soma era o principal elemento dos rituais, ao lado do fogo, um símbolo central dos serviços religiosos, o que levou os seguidores da religião a serem conhecidos como "adoradores do fogo". Em seu romance histórico, Gore Vidal explica:

> 66... não comemos fogo. Cuidamos dele. O fogo é o mensageiro entre nós e o Sábio Senhor. O fogo também nos lembra o dia do julgamento, quando cada um de nós deverá passar por um mar de metal derretido, parecido com o Sol de verdade."

Chamados de Templos do Fogo, os lugares de culto contêm um altar onde uma chama eterna arde continuamente e nunca se extingue. Contam as lendas locais que algumas dessas chamas remontam à criação do mundo, vindo diretamente do deus zoroastrista Ahúra Mazda. Descreve Vidal: "No começo era o fogo. Toda criação parecia em chamas. Tínhamos bebido o haoma sagrado e o mundo parecia tão etéreo e luminoso quanto o próprio fogo que crepitava no altar. Da mesma forma que o Sábio Senhor iluminou com fogo o caminho da verdade que devemos seguir para não sucumbirmos à mentira, assim Zoroastro e os que seguem a verdadeira religião acenderam o fogo sagrado num lugar sem Sol. Ainda posso ver a luz do altar do fogo iluminando a fileira de frascos dourados que continham o haoma sagrado."

Para os zoroastristas, Ahúra Mazda é o criador da vida, portanto tudo o que ele criou é puro e deve ser tratado com amor e respeito, incluindo o ambiente natural. Eles tradicionalmente não poluem os rios, a terra ou a atmosfera. Isso levou alguns a chamar o zoroastrismo de "a primeira religião ecológica". Heródoto observa que "eles nunca contaminam um rio com as secreções de seus corpos, nem sequer lavam as mãos em um; nem permitem que outros o façam, pois têm uma grande reverência pelos rios". William Roberts, em *Journey of the Magi,* acrescenta que os reis aquemênidas só bebiam a água que fluía por Susa e não bebiam nenhuma outra, nem quando viajavam. "Os magos castigaram publicamente um rei que permitiu que a água suja do banho fluísse para um riacho de água fresca."

No Irã de hoje, a milenar cidade de Yazd é uma poderosa evidência dessa herança.

Assim falou o fogo

Yazd se revela à distância na paisagem empoeirada do deserto, por meio de centenas de torres de barro rústicas, que despontam feito sentinelas. Conhecidas como "torres de vento", elas pontuam os horizontes de Yazd, sinalizando com sua cor ocre a milenária inovação. As edificações funcionam como aparelhos de ar condicionado totalmente ecológicos, captando os ventos e direcionando-os para o interior da terra e das casas. O ar entra nessas estruturas através de grades verticais altas e desce em canais estreitos ao longo dos quais ele esfria à medida que é impulsionado para baixo. Seu design engenhoso fornece ar fresco para as casas mais quentes. É funcional e, como costuma acontecer no Irã, até mesmo as coisas mais utilitárias são delicadamente decoradas, muitas vezes com molduras arqueadas. No Museu da Água, em Yazd, pode-se constatar a eficiência do sistema. Na entrada o termômetro marca 35 graus e alguns andares abaixo, apenas 18 graus.

Localizada no meio do planalto iraniano, 270km a sudeste de Esfahan, Yazd é um dos mais antigos povoados da Pérsia e também uma das mais arrojadas vitrines de tecnologias socioambientais e de engenharia orgânica criadas pela humanidade. Testemunha viva do uso de recursos limitados para a sobrevivência no deserto, é um lugar que tem muito o que ensinar nesses tempos de mudanças climáticas e escassez de água.

Além das torres de vento, em Yazd também se encontra possivelmente a mais antiga geladeira da humanidade e uma das obras de engenharia mais sofisticadas da Antiguidade: o sistema de irrigação construído a partir de uma rede de canais, os qanats, que extrai água subterrânea, distribuindo-a pela cidade e permitindo que ninguém esturrique durante o verão. Os museus dos amanhãs deveriam voltar os olhos para o ontem para descobrir caminhos para o nosso condenado futuro.

Inovações à parte, Yazd também é conhecida por outro atributo que atrai muitos turistas: é considerada uma das mais representativas comunidades nativas remanescentes do zoroastrismo até os dias de hoje, apesar dos constrangimentos que essa religião enfrenta por parte da teocracia dos aiatolás.

O zoroastrismo durou cerca de 1.700 anos, até o século VII d.C., quando foi suplantado pelo islamismo. Mas até hoje seus ritos sobrevivem em pequenas comunidades, como Yazd. No Irã, os zoroastristas são uma minoria religiosa, abrangendo pouco mais de 25 mil adeptos, e têm assento no Parlamento. Fazem parte da pequena parcela não islâmica da população composta também por cristãos, judeus e bahais. Calcula-se que no mundo 190 mil pessoas sejam praticantes do zoroastrismo, concentrados, sobretudo, no Irã, no Paquistão e na Índia.

Em *Cartas Persas*, Montesquieu se refere à chegada do islã na vida zoroastrista: "Vejo, minha irmã, que aprendeste com os muçulmanos a caluniar nossa santa religião. Não adoramos os elementos nem os astros, nem os adoraram nunca nossos pais; nunca lhes erigiram templos, nunca lhes ofereceram sacrifícios, tributaram-lhes somente culto religioso. Em nome de Deus que nos ilumina, toma, irmã, este sagrado livro que te trago; é o livro de nosso legislador Zoroastro..."

Grande monumento ao zoroastrismo, em Yazd também se encontra o Templo do Fogo Vitorioso, Atash Behram, um dos mais antigos e significativos do mundo, frequentado por visitantes e pelos poucos zoroastristas que resistem no Irã. Calcula-se que ele esteja ali desde 470 d.C., mas só na década de 1960 foi permitida a entrada de não zoroastristas.

No alto da fachada do Templo do Fogo Vitorioso se projeta o Faravahar, o maior símbolo zoroastrista, que se tornou parte da identidade persa. Parte homem e parte animal, o faravahar, que quer dizer "escolha", é um ser meio homem meio bicho, em que cada parte guarda um preceito do zoroastrismo. O ser alado, com cabeça humana, representa a alma. As três camadas de penas representam os três pilares da fé: boas palavras, bons pensamentos, boas ações. O círculo no meio do tronco do Faravahar indica que o nosso espírito é imortal, não tendo nem começo nem fim. E as duas flâmulas sinalizam a dualidade do bem e do mal.

Dentro do templo, enquanto boa parte dos turistas admira alguns dos gatas compostos por Zaratustra e expostos nas paredes do templo, um sacerdote, vestido de branco, ouve os fiéis e acompanha as orações junto ao fogo sagrado, que arde numa pira metálica colocada sobre uma plataforma de pedra. Os religiosos rezam junto ao fogo, que também é o símbolo da sabedoria e da luz divina de Ahúra Mazda, fazendo oferendas de incenso. Para eles, seu deus supremo Ahúra Mazda, o criador da vida e fonte de bondade e felicidade, também se caracteriza como onisciente, onipotente, onipresente e inalcançável para a compreensão humana. Os religiosos oram cinco vezes ao dia, com a boca protegida por um tecido para não contaminar os vapores do fogo.

A poucos quilômetros dali, outro marco longevo se ergue num monte isolado na planície seca, como testemunha do passado zoroastrista: uma Torre do Silêncio, o lugar sagrado, dedicado aos funerais dos seguidores da religião, que não enterravam seus mortos. Depois de lavados e cobertos com túnicas brancas, os corpos eram levados ao alto de construções erguidas em montanhas e colocados sobre uma plataforma, no alto de uma torre de pedra circular, conhecidas como *dakhmas*, ou Torres do Silêncio. Expostos aos elementos naturais e aos abutres, os corpos repousavam ali até que fossem completamente devorados e só restassem os ossos, que eram depois colhidos e colocados em fossas chamadas de ossuários. Edificados para abrigar cadáveres, considerados impuros, as dakhmas, os cuidadores dos mortos, impediam, assim, a contaminação da terra e da água, consideradas sagradas.

Apenas eles tinham acesso às Torres do Silêncio. Como os antigos zoroastristas celebravam a vida e consideravam a morte o mal, conta Gina Nahai, "qualquer um que tocasse os mortos — todos os agentes funerários — era considerado impuro e marginalizado. Eles viviam separados, herdavam suas posições de seus pais e se casavam apenas entre si".

Os originais ritos funerários praticados pelos zoroastristas também não passaram despercebidos por Heródoto. O historiador revela sua estranheza sobre a forma de se lidar com os mortos: "... algo que só se fala entre sussurros. E é encoberto num grau de mistério: concretamente, o corpo de um persa do sexo masculino só pode ser enterrado uma vez que tenha sido devorado por pássaros ou por um cachorro. Eu tenho certeza de que os magos se desincumbem dos cadáveres dessa maneira."

Assim como Heródoto, muitos são os autores que remetem à história zoroastrista de Yazd. Causa, portanto, muita incredulidade que o mais famoso dos viajantes, o navegador Marco Polo, ao relatar sua visita à cidade, não tenha feito nenhum comentário sobre a forte tradição religiosa da histórica cidade e tenha se interessado mais pelas toalhas feitas ali. Realmente, o genovês só tinha olhos para a Rota da Seda.

"Yazd é uma cidade considerável nos confins da Pérsia, onde há muito tráfego. Uma espécie de tecido de ouro e seda fabricada ali é levada pelos mercadores a todas as partes do mundo..."

De fato, as toalhas de Yazd são verdadeiras obras-primas de luxo e de bom gosto. Debruadas em dourado, bordadas com símbolos sagrados, elas exibem um design oriental extremamente sofisticado, custam caro e, atualmente, sobrevivem em pequenos ateliês espalhados pelas ruelas milenares. Mas, diferentemente do italiano, fascinado pela seda e omisso em relação ao zoroastrismo, foi um alemão que se apropriou do legado de seu profeta para torná-lo popular no Ocidente. Foi só depois de Nietzsche, no século XIX, na distante Suíça das neves, que o nome do profeta Zaratustra dos desertos ganhou o mundo. E desembarcou no meu mundo, em mais uma escala de meu percurso rumo à Pérsia.

Assim falou... Nietzsche

"Aos 30 anos de idade, Zaratustra deixou sua pátria e o lago de sua pátria e foi para as montanhas. Ali gozou de seu espírito e da sua solidão, e durante dez anos não se cansou..."

Friedrich Nietzsche, *Assim falou Zaratustra*.

O primeiro parágrafo não dava ideia do que viria depois. Eu estava no primeiro ano de faculdade quando vi o nome de Nietzsche pela primeira vez. E também o de Zaratustra.

Sempre estive um pouco atrasada nas trilhas do conhecimento. E, como era de lei, numa época em que a literatura fazia parte da artilharia amorosa de qualquer universitário, Nietzsche entrou na minha vida mais pela via dos afetos do que propriamente da filosofia. Um jovem de descendência chinesa, colega de classe, meio apaixonado, me presenteou com um livro de poesias (seria Vinícius?) e outro, com uma respeitável capa dura vermelha e nome de estranha imponência: *Assim falou Zaratustra*, de Friedrich Nietzsche.

Totalmente alienada tanto do filósofo, mais famoso pela declaração de que "Deus está morto", como do personagem que dá nome ao livro, inocentemente acreditei que se tratavam de poemas de amor. Seguia o primeiro parágrafo: "Mas enfim seu coração mudou — e um dia ele se levantou com a aurora, foi para diante do sol e assim lhe falou: 'Ó, Grande astro! Que seria da tua felicidade, se não tivesses aqueles que iluminas.'" Até aí, tudo bem, mas o que veio a seguir me deixou bem perturbada.

A partir dali, o livro dizia coisas, com ares de profecia, que soavam feito trovoada aos meus ouvidos estupefatos. "Zaratustra, o primeiro psicólogo dos bons, é — em consequência — um amigo dos maus." E por aí segue Nietzsche em sua obra demolidora dos pilares da cultura ocidental.

Li inteiro de um folego só. E não entendi nada, mas perdi o fôlego. E é o próprio filósofo quem diz: "Um livro para todos e para ninguém." Na época não me ocorreu que o profeta Zaratustra tinha existido de verdade. Obviamente não estávamos em tempos de Wikipédia para aprender num fast-food do conhecimento. Só décadas depois, ao ler o livro com o devido acompanhamento acadêmico, aprendi sobre Zaratustra e sobre Nietzsche, o filósofo genial que estremeceu o mundo com sua filosofia "a marteladas".

Entre golpes de seu machado inexorável, de novo a Pérsia se interpunha entre mim e o destino, que, antes de chegar à Pérsia, passou pela suíça Basileia.

Apesar do inverno que castiga a cidade com dez abaixo de zero no auge dos invernos, a cidade transborda beleza. Cortada pelo rio Reno, a Basileia faz fronteira com mais dois países: França e Alemanha. Considerada a "capital cultural da Suíça", com cerca de quarenta museus, incontáveis teatros e galerias e eventos culturais durante todo o ano, na cidade também funciona uma das mais antigas universidades do mundo, fundada em 1460.

Perto da universidade fica uma fonte de austeras feições, um monumento do século XIX, renomeado em 2015 para celebrar o personagem mais importante a passar por ela diariamente, durante 7 anos, no seu caminho para o trabalho: Friedrich Nietzsche.

No caminho entre a fonte, a universidade e o hospício, a história de Nietzsche é inseparável da Basileia. Nascido na Alemanha, filho de família de pastores luteranos poloneses e alemães, o filósofo veio para a Suíça lecionar na Universidade de Basel. Ali ele começou sua carreira como filólogo clássico antes de se dedicar à filosofia. Entre idas e vindas para se tratar de uma doença que o torturou toda a vida — acredita-se que em decorrência de sífilis —, ele foi professor de filologia clássica entre os anos de 1869 e 1876.

Nos arquivos dos cursos que ministrou, disponíveis online, constata-se que Nietzsche nunca teve mais de dez alunos e, frequentemente, ninguém se inscrevia em suas aulas. Conta um dos biógrafos do filósofo que quando Nietzsche assumiu seu cargo de professor, seus colegas o boicotaram, aconselhando seus alunos a não comparecerem aos cursos do alemão que seria um "peso leve e não um filósofo". Também foi na Basileia que, apesar dos esforços de sabotagem de seus colegas, o filósofo criou reputação e onde produziu algumas de suas maiores obras, como *Assim falou Zaratustra*.

O livro apresentou o nome do fundador do zoroastrismo à Europa, numa época de florescente orientalismo. A irmã de Nietzsche contava que seu irmão tinha em mente a figura de Zaratustra desde os primeiros anos de sua juventude: "Certa vez ele me disse que, mesmo quando criança, ele havia sonhado com ele. Em diferentes períodos de sua vida, ele chamaria essa aparição em seus sonhos por nomes diferentes; mas no final ele declara em uma nota sobre o assunto: 'Eu tive que fazer um persa a honra de identificá-lo com essa criatura da minha fantasia.'"

Nietzsche — assim como Schopenhauer — tinha especial admiração pelo mundo oriental, que reputava como o mais grandioso manancial de conhecimentos e de sabedorias do mundo. São muitas suas referências às grandes culturas asiáticas da China, Índia e Pérsia. Foi assim que, inspirado pelos preceitos zoroastristas, ele transformou Zaratustra no porta-voz de muitas de suas próprias ideias — e não das do profeta, é bom que se entenda —, o que causou muitos mal-entendidos inicialmente. Alguns estudiosos do zoroastrismo lutaram para buscar no texto a tradução direta das ideias do profeta persa, assim como iranianos chegaram a ver no Zaratustra de Nietzsche uma réplica exata do profeta persa original e seus ensinamentos.

Mas foi o próprio Nietzsche quem explicou num outro livro seu, *Ecce Homo,* a escolha do profeta persa como protagonista de seu livro:

"Não me foi perguntado, deveria me ter sido perguntado, o que precisamente em minha boca, na boca do primeiro imoralista, significa o nome Zaratustra: pois o que constitui a imensa singularidade deste persa na história é precisamente o contrário disso. Zaratustra foi o primeiro a ver na luta entre o bem e o mal a verdadeira roda motriz na engrenagem das coisas — a transposição da moral para a metafísica, como força, causa, fim em si, é obra sua." E acrescenta: "O que o nome Zaratustra significa na minha boca. O ponto mais importante é que Zaratustra é mais veraz do que qualquer outro pensador. Sua doutrina, apenas ela, tem a verdade como virtude maior — isso é o contrário da covardia do idealista, que bate em fuga diante da realidade. Zaratustra tem mais valentia no corpo do que os pensadores todos reunidos. Falar a verdade e atirar bem com flechas, eis a virtude persa."

Nietzsche fez numerosas alusões elogiosas à cultura persa e ao zoroastrismo. Aqui, não só o filósofo presta reverência ao maior valor zoroastrista, "a Verdade", como também remete a um dos registros de Heródoto, segundo o qual na sociedade aquemênida "os persas educam seus meninos para cavalgar bem, atirar no alvo e falar a verdade". Essas virtudes reforçam a visão altamente positiva que Nietzsche faz da coragem no homem.

Complexo na forma e no conteúdo, o próprio Nietzsche voltaria a Zaratustra em outras obras para tentar desvendar os meandros de seu livro. Em carta à irmã: "Cada palavra do meu Zaratustra é um sarcasmo triunfal e mais que um sarcasmo sobre os ideais desta época."

Depois de ler e reler, em diferentes momentos da vida, o que se extrai é a percepção de que, na visão de Nietzsche, a humanidade deve abraçar a vida terrena com todos os seus prazeres e sofrimentos e não fugir para uma vida de promessas do mundo místico e religioso. No fundo, o livro é uma grande homenagem ao ser humano e uma elegia à vida que deve ser vivida em sua plenitude. Como ele próprio salientou em *Ecce Homo*: "Entre minhas obras ocupa o meu Zaratustra um lugar à parte. Com ele, fiz à humanidade o maior presente que até agora lhe foi feito. Esse livro, com uma voz de atravessar milênios, é não apenas o livro mais elevado que existe, autêntico livro do ar das alturas... é também o mais profundo, o nascido da mais oculta riqueza da verdade, poço inesgotável onde balde nenhum desce sem que volte repleto de ouro e bondade."

Assim falou Zaratustra se sobressai na obra de Nietzsche porque, ao mesmo tempo em que trata de temas que estão presentes em toda a sua obra, como o "eterno retorno", o "super-homem", o "amor fati", ele se distingue na linguagem, totalmente diferente dos livros convencionais de filosofia. Escrito como poema em prosa, os chamados ditirambos — originalmente um tipo de canto coral, de hino do antigo teatro grego —, o filósofo aborda temas complexos de modo lírico e profético. Em *Ecce Homo*, o próprio Nietzsche aborda aquela poética quase mística de *Assim falou Zaratustra*: "Talvez se possa ver Zaratustra inteiro como música."

Certamente essa vocação apontada pelo filósofo inspirou um outro alemão, músico, o romântico Richard Strauss, em 1896, a compor o poema sinfônico *Assim falou Zaratustra*, tornado mundialmente famoso pelo cineasta Stanley Kubrick em 1968, que utilizou a música como trilha sonora da introdução do filme *2001: uma odisseia no espaço*. A peça sinfônica atravessou o oceano para ser tropicalizada, em 1973, pelo músico brasileiro Eumir Deodato, que, creio, até hoje vive de seus royalties nos EUA.

Embora não seja personagem bíblico, Zaratustra também faz lá os seus milagres de multiplicação.

Assim falou... uma certa estrela

Parece inacreditável que Zaratustra, considerado o primeiro filósofo do mundo, precisasse de Nietzsche para se tornar conhecido no Ocidente. Principalmente quando se leva em consideração, no plano popular, a fama dos sábios do oriente, e no plano histórico, a influência dos princípios do zoroastrismo sobre as principais religiões monoteístas — como o judaísmo, cristianismo e islamismo. Entre elas está a concepção de um único deus, do julgamento final, do paraíso e do inferno. No lugar de Ahúra Mazda, Yahveh, Alá e Deus se destacam como deuses únicos das três grandes religiões monoteístas que permanecem vigorosas até hoje.

Diz o autor Paul William Roberts, no livro *Journey of the Magi: travels in search of the birth of Jesus*, que investigou todas as pegadas dos magos pela Pérsia, que para se entender porque "sacerdotes persas estariam interessados no nascimento de um messias judeu" é necessário saber que havia uma conexão profunda entre os persas e os judeus. Ele explica que esse relacionamento começou "quando Ciro, o Grande, arquiteto do curto, mas vasto, império persa, conquistou a Babilônia, libertou os judeus do cativeiro e decretou a reconstrução de Jerusalém, assim como a construção do Segundo Templo".

Por conta disso, o imperador persa teria sido aclamado como messias por alguns profetas. Ao deixar a Babilônia, os judeus teriam levado na bagagem para a Palestina concepções zoroastristas que, séculos depois, contagiariam sua própria religião, assim como também o cristianismo e o islamismo.

Os especialistas ressaltam que no mundo da teologia judaica há muitas pegadas do zoroastrismo persa, como a presença de anjos e demônios, de embates de Deus contra Satanás, de milagres, da chegada de vários messias. Segundo o autor, as louvações dos primeiros judeus remetem às homenagens a Ahúra Mazda, à Verdade e à Mentira, à luz e à sombra, às dualidades do zoroastrismo. Um dos pergaminhos do Mar Morto[4], por exemplo, invoca a guerra dos filhos da luz contra os filhos das trevas, cercados de anjos e demônios em seus exércitos dialéticos.

Acompanhando os três magos, outro símbolo central da narrativa natalina, com presença garantida nos presépios do mundo ocidental é a conhecida "Estrela-guia" ou "Estrela de Belém". Na sua cauda, ela também deixou pegadas da possível relação umbilical do zoroastrismo com o cristianismo, que a ciência tenta decifrar. A aludida estrela, que teria guiado os magos durante dias da Pérsia a Jerusalém para visitar Jesus, tem sido objeto de muita pesquisa

---

4   Desde 1965, os mais antigos documentos bíblicos, os Manuscritos do Mar Morto — mais de novecentos fragmentos, datados a partir do segundo século a.C., cuja tradução só foi concluída em 2002 — estão em exibição num espaço conhecido como "Santuário do Livro", parte do Museu de Israel, em Jerusalém. Os primeiros pergaminhos foram encontrados em uma caverna perto do Mar Morto em 1947 por um pastor nômade, no encalço de uma cabra extraviada. Outros foram descobertos nas mãos de beduínos que tentavam vendê-los num bazar. Pelos dez anos seguintes, centenas de outros textos foram encontrados em onze cavernas na região de Qumran, no deserto da Judeia.

por parte dos astrônomos há séculos. Para eles, a explicação da passagem bíblica também está nos céus, não no reino do sagrado, e, sim, no da astrofísica.

O astrônomo alemão Johannes Kepler, brilhante cientista do Iluminismo, observou em 1604 uma nova estrela nos pés da constelação de Serpens, que tinha brilho intenso e duradouro. Segundo ele, tratava-se de uma supernova, "uma estrela que resplandeceu e cintilou como a mais bela e gloriosa tocha já vista quando conduzida por um vento forte", descrevendo-a como "uma obra extraordinariamente maravilhosa de Deus". Kepler estava convencido de que a nova estrela era a mesma que os três reis seguiram a caminho de Belém e Jerusalém.

Em 2007, o quebra-cabeça envolvendo a história bíblica dos três magos ganhou uma nova configuração, dessa vez da parte de um cientista da Universidade de Notre Dame, nos Estados Unidos. O astrofísico teórico, Grant Mathews, debruçou-se sobre dados históricos, astronômicos e bíblicos para concluir que o fenômeno excepcional no céu no ano 6 a.C., que teria atraído os magos na época do nascimento de Jesus Cristo, era provavelmente um alinhamento extremamente raro de planetas, do Sol e da Lua, algo que nunca mais se repetiu nos céus.

Uma vez que os magos, sábios e sacerdotes zoroastristas estudavam astronomia e astrologia e usavam a posição dos planetas e estrelas no céu para interpretar o mundo e se orientar na Terra, seria plausível que eles também estivessem investigando algum acontecimento estelar único ao dirigir-se até a Judeia. Estudiosos do cristianismo ouvidos por Roberts relatam que "os astrólogos persas tinham observado no céu um evento astronômico de muita importância e sabiam que isso tinha muito significado para Israel", de quem os magos zoroastristas eram aliados. "Os magos estavam conscientes de que algo imensamente importante estava em risco depois do nascimento de Jesus, algo que estava no coração da doutrina de Zoroastro: uma guerra entre as forças da Verdade e as forças da Mentira."

Como concluiu um estudioso de misticismo oriental, citado pelo autor, Paul Roberts: "Sem Zoroastro, não teria havido Cristo. Ele foi a ponte."

Assim falaram... Mitra e Mani

No dia 21 de março, o templo de Garni, a 28km de Ierevan, capital da Armênia, transforma-se em sede do zoroastrismo. Afluem adeptos vindos do Irã, da Índia, do Uzbequistão e um ou outro convertido ocidental. Diante do templo greco-romano são praticados rituais em homenagem ao fogo — elemento central do zoroastrismo — e lidos os gatas, os hinos, de Zaratustra.

O templo de Garni é o epicentro de um minoritário grupo de neopagãos, dentre os quais se alinham os zoroastristas que, no dia 21, reúnem-se para celebrar a maior festa do calendário iraniano, o *Nowruz*, o Ano-novo iraniano, uma data milenar criada no auge da religião de Zaratustra milênios antes de Cristo. A Armênia, primeira nação a adotar o Cristianismo, no século IV d.C., e que, em diferentes períodos da história, conviveu e guerreou com os persas, tem entre seus marcos turísticos esse templo pagão. Garni é o fruto da mistura dos seus deuses próprios com divindades persas.

Na Armênia, esse exemplo majestoso da arquitetura helenística foi construído no primeiro século de nossa era sob a soberania do rei Tiridates I para venerar o deus do Sol, Mitra, divindade do panteão persa. Com esse gesto, o monarca armênio tentou conciliar as contendas com os impérios vizinhos hegemônicos: o Romano e o Parto, da Pérsia.

O templo está localizado na província de Kotayk, na Armênia, região habitada desde o Neolítico, ao lado do o Rio Azat, e é cercado de montanhas caucasianas, em geral, cobertas de neve. No dia em que visitamos o templo, que é suspenso por 24 pilares de basalto, simbolizando as 24 horas do dia, havia poucos turistas. Subimos as 9 escadas daquele imenso panteão de mármore branco ao som de uma música misteriosa. Dentro do templo, um músico tirava canções antigas armênias e persas do seu *duduk*, instrumento de sopro antigo da tradição musical do país, chamado de "oboé armênio", caracterizado por um timbre quente, macio e levemente nasal.

O templo de Garni, também conhecido como o Partenon armênio, é o único templo de estilo helênico que resta na Armênia nos dias de hoje. Mas se ele alcançou a graça de ser o único edifício pagão preservado após a adoção do cristianismo, quando praticamente todos os templos não cristãos foram destruídos, não foi poupado de um terremoto devastador em 1679. Reconstruído na década de 1970, utilizando em grande parte suas pedras originais, foi classificado como Patrimônio Mundial da UNESCO e acabou se tornando uma das principais atrações turísticas da Armênia e um dos santuários centrais do neopaganismo daquele país.

Não é coincidência que os zoroastristas escolham o templo como seu lugar de celebração do *Nowruz*. O deus Mitra, a quem o templo é dedicado, é aparentado com o zoroastrismo. Seu culto foi registrado em inscrições cuneiformes persas e nos textos védicos indianos desde o século IV a.C. Entre os persas, aparentemente, não havia rivalidade entre os cultos do panteão politeísta — Mitra e Anaíta, em especial — e o culto monoteísta de Ahúra Mazda, resultado de um império multiétnico, multirreligioso e de políticas de tolerância dos aquemênidas. Não se sabe exatamente quando a adoração de Mitra se transformou em culto, uma vez que no zoroastrismo ele era considerado um deus de segundo escalão.

Até o nascimento de Zaratustra, a religião persa era politeísta, com Ahúra Mazda, o "Sábio Senhor", no topo da hierarquia, Mitra imediatamente abaixo dele e uma coletividade de entidades menores chamados *ahuras* situadas mais abaixo. Essa era a composição das hostes celestes. Do outro lado havia as hostes do mal, chefiada por Ahrimã, comandante de poderoso exército de seres malignos, chamados *devas*.

Conhecido como o deus da luz, pureza, bondade e verdade, Mitra se tornou objeto de muita adoração por parte dos persas, por conta de milagres e da distribuição de comida e vinho aos necessitados, e, por, supostamente, estancar fúrias da natureza, como secas e enchentes. As conquistas persas, como não podia deixar de ser, levaram o mitraísmo para as satrapias do império, arregimentando devotos mundo afora. No século I a.C., o culto de Mitra chegou à Roma, popularizando-se entre soldados, estrangeiros e escravos. De um lado, para os persas, Mitra era santo; de outro, para os romanos, era Deus.

Atribui-se a decadência do mitraísmo à adoção do cristianismo como religião oficial do Império Romano e à sua capacidade de incluir a todos. O culto a Mitra só era autorizado aos homens que haviam passado por rituais de iniciação, o que excluía boa parte da população, como a totalidade feminina.

Passou o mitraísmo, mas ficaram muitos dos seus rituais. Assim como o zoroastrismo contagiou o cristianismo, também o deus Mitra compareceu com força nas tradições que herdamos. Vem dessa corrente religiosa, por exemplo, a proclamação do domingo como dia santo e a celebração do dia 25 de dezembro — dia de aniversário do deus do Sol, assim como do aniversário de Jesus. Qualquer semelhança não deve ser mera coincidência.

Também na Pérsia o culto do mitraísmo acabou enfraquecido com o fim do governo dos partos[5] e a chegada de uma poderosa dinastia ao poder, o Império Sassânida, que reinaria do século III ao século VII d.C. Por mais de quatrocentos anos, a Pérsia esteve entre as três grandes potências da Ásia Ocidental do Império Romano e depois do Império Bizantino.

Com os sassânidas no poder, arranca um dos períodos históricos e civilizatórios mais pujantes da Pérsia e o derradeiro grande império iraniano pré-islâmico, intransigentemente zoroastrista. Uma má notícia para os mitraístas. Como lembra Jason Elliot, em *Mirrors of the Unseen*: "Embora a adoração da divindade solar Mitra estar difundida nos tempos partos, ela não sobreviveu ao clero zoroastrista cada vez mais autoritário dos últimos sassânidas, e é extirpada em seu próprio coração. O mitraísmo, como tantos outros componentes da cultura, desaparece da superfície da vida persa após o fim do domínio parto."

Os sassânidas entronizaram o zoroastrismo como religião oficial, alienando outros cultos que conviviam na sociedade. Ainda assim não se livrou de uma forte oposição de outra fé, fortemente derivada do próprio zoroastrismo, com sua ênfase na concepção dualista do mundo: o maniqueísmo.

Maniqueu, que viveu no século III d.C., era filho de um nobre parto e teria tido sua primeira visão aos 12 anos. Quando chegou aos 20, se autoproclamou sucessor de toda a obra

---

5   Ver cronologia: O Império Parto (247 a.C.–224 d.C.), também conhecido como Império Arsácida, foi uma das principais dinastias da antiguidade na Pérsia. Em meados do século III a.C., uma satrapia se revoltou contra o regime dos selêucidas. Os partos adotaram a arte, arquitetura e crenças religiosas, criando um império multicultural, que aglutinava as culturas autóctones persas com as helenísticas.

de Zaratustra, de Buda e de Jesus juntos. Sua filosofia concebia o Universo em permanente conflagração entre o bem e o mal, a luz contra as trevas. No homem, sustentava a seita, esses dois princípios estariam encarnados na dimensão física, a do mal, e a da alma, a do bem. Para alcançar a vitória, a pessoa devia submeter-se a um rigoroso sistema de abstenções: não comer carne, trabalhar ou fazer sexo.

Na visão do autor de *Journey of the Magi*, a doutrina do profeta Mani, "cujo pessimismo sobre a maldade inerente da criação material influenciou profundamente o pensamento cristão", foi vista pelos zoroastristas como pura heresia e seu pessimismo "um ato assombroso de ingratidão cósmica e uma abominação".

Após ter tido alguma presença na corte sassânida, Mani não escapou à ira do poderoso clero de magos persas, incomodados com o sucesso do profeta. Vítima de uma conspiração, foi condenado como herege e esfolado vivo. Embora tenha sido executado como herege, suas ideias se difundiram amplamente até o século VII. Hoje é considerada a única religião extinta. O grande adversário do maniqueísmo foi Santo Agostinho, que dedicou grande número de obras à sua contestação. Sua vitória foi tornar-se substantivo e adjetivo no embate do bem com o mal.

Assim falou... uma aldeia

Engastada no meio das montanhas ainda cobertas de neve em plena primavera, ao pé do Monte Karkas, na província de Esfahan, esconde-se uma das vilas mais adoráveis do Irã, a milenar Abyaneh, patrimônio histórico do país. Também conhecida como a aldeia vermelha, ela foi construída há mais de 2 mil anos, em argila, retirada do terreno rico em óxidos de ferro, criando um curioso mimetismo das casas que se misturam com as montanhas avermelhadas que as rodeiam. A aldeia, que transmite um sentido poderoso de Antiguidade, conseguiu preservar-se do progresso predador, como atesta Jason Elliot, em *Mirrors of the Unseen*: "Em alguns lugares como Yazd, no sul, e a aldeia de Abyaneh, perto de Kashan, a beleza e a singularidade das estruturas locais foram respeitadas e foram colocados limites a certos modelos de desenvolvimento."

O conjunto arquitetônico, composto por ruas estreitas e inclinadas, destaca-se pelas casas, de tijolos de barro, construídas em patamares, nas encostas, como se fossem colocadas em uma escada, de forma que os telhados de algumas delas — as lajes — são usados como pátio para outras casas. Enfeitadas com janelas de treliça e frágeis terraços, elas possuem um outro detalhe peculiar: suas maçanetas. Em geral, cada porta ostenta duas maçanetas, uma longa e outra arredondada, com sons diferentes. O ferrolho longo é destinado para visitantes do sexo masculino e o redondo para o sexo feminino, de forma que quem está dentro identifique o visitante. Se for um homem batendo à porta e o homem da casa não estiver em casa para atender, a mulher saberia que ela tem que usar seu *hijab* antes de atender ao chamado.

Embora pequena em termos populacionais, hospedando cerca de 150 pessoas, a vila de Abyaneh é uma velha contemporânea dos sassânidas. E registra a audácia de ter sido a última aldeia a render-se ao islã. De perseguidores a perseguidos, quando os árabes invadiram a Pérsia no século VII, alguns seguidores da religião zoroastrista fugiram para as montanhas e os desertos ao redor para escapar da conversão forçada ao islamismo e acabaram fundando Abyaneh.

A localização remota e o isolamento da aldeia foram fundamentais para a preservação de uma cultura antiga e original, que segue até os dias de hoje. Uma das tradições da vila é o figurino florido dos chadores femininos, num país em que a maioria se cobre com chador negro. Ao longo das aleias da cidade construída no deserto, as mulheres enfeitam o tom ocre das paredes com seu traje tradicional, que consiste de lenço longo branco com design floral colorido, cobrindo completamente os cabelos e os ombros. O chador é usado sobre vestidos coloridos e calças compridas. No inverno, o vestuário ganha a companhia de um colete de veludo.

Na porta das casas, senhoras idosas conversam, tecem, vendem nozes e fofocam sobre os turistas. As mais idosas tagarelam em phalavi, precursor do farsi moderno, uma das muitas heranças da era sassânida que sobrevive em Abyaneh. Castelos, ruínas zoroastristas, como templos do fogo, integram o cardápio de lugares históricos da aldeia, evidenciando a estrutura social hierarquizada dos sassânidas, cujo poder emanava da fusão do estado com a religião, na primeira teocracia organizada da história da Pérsia.

Após a queda do Império Aquemênida e da morte de Alexandre, em 323 a.C., a Pérsia foi repartida entre líderes militares romanos. Foram quase 600 anos dessa divisão até que a família real sassânida conquistasse o império e partes do continente asiático. Os sassânidas são considerados os últimos governantes do "grande império persa", destituídos com a invasão islâmica de povos árabes, entre os anos de 643 e 650. O jornalista brasileiro Samy Adghirni, ex-correspondente do jornal *Folha de São Paulo* no Irã, salienta que o Império Sassânida, considerado a era de ouro para os persas, teve papel determinante na consolidação da identidade nacional iraniana.

Os sassânidas exaltavam o passado aquemênida, mas se comportavam, muitas vezes, de maneira muito mais absolutista do que Ciro ou Dario jamais fizeram. Exerciam o poder com mão pesada, investindo contra minorias, opositores, religiosos e inimigos. Com os sassânidas, religião e Estado foram, pela primeira vez, engenhosamente fundidos. Os governantes se autoinvestiram de autoridade divina. O poderoso clero zoroastrista administrava a justiça real, enquanto os reis e generais mais famosos desse império cosmopolita se batiam em guerras.

Adghirni comenta que "imperadores usaram seu poder absoluto para criar uma hierarquia clerical, a serviço do Estado, num modelo semelhante ao da atual República Islâmica".

Durante quatro séculos, os sassânidas fizeram frente aos romanos e aos bizantinos, restaurando as fronteiras intercontinentais do domínio persa aquemênida, conquistando amplos territórios na Mesopotâmia, na Síria e na Ásia Menor. Os sassânidas invadiram a Índia e a Armênia, impondo-lhes pesados tributos, coisa que até hoje os armênios relembram com amargor. Na disputa por territórios, tiveram de ceder e permitir a liberdade religiosa na Armênia, dado que o país já havia se tornado cristão.

No livro *Persia Through Writers' Eyes — A Pérsia através dos olhos dos escritores —*, uma coletânea de textos de vários autores ao longo dos séculos comenta que o comprometimento sassânida com o zoroastrismo foi cunhado no verso de suas moedas, que ostentavam uma imagem do fogo sagrado. "Os reis sassânidas fundaram inumeráveis templos do fogo e ajudaram a apoiar um exército de sacerdotes zoroastristas que se espalharam por todos os domínios do império. O cânone oficial dos ensinamentos e liturgias do zoroastrismo, o *Avesta*, foi finalmente compilado e recebeu sua forma escrita."

Segundo o autor de *Mirrors of the Unseen,* os reis deveriam ser reconhecidos não apenas por sua retidão e sabedoria, mas também por suas qualidades como caçadores, poetas e músicos. "É uma combinação distintamente persa", diz o autor: "Sua roupa e joias eram requintadas; seu capacete imperial fabulosamente ornamentado. A vida da nobreza sassânida era culta e luxuosa: o xadrez, tênis e polo foram legados ao Ocidente."

Toda a linhagem da última dinastia pré-islâmica, fundada por um herói conhecido como Adashir Sasan, foi imortalizada pelo épico de Ferdowsi, o *Shahnameh*. Também foi fartamente retratada em outro épico, o *Livro das mil e uma noites*, cujo rei Sharyar, protagonista da narrativa com Sherazade, pertencia a essa dinastia. No terceiro livro do "Ramo Egípcio" da coletânea traduzida por Mamede Mustafa Jarouche, o livro descreve diferentes momentos da vida de luxo da corte sassânida e revela um hábito dos reis bastante comentado: a distribuição de trajes honoríficos:

> Ao ouvir as palavras do criado, presenteou-o com uma roupa honorífica e disse aos membros da corte: 'Quem quer que esteja presente nessa assembleia, se, de fato, gostar de mim, tratará bem este criado e lhe dará dinheiro, joias, rubis, corcéis, asnos, propriedades e jardins.'"

Todo luxo e cosmopolitismo dos sassânidas foi varrido da história por um inimigo com que eles não contavam, como lembra Jason. "Quando, em 637, o palácio incrustado de joias em Ctesiphon[6] foi invadido, foi por um inimigo virtualmente desconhecido. Sua língua, religião e costumes não eram familiares, mas a fúria dele o tornava irrefreável. Eram os árabes."

---

6   Ctesiphon, localizada hoje no Iraque, foi capital real do império persa nas eras parta e sassânida por mais de oitocentos anos, até a conquista muçulmana da Pérsia em 651 d.C.

São múltiplas as referências à invasão árabe na literatura persa, que conseguiram sobreviver à sanha dos conquistadores. Na versão do "Ramo Sírio" das *Mil e uma noites*, por uma questão de sobrevivência, está expressa a tensão entre zoroastristas e os árabes.

> 66 Nós adorávamos o Sol e a Lua, mas Deus nos agraciou com a fé e nos salvou daquele extravio no qual nos encontrávamos, conduzindo-nos para a fé do Islã."

Stephen Kinzer, no livro *All the shah's men,* acrescenta outras razões para a derrocada do último Império Sassânida e zoroastrista, além da espada afiada dos conquistadores islâmicos. "O destino da Pérsia era igual ao de muitos impérios. Seu exército tinha sido desgastado por longas campanhas, seus líderes haviam escorregado do que os sacerdotes zoroastristas chamariam de reino da luz para o das trevas. As pessoas caíram na pobreza enquanto o tribunal ganancioso impunha impostos cada vez maiores. A tirania despedaçou o contrato social entre governante e governados que a doutrina zoroastrista sustenta ser a base da vida organizada. Por ambos os padrões políticos e religiosos, a última das dinastias pré-islâmicas na Pérsia, os sassânidas perderam o direito de governar."

Foi-se outro império, mas não suas lições. "A religião zoroastrista ensinou aos iranianos que os cidadãos têm um direito inalienável à liderança esclarecida e que o dever não é apenas obedecer, mas também se levantar contra os iníquos."

A maior vitória do zoroastrismo foi tornar-se constitutivo da identidade persa, atravessando eras, xás, aiatolás, como matéria-prima do cotidiano dos iranianos até os dias de hoje. Que o diga Abyaneh, e sua origem sassânida, que uma vez por ano atrai um aluvião de visitantes nativos e estrangeiros, que vêm especialmente para celebrar o maior marco da cultura deixada pela religião pré-islâmica, a maior e mais antiga festa persa: o *Nowruz*.

Assim falou o Ano-novo

Quem sobe pela Lopes Quintas, no Jardim Botânico, quase que instantaneamente lembra que ali, entre prédios residenciais e o espetacular jardim, também está alojado o maior império de comunicação do Brasil, a Rede Globo. O que ninguém suspeita é que todo dia 21 de março, numa daquelas charmosas casinhas de vila da mesma rua da Globo, um grupo incomum celebra o Ano-novo Persa, em torno de uma mesa cheia de frutas, objetos, peixes, ovos, espelhos.

No ano em que fui convidada pelo professor emérito de engenharia da PUC, o iraniano Khosrow Ghavami, para me juntar à minúscula comunidade de iranianos no Rio de Janeiro por ocasião de sua festa zoroastrista, o cardápio incluía um delicioso *fesenjän*, ensopado de frango em molho de nozes e xarope de romã, com arroz persa à base de açafrão e de *zeresh* (uma frutinha vermelha, parecida com cranberry), acompanhado ainda de uma música ao vivo toda tirada em antigos instrumentos de corda persas, como kamanche e setar.

Já em Karaj, no Irã, na família de minha amiga iraniana, o ciclo de celebrações não começa até que seu pai — o mais idoso da família — honre a maior das tradições: a leitura de um dos versos do *Shahnameh*, o *Livro dos Reis*, o épico escrito pelo poeta Ferdowsi, entre os séculos X e XI. É ali que habita a origem mitológica do maior festival persa. "Jamshid pesquisou o mundo e não viu ninguém cuja grandeza e esplendor pudessem se comparar aos seus: e aquele que conhecera a Deus tornou-se ingrato, orgulhoso, esquecido do nome de Deus."

Nowruz tem origem numa das lendas fundadoras da Pérsia, segundo a qual o rei Jamshid — citado também no livro sagrado do *Avesta* e até hoje um nome muito popular entre os iranianos — inaugurou uma era dourada no império. Na narrativa fantástica de Ferdowsi, Jamshid foi o quarto rei da Pérsia.

Comandava exércitos de anjos e demônios, cultuando o deus zoroastrista Ahúra Mazda. Conta o poeta que, durante seu reinado, Jamshid implantou muitas melhorias na vida dos iranianos: da fabricação de armas à produção do vinho, da construção de casas de tijolo à invenção do perfume, da tecelagem em seda e lã à navegação. Após terminar seu trabalho, conta o *Shahnameh*, Jamshid se esforçou para subir ainda mais.

"Com seu *farr* real,[7] ele construiu um trono cravejado de gemas, e demônios o levaram da Terra até os céus; lá ele sentou em seu trono, como o Sol brilhando no céu. As criaturas do mundo se reuniram maravilhadas com ele e espalharam joias nele, e chamaram esse dia de Dia Novo, ou *Nowruz*. No primeiro dia do mês de Favardin, quando Jamshid finalmente descansou de seus trabalhos, seus nobres fizeram um grande banquete, chamando por vinho e músicos, e esse esplêndido festival foi eternizado como um memorial a Jamshid." De acordo com a lenda, o rei viveu setecentos anos. E, como em geral passava com os reis do *Shahnameh*, depois de sua ascensão, Jamshid experimentou uma brutal queda, a ponto de perder o *farr* real. Foi-se Jamshid, mas sua maior herança se repete a cada ano.

Nowruz, que significa "novo dia", não é um feriado religioso, mas uma celebração ancestral de novos começos, de boas-vindas ao futuro e de despedida dos passados. Como é aconselhado na cultura persa e zoroastrista, as cerimônias em torno de *Nowruz* se concentram na comunidade, na família e no profundo respeito pela tradição.

O francês Jean Chardin passou boa parte da vida — entre 1666 e 1677 — viajando e vendendo joias para os safávidas, primeira dinastia xiita da Pérsia[8]. Morreu rico e deixou de herança dez volumes contando suas aventuras e suas observações da cultura persa nos diferentes períodos

---

7   Um brilho radiante que os reis persas emanavam por designação divina como o que os legitimava como reis.
8   Ver mais sobre os safávidas no capítulo "Onde as toalhas voam e os tapetes florescem".

em que viveu lá. Foi o autor dos relatos ocidentais pioneiros sobre aquela civilização. No livro *Voyages du Chevalier Chardin en Perse et autres lieux de l'Orient*, citado pela obra *Persia Through Writers' Eyes*, ele relata extasiado a celebração de *Nowruz* na luxuosa corte do Xá Abbas II:

"O Ano-novo é anunciado ao povo por salvas de artilharia e fogo de mosquete na capital e outras grandes cidades. Os astrólogos, magnificamente vestidos, chegam ao palácio real, ou ao palácio do governador local, uma ou duas horas antes do equinócio para observar o momento. Eles fazem isso em um terraço ou plataforma com um astrolábio e, assim que emitem o sinal, as salvas são descarregadas e os instrumentos musicais — os tambores, buzinas e trompetes — fazem o ar ecoar com seu som. Em Esfahan, todos os dias a música do festival é tocada diante do portão do rei com danças, fogos de artifício e shows, como em uma feira, e todos passam o oitavo dia em um estado indescritível de alegria." Segundo ele, esse era o melhor momento para ver a vida na corte "porque há mais pompa e magnificência do que em qualquer outro momento, com todos tentando superar um ao outro com seu melhor e mais rico vestuário".

Em parte, isso segue sendo verdade não para a vida de uma corte que já não existe, mas das pessoas comuns. Dos ricos aos pobres, no Irã não há festa que se compare ao *Nowruz*. Durante, pelo menos, três semanas, o país para e mergulha num ciclo febril de atividades, envolvendo rituais, socialização com amigos e parentes, comilança e troca de presentes. É impossível conseguir qualquer coisa que fuja dessa "rave persa". Fui vítima dessa febre que impediu que eu conseguisse falar com qualquer autoridade a respeito de meu visto durante uns quinze dias, por ocasião de minha primeira viagem ao Irã. Não teve Alá nem jeitinho brasileiro que fizesse frente a empolgação que toma conta dos corações, mentes e burocracias.

A ansiedade coletiva arrebenta semanas antes, com um frenesi de limpeza e renovação completa dos armários e das casas. Tapetes espetaculares são aspirados e pendurados do lado de fora, nos muros, para serem devidamente espanados; vizinhos compartilham seus planos para a ocasião; as ruas se enchem de artistas mambembes, vendedores ambulantes, oferecendo de bugigangas chinesas, artesanato, comida e o indefectível arroz-doce, que só é vendido nessa época do ano. A sociedade é assolada por uma inquietude que invade as lojas e os bazares em passos apressados de quem vai em busca de roupas novas e de presentes. Numa reportagem, a CNN descreveu o *Nowruz* como sendo uma celebração gigantesca, algo como o Natal, o Ano-novo e o Quatro de Julho juntos.

No século XVII não era diferente. Conta Chardin que os antigos persas costumavam apelidar o *Nowruz* de "festival das roupas novas", porque mesmo os mais pobres vestiam um conjunto novo de roupas, e aqueles que podiam bancar, trajavam roupas novas durante todo o festival.

Quando a revolução de 1979 transformou a Pérsia em República Islâmica do Irã, o novo governo tentou diminuir a intensidade da festa, associada às raízes pré-islâmicas, mas foi vencido pelo peso que essa tradição milenar tem para a sociedade. A perspectiva de perder

Nowruz levou a uma reação furiosa por parte da população. Os aiatolás tiveram de engolir a seco o sincretismo pagão.

O Ano-novo persa ocorre no equinócio da primavera, geralmente em 20 ou 21 de março no calendário ocidental. Durante esse período, as famílias se reúnem, comem juntas e juntas desfrutam de rituais que se repetem em todas as casas. Nas mesas, sempre a decoração é dedicada aos sete S's — *Haft Sin* — que compreende sete itens simbólicos, que começam com a letra S, em farsi, representando os diferentes desejos para o ano novo. Assim, é imperativo que uma mesa de *Nowruz* inclua: grama de trigo em germinação, ervas, alimentos secos e vinagre, alho, maçã — todos refletindo várias esperanças para o novo ano, para saúde, riqueza e prosperidade. Por exemplo, "Sir", a palavra para alho, simboliza proteção contra a doença e o mal, enquanto o vinagre, ou "Serkeh", representa longevidade e paciência; "sib", que significa maçã, invoca saúde e beleza. As mesas também incluem exemplares do *Shahnameh* e dos livros do poeta Hafez[9] e nos lares religiosos se acrescenta o Alcorão. Compõem ainda a mesa do Nowruz, espelhos, velas, água, várias frutas e ovos decorados.

Colocar na mesa e presentear ovos coloridos faz parte da tradição há séculos. No relato de Chardin, os ovos presenteados na corte safávida eram dignos de nota: "Há ovos que custam até três ducados de ouro cada. O rei distribui cerca de quinhentos deles em seu *serraglio*[10], em lindas tigelas, para as principais damas. O ovo é coberto com ouro e tem quatro pequenas figuras finas ou miniaturas nos lados. Dizem que os persas sempre deram ovos uns aos outros no Ano-novo, porque o ovo marca a origem e o começo das coisas. A quantidade de ovos vendidos para esse festival é inacreditável."

Num jantar tradicional de Nowruz, os pratos são servidos sobre o *sofreh*, a toalha de plástico com que se cobre o tapete na sala, e em geral se oferecem os seguintes pratos:

Sabzi polo Mahi: arroz com ervas (cebolinha, salsa, endro, coentro e feno-grego), servido com algum tipo de peixe-branco, que juntos representam abundância;

Reshteh Polo: arroz cozido com aletria, que, segundo a tradição, ajuda a ter sucesso na vida;

Dolma Barg: prato tradicional da cozinha azeri, preparado antes da chegada do Ano-novo. É feito de vegetais, carne e arroz previamente cozidos e depois envolvidos em folha de uva, sendo, então, cozidos novamente. Diz-se que ajuda a concretizar os desejos;

Shakarbura: pastéis recheados com um doce de nozes e assados no forno, também típicos da gastronomia azerbaijana;

Kuku sabzi: omelete com ervas (salsa, endro, coentro, espinafre, cebolinha) e nozes, servida no jantar de Ano-novo.

---

9   Ver mais sobre Hafez e outros poetas persas no capítulo "Um país de muitos bardos e alguns assassinos".
10   Serraglio: serralho, harém.

O Nowruz abre um ciclo de comemorações que dura treze dias. Cada um deles é dedicado a um mês do ano e o décimo terceiro simboliza o caos. Por isso faz parte da tradição, livrar-se desse dia, jogando a muda de trigo colocada na mesa dos sete S's em água corrente, deixando-a flutuar, devolvendo-a à natureza e libertando o velho para abrir caminho para o Ano Novo. E as famílias se livram dele — do décimo terceiro dia — fazendo piqueniques pelos parques e montanhas do país. É quando congestionamentos gigantescos tomam conta das estradas do Irã.

Na última terça-feira do ano, antes do *Nowruz*, outra grande festa zoroastrista ilumina as noites iranianas: a *Chahar Shanbe Suri*, celebrada para expulsar, simbolicamente, todos os infortúnios e a má sorte do ano que vai embora. As pessoas acendem pequenas fogueiras diante das casas e pulam sobre as chamas, gritando "Zardie man az to, sorkhie to az man", que significa: "Dê-me a sua bela cor vermelha, e leve de volta a minha palidez doentia!" Para quem não tem espaço nem tempo de acender e pular a fogueira, também é aceitável acender uma chama e gritar a referida frase.

Outra grande tradição milenar zoroastrista que antecede o *Nowruz* é a noite de *Yalda*, festejada no Irã entre 20 e 21 de dezembro e também celebrada no Afeganistão, Paquistão e Uzbequistão, territórios que foram parte de Pérsia. *Yalda* é a primeira noite de inverno, a mais longa e a mais escura do ano. Nessa noite, amigos e famílias se reúnem para comer, beber e ler poesias de Hafez juntos até o amanhecer.

Na mesa não podem faltar frutos secos, mas o destaque, segundo me contou um iraniano, fica com a romã, a fruta do inverno, e com a melancia, fruta de verão. Encontrá-la no inverno é um grande desafio. O importante é que seja uma fruta vermelha e doce, que ajude a trazer sorte, a proteger do frio e das gripes, como a romã, e trazer a alegria e o calor do verão durante o inverno, como a melancia. E que tenham sementes, que são símbolo de fertilidade e que precisam do sol para crescer. Há ainda uma vela, simbolizando a luz e a claridade do Sol.

Nessa noite em que todos dormem tarde, há ainda brincadeiras e danças. E muita adivinhação.

Normalmente, a pessoa mais idosa da casa abre o *Shahnameh*, aleatoriamente, e lê o primeiro verso da página direita para cada membro da família. Cada um interpreta para si mesmo o verso, relacionando-o com seus desejos de futuro. E, em terras dos antigos magos, na companhia de Ferdowsi e Hafez, sempre que possível, faz-se uma concessão à "bruxaria" com a leitura da sorte numa xícara de café, na mais autêntica tradição armênia, outra herança da era dos sassânidas.

Assim falou... um certo presépio

Natal, estrela-guia, magos... no final das contas, pouco importa que os reis magos não fossem reis, nem a polêmica sobre a data exata do nascimento de Cristo. Está mais do que demonstrado que não existe lugar para autenticidades nem purezas nesse mundo de Deus nem de Ahúra Mazda, nem de Mitra, nem de Alá, nem de Jeová.

Numa apropriação indébita do "eterno retorno" nietzschiano, comecei falando de uma cunhada e termino voltando ao seio familiar e às suas originalidades. Duas de minhas outras cunhadas, Machun e Pepa, são responsáveis por uma esperada obra de arte natalina, que já ingressou na agenda dessa data, como o pinheiro, o peru e os presentes, sendo renovada e aprimorada a cada ano: o presépio. A obra ganhou tanta aprovação, que já transcende o Natal e se expande por vários meses do ano. Dura mais que o carnaval no Brasil.

O exemplar da Rua Florestan Aguilar, em Madri, onde vivem minhas cunhadas, mede 3m de comprimento por 1,30m de largura e está montado sobre uma base sustentada por 3 cavaletes. Com tais proporções, o presépio tem tanta autoridade naquela casa, que se esparrama por metade da sala de estar, desalojando feito um tsunami natalino boa parte dos móveis e obras de arte da família (que até a vinda do presépio, gozavam de exclusividade aos olhos dos visitantes).

O espaço, que leva dois meses para ser montado, é de grande exuberância e diversidade étnica e estética, contendo tantas cenas da vida cotidiana de uma aldeia antiga e pobre que o próprio Jesus Cristo, a quem se dedica a homenagear, ganha inaudito anonimato na avassaladora multidão de personagens, exercendo um enorme portfólio de atividades: tem ferreiro, carregador, açougueiro, vendedor, consumidor, dona de casa, pastores, um exército de gladiadores romanos e até um bêbado. Não há somente dois burricos ao lado da manjedoura, como costuma ser na maioria recatada dos presépios. Ali, além dos burros, há mulas, cavalos, camelos, cachorros, ovelhas, cabras, vacas, um elefante e uma adorável fila de patinhos atrás da mamãe pata... toda uma arca de Noé de animais domésticos e selvagens, sem distinção. Do boi para toda uma boiada multicultural. Além disso, há os equipamentos e espaços urbanos: igreja, venda, casebres, oficinas, fontes, forte apache, escolas, campos, açougue, jardins floridos, pomares, parques e uma delegacia de polícia.

E o mais sensacional: a vila, de fabuloso hibridismo, foi concebida como um povoado medieval da provence francesa. A cada visita à sobrinha, moradora da região, elas adquirem uma ou duas peças a mais. Dizem que todo presépio tem de conter um enfeite novo a cada ano. E nisso elas não economizam. Da última vez foi um estábulo, ou melhor, todo um jóquei clube de estábulos para a cavalaria existente e um circo de saltimbancos da Comedia dell'Arte.

Também não resistiram ao novo exemplar de vendedor de *baguettes*, como se sabe, um habitante típico da Palestina.

Essa estonteante diversidade poderia representar bem as coloridas e diferentes alas de um desfile de escola de samba em miniatura, eternizado em papel machê. Que me perdoem a mangueira e a Portela, mas esse presépio, sim, é quase o maior espetáculo da terra nos quesitos de criatividade, figurino, samba-enredo, luxo e alegorias. As visitas assomam quase diariamente para contemplar até meados do ano aquela verdadeira escultura de dimensões e riqueza babilônicas. As crianças, quando não se recolhem para debaixo da mesa, babam hipnotizadas por aquela verdadeira alucinação natalina. Espocam flashes dos celulares para registrar pela enésima vez os encantos da instalação. E invariavelmente a família brinca de "Onde está Jesus Cristo", numa referência ao jogo "Onde está Wally", cuja graça é buscar o personagem no meio das multidões. Considerando que, à luz dos manuscritos do Mar Morto e das eternas controvérsias que rondam a Bíblia, muitos dos eventos da natividade têm rarefeita comprovação, como o 25 de dezembro, uma data emprestada do culto a Mitra, ressignificar é a saída.

Considerando, ainda, que os reis não eram reis, e sim magos, e que muito do judaísmo e cristianismo teve sua origem em outras filosofias, como o culto zoroastrista, sábias são minhas cunhadas, que já entenderam que, em se tratando de presépio ou de narrativas natalinas, não é imperativo preservar qualquer autenticidade ou apresentar as devidas consistências.

Depois de, pelo menos, seis meses em exposição permanente, em geral quando chega o verão (porque presépio definitivamente não combina com aquele calor subsaariano de Madri), minhas cunhadas desmontam a instalação natalina, encaixotam pastores, pomares, estábulos, colheitas, vacas e todos os rebanhos, matilhas, alcateias, embrulham personagens, reis magos, a primeira família cristã, os gladiadores e o padeiro da baguete em plástico bolha, metem tudo em grandes caixas cheias de naftalina, despejam num depósito e escapam correndo para a praia de San Juan, em Alicante. Com a sensação de dever com o presépio, com os magos, com Mitra, Zaratustra e Jesus Cristo devidamente cumprido, prontas para se abraçar com o Sol, o mar e um tinto de verão fresquinho. Elas, sim, souberam trocar os prazeres celestiais pelos terrenos. Assim falou Zaratustra!

Capítulo 4

Ô ABRE-ALAS: ORIENTALISMO À MODA CARIOCA

Persépolis "cheia de graça"

Depois de muita pesquisa, posso dizer que a intimidade do Rio com a Pérsia está mais para a Sapucaí do que para o Museu Nacional antes do incêndio. Aqui a tradição carnavalesca é tão avassaladora que nem Xerxes com seus 300, Dario com seus imortais e o aiatolá com seus mulás conseguiram impor o devido respeito à milenar Pérsia. O ziriguidum que campeia nessa parte dos trópicos é imbatível.

Mas foi preciso percorrer 10 mil quilômetros até o Irã para identificar em que subterrâneos cariocas um dos legados persas se esconde por aqui. Bem aqui, debaixo do meu nariz e das escadarias de mármore carrara do Teatro Municipal do Rio de Janeiro.

Logo que comecei a frequentar com mais assiduidade o teatro, conheci o restaurante Assyrio, no subsolo. O ambiente oriental, devidamente exotizado em colunas, em mármores e azulejos, sempre me fascinou, mas nunca pensei seriamente no que significava. Vagamente eu o associava aos egípcios, em mais uma inapelável evidência de que a ignorância cultural nos deixa analfabetos. Por falta de conhecimento da história, da cultura e da estética da Pérsia, eu não conseguia "ler" os detalhes esculpidos nas paredes do salão e as confundi com arte egípcia. Só até aí chegava minha pouca sabedoria, estava claro.

E foi assim que na primeira vez em que fui ao teatro, logo depois de voltar de minha primeira visita ao Irã, num raio retardado de clarividência, proporcionado pela experiência prévia de conhecer a arte original em que se baseavam as figuras ali representadas, caí em mim, quase despencando no meio do salão oriental. "Meu Deus, tudo isso aqui eu vi em Persépolis!"

Pérsia, no Rio de Janeiro?

Sim, Persépolis fulgura em toda sua majestade nas "catacumbas" do imperioso monumento da *belle époque* carioca, o Teatro Municipal do Rio de Janeiro. Inaugurado em 1908 e inspirado no *Opera* de Paris, o teatro era a sonhada manifestação tropical do apogeu francês na capital do Brasil. Debaixo do bordão, "O Rio civiliza-se!", a cidade, num momento conhecido como "bota abaixo", se transformava, empenhada em ser o cartão de visitas dos novos tempos republicanos. Do acanhamento urbanístico e mal cheiroso dos tempos coloniais, o Rio passou, sob a gestão do prefeito Pereira Passos, por um banho de revitalização, ganhando um conjunto de obras de infraestrutura, avenidas, praças, novos edifícios e um novo teatro. Para coroar a veleidade francesa, o teatro foi inaugurado no dia da Queda da Bastilha. Anos depois de inaugurado, o teatro viria a sucumbir ao encanto de uma outra fantasia, dessa vez de sabor oriental, com a abertura do Salão Assyrio, no subsolo do teatro. Para fazer companhia aos querubins e às musas de sua decoração, desembarcaram, no porão do teatro, parte da arquitetura e da decoração das capitais imperiais aquemênidas, Susa e Persépolis, cujas ruínas ainda repousam majestosas no distante Irã.

A versão do Municipal, concebida por um arquiteto espanhol de Sevilha e reconstituída ali mesmo na avenida Rio Branco, podia muito bem ser o butim do saque perpetrado por Alexandre da Macedônia nas míticas cidades onde reinaram Dario e Xerxes. De fato, essa gente carioca, que tem engenhosidade para criar de tudo para um desfile na Sapucaí, sabe produzir simulacros dignos de nota e de respeito, como assegura o site do teatro: "O projeto decorativo deste salão, resultante de uma composição entre os estilos babilônico, assírio e persa, remete à região da Babilônia e Assíria, onde é nítida a referência ao Palácio de Xerxes, em Persépolis (cerca de 485–465 a.C.)."

E assim, convivendo com os suspiros renascentistas das musas e dos ecos eruditos do ambiente do teatro municipal, Verdi e sua Aída compartilham o espaço com o lendário herói Gilgamesh, rei da Suméria, asfixiando um leão em um alto-relevo; Mozart e seu Don Giovanni com o Imperador Dario, que apunhala um gênio do mal; Villa Lobos, com Artaxerxes, acompanhados por seres alados com chifres de touro e da flor sagrada da Mesopotâmia, dentre outras excentricidades. Tudo à luz de lustres de inspiração árabe, engastados no bronze e no mármore.

Não surpreende, portanto, que uma combinação tão insólita tenha encontrado rapidamente seu destino, aportando significado para o inaudito vínculo entre o Rio de Janeiro do nascente século XX e a Pérsia e a Mesopotâmia de vinte séculos antes: os bailes de carnaval: "O Salão Assyrio abrigou, em décadas passadas, os primeiros grandes bailes de máscaras do Municipal. Ali funcionou também um cabaré — onde se apresentava Pixinguinha, acompanhado de seu legendário grupo Os Oito Batutas", informa o site do museu, que lembra que o primeiro baile data de 1932.

A associação da arte persa com a patuscada de Momo deve ter estimulado a imaginação dos administradores, que passaram também a promover os lendários concursos de fantasias no salão, cujo luxo extravagante de algum modo invocava as riquezas orientais com que se deleitavam os europeus do século XIX e do nascente século XX e os foliões que iam ao teatro na Cinelândia. Ainda que após diferentes ciclos de restauração, o Assyrio nunca mais tenha resgatado a tradição carnavalesca do passado e hoje seja mais um espaço para café e vinho nos intervalos dos espetáculos, sua decoração ainda causa assombro aos desavisados, sobretudo se um deles for iraniano.

"Nunca poderia imaginar que no Rio tivesse algo assim", surpreendeu-se minha ex-guia no Irã ao visitar o Assyrio. Sua perplexidade ao ver uma réplica (com toda licença poética possível) de Persépolis, ali metida no porão do edifício foi tanta que ela invadiu a palestra de um guia do teatro, que acompanhava um grupo de turistas, e acabou tomando o seu lugar.

Pouco familiarizados com as modas e a belicosidade persas, o guia e seus turistas ouviram boquiabertos uma aula de pós-graduação sobre o lugar de onde vinha a inspiração para aqueles seres alados, com chifres, aqueles "arabescos" nas paredes, aqueles delírios orientais.

Naquele dia, a bordo de uma legítima guia iraniana, os turistas ganharam na sorte grande.

É possível que a inspiração do decorador do Salão Assyrio estivesse sincronizada com a tendência orientalista que florescia na Europa ao longo do século XIX e primeiras décadas do século XX, alentada pelos múltiplos relatos de viajantes franceses, ingleses e alemães pelo Oriente Médio. Ou simplesmente que se tratasse de um ataque de excentricidade ibérica em busca de motivo para tropicalizar as mais nobres civilizações.

É uma pena — ou uma sorte — que por questão de pouco mais de cem anos esse enclave persa na Cidade Maravilhosa, o Assyrio, perdeu a chance de ser devidamente imortalizado (e muito possivelmente avacalhado) por um dos mais célebres orientalistas da literatura do século XIX, que, seguramente, teria tido farto material para divertir seu talento para a sátira.

Um inglês, um persa e um imperador

&& … na entrada do Rio de Janeiro procuraram em vão algo que pudesse diferir de tudo o que haviam visto até então; e eles não ficaram impressionados com o cenário magnífico que nos cercava (suas montanhas selvagens, fechadas até seus cumes com a vegetação mais rica), dizendo que parecia sua própria selva em Mazanderan…"

James Morier, *A second journey through Persia.*

Quando o inglês James Morier desembarcou no Rio de Janeiro em 1810, a cidade ainda era governada por Dom João VI, não existia o Teatro Municipal, muito menos o Assyrio e tampouco nenhuma das obras ou das modas afrancesadas dos vindouros tempos republicanos.

Ex-diplomata que viveu na Pérsia por quase seis anos, James Morier foi encarregado de acompanhar a primeira visita do embaixador persa, Mirza Abul Hassan, ao Ocidente.

Após visitar a Europa, em seu retorno ao Oriente, a comitiva fez escala no Rio de Janeiro, cabendo ao diplomata inglês documentar a visita dos persas, publicada no livro *A second journey through Persia, Armenia and Asia Minor*, que se passa entre os anos de 1810 e 1816. Conta a história que essa foi a primeira vez que o Rio de Janeiro joanino testemunhava a chegada de autoridades estrangeiras, um acontecimento memorável para a corte portuguesa exilada nesses tristes trópicos.

O insólito convescote, abaixo do Equador, reunindo brasileiros, portugueses, persas e ingleses no princípio do século XIX recebeu diferentes abordagens posteriormente. Do lado brasileiro, o indefectível tom ufanista foi hegemônico nos relatos. A crônica local incensava os visitantes, exaltando o figurino todo de seda, acompanhado de turbante, as barbas, os sapatos e celebrando seus feitos civilizatórios.

Durante os quinze dias em que permaneceram no Rio, os estrangeiros foram recebidos com honras de estado por Dom João VI, que patrocinou jantares, passeios, reuniões, certo de que a colônia havia recebido os hóspedes com toda pompa e circunstância cabíveis e de que os persas levaram consigo as melhores memórias da hospitalidade com que foram recebidos.

Relato bem diferente fez o escritor Morier, do alto da soberba inglesa, tão crítico do Rio como dos persas. Segundo ele, a decepção dos persas começou logo na chegada à baía e só terminou quando o navio zarpou duas semanas depois. "Eles exclamaram que era estranho que o Novo Mundo parecia ser exatamente igual ao Velho Mundo." O grupo passou vários dias em visitas públicas e jantares privados, notando que "o lugar é grande e bem construído para uma cidade colonial, possuindo vários monastérios e igrejas bonitas". O narrador, todavia, observa que o país devia bancar uma residência melhor do que o palácio acanhado em que o imperador vivia então.

Em concordância com os persas, o inglês classificou de repugnante a sujeira que infestava a cidade que um dia viria a ser maravilhosa: "Ficaram exultantes, afirmando que suas cidades eram mais limpas do que aquela que eles viam ali." Sem economizar racismo num país em pleno vigor da escravidão, Morier assegura que tal fato se deve "à comunidade negra, mais numerosa que as outras classes, e que, 'diante de certas emergências', não tem restrições, dada sua bruta criação". Em seu relato, o escritor sustenta que, no Rio de Janeiro da época, "a proporção de negros em relação a brancos de origem europeia era de nove para um. No entanto, eles se miscigenaram tanto que há compleições de todas as cores, do negro retinto ao marrom embranquecido".

Repulsa e compaixão exalam do texto de Morier. Ao descrever o mercado de escravos do Rio de Janeiro, o escritor comenta que "nos impressionou muito mais, como exemplo da iniquidade desse tráfico do que qualquer coisa que pudesse ser descrita ou dita sobre isso. De cada lado da rua onde estava instalado o mercado, havia grandes salões onde os negros eram mantidos; e durante o dia se podia vê-los em grupos melancólicos, esperando para serem vendidos pelo comerciante".

Quanto aos indígenas nativos, Morier conta que viram poucos, "já que eles preferem se esquivar a cortejar seus governantes". Mas uma experiência, pelo visto, excitou a imaginação do inglês, quando foi apresentado a uma tal de rainha de uma tribo, "tida como canibal", mantida em cativeiro por desafiar os limites territoriais portugueses. A rainha assombrou o inglês. "Seu semblante era formidável! Ela era prisioneira e todas as tentativas feitas para humanizá-la fracassaram!"

Reino na selva tem suas particularidades. E entre reis, canibais, escravos e índios, o que parece ter feito mesmo mais sucesso entre os persas na corte tropical foi um personagem inesperado e eventualmente inoportuno numa visita diplomática protocolar: um papagaio.

O louro, dado de presente a dois persas da comitiva, desencadeou tal sururu pela posse do bicho, que o embaixador ordenou que os pugilistas fossem surrados diante dele. Já os fofoqueiros envolvidos no motim foram punidos com um dos castigos mais humilhantes para os persas: o *Kufsch khordam* (comer sapatos), que consistia em golpear a boca dos culpados com um sapato. No Irã, uma das primeiras regras que se aprende é nunca entrar com sapatos na casa de alguém.

Quanto ao pobre papagaio, objeto da desavença, este já havia sucumbido antes de todos os demais castigados, decepado pela adaga dos desordeiros.

No Brasil, Morier perdeu uma outra oportunidade, por questão de pouco mais de 50 anos. Tivesse chegado no Rio entre 1850 e 1880, ele seguramente teria novos motivos para intrigar-se com a estranheza da corte tropical. Dificilmente ele poderia imaginar que, num daqueles palácios acanhados, cercado de escravos por todos os lados, vivia um colega, um dos orientalistas pioneiros na América: o imperador dom Pedro II.

Em carta publicada em *As viagens de D. Pedro II*, de Roberto Khatlab, que dedicou à sua amiga e amante, Condessa de Barral, em primeiro de setembro de 1876, o imperador observa o tempo instável de São Petersburgo, na Rússia, e comenta, em tom bastante crítico, sobre o evento de que estava participando, durante uma de suas viagens à Europa e Oriente Médio: "Condessa, esta manhã abriu-se o Congresso dos Orientalistas de uma maneira pouco brilhante. Creio que não dará grandes resultados."

Dentre os vários "heterônimos" existenciais do segundo imperador do Brasil, um dos mais dominantes era o de orientalista. Pioneiro nos estudos sobre o Oriente no Brasil e tradutor de línguas antigas orientais, Dom Pedro de Alcântara não era diletante. Fez a primeira tradução do *Livro das mil e uma noites* do árabe para o português, traduziu trechos da Bíblia do hebraico e da *Hitopadesa*, conjunto de contos traduzidos do sânscrito, além de investigar os hieróglifos egípcios.

Sendo ele um orientalista heterodoxo, vindo dos trópicos, com conhecimento de outras culturas autóctones, tinha lá suas diferenças com os orientalistas europeus, companheiros de intercâmbios, debates e congressos. Alguns pesquisadores do assunto singularizam Pedro II como um "orientalista crioulo", produto do diálogo entre a herança ibérica, indígena e o orientalismo europeu do século XIX. Pesquisador do guarani, Pedro suspeitava que a língua autóctone tinha ligações com as línguas asiáticas, como o sânscrito. De certo modo, suas traduções eram um campo de provas para suas teses linguísticas em relação ao próprio Brasil.

Um encontro entre Morier e Dom Pedro teria seguramente rendido boa matéria-prima para os diários do imperador e para as histórias satíricas do escritor. O inglês acabaria entrando para a história menos por sua carreira diplomática do que por suas novelas, ambientadas na Pérsia da Dinastia Qajar, onde ele viveu por seis anos. Criador do personagem de Hajji Baba de Esfahan, um malandro aventureiro, que sobrevivia à base de escaramuças, golpes e expedientes pouco civilizados, Morier se tornou um best-seller na Inglaterra do século XIX.

Já a Pérsia não achou muita graça nas novelas satirizando o comportamento e a cultura de seu povo. E encaminhou queixa formal ao governo britânico.

Segundo especialistas, a obra contribuiu, decisivamente, para as ideias preconceituosas dos ingleses sobre o país oriental e seu povo. A *Encyclopædia Iranica*, um projeto internacional, colaborativo, com sede na Universidade de Columbia, em Nova York, que se dedica ao estudo da civilização iraniana, afirma que a obra de Morier "serviu como garantia da superioridade cultural e moral da Europa e da missão civilizadora dos poderes imperiais".

Não é mera coincidência que *As aventuras de Hajji Baba* seja considerado um projeto orientalista, por excelência, na concepção do crítico literário Edward Said.

Orientalismo sob ataque

No final dos anos 1970, um verdadeiro terremoto abalaria os debates sobre o orientalismo, objeto de pesquisa de Morier e Dom Pedro. O epicentro foi a obra de um palestino-americano, o crítico literário, Edward Said que, ao questionar a suposta neutralidade desse campo de estudos, revolucionaria a concepção de orientalismo, arrebanhando inimigos nas academias europeias.

Em *Orientalismo, o Oriente como invenção do ocidente*, Said mostra como a tradição de escrever sobre o Oriente (especialmente sobre o mundo islâmico) era essencialmente ideológica, e que a ideologia era a do imperialismo das potências coloniais — acima de tudo, a Grã-Bretanha e a França. Para ele, o orientalismo produzia um discurso cultural que depreciava e desqualificava o Oriente como indolente, traiçoeiro, tortuoso, misterioso, cruel e inferior. Com isso, reafirmava a suposta superioridade da Europa, justificando e legitimando seu projeto de dominação e colonização.

Os pesquisadores brasileiros, em linha com outros críticos que apontaram a insuficiência da abordagem de Said para dar conta das diferentes realidades do orientalismo, reagiram no sentido de eximir Pedro de Alcântara da crítica do palestino, alegando que o imperador governava um império sem pretensões expansionistas, o que o diferenciava dos grandes impérios europeus, objeto das acusações de Said. Além disso, Pedro se aprofundava nas culturas orientais para entender melhor o Brasil. Daí os pesquisadores locais preferirem classificar nossa versão de orientalismo como "orientalismo crioulo".

A acusação de cumplicidade do orientalismo com o poder imperial, desvelada pela obra de Said, angariou muita controvérsia e animosidade por parte dos acadêmicos europeus desse campo de estudos, que apontaram reducionismos, exclusões e imprecisões na tese do crítico. Os mais indignados protestos, no entanto, procuraram não deixar pedra sobre pedra da análise de Said, como a análise feita pelo escritor inglês Robert Irwin em *Pelo amor ao saber*. Após alentada crítica dos principais pilares da teoria de Said, ele conclui: "No todo, porém, as qualidades positivas de *Orientalismo* são as de um bom romance. Ele é emocionante, está repleto de vilões sinistros, bem como de um número bastante menor de mocinhos, e o quadro que ele apresenta do mundo provém de uma rica imaginação, mas em sua essência é ficcional."

Se é verdade que o orientalismo contribuiu para o conhecimento e para o estudo das línguas e das culturas do Oriente por meio de relatos apaixonados de viajantes, desde Clavijo e Marco Polo, e que teve inúmeras variações, com diferentes intencionalidades, não se pode ignorar que a crítica de Said se aplica em muitas situações. Ainda que hoje se conserve debaixo de outros suportes e disfarces, o orientalismo, com suas sete vidas, resiste e possivelmente contribui para fomentar uma islamofobia desenfreada no Ocidente, como observou o também inglês e sempre afiado crítico, Terry Egleton, em artigo na revista *New Statesman* de 13 de fevereiro de 2006. "Tudo o que se precisa fazer para reconhecer a ampla verdade da tese de Said é ligar o aparelho de televisão."

Ou ir até o cinema.

O Oriente e Hollywood

No Irã, a reação ao filme *blockbuster* americano *300* foi categórica: "Hollywood declara guerra aos iranianos", disparou a manchete do jornal iraniano diário, *Ayandeh-No*, em 2007. No Brasil, "Rodrigo Santoro vive imperador persa em filme". E na Inglaterra a BBC resumiu: "Blogueiros iranianos protestam contra filme com Santoro."

Mais de 2500 anos depois, a batalha entre Leônidas e Xerxes, voltou do passado em forma de um novo pesadelo para os persas. Dessa vez, o sangue não correria pelos campos de batalha gregos, mas pelas telas dos cinemas e de todas as outras telas que os impérios dos milênios posteriores viriam a criar. Do momento em que foi lançado até os dias de hoje, o filme desperta paixões arrasadoras em diferentes latitudes.

No caso do Brasil, a paixão é de outra natureza, recaindo no território do culto de celebridades locais. Eu, inclusive, suspeito de que aqui o nome "Xerxes" evoque mais a barriga "tanquinho", o corpo dourado e malhado, engastado de piercings, do Rodrigo Santoro do que o imperador persa original, filho de Dario e neto de Ciro, em sua guerra com os gregos. Enquanto na escola passamos praticamente incólumes pelo império persa — em geral e com raras exceções, o aprendizado se resume ao capítulo das guerras médicas e a destruição perpetrada por Alexandre, o Grande —, na mídia a história apanha mais que os guerreiros arianos.

300, superprodução norte-americana, dirigida por Zack Snyder, mostra o rei espartano Leônidas comandar e vencer, com um exército de 300 soldados brancos, belos e musculosos, o maligno "deus-rei" Xerxes, da Pérsia, e o seu exército de 30 mil "bárbaros invasores".

O Brasil, sempre relutante sobre de que lado da história ficar, privilegia a terceira via, que se desvia da polêmica para se concentrar no quintal de casa: o ator. Como se diz na Espanha, "melhor ficar com o conhecido do que com aquele por conhecer". Ainda que interpretando um vilão, a baixa estima brasileira se sente orgulhosa de ver um patrício de protagonista, ainda que seja um *serial killer* sanguinário, como o Xerxes, tal como foi retratado pelo filme e interpretado por Santoro.

Segundo os historiadores, é a primeira vez desde a Antiguidade que Xerxes, o nosso Rodrigo, é representado por um ser mitológico, careca, sem pelos, incrustado de metais, mais próximo a um fetiche sadomasoquista de alguma tribo das savanas do que a um Imperador da Pérsia, considerado, inclusive, por muitos como um império muito mais avançado do que a Grécia. O iraniano Masoud Golsorkhi, num artigo de opinião no *The Guardian* inglês disse: "Não pode surpreender ninguém que o rei Leônidas repetidamente faz referência à 'liberdade' e chama de escravos os soldados das tropas persas. A audiência média de *300* — que eu suponho que são 16 anos de idade, aproveitando jogos de computador — não saberia que os espartanos eram notórios como escravos enquanto Persépolis foi construída por assalariados."

Retumbante sucesso de bilheteria, arrecadando mais de US$450 milhões, *300* (seguido em 2016 por *300, a Ascensão do império*, baseado numa obra de quadrinhos), também foi entronizado como um dos mais notórios exemplos da narrativa orientalista contemporânea (outros exemplos são os filmes *Nunca sem minha filha*, estrelando Sally Fields e o campeão do Oscar, *Argo*, sobre o resgate dos diplomatas americanos presos em Teerã, durante a tomada da embaixada americana em 1979).

Em *300*, impera um orientalismo 2.0, pós-moderno, tecnológico, tão anabolizado quanto os bíceps de Leônidas. Asfixiado numa orgia de efeitos visuais, sonoros e de criações digitais, o filme renova na proposta estética orientalista, reforçando representações tradicionais dessa narrativa, perfumadas de mistérios, sombras, sensualidade, exotismo, homens cobertos e mulheres descobertas. Em *300*, as odaliscas dão lugar a exércitos de bárbaros; e os bazares e *hammams*[1] são substituídos por massacres e selvagerias. Muda a forma, mas subsiste a mesma postura xenófoba, que retrata um Oriente truculento contra um Ocidente democrático, as

---

1   *Hammam*: Também conhecido como banho turco, é um local de banho público em que se permanece em um ambiente quente e cheio de vapor e em que se recebem tratamentos de esfoliação e massagem. Além de bom para a saúde, funciona como espaço de convivência e socialização.

forças civilizatórias dos gregos contra os apetites selvagens dos persas. Um artigo assinado por Ishaan Tharoor, editor da revista *Time*, de 10 de março de 2014, resume o espírito do filme: "Os persas continuam sendo a encarnação de todo estereótipo orientalista imaginável: decadente, luxurioso, covarde, fraco."

Poucos se perguntam o que teria sido do Ocidente se os persas houvessem ganhado a guerra, em vez dos gregos, seguidos pelos romanos. Nietzsche foi um deles. Num fragmento publicado postumamente, e citado pela *Encyclopædia Iranica*, Nietzsche lamenta a oportunidade histórica perdida: "Teria sido muito mais feliz se os persas se tornassem senhores dos gregos, do que com os romanos assumindo esse papel."

O filme recebeu a condenação unânime dos iranianos. E olha que não é nada fácil alcançar unanimidade num país como o Irã, onde governo e oposição, religiosos e laicos vivem às turras. Brotaram nas redes sociais as petições eletrônicas, como forma de protesto, por parte dos expatriados iranianos por todo lado, nos EUA e Canadá, que congregam grandes contingentes de imigrantes desse país. Segundo os manifestantes, *300* representava um "ataque à cultura e tradição", projetando uma imagem historicamente errada, "irresponsável" e "distorcida" da antiga Pérsia. Multiplicaram-se as manifestações de desagravo, brandindo as grandezas de um império reduzido pelo filme a uma caricatura grosseira. "Não nos esqueçamos de que Ciro, o Grande, o avô de Xerxes, redigiu a primeira declaração de direitos humanos em 539 a.C., liberando centenas de milhares de judeus da escravidão da Babilônia", lembravam os iranianos injuriados.

O governo de Teerã fez coro aos protestos mundo afora, registrando suas queixas para a ONU, acusando Hollywood de fazer parte de uma "campanha insidiosa contra o Irã, insultando essa civilização e sua cultura e fomentando uma 'guerra psicológica' contra o Irã e seu povo". Teve gente que foi mais longe, identificando uma articulação nefasta entre o filme e a invasão e ocupação do Iraque pelos EUA, de 2003 a 2010, num exemplo genuíno da tal aliança do discurso orientalista com objetivos de conquista, do qual tratou Said.

De seu lado, Hollywood tentou escapar das acusações invocando as indefectíveis licenças poéticas: "os criadores do filme sabem que esta não é uma história baseada em fatos, que ocorre em um 'mundo mitológico fictício'", segundo explicou o diretor Snyder. A Warner Brothers, produtora do longa, salientou em entrevista à *BBC* que "o filme (é) um trabalho de ficção, baseado de forma livre em um evento histórico".

Na mesma Los Angeles de Snyder, na Tehrangeles, como é conhecida a robusta comunidade iraniana ali, o comediante americano-iraniano Maz Jobrani, igualmente contrariado, mas sem jamais perder a piada, comentou em uma de suas *stand-ups* o quanto seus compatriotas estavam enfurecidos com o filme. *"This is bull shit, man"* foi a frase que martelou nas redes sociais, segundo ele. Maz faz troça do sentimento de rejeição ao filme que transbordou da tela para as ruas de Tehrangeles. Numa de suas piadas, Jobrani conta que um amigo disse a ele que o pararam na Sunset Boulevard e perguntaram: "Você é persa?" Ele contra-atacou: "Por quê? Você é espartano?"

Crítico bastante ácido da demonização dos iranianos e orientais de um modo geral, nos EUA Jobrani, por meio do riso, move uma verdadeira cruzada para romper e denunciar os estereótipos contra os iranianos e condenar o preconceito que sofrem os imigrantes do Oriente Médio, especialmente iranianos nos EUA.

Por isso, quando David Franzoni, roteirista do blockbuster *Gladiador*, vencedor do Oscar, anunciou que estava trabalhando num filme biográfico do grande estudioso e poeta persa Rumi, ele foi recebido com aplausos. Sobretudo porque declarou que queria, com isso, desafiar o retrato estereotipado de personagens muçulmanos no cinema ocidental: "Ele é como um Shakespeare", disse Franzoni. "Ele é um personagem que tem enorme talento e valor para sua sociedade e seu povo, e obviamente ressoa hoje. Essas pessoas sempre valem a pena explorar."

Pena também que, como diz o ditado, o inferno esteja cheio de boas intenções, que nesse caso duraram dois parágrafos até o roteirista expressar, num ataque de inocente "sincericídio", que desejava ver no papel de Rumi o ator Leonardo DiCaprio, e no de seu mestre, Shams de Tabriz, o ator Robert Downey Jr.

O céu, como era de se esperar em tempos de #OccupyWallStreet, #metoo, #blacklivesmatter, #dresslikeawoman, dentre outros, desmoronou sobre ele, tal como anuncia há mais de um milênio, o *Shahnameh*. O jornal inglês *The Independent* de 6 de junho de 2016 divulgou o impacto que a ideia teve entre os imigrantes: "Cerca de 7 mil pessoas assinaram uma petição exigindo que os produtores escalem um ator do Oriente Médio para interpretar o poeta persa Rumi em um novo filme sobre sua vida." A hashtag #RumiWasntWhite começou a circular e em poucas horas gerou 12 mil tweets. Entre os protestos estava o da jovem Aayesha: "Então eles querem um branco para interpretar Rumi, um poeta persa sufi, mas quando eles precisam de um terrorista, eles acham facilmente atores muçulmanos."

O episódio reafirmou tudo aquilo sobre o qual Maz, sob a capa do humor, aponta quotidianamente. Ouvido pela *CNN*, o ator declarou: "É uma batalha dura para nós, e é desanimador que quando há papéis de maus, somos chamados, e, quando há papéis de bons, eles ficam com os atores de casa." Até onde se saiba, o filme ainda não foi lançado.

Uma obra, entre tantas como o famoso *300*, que revolta, particularmente, o comediante Jobrani é o filme *Nunca sem minha filha*, estrelado por Sally Field, que mostra uma americana, casada com um intelectual iraniano que, ao voltar ao país, se transforma num tirano, obrigando-a a seguir os mais severos costumes, a ponto de querer a guarda da filha. Em seu livro *I'm not a terrorist, but I've played one on TV* (*Não sou terrorista, mas encenei um na TV*), Maz dispara:

"Este filme fez mais para prejudicar a vida amorosa dos homens iranianos na América do que a crise dos reféns (quando a embaixada dos EUA foi invadida por militantes iranianos). Muitos de meus amigos relegaram qualquer orgulho que tinham em seu passado persa e apenas fingiam ser italianos. Eles trocaram seus nomes de 'Shahrokh, Mahmoud e Farsheed todos para Tony'", graceja.

Não é de se admirar que a vivência do preconceito leve muitos iranianos no exterior a se declararem como persas. Se bem que uma das primeiras coisas que os iranianos que conheci em minha viagem ressaltavam era que eles eram "persas", nunca se referindo a si mesmos como iranianos. Eram tempos das peripécias do presidente Ahmadinejad e muitos locais que encontrei manifestavam verdadeira vergonha pelo comportamento histriônico de seu governante. Por essas e por outras — como as notícias de execuções, perseguições a opositores e minorias — a denominação de persas, relembrando glórias passadas, procurava "lavar" a imagem negativa que o país adquiriu e a mídia consolidou.

Confirma o autor Kamin Mohammadi, em *The cypress tree*: "Lar de uma das maiores e mais antigas civilizações do mundo e da mais chocante revolução vista na história moderna, o meu é um país tão contraditório que até mesmo seus filhos estão divididos sobre como eles chamam a si mesmos e como se apresentam ao mundo. Alguns de nós se mantêm desavergonhadamente iranianos, embora para muitos ocidentais isso remeta a imagens de revolução, fanatismo e mulheres de negro; outros preferem se chamar de persas, uma palavra exótica que traz à mente tapetes esplêndidos, gatos fofos e as criaturas mitológicas de Persépolis."

No palco, Maz explora essa contradição: "Os iranianos tentam se disfarçar como persas para tentar melhorar a imagem (e, às vezes, como italianos)." E apelando para o pedigree nobre, acrescenta: "Somos persas como os gatos, inclusive os iranianos miam!" (Acompanhado de miados.) E completa: "Somos persas como os tapetes, macios, tecidos à mão."

Por essas e por outras, o humorista se tornou um símbolo na comunidade de Tehrangeles, como confessa em seu livro: "... através dessa experiência, percebi algo ainda mais assustador e mais carregado de responsabilidade do que ser confundido com um terrorista — é saber que eu me tornei um exemplo. Ocorreu-me que nossa comunidade não tinha muitas pessoas que pudessem se apegar a modelos neste país. Nós tivemos tantas notícias negativas e uma imagem tão horrível na grande mídia que, quando alguém como eu aparece, não importa quão pequeno seja meu sucesso, a comunidade o abraça como um modelo."

A plateia, com substantiva presença de imigrantes e expatriados, se desmancha em risadas, mas não esquece fácil o insulto ao brio nacional, como garante o crítico iraniano Masoud Golsorkhi: "Da mesma forma que o filme tem um espelho distorcido e lisonjeiro para uma narrativa particular do Ocidente, eu sou igualmente cínico sobre a tendência iraniana para a autolouvação. Crescendo e indo para a escola no Irã (como eu fiz), você é levado a pensar na história imperial persa como imaculada e continuamente gloriosa. O passado, para muitos no Irã, é um país caloroso e ensolarado."

A advogada e Nobel da Paz, Shirin Ebadi, concorda. Em seu livro *Until we are free* (*Até sermos livres*), lembrando que Ciro, o Grande, é considerado pioneiro na defesa dos direitos humanos, ela confessa: "Eu me via como herdeira dessa história, da grande tradição da poesia persa épica que eu lia para minhas filhas antes de dormirem. Como a maior parte dos iranianos, eu estava amargamente desapontada pelo presente do Irã, precisamente por causa do amor e admiração que tinha pelo seu passado".

Lembrando que o Irã de hoje pouco tem desse passado glorioso, Masoud acredita que esse surpreendente alinhamento entre os aiatolás e seus opositores é resultado do forte orgulho que une todos os persas. "O Irã é um animal destruído pelo pecado do orgulho nacional, mas raramente morde, a menos que tenha sido chutado primeiro."

E chutar o Irã é um esporte genuinamente ocidental. De Zaratustra a Khomeini, através dos séculos, passando pelos russos, ingleses e americanos aos dias de hoje, a cultura persa tem sido sistematicamente achincalhada, em prosa e em verso por seus inimigos.

Criador e criatura; orgulho e humilhação

Um dos mais importantes gritos de guerra em toda crise entre Irã e Estados Unidos, estampado em cartazes em mãos enfurecidas, diz: "Morte aos EUA! Morte ao Grande Satã." Esse povo pode se orgulhar de entender do assunto. Muitos estudos remetem à cultura persa a criação da figura do diabo. Nascida na antiga Pérsia, a primeira religião monoteísta do mundo, o zoroastrismo, adotava uma visão dualista do mundo, dividido entre o bem e o mal, o Deus Ahúra Mazda e o Diabo Ahriman. Tal concepção influenciaria os gregos até ecoar no judaísmo e no cristianismo.

De criador a criatura, no Ocidente, em progressão histórica, o Irã passou a ser tratado como a encarnação do diabo que um dia ajudou a criar. Não surpreende que a primeira reação das pessoas à notícia de que você vai para o Irã seja: "Você está louca? É perigoso, tem terrorismo, tem atentados", numa evidência da demonização do país persa entre nós, ocidentais.

Dói nos iranianos a rejeição dos países ocidentais. Dói serem confundidos com os árabes, dói a incompreensão e a ignorância dos estrangeiros em relação à sua cultura. No fascinante *All the shah's men,* o escritor Stephen Kinzer comenta: "O Irã é um dos países mais antigos do mundo. Sua história está cheia de glórias, povoada por líderes titânicos como Ciro, Dario e Xerxes, e também por poetas e pensadores que fizeram contribuições imensuráveis para as culturas mundiais. Essa rica tradição deu aos iranianos um poderoso senso de orgulho comunal, um apego passional à sua herança e uma identidade nacional que transcende a ondulação da bandeira. Muitos iranianos detestam o regime sob o qual vivem, mas isso não enfraquece seu apego à nação iraniana".

Talvez o exagerado orgulho para alguns seja a outra face do ressentimento dos iranianos em relação à imagem nefasta que o Ocidente projetou de seu país, sobretudo após a revolução islâmica em 1979. Mesmo aqueles que são contrários ao governo se ressentem de serem percebidos como terroristas e de ver sua imponente cultura se desvanecer debaixo do negro dos chadores, da severidade dos aiatolás e da opressão infligida pelo poder teocrático. Também é certo que líderes temidos, como Khomeini, ou ridicularizados, como Ahmadinejad, não ajudaram numa construção mais otimista do país.

O incômodo em relação à representação ocidental de seu país, invariavelmente negativa, está por toda parte. Uma conhecida iraniana não poucas vezes diz que é de Dubai para se esquivar de ter de quase "pedir perdão por ser iraniana", resume ela.

Das narrativas gregas protagonizadas por Aristóteles, Xenofonte, Ésquilo e Heródoto, dentre outros, aos enredos de Hollywood, o Irã foi condenado a ser contado sistematicamente e desde sempre por seus inimigos. Se os tempos modernos carregam nas tintas, os tempos antigos contribuíram semear e cultivar uma imagem do Irã que ignora a riqueza de sua cultura. Antes dos orientalistas imperialistas dos séculos XIX e XX, os gregos já tinham dado sua contribuição decisiva para a concepção que se cristalizaria no Ocidente. Entre nós, a história dos persas começa com Heródoto, o pai da História.

"O problema de Heródoto era que ele nunca conheceu o bastante sobre o Irã pra ser capaz de dar uma visão equilibrada", desabafa um funcionário público iraniano para o escritor Jason Elliot, narrado no livro *Mirrors of the unseen*. Continua o escritor: "Você vê pelo jeito que ele fala de Ciro e Dario, os reis aquemênidas de 2500 anos atrás e é o mesmo com os outros autores gregos." A conversa entre os dois termina com um alerta: "Espero que você não confie somente nas fontes gregas para seu livro. Seria uma injustiça!"

Pai de uma "certa" história

"História, geralmente, não é o que aconteceu. História é o que algumas pessoas consideraram significativo."

Idries Shah, *Reflexões.*

Historiador e geógrafo da Antiguidade, Heródoto nasceu em Halicarnasso, que hoje é Bodrum, na Turquia, e viveu há mais de 2500 anos. Numa época em que quase ninguém se ocupava de registrar a história, ele documentou e sistematizou eventos do seu tempo por meio de suas viagens, testemunhos orais e de suas próprias observações. Foi o principal narrador das guerras entre Grécia e Pérsia e dos eventos que concorreram para esse conflito. A obra *Histórias*, na qual relata as guerras médicas, constitui-se na primeira tentativa do homem em descrever suas ações ao longo do tempo e organizar esse conhecimento. Além de abordar esse tema, Heródoto incluiu muitas informações adicionais sobre a vida e os costumes da Pérsia e dos diferentes povos que a constituíam.

Ao concordar com o funcionário iraniano, o autor Jason arremata: "Os relatos gregos clássicos sobre os persas foram escritos no contexto de relações longas e problemáticas entre dois poderes e, crucialmente, tendo como pano de fundo as assombrosas vitórias gregas contra os persas."

Do ponto de vista persa, segundo o autor, Heródoto, Xenofonte e Ésquilo foram os primeiros orientalistas do mundo. "Suas obras aludem a todo glorioso barbarismo do Oriente e são escritas em tons mistos de fascínio e terror." E celebram a aniquilação e a ruína dos persas.

Em *Os Persas*, a tragédia de Ésquilo, que se debruça na derrota do rei Xerxes em Salamina, na Grécia, a rainha Atossa, figura lendária na Antiguidade, filha de Ciro, mulher de Dario e mãe de Xerxes se desespera diante do fracasso: "Mas não fugimos às desgraças com que os deuses nos brindam. Vai! Desdobra agora o rol de horrores que tens a nos dizer..." Mais adiante o fantasma do pai de Xerxes, o poderoso rei Dario, conclui: "Guiei muitas legiões em muitas incursões, sem nunca infligir agrura à minha urbe. Xerxes, meu filho, é jovem, e não pensa bem a mocidade: deslembrou minhas lições. Ouvi bem isto, caros veteranos: nunca, de nós que encabeçamos no passado o império, afirmarão que fomentamos ruína símile."

No caso de Heródoto, feito o devido reconhecimento à sua obra monumental, é importante reconhecer que suas circunstâncias (grego, narrador da invasão do inimigo sobre seu país) podem ter inclinado o pêndulo de sua narrativa a favor dos gregos. Em *Histórias*, sobram as referências aos persas como guerreiros primitivos: "Os gregos, como sabiam que morreriam nas mãos de homens vindos da montanha, fizeram tudo que podiam para demonstrar aos bárbaros toda a potência de sua força e lutaram num frenesi, sem consideração pelas suas vidas."

Assim como Heródoto, Xenofonte ocupa papel central nas narrativas etnográficas gregas sobre os persas. Antes do "Pai da História" mergulhar na vida persa, Xenofonte já havia se debruçado sobre a vida do lendário Ciro. Fascinado pela figura heroica que comandava a Pérsia, que vivia seu apogeu, Xenofonte via em Ciro a encarnação do bom governante. É verdade que, para ele, Ciro era a exceção que confirmava a regra. Ao mesmo tempo que elogiava o passado glorioso do imperador, enxovalhava a Pérsia, sua contemporânea. "Finalmente os persas não dissimulam sua pouca habilidade na arte militar; conhecem sua inferioridade e não ousam entrar em campo sem terem gregos em seus exércitos, quer seja a guerra entre eles quer contra os mesmos gregos."

Fascínio e rejeição, aplauso e vaia. Se, de um lado, as relações entre Pérsia e Grécia foram de conflito, também foram extremamente produtivas, marcadas por um rico intercâmbio, que o foco nas contendas militares da época ensombra. "Há muito debate sobre o quanto da Pérsia chegou à Europa nos campos da arquitetura e administração, mas na ciência a contribuição persa é incontestável. É sabido que nos tempos aquemênidas, os cientistas gregos estudavam na Babilônia, onde eles amealharam muitos conhecimentos — muito ricos às vezes para os supersticiosos gregos. A astronomia, aperfeiçoada ao longo de milhares de anos na Babilônia, foi banida em Atenas, onde a ciência oriental era considerada muito controversa", segundo assinala Jason Elliot, em *Mirrors of the unseen*.

O jornalista polonês, Ryszard Kapuscinski, um apaixonado por Heródoto que reconstituiu parte das suas viagens pelo mundo em *Minhas viagens com Heródoto*, absolve o historiador grego e contemporiza: "... (ele) nos mostra que já naqueles dias o mundo era habitado por um grande número de sociedades maduras, totalmente formadas, com culturas bem desenvolvidas e com um senso forte de suas próprias identidades." Na visão dele, ainda que Heródoto classificasse qualquer não grego de "bárbaro", ele tinha consciência de que os persas, os outros, eram alguém. "Em resumo, ele queria conhecê-los porque ele compreendeu que para nos conhecermos é preciso conhecer os outros, que atuam como um espelho no qual nos vemos refletidos."

Ciente do resultado de séculos de polêmicas e mal-entendidos, que erigiram uma muralha de preconceito que isola o Irã de qualquer turista, a introdução do guia *Lonely Planet* sabiamente adverte de saída:

"Uma viagem para o Irã é uma oportunidade de descascar camadas de um país com um sério problema de imagem. Além dos estereótipos, você vai conhecer um país desesperado para ser visto por aquilo que ele é e não por como é percebido. Seja viajando pelas cidades, montanhas, desertos, admirando monumentos gloriosos do passado ou testemunhando o confuso presente, o Irã real será revelado. Em sua essência, você descobrirá um país com um povo fascinante e caloroso, vivendo numa cultura antiga e sofisticada."

Em que pese, portanto, a influência de orientalistas gregos e europeus, ao longo de milênios, demonizando a Pérsia, é necessário lembrar que o orientalismo fala muito mais de nós do que dos orientais. Como aconselha o guia: "Abrace o Irã e permita que os iranianos te abracem — a experiência não tem preço."

Capítulo 5:

O SÁBIO, A SANTA E O TIME DE FUTEBOL

Um persa entre árabes

66 Alá, o mais misericordioso, equipou todos os animais e cada um de seus membros com um temperamento inteiramente adequado e melhor adaptado ao desempenho de suas funções e estados passivos. A prova disso pertence à filosofia e não à medicina."

O Cânone da Medicina, Avicena

Quando me pergunto qual foi o gatilho, o preciso momento que me convenceu a viajar ao Irã, apesar de todas as "ameaças" que supostamente emanavam do país persa, identifico um momento e uma geografia muito precisos. Era 12 de outubro de 2003 e fazia uma noite enluarada, em Doha, capital do Qatar.

Num enorme palco, decorado com requinte oriental e detalhes em ouro e prata, montado nas instalações abandonadas de um antigo forte nas areias do deserto, rodeado por tochas, estreava a primeira ópera árabe contemporânea: a saga de Ibne Sina, mais conhecido, no Ocidente, como Avicena, o sábio oriental cujos ensinamentos científicos atravessaram os séculos e os continentes.

A produção milionária esbanjava um casting internacional com centenas de atores e contava com dezenas de camelos, cavalos adereçados, figurinos suntuosos e cenários que reproduziam as ruas e os palácios da velha Samarcanda, coração da Rota da Seda.

Escrita pelo catari Ahmad Al Dosari, dirigida pelo italiano Attilio Colonello, com música composta pelo músico holandês Michiel Borstlap e executada por uma orquestra trazida da Itália, com produção assinada pelo egípcio Abdul al-Rabeeh, a ópera foi encomendada e patrocinada pela família do emir Al Thani, governante do Qatar. Pompa e circunstância para marcar o lançamento de um empreendimento vultoso: a Cidade da Educação, um complexo educacional, reunindo várias universidades americanas, construído literalmente com o pé na areia.

Às ambiciosas obras artística e arquitetônica se somavam outras iniciativas grandiloquentes dos Al Thani, uma das grandes fortunas que efluem do universo do óleo e do gás do Golfo Pérsico, também responsáveis pela criação da primeira rede de televisão árabe do mundo, a Al Jazeera, do Museu de Artes Islâmicas e da poderosa patrocinadora do time do Barcelona, a Qatar Airways.

Apesar de proclamar que fez uma ópera árabe, para um público árabe, num país árabe, o autor declarava aos jornalistas que "a ópera não tem nacionalidade, não tem país. E eu queria enfatizar o papel universal dessa arte através da história de Avicena, cujos livros foram lidos por europeus e árabes há mil anos".

O autor só se esqueceu de dizer que tudo era árabe, menos o personagem e sua história, um outro motivo do orgulho dos persas. Na geopolítica do deserto, desde o século VII, árabes e persas seguem se estranhando, mas concordam ao eleger Avicena (em persa, Ibne Sina) como o maior símbolo da ciência no Oriente Médio, cuja sabedoria orientou durante séculos a medicina ocidental. Isso eu tinha aprendido muitos anos antes, da maneira mais informal possível, nas aventuras de um best-seller banal: *O físico*, do americano Noah Gordon.

O romance, que passou muitos meses liderando as listas dos livros mais vendidos no Brasil, narra a saga de um cirurgião — barbeiro judeu e inglês que, no primeiro milênio da cristandade, vai em busca de aprendizagem médica junto ao sábio persa, na maior e melhor escola de medicina da época, na cidade de Esfahan. E assim ele a descreve:

> ❝A primeira e ofuscante impressão foi de brancura cintilante com toques de azul-escuro. Era um lugar voluptuoso, cheio de hemisférios e curvas, grandes construções com cúpulas brilhando à luz do Sol, mesquitas com minaretes que pareciam lanças, espaços verdes abertos e olmos e ciprestes adultos. A parte sul da cidade era cor-de-rosa, pois os raios do Sol se refletiam nas dunas e não no calcário.❞

Curiosamente, o mesmo livro que vendeu quase 10 milhões de cópias em 35 países e que rendeu um filme (no Prime Video), vendeu só cerca de 10 mil cópias em seu país de origem, os EUA. No Brasil, a publicação da versão nacional do livro de Gordon no final da década de 1980 foi marcada por polêmicas. A maior delas foi em relação à tradução do título, uma vez que *physician* em inglês significa "médico" e não "físico", como foi traduzido. A edição portuguesa, entretanto, ganhou uma tradução mais próxima do original: *O Médico de Ispahan*.

Controvérsias do mundo editorial à parte, ao narrar os costumes orientais, as práticas médicas e alimentares dos persas, o livro conferia grandeza e encantamento a uma história desconhecida da maioria das pessoas.

"No meio do caminho Rob parou, sentou-se num muro baixo e contemplou aquela cidade estranha, onde tudo era proibido pelo Quoran e cometido pelo povo. Um homem podia ter quatro mulheres, mas muitos mostravam-se dispostos a arriscar a vida para dormir com as mulheres dos outros, enquanto Ala Xá fodia quem ele bem entendesse. Tomar vinho era proibido pelo profeta e considerado pecado, mas havia uma avidez nacional por vinho e grande parte do povo bebia demais, e o Xá era dono de uma enorme adega com ótimas safras. Meditando sobre o enigma que era a Pérsia, voltou para casa com as pernas cansadas, sob o céu aperolado e o suave canto do muezzin no minarete da Mesquita de Sexta-Feira."

Quem disse que cultura de massa não ensina, não sensibiliza, não desperta o interesse? Do best-seller à ópera, anos depois no Qatar, fascinada, de novo, pela história de Avicena, pela primeira vez, atinei que estava a poucos 200km da Pérsia, onde viveu o chamado "Príncipe dos Médicos". E me perguntei: "Mas por que não vou pro Irã?" E fui, alguns anos depois.

Sabedoria que se come

A simpática mãe de uma amiga iraniana me recebe com um copo longo com *sharbat* de manjericão como boas-vindas ao almoço que preparou para apresentar algumas delícias persas, que, infelizmente, não consegui encontrar nos restaurantes a que me levaram. Garante-me o jornalista brasileiro Samy Adghirni que "Teerã está cheia de excelentes restaurantes com boa variedade de opções, mas a maioria dos estrangeiros não chega a conhecer". Grande verdade.

Na casa de minha amiga, não há maior prazer do que iniciar uma refeição saboreando um *sharbat* para aliviar o calor do implacável verão iraniano. Infusão produzida a partir de um xarope feito do suco de frutas, ervas e flores que, combinados com açúcar e água (e, às vezes, vinagre), é servida durante todo o dia numa casa como a de minha amiga, nas cercanias de Teerã.

O Ocidente descobriu o *sharbat* nos relatos orientalistas e também na poesia de Byron no século XIX. O poeta exclama que, com sol, por mais quente que fosse, e com *sharbat,* por mais frio que estivesse, seu paraíso seria facilmente realizado, como o de um persa[1].

No Irã, a bebida refresca os impiedosos verões há milênios. Na Pérsia antiga, todo palácio tinha seu próprio jardim, produzindo frutas, legumes e especiarias, sob a supervisão de médicos e farmacêuticos da família real. Conhecedores das propriedades terapêuticas das plantas, os doutores persas prescreviam chás, xaropes e *sherbets,* de acordo com os alimentos que a família ingeria.

---

1   "Give me a sun, I care not how hot, and sherbet, I care not how cold, and my heaven is as easily made as your Persian's."

Também nas narrativas das *mil e uma noites*, o *sharbat* é conhecido por suas propriedades medicinais. A lenda conta que o rei Shariar, personagem central das fábulas, convocou médicos e cirurgiões e pediu que tratassem seu irmão, ministrando, dentre outras coisas, o sharbat.

Sentadas num lindo tapete ao redor do *sofreh*, as mulheres da família chilreiam todas ao mesmo tempo, ansiosas para contar que o *sharbat'e sekanjabin* (uma bebida à base de menta e pepino) é, talvez, o mais antigo tipo de *sharbat* persa, remontando ao século X. Dizem-me, orgulhosas, que a bebida está recomendada nos ensinamentos de Avicena. "Desde a Antiguidade a gente usa o *sharbat* para combater o calor e para aliviar a indigestão. A mistura do doce do açúcar e do azedo do vinagre restaura desequilíbrios corporais", me garantem elas.

Como tudo no Irã, também no campo da saúde os antagonismos e as contradições prevalecem. E se harmonizam, como ensinou o sábio persa, cujos conselhos práticos são repetidos em todo lar iraniano que se preze há séculos. Na novela *Rosewater and soda bread*, da autora Marsha Mehran, uma personagem aponta para um copo de água de cerejeira, uma outra bebida refrescante agridoce, e a recomenda para curar calores e noites de excesso. "Cura para aqueles dois lá dentro. Que estão bêbados até agora", diz ela.

Em seu conhecido livro, *O Cânone da Medicina*, Avicena estudou e compilou os conhecimentos médicos, biológicos e científicos de gregos, indianos, persas, árabes e chineses, agregando uma variedade de novos métodos e terapias, que se tornariam padrão na medicina. A metodologia de Avicena é baseada na antiga teoria de quatro temperamentos, conhecida como medicina unani.

Para Avicena e seus seguidores nunca há uma única causa para uma doença, e sim a consequência de vários fatores, como a comida e o metabolismo corporal. Ele acreditava que a maior parte dos males de saúde provém de equívocos do regime de alimentação.

Em *O físico*, várias cenas mostram como o médico que, segundo se dizia, via coisas que outros homens não podiam ver, recomendava a seus aprendizes prestar atenção no que comiam os doentes:

> Isto deve ser lembrado a respeito dos pobres doentes a nosso cuidado. Eles vêm a nós, mas não se transformam em NÓS, e muitas vezes não comem o que comemos. Leões não gostam de feno nem quando visitam as vacas. Os habitantes do deserto alimentam-se especialmente de coalhadas e outros produtos do leite. Os habitantes do Dar-ul-Maraz comem arroz e alimentos secos. Os khorasanis só gostam de sopa engrossada com farinha. Os indianos comem ervilhas, legumes, óleo e temperos fortes. O povo da Transoxiana toma vinho e come carne, especialmente carne de cavalo. O povo de Fars e do Arabistão come especialmente tâmaras. Os beduínos estão acostumados com carne, leite de camelo e gafanhotos. O povo de Gurgan, os georgianos, os armênios e os europeus gostam de tomar bebidas alcoólicas às refeições e comem carne de vaca e de porco."

Conhecer a cultura de alimentação dos povos era, na visão de Avicena, fundamental para conhecer a saúde de seus pacientes. Segundo a teoria humoral, praticada por ele, a vida saudável pode ser conseguida por meio do equilíbrio entre quatro humores: sangue, fleuma, bílis amarela e bílis negra, procedentes, respectivamente, do coração, sistema respiratório, fígado e baço. Cada um desses humores teria diferentes qualidades: o sangue seria quente e úmido; a fleuma, fria e úmida; a bílis amarela, quente e seca; e a bílis negra, fria e seca.

Também foi a teoria dos humores que deu origem às expressões "bem-humorado" e "mal-humorado", que se popularizaram mundo afora. Assim como os diferentes tipos psicofisiológicos derivam dos quatro humores: o popular sanguíneo, o sereno fleumático, o colérico e o melancólico.

Na mesa da família iraniana, que reza na cartilha de Avicena, segundo a qual na comida está a chave da saúde, os pratos são preparados e combinados de acordo com os princípios de que a harmonia entre todos os humores está na variedade dos alimentos consumidos e na integridade da digestão.

Sobre o sofreh, estendido no chão, diferentes frascos de geleias e conservas caseiras, com pétalas de rosas, cerejas, pepinos e mel de flor de laranjeira, ao lado do pão conhecido como *sangak*. Saladas, diferentes cozidos à base de carne, frango e vegetais. E iogurte para acompanhar tudo. No Irã, em geral, se come com garfo e colher, sem faca, que fica reservada para os visitantes ocidentais.

Diante da mesa posta, sentadas sobre um lindo tapete, enquanto saboreávamos um *fesenjān*, um guisado de frango com nozes e molho de romã, minhas anfitriãs explicavam que os ingredientes são classificados como quentes ou frios, úmidos ou secos e é no equilíbrio da combinação deles que se alcança a saúde. Impressionou-me descobrir que frio e quente não têm nada a ver com a temperatura que conhecemos. Na verdade, é como se os alimentos de um grupo ou outro tivessem temperamentos diferentes, opostos, complementares. Isso é quase um conhecimento intuitivo nos iranianos, construído e transmitido através dos séculos pela tradição.

Alimentos com natureza quente (*garmi*) são geralmente consumidos durante o tempo frio para aquecer o corpo e evitar doenças. E os alimentos de natureza fria (*sardi*) são consumidos durante as estações quentes, para evitar insolação e desidratação, dentre outros problemas. Por exemplo, a sopa persa de pepino frio e iogurte, a melancia e o peixe são frios e consumidos durante o verão, enquanto certos tipos de sopas, nabo cozido ou raízes cozidas são mais populares durante o inverno, devido a sua natureza quente.

A maioria dos iranianos, pelo menos, a geração mais velha, usa a sabedoria dos humores para fabricar remédios caseiros. Recomendam, por exemplo, que uma pessoa com erupções cutâneas evite alimentos quentes, especialmente nozes e chocolate. Também prescrevem água destilada de chicória, porque tem um efeito de resfriamento no corpo e ajuda a se livrar dos problemas de pele. Já para uma pessoa com febre se aconselha coentro e ameixas azedas, ambos alimentos considerados frios.

Os pratos clássicos da culinária persa são exemplos de equilíbrio quente/frio. Por exemplo, a estrela da mesa, o *fesenjān*, o delicioso ensopado persa de frango ou pato em molho de nozes e romã. As nozes são consideradas quentes; e as romãs, frias. Ou arroz com favas (fava), que é chamado *baghali polo*. As favas são consideradas muito frias, o arroz também é frio, então o prato é equilibrado com a adição de endro, uma erva quente. Na preparação do peixe, que é frio, recomenda-se temperá-lo com alho, que é quente. Embora o iogurte acompanhe todas as refeições, ele nunca acompanhará pratos com peixe, frio como ele.

Com tantas regras de harmonização, cozinhar de forma equilibrada na cultura persa equivale quase a um curso de pós-graduação para quem é de fora, comparado à sabedoria que qualquer pessoa humilde do interior iraniano detém.

Ali, ao pé da toalha de plástico, acolhida entre pessoas tão felizes em me contar de sua cultura, ao saborear o arroz tingido de açafrão, me sentia um pouco personagem da literatura de best-seller. E me lembrei de uma passagem de *O Físico*:

> ⁶⁶Em cada terrina o arroz tinha uma cor e sabor diferentes, preparado com açafrão, açúcar, pimenta, canela, cravo ou ruibarbo, suco de romã ou de limão. Quatro dos enormes tabuleiros continham doze aves cada um, dois tinham pernis grelhados de antílope, um cheio de carneiro grelhado, e quatro continham carneiros inteiros feitos no espeto, a carne macia, úmida e torrada por fora."

Entre as especiarias, o açafrão — essa minúscula flor, de forte coloração dourada, reina sobre todas as outras. Especiaria mais cara do mundo, também conhecido como "ouro vermelho", o açafrão frequenta o arroz, assim como grande parte da culinária iraniana, proporcionando sabor delicado e cor aos alimentos. Há inúmeras lojas vendendo diferentes tipos de açafrão em todos os bazares do país, que é o maior produtor do mundo, controlando 95% de todo açafrão produzido. A província de Khorasan produz a maior quantidade da flor.

Conhecido no Irã há mais de 3 mil anos, o açafrão também foi destacado por Avicena em seu *O Cânone de Medicina*: "O açafrão fresco de alta qualidade é caracterizado por uma cor e fragrância agradáveis. As partes superiores do seu estigma devem ser de cor esbranquiçada. O açafrão não deve ser mofado. Não deve ser nem muito compacto, nem muito espesso, nem se esfarelar. Além disso, não deve transmitir facilmente sua cor ao toque." O sábio persa abordou várias propriedades da planta, recomendando seu uso como antidepressivo, anti-inflamatório, broncodilatador, afrodisíaco, indutor do parto, dentre outros usos, muitos dos quais referendados séculos depois pela farmacologia moderna.

Além da comida, Avicena revive em muitas outras dimensões no mundo dos persas, até os dias de hoje. Reina soberano no universo da saúde, do bem-estar e da beleza, e é relembrado constantemente nas conversas. Também o Nobel de literatura, o escritor V. S. Naipaul, em sua visita ao Irã, relatada no livro *Entre os fiéis*, repara encantado na primazia que Avicena goza até os dias de hoje no Irã. Ele relata a surpresa de ver na calçada de uma embaixada dois curandeiros, bronzeados e usando turbantes, invocando Avicena, Galeano e Hipócrates: "Avicena! Para mim, só um nome, alguém da Idade Média europeia: nunca me ocorrera que ele fosse persa. Nessa calçada poeirenta, o repertório médico era uma lembrança da glória árabe de mil anos antes, quando a fé árabe se fundiu com a Pérsia, com a Índia e com os resquícios do mundo clássico que ela suplantara, e quando a civilização muçulmana era a civilização central do Ocidente."

"A cultura persa guarda uma infinidade de segredos antigos, pré-islâmicos", como me disse a mãe de minha amiga. Em *Os Fios da Fortuna,* a autora Anita Amirrezvani conta como uma velha senhora fabricava remédios a partir das plantas: "Minha mãe fazia excursões de dia inteiro ao sopé das montanhas Zagros para coletar plantas, raízes, ervas e insetos. Azucrinava os boticários do bazar atrás de informações sobre as ervas nativas de Esfahan." E em *Rosewater and soda bread*, a personagem, uma imigrante iraniana em Londres, lembra das receitas de nutrição de Avicena para uma gravidez inesperada:

> De acordo com Avicena, havia apenas duas opções em matéria de gravidez surpresa, ambas envolvendo receitas cuidadosamente escolhidas. Uma mulher pode consumir ingredientes que fortaleçam o útero, dando às sementes que crescem o solo certo para florescer; ou, digerindo a filosofia de menos ser mais, ela pode optar por queimar o broto desde suas raízes."

Para garantir a saúde da gravidez, conta o livro, o sábio persa recomendava a ingestão de uva-passa, marmelo, peras e romãs para manter o útero apoiado adequadamente.

Essa medicina de raízes antigas prova sua eficácia todos os dias aqui em casa. Como é raro que um iraniano não tenha uma receita para te dar, que não conheça de cor as propriedades de vários alimentos, aprendi com meus amigos um par de boas dicas. Sara me ensinou a fortalecer as unhas usando limão. Meu professor de farsi, Arash, me presenteou com um tipo de noz que ajuda a digestão e uma conhecida me forneceu óleo de ovos de formiga para deter o crescimento de pelos indesejáveis. E, invariavelmente, todos recomendaram o mesmo: muita água de rosas, na comida, no remédio, na beleza.

As rosas falam

66 Teu olho exterior é como a palma da mão:
a palma não pode conter o objeto inteiro…
Ah, tu, que estás dormindo no barco do teu corpo,
Vês apenas a água; contempla a água das rosas!"

Rumi

A rosa, rainha entre as flores que crescem no Irã, também foi a grande estrela dos ensinamentos de Avicena, tido como o primeiro a destilar a água de suas pétalas e a explorar suas propriedades medicinais. Quando fui à Turquia, anos antes de pisar no Irã, não sabia nada disso, mas fiquei cativa da água de rosas, um cheiro que se bebe, que se come e, claro, com que se perfuma.

Sacolejando em estradas esburacadas do interior da Turquia, esperava com ansiedade a passada da "rodomoça", que em intervalos de hora e meia de viagem, servia chá. O prazer não tinha exatamente a ver com chá de menta açucarado e sim com a água de rosas que ela aspergia nas mãos dos passageiros antes de oferecer o chá. Até então minha única referência de extrato de rosas era o leite de rosas humilde que consumíamos no passado, que vinha numa garrafinha de plástico, também rosa, vendida na feira livre e que pouco cheirava a rosa. Dessa vez, na Turquia, o perfume invadia o ar dentro do ônibus, reafirmando a presença dessa flor naquela parte do mundo.

Na antiga cidade de Kashan, no Irã, não é diferente. O cheiro inebriante de rosas invade os sentidos quando se chega ali, confirmando a fama da cidade como capital dessa flor. Localizada entre Esfahan e Teerã, Kashan, no fim de abril recende a rosa e a uma febril movimentação. Nessa época, os moradores, agricultores e comerciantes se preparam para o tradicional Festival das Rosas, que celebra a época da colheita e destilação da água de rosas, entre o começo de maio e o meio de junho, ao qual acorrem 80 mil turistas de todo o país.

A cultura da rosa no Irã remonta à Antiguidade nas regiões de Fars, Kerman e Esfahan. Cultivada na região desde o requintado Império Sassânida, que antecedeu a invasão árabe, no século VII, a rosa se tornou tema prioritário na poesia e nas tradições persas, dadas suas propriedades cosméticas, medicinais e gastronômicas.

Atribui-se a Avicena, no século X, o refinamento da água e a divulgação de seus benefícios na Europa, tornando-a uma fonte lucrativa de comércio para os persas. Entre esses benefícios — tão incontáveis quanto as barraquinhas de vendedores da *golab*[2] nas ruas de Kashan

---

2   Água de rosas, em farsi.

— constavam: alívio da indigestão e constipação; contenção do sangramento menstrual; melhora da dor de cabeça, tosses e irritação na garganta; calmante e relaxante dos nervos. Para as mulheres ela é especialmente popular.

Usuárias milenares do produto, as iranianas, que em geral exibem pele muito bem cuidada, garantem que as virtudes da água de rosas para a pele são numerosas: é uma poderosa droga anti-inflamatória, excelente para reduzir inchaços nos olhos e olheiras; também protege contra radicais livres, que causam envelhecimento da pele. A água de rosas afasta as marcas escuras, reduz as estrias e as rugas. É também um ótimo tônico para limpar e manter a pele mais firme. Pelo número de benefícios, pode-se calcular o quanto de água de rosas que participa das mais variadas receitas: sorvetes, arrozes, chás, carnes, legumes, bolos, biscoitos, doces e cremes.

O Irã cheira a rosa e soa a rosa, eternizada na pena dos poetas. Dentre os mais lembrados poemas que os persas gostam de citar, estão versos do *Gulistan*, de Saadi de Shiraz, considerado um dos maiores poetas persas medievais. Em persa, *Gulistan* significa "o jardim das rosas" e foi composto em 1258. Assim como um jardim de rosas, *o Gulistan* é um conjunto de poemas popularmente citados como uma fonte de sabedoria há séculos.

> Leva uma rosa do jardim,
> Ela durará alguns dias.
> Leva uma pétala do meu *Jardim das Rosas*,
> Ela durará a Eternidade."

Seja nos jardins de Shiraz[3] ou no deserto de Kashan, brotam versos dos pés das flores. Um dos mais talentosos herdeiros dessa paisagem inóspita, do oásis de cúpulas turquesa de Kashan no meio do descampado, é o poeta e pintor Sohrab Sepehri. Nascido em Kashan (1928–1980) Sepehri é querido e cultivado entre os persas, que citam seus versos de cor, com evocações místicas da natureza. Reconhecido e celebrado tanto por seus poemas como por suas pinturas, Sepehri é considerado um dos pioneiros da poesia persa moderna. Fortemente espiritual, o poeta foi influenciado pela tradição mística de Rumi, outro mestre da espiritualidade. Em sua introdução ao livro *Espacio Verde, todo nada, todo mirada*, Daryush Shayegan define: "Há em Sepehri uma união simpática com todos os seres, um derramar-se quase animista, graças ao qual a alma se pulveriza numa miríade de constelações presentes em todas as coisas... O poeta se dispersa numa poeira de presenças; tudo se converte em epifania, tudo se converte em espelho onde se reflete um dos aspectos múltiplos do ser, como se no ato de sua presença no mundo participasse o Universo inteiro."

---

3   Ver mais sobre Shiraz e seus poetas no capítulo "Um país de muitos bardos e alguns assassinos".

❝Cheio estou de estradas, pontes, rios, ondas,
de reflexos das folhas na água:
mas que solidão nas profundezas do meu ser!"[4]

Sepehri, com seus versos e pinturas; e Avicena, com sua ciência, foram alguns dos "magos" a desvendar os segredos que habitam a rosa. E, como tudo na cultura persa, o que está por trás, por dentro, entre camadas de significados, é infinitamente mais poderoso do que o que se vê. Conviver com o Irã é insinuar-se nesse universo de sabedorias antigas, muitas das quais reunidas por Avicena e difundidas até os dias de hoje.

Na Pérsia, onde viveu, Avicena está incorporado nos perfumes, nos sabores, nas texturas, nas combinações do que se come e do que se toma, de como se vive. E na Bukhara, hoje Uzbequistão, onde o sábio nasceu, sua presença impera e inspira muito respeito, além de render uns trocados.

O bruxo de Bukhara

Hasam serve o *plov* fumegante para as visitas, exaltando os atributos terapêuticos do prato mais tradicional do Uzbequistão. Ele lembra que na medina onde estamos, Avicena costumava andar quando criança. Quando tinha 10 anos, ele já sabia todo o Quran de cor e tinha assimilado grande parte da cultura muçulmana. Também aprendeu cálculo, geometria e álgebra, mas se tornou famoso como médico, cuidando por muitos anos da saúde de governantes persas.

Depois de longa peregrinação pelo destino de Avicena, Hasam volta ao *plov* que, segundo ele, foi descrito pela primeira vez pelo "Príncipe dos Médicos". "E também era o prato predileto do Stalin. Em 1945, Stalin, que era da Geórgia, país que pertenceu à Pérsia durante alguns períodos históricos, serviu *plov* de codorna para Churchill e Roosevelt em Yalta", arremata ele, amestrado nas artes de encantar turistas de qualquer ideologia em troca de um par de euros.

Hasam e sua esposa Salma são donos do estabelecimento, uma mistura de casa particular, loja e restaurante em Bukhara, dentro do bazar da cidade de Ibne Sina. Aqui não só as mesquitas e minaretes que fascinam, mas também as casas de mercadores, como o casal.

Quando abrem a porta de casa, eles te conduzem por um mundo plantado de flores, cores, sabores. Quilômetros de *suzanis*, os bordados tradicionais usbeques, de todos os tamanhos e de espetacular beleza, cobrem as paredes, e também duas mesas modestamente postas para

---

4   Tradução livre da autora.

o jantar. Até chegar lá, os anfitriões, que uma vez por semana, recebem turistas para o jantar, apresentam os souvenires que a família produz. Salma explica que a origem dos bordados se confunde com as origens da Transoxiana e da Pérsia. Em farsi, informa ela, *suzan* significa agulha.

A riqueza dos desenhos, bordados em cores brilhantes, em toalhas, colchas, panos para a parede, caminhos de mesa e bolsas é inebriante. Uma beleza que ocupa todos os espaços, enquanto no ar o opulento cheiro do *plov* comanda o estado de espírito e a fome dos visitantes, convocando para o jantar.

Segundo nosso anfitrião, determinado a nos alimentar de *plov* e de cultura, Avicena acreditava que o *plov* é o melhor remédio para pacientes fracos que sofreram transtornos físico e mentais severos. E sustentava que o verdadeiro *plov* deveria incluir sete ingredientes básicos: cebola branca, cenoura, carne de cordeiro ou de vaca, gordura (animal ou vegetal), sal, água e arroz. De acordo com o gosto do cozinheiro, Hasam salienta, adiciona-se açafrão, alho, cominho, pimenta e passas.

Em Bukhara, na Ásia Central, terra de Avicena, Hasam e Salma, o *plov* não deixa de ser um tipo de *suzani*, no caso, um bordado gastronômico, um *suzani* culinário que combina sabores, texturas, cores e humores. Um prato que, segundo diz a Wikipédia, espalhou-se pelo mundo em distintas encarnações, mais ou menos ortodoxas que a receita original.

Possivelmente o filho mais bastardo da coleção planetária de *plovs*, que, nascido na Ásia Central, espalhou-se pelo Irã, Índia, Afeganistão, Grécia, Europa Oriental, seja o *plov* brasileiro, conhecido localmente como risoto de frango. Arroz de forno, misturado com ervilhas, milho, molho de tomate e frango desfiado, é daqueles pratos básicos e recorrentes da dieta local, muitas vezes renascido dos restos da geladeira. Será que além de Deus, Ibne Sina também é brasileiro?

No Irã, a arte de fazer *plov* — e arroz, de modo geral — é ocupação para artistas. São tantas as receitas existentes quanto as maneiras de nomeá-las: *polo* (arroz cozido em caldo), *chelo* (arroz branco com grãos separados), *kateh* (arroz pegajoso) e *tajine* (arroz cozido lento, vegetais e carne cozida em um prato também chamado de *tajine*). Existem também variedades de diferentes pratos de arroz com vegetais e ervas que são muito populares entre os iranianos.

Assim como um aroma — o de rosas —, também um sabor formou parte do encantamento que o Irã exerceu quando eu nem sonhava em visitar o país. E ele estava num caroço de cardamomo.

Aromas de café

66 A brisa quente com perfume de cardamomo
Carregando o aroma de café fresco,
Acolhedor, escaldante nas panelas de gancho douradas."

Nimah Nawwab

O cardamomo veio com o bule palestino de que falo em outro ponto desta narrativa. Um café com cardamomo, em Belém, abriu uma avenida de novas sensações. Até então nunca havia ouvido falar do cardamomo e, daí em diante, não passei uma viagem para o hemisfério norte sem comprar um pote da especiaria. Na época não era tão comum nos supermercados normais. Como só o utilizava às vezes para fazer uma graça oriental, acabei com dezenas de potes mofados no armário das especiarias.

O gosto era de café, mas a bebida estava possuída por esse aroma, que mudava ligeiramente seu gosto e completamente o seu cheiro. Era um cheiro que lhe conferia um tipo de superioridade, de sofisticação. Há algo sobre o cardamomo — seu aroma dominante, com aquelas notas cítricas misturadas com uma doçura inesperada — que me transporta, mesmo nas profundezas do inverno, a climas mais quentes e noites agradáveis. A água de rosas, por outro lado, é a fartura perfumada, uma refrescante gota de verão, destilada até a perfeição em uma técnica que foi descoberta por Avicena no século X.

Nos livros védicos antigos sobre medicina, há relatos de cardamomo sendo usado ainda antes de 1000 a.C. Embora nativo da Índia, ganhou apreciadores entre os povos da Mesopotâmia, da Pérsia, do Egito e da China, que aprenderam a reconhecer os benefícios do cardamomo, tanto como planta medicinal e ritual como para fins culinários, por mais de 5 mil anos. Dizem que era cultivado nos Jardins Suspensos da Babilônia.

Apontado por Avicena num dos livros do seu *O Cânone da Medicina* como ingrediente indispensável, o cardamomo também era usado como pasta de dente e indicado para tratar dores de garganta e tosse persistente. Já na corte imperial chinesa, era usado para tratar infecções intestinais. Médicos gregos que listaram esse tempero como terapêutico advertiam as grávidas sobre o cardamomo e seu cheiro, tão poderoso que "se aspirado poderia matar a criança que estava carregando".

Na Pérsia se aprende que uma semente de cardamomo ou uma pétala de rosa encerra uma sabedoria milenar e descerra uma cosmologia sofisticada e original.

Uma outra recomendação do sábio colocou a água de rosas com a água de flor de laranjeira para fins psicológicos e também para tornar os remédios mais palatáveis. O fruto, a laranja, por sua vez, encerrou um novo significado na língua persa.

Portugal e as laranjas

Minha primeira tentativa de comunicação em persa foi a palavra *khodahafez!* Adeus! De algum modo ela se gravou imediatamente na memória, ao contrário de todas as outras, de difícil adesão no HD interno. O problema é que, como estratégia de sobrevivência em terras inóspitas, o *khodahafez* obviamente não era de muita serventia. Ninguém pede socorro gritando "adeus", ninguém pede comida clamando "até logo", ninguém suplica por abrigo brandindo "tchau", ou seja, bonita na melodia e um desastre na comunicação.

A segunda, essa sim, me serviu tanto que meu marido se enfastiou só de ouvir. Dizia: "Não aguento mais essas laranjas!" É que a segunda palavra foi a primeira a dialogar com minhas referências linguísticas e geográficas. Em farsi, laranja é chamada de *porteghâl*. Que alívio! De fome e de sede já não morreria em terras persas. E dá-lhe laranja!

Quando aprendi os números de 1 ao 3 já podia me dar ao luxo de pedir no plural (se bem que o plural é bem mais complicado — *porteghâl-hâ*). Também a expressão *lotfan* (por favor) não apresentava maiores dificuldades, ainda que errasse na concordância E pronto: *iek porteghâl, lotfan!* (uma laranja, por favor). *Do (2) porteghâl, lotfan...* Orgulhosa de meu *achievement*, passava o dia treinando com a vítima doméstica.

A facilidade na aprendizagem vinha exatamente da comparabilidade, uma tática que uso em aprendizagem de língua. Era só lembrar o nome Portugal que me vinha a *porteghâl* persa. Coincidência? Efetivamente, o nome da fruta, em persa, deriva do nome do país. E essa associação é tão popular que me contou uma amiga portuguesa, que visitou o Irã, que ao chegar à imigração e dizer que era de Portugal, imediatamente o funcionário completou: "o país da laranja", e assim foi até o fim da viagem.

Porteghâl homenageia a iniciativa de mercadores portugueses de levar as laranjas doces da China, pioneira no cultivo, nos séculos XV e XVI para a Pérsia, Médio Oriente e Europa, onde só a laranja-amarga era conhecida até então. Já a cor laranja, em farsi, *naranj*, tem origem no sânscrito *naranga*. A relação de Portugal com o comércio da laranja foi tão poderosa que em várias línguas, além do farsi, o nome da fruta está irremediavelmente associado ao nome do país ibérico. Por exemplo, em albanês, portokalli; em búlgaro e macedônio, портокал (*portokal*); em grego: πορτοκαλιά (*portokali*); em romeno, portocal; em turco, portakal, e por aí vai... Entretanto, mais do que laranjas, a passagem dos portugueses pela Pérsia deixou fortalezas, ruínas de castelos e também ecos da escravidão.

Na época das grandes navegações, ao longo dos séculos XV e XVI, em que reinavam pelos mares em busca das riquezas do Oriente, os portugueses chegaram ao Golfo Pérsico. Para consolidar e proteger sua presença na Índia e o comércio do império pela Ásia, conquistaram a

Ilha de Ormuz, um ponto estratégico na política de defesa de Portugal no Oceano Índico, de onde podiam vigiar e dominar a entrada e o movimento em todo o golfo.

Na visita oficial do primeiro embaixador persa ao Brasil, Dom João VI invocou os laços de amizade histórica entre a Pérsia e Portugal, segundo o relato do inglês James Morier, que acompanhou a comitiva persa na viagem. Segundo o relato do inglês, Dom João anunciou "que estava feliz de poder oferecer ao monarca persa a renovação daquela amizade que havia existido entre os dois estados". Ele se referia à conquista portuguesa da costa de Omã, o Bahrein, além de Ormuz.

Foi a intensa movimentação comercial de Portugal no Golfo Pérsico, a partir de 1507, que promoveu intercâmbios adicionais com o país, embora, ao longo de todo o relacionamento, as autoridades persas encarassem a presença portuguesa com suspeição, oscilando da hospitalidade à desconfiança. O ponto alto da ascensão e queda desse relacionamento se deu na dinastia dos safávidas[5], por um tempo aliados e logo inimigos dos portugueses.

O rompimento se deu durante o governo de um dos mais celebrados reis da Pérsia, o xá Abbas, o governante que revigorou a história e introduziu o xiismo como religião oficial do país. Em 1623, os portugueses perderam Ormuz, preteridos pelos ingleses, que negociaram melhores condições de troca com o governo de Abbas.

Outro revés na turbulenta relação dos portugueses com xá Abbas foi sofrido no campo da fé. Com a sua missão expansionista na Pérsia entrincheiravam-se também objetivos religiosos, de cristianização dessa região da Ásia. Desde meados do século XVI, os portugueses investiam no trabalho missionário na região do Golfo. Primeiro, os jesuítas se estabeleceram em Ormuz, sendo seguidos por missões agostinianas e carmelitas em outras regiões da Pérsia nos anos seguintes. Em terras islâmicas, o esforço de conversão era árduo, despertando muita suspeita entre os persas, uma vez que a religião acabava esbarrando nos interesses políticos envolvidos na relação entre os dois países. Especialmente tensa era a relação em territórios persas cristãos, como os países do Cáucaso, Geórgia e Armênia, de onde acabaram sendo expulsos em 1649. Um dos episódios do litígio entre persas e portugueses se deu no Cáucaso e teve uma mártir da Geórgia como protagonista.

Uma santa na terra de Medeia

Uma das mais fascinantes personagens da mitologia grega é uma princesa trágica: Medeia, que passou para a história, segundo a tragédia de Eurípedes, como aquela que, para se vingar da traição de seu marido, o argonauta Jasão, matou sua nova mulher. Ao fugir, sacrificou os

---

5   Ver mais sobre a dinastia safávida no capítulo "Onde as toalhas voam e os tapetes florescem".

próprios filhos. Também é verdade que algumas versões sustentam que Eurípedes foi subornado para não contar a verdadeira história, segundo a qual as crianças teriam sido apedrejadas até a morte pelos cidadãos de Corinto, revoltados com a morte da nova esposa de Jasão.

Essa, pelo menos, é a versão que contam os guias do Museu Nacional da Geórgia, incomodados com a má fama da princesa para os ocidentais. Medeia era filha do rei de Cólquida, como se chamava a Geórgia, na Antiguidade, para onde ela voltou depois de sua dramática fuga da Grécia. Quando retornou, levava um filho de seu segundo casamento, chamado Medo. O menino se tornou rei, conquistou um grande território, que recebeu o nome de Média, em sua homenagem. A Média, como se sabe, é uma das nações fundadoras do primeiro império persa.

Nas belas instalações do museu, localizado em Tbilisi, além de referências a Medeia, há uma abundância de objetos, joias, e equipamentos que atestam as estreitas relações da Geórgia com a Pérsia, sobretudo durante os aquemênidas e sassânidas. Em diferentes momentos de sua história, o destino dessa pequena nação do Cáucaso, famosa pela beleza de suas mulheres e a riqueza de sua paisagem, foi determinado pela história da Pérsia. Ex-república soviética, a Geórgia, terra também de Stalin, integrou o império persa, em diferentes momentos e, como a Armênia, foi uma das nações pioneiras na adoção do cristianismo no século IV.

Invadida sucessivamente ao longo de sua história por diferentes potências, como os mongóis, os otomanos e por sucessivas dinastias persas, a Geórgia (*Gorgistan*, em persa) foi forjada nesse caldo cultural. Como ouvi uma moça dizer em Tbilisi ao relembrar esses fatos da história, "invasor é invasor, mas é sempre melhor invasor com civilização". Em igual medida a cultura persa recebeu muitas contribuições da nação caucasiana, notadamente nas frentes de batalha e do leito real. Na corte do xá Abbas, os homens do Cáucaso gozavam de grande reputação como guerreiros corajosos e ferozes. Já as mulheres estavam entre as mais apreciadas nos haréns reais, por sua beleza de cabelos negros e pele clara. Foi uma dessas belas mulheres que protagonizou um embate em nome da fé, que colocaria mais uma vez os portugueses e o Xá Abbas em rota de colisão, em suas guerras pelas terras e pelas almas.

Um impressionante painel de azulejos do convento da Graça, em Lisboa, retrata a rainha georgiana Ketevan. As paredes, dedicadas aos mártires, comprovam a aproximação da rainha georgiana com os missionários agostinianos portugueses. Após a invasão da Geórgia pelas tropas persas, o palácio real foi arrasado, igrejas e mosteiros foram destruídos e aldeias abandonadas. Por ordem do xá, mais de 300 mil georgianos foram exilados para a Pérsia e suas casas foram ocupadas.

Ao embarcar na viagem para negociar sua rendição com o xá Abbas, numa tentativa de impedir uma nova invasão persa no reino georgiano, a rainha Ketevan acabou em cativeiro, na cidade de Shiraz, em 1614, onde ficou prisioneira por dez anos. Recusando-se a renunciar a sua fé cristã e se converter ao Islã, foi martirizada até a morte em 1624. A história do seu martírio é contada no painel, criado por especialistas portugueses no final do século XVII. Composto por azulejos de faiança e porcelana, o painel teria sido feito a partir do testemunho de dois missionários agostinianos portugueses, Ambrósio dos Anjos e Pedro dos Santos, presentes ao suplício da mártir.

Vestida em roupa de festa e conduzida a uma praça lotada, seus algozes a submeteram a uma sequência de tormentos inimagináveis. Teve o corpo rasgado, as unhas arrancadas e a cabeça queimada com cobre em brasa. Seus seios e outras partes de seu corpo mutilado foram lançados aos cães. O painel português informa que ao tomar a decisão de morrer a converter-se, a rainha citou o Evangelho de São Mateus: "Não temais os que nos matam o corpo, que não nos podem matar a alma." E pediu que lhe atassem as mãos pela frente para que pudesse levantá-las em louvor a seu Deus.

Os missionários católicos de Portugal, que chegaram a oferecer ao Xá Abbas dinheiro em troca do corpo da mártir, o que foi recusado pelo soberano persa, decidiram, então, desenterrar secretamente seu corpo e transferi-lo primeiro para um mosteiro agostiniano, em Esfahan, até poderem resgatá-lo e depositá-lo numa igreja de Goa, na Índia, como forma de homenagear a mártir que auxiliou a entrada dos missionários no Oriente. Sabe-se que os religiosos enviaram a cabeça ao filho da rainha. Outras relíquias, como sua mão direita e um pedaço do braço, foram levadas a Goa. Uma delas foi encontrada em 2005.

Para a Geórgia, o painel português sempre foi um objeto de desejo, por ser a santa uma das mais veneradas pela Igreja Ortodoxa do país, uma heroína da fé cristã e da independência do país diante dos invasores, nesse caso, a Pérsia. A Agência Nacional de Preservação do Patrimônio Cultural da Geórgia apoiou a restauração do painel panorâmico de azulejos em 2015, enquanto uma réplica foi criada e transportada para a Geórgia. Hoje, a réplica pode ser visitada no Chateau Mukhrani, um palácio histórico no leste da Geórgia, ou, o original, em Lisboa, no convento da Graça.

Foram-se os lusitanos, mas sua obra permaneceu, muito além dos azulejos ou das laranjas. Para os iranianos, a mais inusitada contribuição portuguesa foi a comunidade de descendentes africanos, deixada no rastro da ocupação portuguesa e de sua agência escravocrata.

Mulatos persas

Numa viagem ao Irã, um executivo brasileiro mal pôde desfrutar do passeio. Fosse em Esfahan, Shiraz ou Yazd, ele acabava sempre se tornando a atração principal, o que significava fazer plantão para *selfies* com jovens e velhos iranianos. Quando se encontrou com uma classe de trinta alunas, teve de organizar até fila para tirar fotos com toda a classe. Seu grande atrativo: era negro.

Embora o Irã seja o lar de vários grupos étnicos — que migraram para a região ao longo dos séculos — os afro-iranianos são relativamente esquecidos na história do país. Vivendo sobretudo na costa sul do Golfo Pérsico, eles se espalham pelas províncias de Sistan, Baluchistan, Hurmuzgan, Khuzestan e Bandar Abbas.

Essa insólita contribuição à diversidade étnica também faz parte do legado português na Pérsia com sua forte e globalizada participação no tráfico e comércio de escravos. Até o século XIX o comércio de escravos no Oceano Índico era multidirecional, atendendo à demanda de trabalho de diferentes países. Desse comércio também faziam parte muitos comerciantes de escravos árabes.

Durante a dinastia qajar, no Irã do século XIX, as famílias ricas empregavam mulheres e crianças negras africanas como escravas, para realizar o trabalho doméstico.

Com o fim da escravidão, em 1928, muitos descendentes se estabeleceram no sul do Golfo, formando comunidades e mantendo suas tradições culturais: música e danças de herança africana, além de compartilhar uma paixão em comum com outra colônia portuguesa: o futebol do Brasil.

Seleção canarinha

A cidade de Abadan gosta de ser chamada de província do Brasil no Irã. É ensolarada, tem população de pele mais escura e transborda alegria. Mas a principal razão desse alinhamento existencial é uma só: o futebol. O principal time do município, o Sanat Naft não deixa dúvidas sobre sua identificação motivacional. Desde sua fundação, em 1972, o time tem bandeira e uniforme parecidos com os da Seleção Brasileira; camisa amarela, calção azul e meiões brancos. Ou camisas e meiões azuis, além do calção branco. Ali também dizem que se pode constatar um sistema de jogo parecido com o brasileiro.

A paixão de Abadan pelo Brasil vem desde 1970, quando a seleção brasileira ganhou o tricampeonato mundial na Copa do Mundo. Por iniciativa da indústria do petróleo e de um grande treinador, famoso no país, Manouchehr Salia, o time do Sanat Naft foi fundado, mudando as cores do uniforme para as mesmas do Brasil. A seleção fez tanta história, que há quase cinquenta anos influencia o futebol e os moradores da cidade, transformada em um pequeno pedaço do Brasil e agora também famosa por formar bons jogadores.

Abadan, que fica no sul do país, na fronteira com o Iraque, numa região petroleira, nunca se recuperou da guerra que devastou o país de 1980 a 1988[6]. Nos oito anos do conflito Irã-Iraque, a cidade chegou a ter só seis moradores. Também o Sanat Naft mudou de cidade e depois voltou. E desde seu retorno luta com outro inimigo: a ameaça de rebaixamento. Mas sua fiel torcida não esmorece. E sela cada vitória com seu canto de guerra: "Abadan é Brasil."

---

6   Ver mais sobre a guerra Irã-Iraque, no capítulo "Jogo de tronos no país do martírio".

Capítulo 6:

GRANDEZA NO REINO DAS PEQUENAS COISAS: AS MINIATURAS

Um percurso pelo belo

Uma pulseira descascada, um bule sem tampa, meia dúzia de fotos em preto e branco de beduínos num deserto, uma tigela rachada. Coisas assim desembarcaram na minha vida para virar marcos do percurso estético que me levaria ao Irã. Recolhidos na Palestina, tais objetos foram a matéria-prima de um momento de revelação, de encantamento, de arrebato multissensorial, se é que isso existe. Talvez seja a tal Síndrome de Stendhal, que, segundo a revista *Psychology Today*, "é uma condição que afeta pessoas que, expostas a obras de arte extraordinárias, experimentam uma ampla gama de sintomas, incluindo ansiedade física e emocional (frequência cardíaca rápida e tontura intensa, que geralmente resultam em ataques de pânico e/ou desmaio), sentimentos de confusão e desorientação, náusea, episódios dissociativos, amnésia temporária, paranoia e — em casos extremos — alucinações e 'loucura' temporária".

Essa condição recebeu o nome do escritor que, ao visitar a Catedral de Santa Croce, em Florença, e testemunhar os famosos afrescos no teto de Giotto, teria dito: "Cheguei ao ponto em que se encontram sensações celestiais."

Não desmaiei nem me recordo de ter sido acometida por taquicardia ou vertigens. Acho que Stendhal não consideraria aquelas pequenezas — um bule, uma tigela e uma pulseira — obras de arte extraordinárias. Mas em toda sua insignificância aqueles três objetos me abriam as portas para outro mundo que eu desconhecia. Eram objetos e circunstâncias sem valor, mas que irradiavam tal elegância, estilo, potência e beleza, que eram a própria encarnação daquilo que o vendedor de tapete iraniano disse ao jornalista polonês Kapuscinski:

"O mais importante, senhor, é ter gosto. O mundo ficaria bem diferente se mais algumas pessoas tivessem uma gota de gosto a mais... a beleza é indestrutível."

Foi em Jerusalém e na Palestina que esse universo de belezas expressando um outro gosto se descortinou. O bule sem tampa foi arrematado depois de quatro horas de negociação com um palestino, dono de um restaurante da cidade de Belém. Quando vi o bule em que se servia chá, todo de bronze, ostentando uma tampa onde um passarinho repousava, perdi a fome e o interesse em qualquer kebab ou guisado de carneiro da mesa. Minha fome era do bule com tampa de passarinho, que saracoteava em bandejas ao meu redor me atentando até os ossos. E o dono do restaurante, sem a menor simpatia, nem desejo de agradar cliente, insistia em não me vender. Até que, de saco cheio da interminável transação, meu marido na época desembolsou quase o suficiente para comprar uma loja de bules para se livrar daquele litígio sem fim. Depois de uma centena de mudanças, de estados, países, de cozinhas e de maridos, o bule segue aqui, inabalável na sua nobreza bronzeada e enferrujada.

As fotos das beduínas cobertas da cabeça aos pés, acampadas num deserto palestino, antecedeu justo o momento em que elas começaram a atirar pedras em nossa cabeça, desgostosas, com toda razão, de abusarmos de sua imagem. Naquela altura, o mundo não estava invadido por celulares e *selfies* e nem os beduínos se rendiam diante da possibilidade de ganhar um trocado. Aquela gente se dava ao respeito.

O apedrejamento doeu, mas não esmoreceu meu fascínio por aquelas mulheres vestidas como eu nunca tinha visto, dado que, na época (e, infelizmente, também um pouco hoje), a mídia não dava a mínima para aquelas terras. Com a face tatuada, a cabeça coberta, usando joias lindas, elas se sentavam orgulhosas sobre tapetes de tirar o fôlego, apesar de sua evidente pobreza material. Que gente era aquela que juntava o hostil e o sedutor, o belo com o desconhecido, a elegância com a pobreza, agressão e harmonia, privação e riqueza? Mesmo debaixo da artilharia beduína, a força daquela beleza estranha se impunha aos sentidos. Desse episódio, duas fotos seguem me acompanhando, como prova de que, às vezes, é sob uma saraivada de pedras que se esconde o sublime.

E o sublime estava por toda parte quando pisei nos labirintos de um souk, ou mercado árabe, pela primeira vez. Instalado no coração da Cidade Velha da Jerusalém Oriental, tudo ali explodia em cores, formas, belezas. Um ataque de muitos amores à primeira vista. Com a travessa de cerâmica foi assim.

Sucumbi diante da pintura de um pomar, carregado de frutos coloridos, cujo frescor irrompia em cores, em geometrias, em delicadeza. Era tão linda que dava vontade de comê-la. Estranha epifania em que louça alimenta estando vazia. Era como se eu vivesse daquele desenho, desnecessitada de alimentar-me. Escoriada nas bordas, com a pintura esfolada, em algum momento da minha história, ela se perdeu. Entre almoços, jantares, casas, maridos e tigelas depois, ela sucumbiu ao tempo e ao espaço.

Verdadeira beleza indestrutível entre essas ruínas, nenhuma teve o impacto da pulseira descascada, mencionada no princípio, comprada de um comerciante humilde do bairro judeu de Jerusalém. Isaac era judeu. E persa.

Um judeu, um muçulmano e uma mesma arte

Nascido na mitológica Esfahan, no Irã, Isaac emigrara havia quinze anos para Israel, numa das ondas de traslado de judeus do país persa para lá. Apesar de se considerar feliz em Jerusalém, diz que não há dia em que não se lembre de sua antiga Pérsia, que lhe deu identidade, profissão e legado. Em casa, ele conta que a língua oficial ainda é o farsi.

A história dos judeus no Irã remonta há mais de 2000 anos. Desde a época de Ciro, o Grande, quando o grande rei persa libertou os judeus do jugo babilônico, eles têm presença contínua no país. O judaísmo é a segunda religião mais antiga ainda hoje praticada ali, depois do zoroastrismo (o islã é posterior a ambos).

Entre tapas e beijos, entre uma imprecação malcriada do regime negando o holocausto e a convivência familiar e cotidiana de aiatolás com rabinos nas ruas de Esfahan, Shiraz e Yazd, submetidos à lei dos reis ou dos clérigos, uma comunidade judaica robusta ainda resiste, mesmo após a emigração de outros milhares, como Isaac, para Israel, no êxodo em massa que ocorreu depois da revolução iraniana de 1979 e da fundação da República Islâmica.

No auge das décadas que antecederam a revolução, de 100 mil a 150 mil judeus viviam no país. Hoje, segundo o Comitê Judaico de Teerã, há apenas 9 mil judeus registrados no censo do governo iraniano, mas outras fontes insistem que essa população pode chegar a até 25 mil pessoas. Em qualquer caso, o Irã é o lar da maior população judaica do Oriente Médio fora de Israel.

A comunidade é oficialmente considerada como uma minoria religiosa pelo governo e, como os zoroastristas e os cristãos, eles têm lugar cativo no Parlamento. Numa das mais recentes ondas migratórias em 2007, quando o governo de Israel ofereceu inclusive subsídios financeiros, muitos decidiram continuar no Irã.

Isaac, o joalheiro, (a profissão funcionava como sobrenome da pessoa na antiga Pérsia) de Esfahan, residente na Cidade Antiga de Jerusalém, era o dono, o vendedor e também o artista do bracelete de madrepérola, que me apresentou ao mundo das miniaturas persas. Todo decorado, em lindas cores, com cenas minúsculas de heróis e de princesas, de batalhas, de amores, de natureza, tudo ali entornava uma formosura milimetricamente pintada. Não era uma pulseira para usar, era um universo para viajar, para sonhar, um devaneio de onde não dava vontade de sair. Isaac aprendeu a antiga arte persa com um grande mestre miniaturista na sua juventude em Esfahan.

Também o muçulmano Hossein Fallahi cresceu na mesma Esfahan do saudoso judeu Isaac algumas poucas décadas depois. Em comum, eles fizeram da pintura de miniaturas seu meio de vida e sua razão de viver. Em madrepérola, em papel, em osso de camelo, em marfim.

Em quadros, tinteiros, em pulseiras. Ali, em seu ateliê, ao lado da famosa praça Naghsh-e Jahan, no majestoso centro da cidade, pela segunda vez na vida, eu vi a pulseira, semelhante àquela que me arrebatara em Jerusalém duas décadas antes.

Hossein nasceu em 1938. Sob a supervisão de um célebre mestre da miniatura persa, Ali Sajadi, ele começou a aprender a pintar ainda jovem para se tornar um dos mais respeitados mestres nessa arte milenar dentro e fora do Irã. Hoje ele viaja o mundo expondo seu trabalho. Gozando de tanta liberdade de ir e vir, ele não cogita deixar a Esfahan de onde Isaac partiu há muitos anos. Com a fundação de seu ateliê, a galeria Naghsh-e Jahan em 1995, Hossein produz diferentes peças e objetos em estilo tradicional e ensina dezenas de jovens a cultivarem e praticarem o ofício e a arte das miniaturas. Hoje existem quinze artistas trabalhando sob sua supervisão nessa galeria.

Hossein me explica seu ofício, conjugando as glórias de milhares de anos sempre no presente. Ele conta que a tradição da pintura, em geral, e da miniatura, em particular, evoluiu desde a pré-história e atravessa toda a história da Pérsia. Mas foi na época das dinastias dos sassânidas, dos mongóis, dos timúridas e dos safávidas que ela alcançou as características que são repetidas até hoje por mestres como ele.

Desde Persépolis, conta ele, sobressai-se o interesse em cores profundas e um trabalho bastante elaborado, que cuidava em detalhe dos aspectos decorativos dos desenhos em que se baseia essa arte persa. Uma miniatura envolve uma pintura detalhada muito pequena, na qual não vigoram as regras ocidentais de perspectiva e anatomia. A função mais importante dessa arte era ilustrar tramas literárias, tornando-as mais saborosas e inteligíveis, sem nenhuma tentativa consciente de parte do artista para projetar sua própria personalidade ou transmitir qualquer mensagem espiritual. Seu objetivo (além de ganhar a vida) era simplesmente dar uma apresentação clara e bela do assunto em questão, e assim agradar seu patrono e qualquer outro que possa olhar para o seu trabalho.

Os temas da pintura, em geral, são baseados na cultura fundadora da Pérsia, em poetas persas como Omar Khayyam, Hafez, Saadi, Ferdowsi, em histórias da vida das tribos e clãs, de príncipes e poetas, e clássicos como *Shahnameh*, *Khosrow-Shirin* e histórias de Sherazade.

Enquanto conversamos, Hossein desenha em poucos minutos a figura do poeta Saadi e explica que o pincel que usa é feito de pelos de pombo. Eventualmente se usam pelos de gato. E as cores, em geral, vêm de misturas vegetais e minerais, feitas à base de turquesa, índigo e tintas de plantas como açafrão e hena. No passado, também se usava pó de cochonilhas, inseto que infesta e destrói plantas e que, triturado, resulta em tintura vermelha. Classicamente, uma miniatura persa clássica também possui detalhes confeccionados com folha de ouro e prata.

Nas pinturas, sempre bidimensionais, também estão abolidas as sombras porque, segundo Hossein, os artistas não se importam com os efeitos da luz, pois enxergam através da glória da luz divina.

Por mais contraditório e irônico que possa parecer numa cultura como a islâmica, que proíbe o culto a imagens, a tradição da miniatura, com todas suas figuras de pessoas e animais, floresce há séculos não só na dimensão artística, mas igualmente na sagrada, como assinala Hossein.

O Alcorão não proíbe, mas um dos *hadith* (os ensinamentos, as declarações e as tradições do profeta Maomé) não deixa dúvidas: "Os anjos não entrarão em casa em que haja uma imagem ou um cachorro." A proibição se origina na intenção de evitar a idolatria e a redução de conceitos transcendentes da fé para uma linguagem finita e material.

Como explicar, então, a sobrevivência e a evolução de uma arte milenar fundada na descrição de cenas, de paisagens, de batalhas, de amores? Com Hossein, aprendi que entrar no reino das miniaturas é ser invadido por mais uma das fascinantes ambiguidades da cultura e personalidade persas. Segundo a tradição clássica, a miniatura retrata uma rica variedade de figuras impessoalmente, supostamente sem expressões individuais e voltadas estritamente à ornamentação do texto. Se o tamanho da miniatura pode ser muito pequeno, o nível de detalhe pode ser muito requintado.

"O que importa é que essa pintura, com sua beleza, presta homenagem à riqueza da vida dos homens, ao amor, às cores do mundo tal como Alá o criou, e exorta-nos à piedade e à reflexão. A identidade do miniaturista não importa." É assim que um personagem do livro *Meu nome é vermelho*, belíssimo thriller do turco Nobel de Literatura, Orhan Pamuk, que se passa entre um grupo de miniaturistas na Istambul do século XVI, explica a arte da iluminação em miniatura. Pamuk confidencia em seu livro *O romancista ingênuo e o sentimental*, que escreveu o *Meu nome é vermelho* embalado pela leitura do *Shahnameh*.

O livro, contado a partir de doze pontos de vista, inclusive do assassino, de uma árvore e da cor vermelha (daí o título) trata da ameaçadora ocidentalização dessa arte, que surge de uma ramificação da tradição persa.

    66 ... eu voltava justamente desse oriente, daqueles confins do Irã, em que há séculos se produzem esses desenhos e essas pinturas, em que se escrevem os melhores poemas e do qual cada dia que nasce traz a notícia dos novos exércitos em guerra, dos príncipes que se degolam uns aos outros, das cidades saqueadas e incendiadas, de novas batalhas e novos tratados."

Pamuk explora também um antigo mito ligado ao desenvolvimento da arte da miniatura: o elogio da cegueira. E conta que um soberano de Tabriz, Djahan Xá, possuído pela inveja de que o mestre que fazia, desenhava e iluminava um livro a seu pedido voltasse a fazer um livro ainda mais bonito para outro soberano, decidiu cegar o artista. "Quando, por fim, terminou a obra destinada a Djahan Xá, o velho pintor, como previsto, depois de ter sido coberto de elogios e moedas de ouro, teve os dois olhos furados com uma comprida agulha usada para prender as plumas no turbante." Com isso inaugura a crença de que os grandes miniaturistas deveriam guardar na memória os detalhes dos manuscritos mais espetaculares que haviam criado.

Em *Meu nome é vermelho*, um célebre mestre de Herat (hoje Afeganistão) sustentava que a cegueira não era um mal, "mas a graça suprema concedida por Alá ao pintor que dedicara a vida inteira a celebrá-Lo; porque pintar era a maneira de o miniaturista buscar como Alá vê este mundo, e essa visão só pode ser alcançada por meio da memória, depois que o véu da cegueira cair sobre os olhos, ao fim de uma vida inteira de trabalho duro".

Essa crença, segundo o romance, enraizou-se de tal modo que um mestre, para apressar a cegueira, pintava em grãos de arroz, numa unha ou num fio de cabelo uma árvore inteira, com todas as suas folhas. E outros acham vergonhoso envelhecer sem ficar cego. Por isso, temendo que os outros considerem sua visão uma prova da falta de talento e de arte, fingem ser cegos.

A pintura em miniatura tornou-se um gênero exponencial na arte persa no século XIII, recebendo influência chinesa após as conquistas mongóis, e o ponto mais alto da tradição foi alcançado nos séculos XV e XVI. As mais respeitadas "escolas de pintura" que se desenvolveram na Pérsia foram Herat, no Afeganistão de hoje, especialmente no período após a conquista da cidade pelo famoso Tamerlão, no século XIV. Mais tarde, no período safávida, ganham reputação as escolas de Tabriz e Esfahan, de onde vêm Hossein e Isaac, entre os séculos XVI e XVIII.

Como mostra o romance de Pamuk, a miniatura persa foi a fonte predominante de influência em outras tradições da miniatura islâmica, principalmente a miniatura otomana na Turquia e a miniatura mugal[1], no subcontinente indiano.

Enlaçada com a arte da miniatura, uma outra arte se sobressai na tradição árabe e persa: a caligrafia. Se a escrita é considerada uma ferramenta para a compreensão do mundo, no Irã ela se projetou, ao lado das miniaturas, como uma das mais significativas estrelas do extraordinário repertório artístico do país. A importância da arte da caligrafia é tal que uma miniatura pode parecer ser imperfeita se uma caligrafia decorativa não a acompanhar.

A escrita do divino

No inverno de 2002, no lobby do prédio da Unesco, em Paris, Hamid Ajami se encolhia num canto da sala, numa postura de tamanha humildade que comovia. Vestido de preto, barba preta, ar circunspecto, com os olhos baixos, Hamid, um jovem calígrafo de Teerã, estava claramente desconfortável no papel de protagonista da exposição de seus trabalhos.

Diante de minha gigantesca ignorância combinada com curiosidade, Hamid venceu a timidez explicando que os persas já tinham uma longa história de quatro séculos de caligrafia, em

---

1   O Império Mugal (ou Mogol) dominou quase todo o norte da Índia do século XVI ao XIX. Originários da Ásia Central, eram descendentes dos grandes governantes mongóis, Genghis Khan e Tamerlão, e praticavam a religião muçulmana, embora a maior parte da população por eles governada fosse hinduísta. Foi um estado rico, sofisticado e poderoso, comandando uma população entre 110 e 130 milhões de habitantes. As grandes cidades construídas pelos imperadores Mugal foram Delhi, Agra e Lahore. Ver mais no capítulo "Onde as toalhas voam e os tapetes florescem".

que desenvolveram vários gêneros e estilos, até a chegada do Islã. Da combinação de alguns deles nasceu o estilo mais clássico, chamado *Nas'taliq*, que tem sido predominante para a escrita persa e árabe nos últimos quinhentos anos, "um estilo tão espetacular que, depois de quatro séculos, ainda está em pé como uma fortaleza impenetrável", emociona-se Hamid.

No Irã, é raro ver uma mesquita ou uma madrasa, uma escola corânica, que não possua frases do Alcorão estampadas em deslumbrantes azulejos coloridos nas fachadas e interiores. Também a maioria dos livros manuscritos ali, especialmente o Alcorão e poemas como *Shahnameh*, *Gulistan* de Hafez, e os *Rubaiyat* de Khayyam são exibidos em museus e reconhecidos como preciosas obras artísticas devido à sua elaborada caligrafia, graciosa e delicada. Dizem que os iranianos, mais do que qualquer outra nação, criaram vários "enxovais" de caligrafias para enriquecer e embelezar utensílios de barro, vasos metálicos e edifícios históricos.

Quando se aprende farsi (ou árabe), também se percebe como um alfabeto pode permitir tantos desenhos, formas e estilos. O persa, também conhecido como parse, farsi ou pársi, é uma língua iraniana, pertencente ao ramo indo-iraniano das línguas indo-europeias. Após a introdução do Islã no século VII, os persas adotaram o alfabeto, o vocabulário religioso, os números e algumas palavras do árabe e desenvolveram o alfabeto contemporâneo. Apesar disso, o farsi e o árabe são línguas completamente diferentes. É como se comparássemos o português e o alemão, que operam com um alfabeto igual, mas são totalmente distintos.

O alfabeto árabe tem 28 caracteres, aos quais os iranianos acrescentaram mais 4 (o, p, ch, g, zh), o que resultou nas 32 letras atualmente presentes no alfabeto persa. Considerando que cada uma delas tem versões de acordo com a posição que ocupam numa palavra (no começo, no fim, na conexão à direita e à esquerda), pode-se afirmar que o alfabeto tem mais de cem letras. Só as versões da letra Z somam mais de 30 desenhos diferentes.

Com tal exuberância, os persas elevaram a escrita ao patamar de uma arte complexa, sofisticada e extremamente espiritual, como a do mestre Hamid. Ele acredita que por meio de seu trabalho, defende a espiritualidade e sacralidade da arte da caligrafia e que "a invenção de um estilo caligráfico nunca foi uma tarefa consciente e dependia inteiramente da graça de Deus, da sua benevolência e da sua misericórdia". O estilo desenvolvido por Hamid, o Moala — ele enfatiza —, obedeceu a todos os princípios e regras tradicionais da caligrafia, e se baseou "na interpretação subjetiva e imaginativa do calígrafo de vários estilos caligráficos".

Dado que na cultura islâmica a individualidade do artista está em segundo plano, Hamid faz questão de deixar claro: "A invenção de um novo estilo caligráfico por um muçulmano iraniano é um empreendimento coletivo e uma conquista em relação a todos os muçulmanos, e não possui reivindicação individual. Portanto, através de princípios estéticos e regras tradicionais, todos os muçulmanos devem ajudar na sua expansão, desenvolvimento e perfeição."

Na confecção da caligrafia e das miniaturas, um personagem era central: o papel. E, nesse caso, todos os caminhos se cruzam e levam à Samarcanda, a joia da Rota da Seda.

Capítulo 7:

NA ROTA DA SEDA, O DESTINO DO PAPEL

❝Se uma donzela turca de Shiraz pegasse na mão meu coração,
pela pintinha de sua face eu daria Bukhara ou Samarcanda.❞

Hafez

Era uma vez, em Budapest

Na véspera da queda do muro de Berlim e da derrocada da URSS, num hotel em Budapest, na Hungria, um grupo de pessoas se sobressaía entre os hóspedes.

Diferente dos executivos e dos turistas ocidentais em férias, os homens usavam curiosos gorros de pele e ostentavam bigodes generosos; e as mulheres, com lenços coloridos na cabeça, trajavam saião estampado e tinham um intrigante detalhe: sobrancelhas unidas num arco negro, perfeitamente tatuado. Não me ocorria de que longitudes ou latitudes haviam saído. Não eram o que eu conhecia por ocidental ou oriental. Nem pareciam africanos. Alguns aloirados, de pele alva e de olhos puxados verdes ou azuis, pareciam nisseis descoloridos; outros, de pele morena gretada, olhos verdes ou negros, amendoados, lembravam viajantes dos ocres desertos. Todos equipados de salientes maçãs no rosto. E todos com muito ouro no dente.

Tratava-se de um grupo de uzbeques, que vinha de Bukhara e Samarcanda, no Uzbequistão, graças a um prêmio de produtividade agrícola, que sua kolkoze[1] (fazenda coletiva) havia conquistado com alguma organização do campesinato soviético. Em reconhecimento ao feito, o comitê central lhes concedia uma semana de férias num dos países do circuito turístico soviético. Entre Tirana, Gdansk, Pyongyang, sem dúvida Budapest, uma das cidades mais relaxadas e alegres do

---

1   Kolkozes eram as fazendas coletivas da ex-URSS, estruturadas na forma de cooperativas de trabalhadores.

bloco, então, devia despontar como verdadeiro parque de diversões para aquela gente humilde, das estepes e desertos, que envergava sua melhor roupa e seus mais reluzentes sorrisos naquela noite.

Foi a primeira vez que ouvi falar de Bukhara e Samarcanda, nomes que — igualmente àquelas pessoas do hotel de Budapest — fascinavam pelo estranhamento. Nomes que evocavam mistérios, que exalavam um perfume irresistível, que eram um passaporte para os sonhos. É intrigante como há todo um grupo de palavras que exercem um inexplicável encantamento: Timbucu, Esfahan, Damasco, Palmira, Istambul, Bagdá, Samarcanda e Bukhara. Desconfio que seja legado da influência dos orientalistas que nos passaram as primeiras representações do Oriente.

Aquelas cidades, que eu nem conseguia nomear, insinuavam um convite irrecusável e irresistível, que ficou adormecido, até se interporem de novo no meu destino, como um círculo que se fechava. E nesse destino estavam a Pérsia e a Rota da Seda.

Sobre sedas e sobrancelhas

66 Um cipreste é o rei e tu, Bukhara,
um jardim, e sabido é que o cipreste
no jardim se planta para sempre!"

Rudegui, *Elogio de Bukhara*

A Praça Labi Hauz, no centro da milenar Bukhara, no Uzbequistão, é um dos principais centros de lazer para os moradores. Restaurantes, barraquinhas de bugigangas e de doces, umas trinta músicas diferentes soando simultaneamente em todos os ambientes. Tudo observado pelas duas imponentes madrasas e pela estátua de um divertido e lendário personagem de contos árabes, Nasrudin, que dá expediente incansável às *selfies* dos turistas, montado ao contrário na traseira de um burro, em tamanho natural.

Dessa vez, diferentemente de Budapest, éramos nós (meu marido, que, a essa altura, já era outro, e eu) os estranhos, os exóticos, diretamente despachados de outro planeta, para divertir e diversificar o sábado da população de Bukhara. Entre dezenas de uzbeques bêbados e de crianças confeitadas em babados e rendas, aceitamos o convite para bailar na festa que um grupo de famílias promovia ao ar livre.

Música oriental alegre e estridente e mulheres mais estridentes ainda, com olhos e bocas muito pintados. E ali estavam elas de novo, reinando imperativas naqueles traços ríspidos: as sobrancelhas unidas num arco virtuoso e soberano, como manda a tradição.

Esse curioso pormenor da milenar toalete uzbeque não passou despercebido por escritores orientais ou orientalistas na tragédia nem na comédia. Num dos mais importantes e disruptivos romances da literatura iraniana contemporânea, *The Blind Owl* (*A coruja cega*), obra de feições alucinógenas do escritor Sadegh Hedayat, o olhar de uma uzbeque tinha o brilho sobrenatural e embriagador, que assustava e atraía, "como se estivessem olhando coisas terríveis e transcendentais que não lhe pertencessem a não ser a ela para ver. Suas maçãs do rosto eram proeminentes e sua testa alta. Suas sobrancelhas eram esbeltas e se encontraram no meio do meio. O seu ar de alegria e tristeza misturada separou-a da humanidade comum". Já o orientalista e viajante inglês, James Morier, criador de um best-seller baseado num personagem persa folclórico e estereotipado, chamado de *The adventures of Hajji Baba of Isfahan*, faz comentários irônicos sobre uma robusta *khanoom* (senhora) uzbeque:

> "Ela atribuía seu sucesso à sua superior beleza e àquele detalhe, objeto de seu incansável cuidado: as duas sobrancelhas unidas em uma."

Seguras do seu sucesso, extasiadas pela presença de meu marido de sobrancelhas vistosas, mas desunidas, e pela inexorabilidade dos poderes da vodca, legado russo amplamente cultivado, elas saíam no tapa para disputar uma dança com ele, numa sensual agressividade que só não era mais invejável para seu orgulho de homem porque, em geral, as bailarinas eram senhoras entradas em anos e em carnes.

Dançando com os braços para cima, uivando ao ritmo de algum hit tecno-russo local, num transe que, se não fosse pela bebedeira, poderia bem ser sufi, rebolando as imensas cadeiras cobertas por túnicas longas sobre calças largas, e o indefectível lenço na cabeça, elas pareciam seres de outra época, transportados diretamente de uma ancestral Rota da Seda, onde Bukhara e Samarcanda, na Transoxiana[2], ocupavam um papel estratégico.

Milhares de mercadores, diplomatas, peregrinos e guerreiros de diferentes partes do mundo passaram por aqui ao longo desses 2000 anos.

Verdadeira *highway* civilizacional, a Rota da Seda, com seus mais de 10 mil quilômetros entre a China e a Europa, considerada a maior rede comercial do mundo antigo, atravessou os séculos, promovendo pela primeira vez um riquíssimo intercâmbio multilateral entre ocidente e oriente, não só das mais importantes matérias-primas, como também de conhecimento. Não é novidade que a globalização praticamente nasceu com ela.

Na bagagem dos exploradores da rota viajavam ciência, religiões, artes, literatura e tecnologias, que eram compartilhadas nessa rede de estradas. Uma troca em diferentes dimensões, que viria a influenciar a constituição de diferentes sociedades, línguas e culturas.

---

2   Transoxiana: região geográfica da Ásia Central que corresponde aos atuais Uzbequistão, Tadjiquistão e parte do Cazaquistão.

Desde então, Bukhara e Samarcanda, dois dos mais importantes entrepostos de mercadorias e centros de cultura, conhecimento e educação da Rota da Seda, são cantadas em verso e em prosa e lembradas por sua contribuição fundamental para o florescimento da caligrafia, das miniaturas, da arte, da arquitetura e das ciências.

Está certo que tudo isso valeu igualmente para o mundo das celebridades. E aqui Amy Winehouse e Julio Iglesias também estão arrebentando a banca.

O Registan de Julio Iglesias

O Sol castiga a pele morena e os olhos amendoados de Akmal quando ele cruza lentamente a esplêndida praça do Registan, um tesouro no coração da cidade velha de Samarcanda, em direção a uma das três madrasas espetaculares (Ulugh Beg, Sher-Dor e a madrasa-mesquita Tilla-Kory) que compõem uma majestosa arquitetura, considerada a mais impressionante da Ásia Central.

Equilibrando o turbante uzbeque, o *tyubeteika*, o octogenário lidera o pequeno grupo familiar, composto de mulheres mais velhas — esposa, irmã e cunhada — trajando as túnicas coloridas, largas e compridas, acompanhadas dos lenços de cor e padronagens diversas na cabeça. A única jovem, Aisara, neta de Akmal, é a exceção.

Num contraste atrevido com a moda tradicional, a jovem se arrastava atrás dos mais velhos, toda montada num modelo "à la Amy Winehouse", que prolifera por aqui entre as jovenzinhas que parecem desesperadamente buscar uma saída às pesadas e quentes túnicas das mulheres de meia-idade para cima. E, no que parece um desaforo aos lenços estampados que achatam o penteado, elas equilibram e mimetizam o indefectível coque e a maquiagem pesada de cajal, que puxa os olhos para cima, característicos da cantora. Vestido preto agarrado, jeans e camiseta preta ou blusa branca e saia preta ajustada nos quadris completam a proposta da juventude feminina, que requebra empoleirada em um par de saltos valentes o bastante para encarar as ancestrais ruelas de pedras de Bukhara e Samarcanda.

Quando abordado para tirar uma foto, o avô Akmal descerra um faiscante sorriso dourado, cheio de orgulho de todos seus quilates bucais e de seu séquito de mulheres, e descreve num inglês de poucas sílabas, mas de muita boa vontade, as grandezas do patrimônio arquitetônico e cultural do Uzbequistão. Depois de bajular os feitos de Genghis Khan, de Tamerlão, de Ulugh Khan, celebridades que fizeram a história desse lugar, ele enche a boca para concluir, com chave de ouro, respaldado pela autoridade que seus dentes folhados lhe conferem: "Aqui até o Julio Iglesias também já cantou."

Por pouco, uma revelação como essa não aniquila qualquer ilusão orientalista do turista, que vai a Samarcanda atraído pelos feitos dos grandes conquistadores turco-mongóis do passado, por Marco Polo, pela magia da Rota da Seda e por um tapetinho, claro, porque se há alguém que não é de ferro, esse indivíduo é o turista.

Na verdade, Akmal, sim, está sintonizado com esses novos tempos, em que, inclusive, quase todas as *madrasas* (escolas corânicas) que circundam a Praça do Registan foram alegremente convertidas em lojas e tendas repletas de artesanato feito em Pequim.

Mas justiça seja feita: a presença chinesa aqui está longe de ser coisa recente. O destino do Uzbequistão sempre esteve inextricavelmente ligado à China, uma relação que floresceu na Rota da Seda, permitindo que inovações como o papel chegassem até aqui.

Há cerca de 10km do Registan e de Samarcanda, onde Akmal passeia com suas mulheres, na aldeia de Koni Ghil Meros, uma outra família, os Mukhtarov, dedica-se a reviver essa antiga tradição milenar chinesa, que mudou os costumes da humanidade e que ajudou a projetar o nome de Samarcanda do Oriente para o mundo. Como confirma o escritor Salam Rushdie em *Shalimar, o equilibrista*.

"... e as palavras Samarcanda e Taschenk faziam seus olhos brilhar de glória antiga, mesmo que Taschenk e Samarcanda, atualmente, fossem buracos apagados e gastos. O papel machê também havia chegado à Caxemira vindo de Samarcanda", lembra um personagem do livro.

Foi no século VIII, nos presídios de Samarcanda, que o segredo da fabricação do papel foi surrupiado de prisioneiros chineses que haviam tentado invadir a cidade, governada por Abu Muslim. Para salvar suas vidas, os cativos, dentre os quais se encontravam vários mestres da produção de papel, trocaram a receita misteriosa pela própria pele. A partir desse momento até o século XVIII, Samarcanda tornou-se um centro respeitado de produção de papel da Ásia Central. E o produto deixou de ser monopólio chinês para ganhar o mundo pela Rota da Seda. O papel só se difundiu pela Europa a partir do século XII, depois da consolidação da conquista da Península Ibérica pelos mouros.

Ao longo dos anos o papel produzido em Samarcanda não resistiu à decadência da cidade e à importação, no século XIX, de papel russo, mais barato, e à difusão do produto no Ocidente. E a receita tradicional de fabricação desse insumo acabou se perdendo por aqui e sendo definitivamente aposentada até meados da década de 1990. Nessa época, por pressão dos pintores em miniatura uzbeques, que enfrentavam escassez de papel adequado, a ideia da revitalização ocorreu ao artesão Zarif Mukhtarov.

Hoje, com apoio da Unesco, pequenas oficinas, como a fábrica artesanal de Meros, dedicam-se a resgatar a arte tradicional de produzir o famoso papel, de acordo com a tecnologia antiga, movida a um centenário moinho de água. No auge de sua produção, havia em Samarcanda mais de quatrocentos moinhos como esse.

Chamado pelos antigos de "asas que se espalham pelos pensamentos dos homens sábios pelo mundo", o papel é feito à base de cascas extraídas do tronco de amoreiras, que crescem em toda Samarcanda.

Segundo se conta aqui, a qualidade do papel feito com essa tecnologia era muito apreciada pelos miniaturistas e calígrafos por serem flexíveis e terem durabilidade, calculada em 2 mil anos, que nem os insetos não conseguem destruir. "Um camundongo não consegue digerir casca de amoreira", esclarece o artesão. Desde sempre, os mestres calígrafos da Pérsia garantiam que quem quisesse escrever deveria levar em conta que o melhor papel para caligrafia é produzido em Damasco, na Síria, em Bagdá — hoje Iraque — e em Samarcanda. O papel produzido em qualquer outro lugar era considerado geralmente áspero, manchado e de pouca durabilidade. Por essas razões, a maioria dos manuscritos persas e árabes dos séculos IX e X foi realizada no papel de Samarcanda.

No processo de globalização do segredo chinês de fabricar papel, além da Rota da Seda e de conspirações locais, outro agente foi fundamental para que a ideia chegasse ao ocidente. Na segunda metade do século XIII, um jovem viajante veneziano, Marco Polo, foi o primeiro a detalhar de que forma o papel, de que era feito o dinheiro, outra inovação chinesa, era produzido a partir da casca da amoreira: "(O Grande Khan) que, segundo dizem, possui o segredo dos alquimistas, já que ele domina a arte de produzir dinheiro pelo seguinte processo: ele retira a casca das amoreiras, cujas folhas são usadas para alimentar os bichos da seda, e ..., sendo mergulhada e depois socada até ser reduzida a uma polpa, é transformada em papel, parecido com o que é fabricado a partir de algodão, mas muito preto. Quando pronto para uso, ele é cortado em pedaços de dinheiro de tamanhos diferentes, meio quadrado, mas um pouco mais longo do que amplo."

Acompanhado por seu pai Niccolo e seu tio Maffeo, Marco Polo viajou, a partir de 1271, por 24 anos, por toda a Ásia, passando 17 anos a serviço do mongol Kublai Khan (de 1215 a 1294), neto de Genghis Khan e conquistador da China. O relato de Marco Polo se transformou num dos livros mais influentes da história. Chamado inicialmente de *A Descrição do Mundo* e *Livro das Maravilhas*, passou a se chamar, mais tarde, *As Viagens de Marco Polo*.

Misto de diário de viagem, de registro etnográfico de cidades e de civilizações desconhecidas, de história, geografia, lendas, costumes, fofocas e bastidores do poder dos khans[3], a obra foi um importante canal de aproximação dos europeus com a Ásia. O continente ainda era um mistério para a Europa medieval, que dependia de raras fontes de informação sobre aquela parte do mundo. Predominavam relatos de viagens e dos feitos de Genghis Khan e das hordas mongóis e proliferavam mitos e fantasias sobre esse mundo intrigante.

Polo, além de se encantar com as grandezas e riquezas do Oriente que descrevia, também teve grande impacto sobre a economia de trocas entre os dois continentes. Por meio de detalhes descritos por ele, foi possível, por exemplo, descobrir rotas por terra e mar, que viabilizaram o comércio entre Europa e Oriente. E conta a história que *As viagens de Marco Polo* foi livro de cabeceira de dez entre dez aventureiros e navegadores que queriam desbravar o Oriente, Cristóvão Colombo incluído. E inspira até hoje poetas e escritores, como o contemporâneo escritor italiano, Ítalo Calvino, que em *As Cidades Invisíveis* conta a história do famoso veneziano, que descreve para Kublai Khan as inumeráveis cidades do seu vasto império que o imperador mongol jamais conseguiria conhecer, dada sua vastidão.

O relato de Marco Polo, cuja veracidade é objeto de controvérsia até os dias de hoje, foi sempre muito criticado pela inexatidão e pela suspeita de que ele nunca tenha pisado nos vários lugares que descreve. Justiça seja feita, ele — ou o narrador — faz um tipo de *compliance* logo na abertura do livro:

"Senhores, imperadores e reis, duques e marqueses, cavaleiros e cavalheiros, e todos os outros que gostariam de conhecer as diferentes raças da humanidade e as diferentes regiões e países do mundo, seus costumes e práticas. Leia este livro e você encontrará todas as grandes e maravilhosas coisas que se encontram na Armênia, Pérsia, Ásia Central, terra dos tártaros e da Índia, bem como em muitas outras províncias da Ásia, ao norte, nordeste e leste. Todos esses estão solidamente relacionados no livro pelo nobre mestre Marco Polo, cavalheiro de Veneza, contado como ele viu com seus próprios olhos. E porque também há algumas coisas que ele não viu, mas ouviu falar de pessoas que eram confiáveis e dignas de serem citadas, escreveremos que as coisas vistas foram vistas, e as coisas ouvidas, de modo a garantir que este livro é verdadeiro e justo, sem mentira, e todos os que leem ou ouvem acreditarão plenamente, porque todos são completamente verdadeiros."

Entre os fatos que provavelmente foram só ouvidos por Polo, estão as informações sobre Samarcanda e Bukhara, que eram paradas obrigatórias das caravanas que percorriam a

---

3   Khans: título dos governantes hereditários ou chefes tribais. No Império Mongol, significava o governante de uma horda. Também em lugares como Irã, Afeganistão, Paquistão e outros países da Ásia é empregado como um título de respeito.

Rota da Seda e que, portanto, deviam ser comentadas pelos mercadores viajantes. As duas cidades também haviam sido previamente visitadas por seu pai e tio, e Marco pode ter reproduzido parte do que ouviu de seus parentes.

Na descrição de Polo, Samarcanda já havia se recuperado do flagelo mongol, e conforme observado pelo veneziano, "(Samarcanda) é uma cidade nobre, adornada com belos jardins, e cercada por uma planície, na qual são produzidos todos os frutos que o homem pode desejar".

Pérsia à moda soviética

Na viagem ao Uzbequistão, nos acompanhou Natacha, nossa guia mão de ferro. Verdadeira soviete, Natacha nos convocava aos passeios pelas ruas de Bukhara e Samarcanda, do alto dos seus tamancos, exibindo cabelo curto tingido de loiro e sobrancelhas tatuadas em negro, reinventando a si mesma entre as referências locais. Comandava nossos passos pelo país, com a disciplina e o rigor de sincera bolchevique, saudosa dos tempos de Stalin e de Kruschev. Fã de Putin e matriarca de uma centena de gatos, Natacha, a comunista, também era devota do espírito de um bichano já falecido, ressurreto no reino dos céus e no de seus sonhos, de onde lhe mandava mensagens criptografadas. Materialismo místico, puramente russo.

Meio a contragosto, para não promover o turismo alheio, Natacha lembra que, assim como a China, fundadora da rota para sua seda, está esculpida na herança e na cultura de Samarcanda e Bukhara, também a Pérsia reina aqui por toda parte. Na arquitetura, nos detalhes que decoram e iluminam as mesquitas e mausoléus, nas cores e formas que ornamentam os azulejos, nos poemas de Khayyam e Hafez, que ecoam nas memórias das duas cidades, nesse destino siamês que as uniu à Pérsia em vários momentos da história.

Os mongóis conquistaram a Pérsia, mas a Pérsia, por sua vez, conquistou os mongóis. Em Samarcanda, é ela que assalta os sentidos, em mais uma evidência do talento persa para seduzir e assimilar os invasores. O cosmopolitismo dos canatos — os reinos mongóis — e seu entusiasmo por adotar tudo que era persa fez muito para enriquecer e expandir o horizonte das artes, das ciências e até da língua persa.

São muitos os autores que concordam que, na verdade, os líderes mongóis e seus descendentes, que invadiram a Ásia Central a partir do século XIII, acabaram se transformando em polidos persas. Como lembra o historiador norte-americano Ross Dunn, no livro *As aventuras de Ibn Battuta*, os conquistadores mongóis "assim como outros conquistadores cruéis saídos das estepes rapidamente se renderam àquela civilização sofisticada. De fato, a mente do guerreiro mongol estava culturalmente privada, apresentando um vasto espaço em branco onde todos os tipos de influências refinadas e humanas poderiam ser escritas".

Datando de 500 a.C., Samarcanda é uma das cidades mais antigas do mundo. Desde a época aquemênida, ela integrou os domínios da Pérsia. Foi invadida por Alexandre, o Grande, em 329 a.C., quando ainda era conhecida pelo nome grego de Marakanda. Natacha gosta de lembrar aos turistas de uma frase que teria dito Alexandre ao conquistar Samarcanda em 329 a.C.: "Tudo o que eu tenho ouvido sobre Samarcanda é verdade, exceto que ela é mais bonita do que eu jamais imaginei."

Do século VI ao século XIII a cidade chegou a ter população maior do que nos dias de hoje. Foi comandada por tribos e povos turcos e persas até a chegada dos árabes no século VII. Mas encontrou sua glória no Império Mongol. Em 1220, Genghis Khan, um dos maiores comandantes militares da história, mudou a história da cidade, da Pérsia, do continente, instalando ali um dos maiores impérios que o mundo conheceu. O Império Mongol, fundado no início do século XIII por Genghis Khan, seus filhos e netos, dominou cerca de 33 milhões de quilômetros quadrados. Foram 200 anos que deixariam pegadas indeléveis na cultura persa.

No período inicial da ocupação, soldados mongóis destruíram boa parte das cidades iranianas e também Samarcanda, tendo passado para a história como protagonistas de grandes massacres, que culminavam em pirâmides de milhares de crânios dos civis mortos. Conta-se que só num dos massacres, na Índia, foram 70 mil mortos.

Lembra o autor Kamin Mohammad, em *The Cypress Tree* (*O cipreste*)

> ❝❝O Irã havia sobrevivido ao macedônio Alexandre, o Grande, e até mesmo assimilado o Islã, mas não teve chance de ir contra a força genocida dos exércitos desenfreados de Genghis Khan. As hordas mongóis mergulharam do nordeste, conquistando Samarcanda e matando e violando inocentes, não permitindo que nada ficasse em seu caminho. Genghis Khan derramou prata derretida nos olhos e ouvidos de seus inimigos, e o platô foi inundado pelo sangue dos milhares que morreram. Por 200 anos, o povo brutalizado do Irã viveu em um estado de terror tão agudo que o cheiro de medo penetrou em nossos genes."

Também, segundo conta Juvaini, historiador persa citado no livro *As aventuras de Ibn Battuta*, os mongóis espalharam tanta morte e devastação onde quer que eles passaram, da China às planícies húngaras, que, na região do norte Khurasan, Iraque e Azerbaijão, a população caiu de 2,5 milhões para 250 mil pessoas.

> ❝❝Com um golpe, um mundo que explodia de fertilidade ficou desolado e as suas regiões tornaram-se um deserto, e a maior parte dos vivos, mortos, e a sua pele e ossos que se desmoronam; e os poderosos foram humilhados e imersos nas calamidades da perdição."

É curioso notar que no meio dos massacres atribuídos aos mongóis, há espaço para o benefício da dúvida. Inquieta, por exemplo, observar o encanto de Marco Polo com o grau de organização da sociedade nos tempos de Kublai Khan. O veneziano se emociona com a habilidade militar, os métodos de governo e a tolerância religiosa dos mongóis. Empreendimentos socioeconômicos incluíam assistência aos pobres e doentes, patrulha contra incêndio e desordem, estoque de cereais para aliviar a aflição causada por inundações e um sistema postal para comunicação rápida.

A nomeação do herdeiro de Kublai Khan (o famoso imperador presente nas narrações de Polo), Tamerlão, fundador da dinastia timúrida no século XI, restituiu a Samarcanda seu antigo brilho e seu lendário viço. Último dos grandes conquistadores nômades da Ásia Central, Amir Timur, ou Tamerlão, é um personagem importante na construção da identidade do povo uzbeque e até hoje motivo de grande orgulho, especialmente para os moradores de Samarcanda, como Akmal e Natacha.

Era conhecido como Tamerlão (o coxo), porque, ainda jovem, sofreu um acidente de cavalo que o deixou manco. Descendente de Genghis Khan, foi o fundador do segundo Império Mongol. Dominou do Turquestão até a Índia, além de invadir a Rússia — conquistando o Ural e o Volga até o Mar Cáspio. Sua família havia se agregado ao recém-formado Canato de Chagatai, um dos quatro reinos (ou canatos) mongóis originários da fragmentação do grande império de Genghis Khan. O canato compreendia a Transoxiana, parte do Afeganistão, da China, do Cazaquistão e do Turquestão. Fazia fronteira com o Canato da Horda Dourada, que abrangia grande parte da Rússia Europeia, Ucrânia, Cazaquistão e Romênia.

Tamerlão fez de Samarcanda a capital de seu império e epicentro cultural e comercial de toda a Ásia Central, e é aqui que está seu túmulo. Um dos conjuntos arquitetônicos mais significativos do Oriente medieval — O mausoléu de Gur Emir (literalmente o Túmulo do Emir) — foi construído na parte sudoeste de Samarcanda no início do século XV. Encimado por uma cúpula de azul-celeste, esse majestoso complexo arquitetônico exubera em riquezas. Suas paredes internas são revestidas de ônix e de outros materiais preciosos.

O sarcófago do governante, que é negro e construído com uma pedra rara, conhecida pelo nome de nefrita, é um exemplo significativo da história e da cultura da arquitetura persa-mongol e tido como precursor de túmulos posteriores como o Taj Mahal, em Agra, na Índia. Também ali estão sepultados seus filhos Shahrukh e Mirão Shah e seu neto, o famoso astrônomo Ulugbek. O mausoléu até hoje exala mistérios e, segundo os supersticiosos, algumas maldições, supostamente inscritas em seus interiores avisam: "Quando eu ressuscitar dos mortos, o mundo tremerá."

A maldição ganhou força nas ruas de Samarcanda em 1941, quando uma expedição russa foi exumar o corpo de Tamerlão para comprovar que os restos enterrados ali pertenciam ao imperador. Apesar das tentativas dos clérigos de deter a exumação, os cientistas foram adiante. Em 19 de junho, a pesada lápide foi retirada da tumba de Tamerlão. Dois dias depois, a Alemanha nazista invadiu a União Soviética e, automaticamente, o episódio foi visto como decorrência da abertura do túmulo.

Os restos do soberano e de seus filhos e netos foram enviados para análises em Moscou. Quando Stalin autorizou a volta dos seus restos para serem enterrados com glórias em seu túmulo em Samarcanda, coincidentemente, os russos bateram os nazistas na longa Batalha de Stalingrado, um dos momentos mais dramáticos da guerra contra os nazistas.

Tamerlão não é lembrado exclusivamente pelas barbaridades atribuídas a ele. Se, de um lado, ele era irascível com os povos que conquistava, por outro lado, o imperador mongol era apaixonado pela cultura, a arquitetura, as artes, a filosofia e o islamismo. Costumava poupar artistas, estudiosos, religiosos e arquitetos durante suas conquistas, ainda que aniquilasse o restante dos povos conquistados, inclusive crianças. Não surpreende que seu principal legado não tenha sido político, e sim artístico, oferecendo ao mundo a mais incrível contribuição estética de uma civilização que venerava a beleza.

Diz o autor de *The Cypress Tree*: "Mais chefes de guerra mongóis seguiram com o brutal reinado de Tamerlão, mas os iranianos seguiram seus caminhos — a grande arte e a arquitetura surgiram sob o antigo governo de Seljuq e continuaram a se espreitar sob os descendentes de Tamerlão. Os persas têm o hábito de prosperar quando os tempos são difíceis."

Madri mongol

Apesar dos 7 mil quilômetros de distância e das 12 horas de voo que separam Samarcanda de Madri, há um fio incomum que enlaça essas duas geografias. Na ampla e sombreada *Plaza de la Paja* (Praça da Palha), no centro histórico de Madri, nos séculos XIII e XIV, funcionava um importante mercado. Também era o local onde a igreja católica recolhia o dízimo dos camponeses, que ali se reuniam e eram obrigados a oferecer uma fração de sua colheita — inclusive palha — para alimentar as mulas dos religiosos. O bulício do mercado foi substituído hoje pelo ambiente sossegado, onde habitam poucas lojas e um restaurante russo *O Cossaco*.

Numa das faces de um dos palacetes da Praça, uma discreta placa remete a um passado quase tão antigo quanto as memórias do finado mercado. Dedicada a Ruy González de Clavijo, a placa é uma homenagem acanhada ao embaixador do Reino de Castela, na mítica Samarcanda do século XV. Já na Samarcanda que visitou, Clavijo é lembrado com muito mais pompa, carinho e circunstância até os dias de hoje. Além de nomear uma importante e larga avenida que conduz ao túmulo de Tamerlão, Madri, a cidade natal do diplomata, batizou, por desejo do último grande conquistador da Ásia Central, toda uma cidade. Hoje a Madri uzbeque se transformou num bairro popular nos arredores de Samarcanda.

Clavijo viajou para Samarcanda, a pedido do rei Henrique III, de Castela, para se encontrar com Tamerlão, imperador dos mongóis e o homem mais poderoso do mundo de sua época. O rei espanhol desejava fortalecer os laços diplomáticos e propor ao governante asiático uma aliança para enfrentar a ameaça representada pelos turcos para o cristianismo, para o Oriente Médio e para o seu próprio reino. Se Marco Polo foi o porta-voz de Kublai Khan, Tamerlão encontrou no espanhol o ideal propagador de seu império. Disse Clavijo:

> “E porque a embaixada é árdua e distante, é necessário anotar todos os lugares e terras onde os emissários vão e as coisas que lhes acontecem nela, para que não caiam no esquecimento e que melhor e mais verdadeiramente possa ser feito. Contar e conhecer; e, por esse motivo, em nome de Deus, em cujo poder estão as coisas e da virgem Santa Maria, sua mãe, comecei a escrever desde o dia em que os embaixadores chegaram ao porto de Santa Maria, perto de Cádis.”

Na crônica sobre sua jornada na Ásia Central, que levou quase 3 anos, a partir de 1403, Clavijo descreve assim seu primeiro encontro com Tamerlão, citado em *Persia through writer's eyes* (*A Pérsia através dos olhos dos escritores*): “Timur Beg estava sentado em um portal, em frente à entrada de um belo palácio; e estava sentado no chão. À sua frente havia uma fonte que esguichava água muito alto e nela havia algumas manchas vermelhas. O senhor estava sentado de pernas cruzadas, sobre tapetes de seda bordados, entre travesseiros redondos. Ele estava vestido com uma túnica de seda, com um chapéu branco alto na cabeça, sobre o qual havia um rubi, com pérolas e pedras preciosas ao seu redor.”

A julgar pelas fartas demonstrações de amizade, a missão do embaixador espanhol foi coroada de êxito. O apreço do caudilho asiático pelo cavalheiro castelhano culminou com o batismo de uma cidade com o nome da cidade natal de Clavijo, Madri. Segundo ele, Tamerlão também patrocinou uma série de festas, regadas a mulheres, dança, comida e muito vinho para celebrar a visita do primeiro europeu a cruzar o mundo para vir a Samarcanda. Sendo declarado abstêmio, Clavijo teve todos seus reflexos suficientemente preservados para observar, em detalhe, como as mulheres se fartavam de beber e de se divertir acompanhando os homens (a propósito, num país que já era muçulmano). E para se deleitar com os costumes da corte timúrida à mesa.

“Eles também trouxeram grandes quantidades de ovelhas e cavalos assados e outras carnes; e eles comem tudo isso com muito barulho, arrancando os pedaços um do outro e zombando da comida. Eles também trouxeram arroz cozido de várias maneiras e tortas feitas com farinha, açúcar e ervas...”

A narrativa de Clavijo é farta, saborosa e muito mais convidativa do que a acanhada placa que o homenageia na *Plaza de la Paja* da Madri espanhola, onde o embaixador morreu em 1412. Uma pena que *O Cossaco*, restaurante hospedado na praça não aproveite a companhia ilustre de Clavijo para incluir no seu cardápio, pelo menos, o famoso arroz a que o embaixador espanhol se referiu, provavelmente um *plov*, também promovido por Avicena, o príncipe dos médicos.

Logo após a morte de Tamerlão, em 1405, seu império foi dividido entre os descendentes e entrou em decadência. À ruína econômica, somava-se a inclemência geológica e, após uma série de terremotos, Samarcanda voltou às cinzas e ao abandono. Perdeu o lugar de capital do império, e de 1720 a 1780, ficou praticamente desabitada e jogada à própria sorte. Conquistados pelo Império Russo em 1868, os territórios da antiga Transoxiana se transformaram, após a revolução socialista, em República Socialista Soviética Uzbeque. Em 1991, após o desmantelamento da União Soviética, a região declarou sua independência como República do Uzbequistão.

Capítulo 8:

ONDE AS TOALHAS VOAM E TAPETES FLORESCEM

> "No próprio registro de um tecido que não sei o que seja se me abrem as portas do Indo e de Samarcanda, e a poesia de Pérsia que não é de um lugar nem de outro, faz das suas quadras, desrimadas no terceiro verso, um apoio longínquo para o meu desassossego. Mas não me engano, escrevo, somo e a escrita segue, feita normalmente por um empregado d'este escritório."

Fernando Pessoa, *Rubayat, canções para beber.*

Meu destino numa toalha de mesa

Até aquele dia em que tropecei na loja de Farshad na alameda Franca, nos Jardins, em São Paulo, muitas décadas atrás, eu não podia imaginar que, assim como Samarcanda dava apoio ao desassossego de Pessoa e Pasárgada à vida triste de Bandeira, Esfahan ocuparia também territórios de minhas fantasias até chegar à Pérsia.

A loja de antiguidades e de tapetes do velho iraniano nem existe mais. A toalha, carimbada com o nome Esfahan em seu avesso, resiste desbotada como prova material de que muitas vezes são as coisas banais que mudam uma vida, que te apresentam a novos universos, a sabores literais e figurados até então desconhecidos. A toalha, um produto de algodão rústico e amarelado, multiplicou-se, ao longo das décadas, em outras dezenas de toalhas, amealhadas em duas visitas a Esfahan e em bazares mundo afora.

Naquele dia, na alameda Franca, vi pela primeira vez aquela toalha, a que me levaria um dia à Pérsia. A orientalidade de sua estampa, a rusticidade do material, a resistência de suas fibras, a combinação das cores, a ondulação das formas se combinava numa alma que transpirava milênios. Tudo isso se juntou para me arrebatar naquela tarde, antes que eu mesma tomasse conhecimento de tudo que a toalha invocava.

Como o próprio tecido invocado por Fernando Pessoa. E até conseguir dinheiro para arrebatar esse "apoio longínquo para o meu desassossego", levou uns três meses.

Passei a visitar Farshad com regularidade, certa de que a permanente vigilância serviriam para me assegurar a posse da toalha até que pudesse reunir os meios de adquiri-la. A cada mês a pilha de toalhas ia diminuindo, com a ameaça do velho: "essas são as últimas do estoque que eu trouxe do Irã; daqui a pouco, não vai ter mais." Contou-me que havia escapado do país persa, depois da Revolução de 1979, e da guerra contra o Iraque, e, para sobreviver, havia trazido um estoque de toalhas e tapetes, com valor suficiente para lhe propiciar um pequeno espaço numa rua de altíssimo poder aquisitivo e visibilidade.

A cada visita, Farshad me contava sua história e a história da toalha. A cada visita, ele me introduzia mais um pouco na cultura persa, falando de Esfahan, da técnica milenar de estampar e de tecer, dos jardins, dos ciprestes que se curvam e nunca se quebram, das miniaturas que revelam mundos, dos tapetes e seu infinito cosmos. Nas histórias de Farshad, insurgiam muitas das faces dessa cultura fascinante em que símbolos ancestrais se enraízam e brotam em forma de arquiteturas, de desenhos e texturas. E de toalhas.

De dentro de minha inconsciência, sem ainda formular racionalmente, tudo aquilo me intrigava: que tipo de lugar e de tradição eram capazes de produzir tanta beleza? Que mistérios se ocultavam naquele carimbo "Esfahan"? Eu alisava a toalha grosseira como se fosse seda, porque dela emanava algum tipo de encantamento que eu não entendia naquela época. Lembro-me de ficar tempos admirando a toalha e me emocionando estupidamente ao ler o nome toscamente estampado "Esfahan", cujo som invocava terras míticas, de onde encantos irrompiam em curvas, em flores, em cores. Uma verdadeira plantação de belezas, em seda, em lã ou no algodão mais rudimentar.

Seduzida pela peça, mas sem dinheiro para comprar o estoque inteiro, não sucumbi à profecia ameaçadora de Farshad de que as toalhas um dia acabariam. Achei que era terrorismo de mascate. Não era. Um dia elas se acabaram mesmo e eu nunca mais vi o velho que me contava histórias. Quando isso aconteceu, passei a buscar por ela em lugares do mundo onde havia comunidades iranianas. Em Londres, Los Angeles e Nova York achei um par delas, menores de tamanho, mas contendo aquela mesma identidade, o mesmo banquete estético, entretanto nenhuma me custou tanto esforço quanto a melhor e a maior delas, que encontrei, por acaso, em São Paulo, durante uma Bienal do Livro.

Quando entrei na Bienal e vi na lista de expositores que havia um estande do Irã, tive de percorrer quilômetros de best-sellers de autoajuda até encontrar o expositor iraniano. Encontrei dois homens muito taciturnos, vendendo livros com pregações do Aiatolá Khomeini, livros do Alcorão em farsi e mais discursos do aiatolá. E vídeos, filmes de propaganda xiita protagonizada pelo aiatolá.

Na loja decorada com pôsteres nada convidativos do austero Khomeini e bandeiras do Irã, centenas de pessoas passavam indiferentes ou desconfiadas, sem nenhuma aspiração de ler as pregações do religioso de cara assustadora. Ali, ninguém entrava nem saía. A mim, o que me fez desatinar foi constatar que os livros estavam repousando sobre a "minha toalha", ou melhor, uma aparentada da toalha de minhas buscas. Não tive dúvidas de que conseguir aquela toalha era um comando categórico do destino. Entrei no ambiente, armada de determinação para enfrentar os dois jovens de cara amarrada e os pôsteres ameaçadores do aiatolá para arrematar a toalha.

Primeiro problema: nem em inglês era possível estabelecer qualquer diálogo. Numa prosa do tipo "me Jane, you Tarzan", expressei meu desejo de comprar a toalha. Claro, eles não entenderam nada. Nem o inglês e muito menos a solicitação esdrúxula. Os dois pobres haviam viajado milhares de quilômetros para vender suas bíblias e a única pessoa interessada neles queria comprar a decoração da mesa? Como não desisto fácil, consegui convencer o homem a vendê-la, no último dia da Bienal. Creio que eles calcularam que seria menos peso na bagagem. Quando me deram o preço, algo como R$150, me lembrei de que estava zerada no banco e me propus a pagar em duas vezes, em cheque pré-datado! Deviam estar em pior situação que eu para aceitar aquela proposta indecente. E assim me apoderei de mais um exemplar.

Curioso foi descobrir, anos depois, que a arte persa de estampar toalhas foi revitalizada pela República Islâmica. Sob o peso das sanções e da limitação das importações depois da revolução, quando o país se fechou em copas para o Ocidente, a técnica foi ressuscitada e ressurgiu em grande estilo nos bazares persas, portanto, nada mais honesto que a toalha acompanhar a bagagem dos religiosos xiitas na sua pregação religiosa. Mas naquela época, depois da peleja, creio que comecei a atinar que, se eu tinha conseguido quase o impossível, que era negociar a toalha com os religiosos que não falavam quase nada além de farsi, eu poderia também ir ao Irã. Mais uma prova de que a maioria das decisões é tomada de forma quase irracional. Se tapetes voam, toalhas também podem te transportar aos confins do mundo.

Berço de belezas

"Se você quer uma regra de ouro que sirva para tudo, é isso: não tenha nada em suas casas que você não saiba ser útil ou que acredite ser bonito."

William Morris.

Emoldurado por toalhas de todos os tamanhos, cores e estilos, Javad nos esperava na porta de sua loja e fábrica de *ghalamkãr*, no longilíneo bazar de Esfahan. Depois de trinta anos garimpando toalhas, eu chegava ao fim do arco-íris, onde o "poço de ouro" me esperava.

Ghalamkãr, que em farsi quer dizer "trabalho em caneta", é a arte persa de estampar com carimbos de madeira o algodão rústico, um tipo de chita. Os blocos são feitos principalmente de madeira de pera, que tem melhor flexibilidade e densidade.

Na oficina de Javad, numa prateleira cobrindo toda a parede, repousam centenas de blocos de madeira, enormes carimbos, contendo os diferentes padrões — arabescos, desenhos de flora e fauna, desenhos geométricos, desenhos pré-islâmicos, cenas de caça, jogos de polo, poemas persas, inscrições armênias e hebraicas.

Cada desenho é entalhado em vários blocos de madeira, criando padrões repetitivos para serem impressos em série, como um quebra-cabeça, sobre grandes pedaços de tecido de algodão grosseiro. Na oficina, o artista primeiro imprime os padrões originais como uma xilogravura negra e, em seguida, usa diferentes xilogravuras coloridas para colorir os desenhos. Cada toalha é carimbada de 500 a 3 mil vezes, dependendo dos detalhes do trabalho. Por exemplo, uma toalha de mesa para 6 pessoas (2 metros por 1,4 metro) deve ser carimbada cerca de 580 vezes em um trabalho normal, enquanto com o mesmo tamanho, até 4 mil vezes em um trabalho elaborado.

No comércio de Javad, pela primeira vez, também fui apresentada à policromia das toalhas *ghalamkār*. Nas paredes, elas florescem em todas as cores. As tintas, tradicionalmente, são de corantes naturais. Grande parte das toalhas que eu conhecia e das que possuía seguia o padrão tradicional, do preto com vermelho brilhante, fabricado com materiais como rosas, óleo de gergelim, alúmen e goma de um arbusto chamado tragacanto. As imagens de jardins, de flores e de motivos persas são impressas em sequência uma sobre a outra.

Terminada a impressão, as toalhas passam por inúmeras lavagens e processos de fixação da cor: no primeiro estágio, são mantidas no vapor por, pelo menos, uma hora, para estabilizar as estampas. São, então, lavadas e mantidas em bacias, sob a água corrente dos rios, durante 24 horas. Em seguida, elas descansam num pó de pasta de romã para adquirirem cor cremosa. Depois, as peças são empilhadas em grandes recipientes de cobre contendo fixadores, onde são fervidas. Depois, são lavadas novamente em água corrente e espalhadas nas margens dos rios para secar. Javad diz que esse processo trabalhoso e demorado é o que explica os preços a que uma toalha pode chegar.

Como manda a tradição local, o comerciante de Esfahan não tem formação profissional ou universitária e aprendeu o ofício com seu pai e seu tio. Hoje em dia, em confortável vadiagem, ambos passam o dia fumando, discutindo política, tomando chá, rezando e dormitando entre pilhas de toalhas, também segundo a tradição local. Deles, Javad tirou uma grande lição: "Os mestres desse tipo de arte de Esfahan aconselhavam que se você quer ser um grande pintor, você deve chegar à essência das coisas. Se for seduzido pela aparência apenas, você é um imitador e não um pintor."

Nada mais verdadeiro, em se tratando de arte persa. Na essência das *ghalamkār*, assim como dos jardins e mesquitas, bazares e praças, tapetes e azulejos de Esfahan, está impresso o legado de uma era que alavancou o maior renascimento cultural da Pérsia: a dinastia safávida, no século XVI, que reinou por duzentos anos. O mesmo império que adotou o circunspecto xiismo como fé, fraturando a unidade do mundo islâmico, produziu um espetacular festival de cores, de formas e de beleza poucas vezes visto numa civilização. E fez de Esfahan sua principal vitrine e memorial. Na antiga capital sonhada pelo Xá Abbas, a arte, a pintura, a arquitetura, a tecelagem e o paisagismo alcançaram novos patamares de refinamento, criados pelos melhores artesãos do mundo oriental para construir a cidade que devia brilhar sobre todas as outras, ou, pelo menos, sobre "a metade do mundo".

Esfahan, coroa de muitas joias

Dos terraços do palácio Ali Qapu se pode avistar a vastidão do magnífico centro vital de Esfahan, a praça Imã Khomeini, originalmente batizada como *Naqsh-e Jahan* — "a Metade do Mundo" —, criada pelo xá Abbas, o Grande, para sinalizar a idade de ouro da dinastia safávida, que governou o Irã de 1501 a 1722. Emoldurando a praça, considerada patrimônio pela Unesco, por ser um dos maiores projetos de construção da história, emergem estrategicamente quatro símbolos fundadores da dinastia que atingiu brilho semelhante à era aquemênida de Ciro, o Grande: uma entrada monumental para o bazar, ao norte; a Mesquita do Xá, ao sul; a mesquita de Shaikh Lutfallah, a leste; e o palácio de onde o rei admirava tudo isso, o Ali Qapu, a oeste. As quatro bases do estado safávida — representando a religião, o comércio, o governo do xá e a própria família real — estavam assim unidas num enunciado visual categórico. Como descreveu Anita Amirrezvani em *Os fios da fortuna*: "A praça era tão grande, que as pessoas num extremo e noutro pareciam figuras num quadro em miniatura... nos lados mais estreitos da praça, o palácio azul e dourado do Xá Abbas encarava sua mesquita particular de cúpula amarela, que brilhava tal qual um pequeno Sol. Nos lados mais largos, o portal do Grande Bazar ficava em frente à entrada da imensa mesquita de Sexta-feira, um lembrete aos comerciantes tementes a Deus para que fossem honestos."

A nova capital era parte da estratégia do governante de restaurar a saúde e a credibilidade do reino, esfacelado por guerras internas entre diferentes tribos e por ameaças às fronteiras. Abbas cortejou os comerciantes estrangeiros e fez acordos comerciais com várias nações europeias para ressuscitar a economia nacional. Outro movimento certeiro do seu governo foi fortalecer seus exércitos com homens do Cáucaso, sobretudo georgianos e armênios, reconhecidos por sua audácia e bravura, que acabaram detendo as invasões dos mugals da Índia, a leste, e dos otomanos, a oeste, restabelecendo e pacificando os vastos territórios do império.

Muitos dos iranianos com quem conversei asseguram que a era Abbas foi uma das mais felizes da história da Pérsia, não conhecida exatamente por histórias felizes. Abbas (1587–1629) é considerado o maior dos governantes safávidas, com a reputação de monarca justo, moderno e empreendedor. Era um tipo de "rei–faz–tudo", com o hábito de imitar os legendários governantes do passado, percorrendo as ruas e bazares totalmente incógnito para auscultar o que se dizia do soberano na vida plebeia. E é verdade que também era dado a surtos de paranoia, que o fizeram matar um de seus filhos e cegar outros dois. Mais uma das incontáveis contradições engastadas na cultura persa.

Ele assumiu o controle da Pérsia no início do século XVI, restituindo ao império territórios, poder, luxo e, sobretudo, autoestima e orgulho. Em sua maior extensão, o Império Safávida dos séculos XVI e XVII cobriu todo o Irã, o Iraque e partes da Turquia e da Geórgia. Segundo os estudiosos, o período marca o início da Pérsia moderna, com a criação de uma máquina administrativa centralizada, controlada por uma monarquia hereditária e que usava autoridade religiosa para financiar o exército e a construção das cidades e para apoiar uma infraestrutura política que eventualmente duraria até o século XX.

A irmandade dos safávidas, em sua origem, era um grupo religioso da ordem sufi que remonta a Safi al-Din Ardabili, um nacionalista persa (1252–1334) que se converteu ao xiismo no século XIII. Morto Ardabili, conta o jornalista Samy, no livro *Os iranianos*: "um jovem chamado Ismail fundiu a ideologia da confraria com o islã xiita", fundando aquela que seria a derradeira era dourada na história da Pérsia. Surpreende observar que os fundadores do xiismo como religião oficial da Pérsia seriam os responsáveis por outro grande legado: a transformação do Irã num centro de arte, arquitetura, poesia e filosofia.

A era safávida foi o intervalo de luz e de grandeza entre um antes e um depois de trevas, capaz de reconciliar religiões, etnias, culturas, reunindo o melhor de todos em torno de seu império.

Na Esfahan de Abbas, a arquitetura, os jardins, as praças, mesquitas e palácios se tornaram monumentos políticos, investidos de excelência artística, outra marca indelével do seu reinado. O monarca, que tinha só 27 anos quando transferiu a capital de Qazvin para Esfahan, em 1598, alavancou e viabilizou todo o *soft power* persa, incrementando a produção de tapetes e de têxteis, como o ghalamkär, criando centenas de oficinas estatais, tornando-se patrono ativo da pintura, da caligrafia e da produção de livros. Sua encomenda da obra fundadora dos persas, *Shahnameh*, o *Livro dos Reis*, restabeleceu o ateliê de pintura real, que havia minguado durante os reinados de seus dois predecessores, cobrindo de privilégios ceramistas chineses para se instalarem no Irã. Recebeu judeus e promoveu uma migração em massa de armênios, reconhecidos como hábeis artesãos e comerciantes estratégicos da Rota da Seda.

Destinada por Abbas ao cosmopolitismo, Esfahan, além de ser saudada por muitos viajantes do passado como "a maior e mais bela cidade de todo o Oriente", foi descrita como um centro inter-religioso e étnico, que juntava cristãos, judeus, zoroastristas, muçulmanos e comerciantes de todo o mundo. Além de 2km de bazar, a cidade reunia quase 200 mesquitas, mais de 1.800 *caravançarais*[1], 273 banhos públicos, além de centenas de *madrasas*, as escolas corânicas.

Era do alto de impressionante terraço elevado do Ali Qapu, com 18 colunas delgadas em seus 38 metros de altura, que o xá Abbas abria as portas orgulhosas de sua capital, para apresentá-la aos visitantes. Significando "a melhor porta", o Palácio sinalizava a importância dos

---

1   Os caravançarais eram hospedarias na beira da estrada onde os viajantes podiam descansar e se recuperar da viagem. Comuns ao longo da rota da seda, a palavra quer dizer "palácio das caravanas".

visitantes, em geral, chefes de estado, ministros, grandes comerciantes e personalidades nacionais e internacionais, que ali se reuniam à corte persa para tratar de política e de negócios. Construído no final do século XVI como residência para o soberano, esse palácio de seis andares era onde o grande monarca costumava entreter seus convidados. Contam os guias que aqui também se celebrava o *Nowruz* (Ano-novo Iraniano, de origem zoroastrista).

As mais de cinquenta salas, corredores, escadarias e tetos que integravam o palácio estavam decoradas com pinturas e mosaicos, muitos dos quais em estilo naturalista, pintados por Reza Abais, pintor da corte do xá Abbas e seus alunos. Há motivos florais, animais e pássaros em suas obras. As portas e janelas altamente ornamentadas do palácio foram quase destruídas durante o período das invasões afegãs, da dinastia Qajar e, posteriormente, da revolução de 1979. Felizmente, o verdadeiro destaque restou intacto: a sala de música no andar superior. O teto de estuque é esculpido em formas de vasos e frascos de água de rosas. Beleza e funcionalidade enlaçados para melhorar a acústica. Aqui vários conjuntos executaram peças musicais e entoaram canções para o xá e sua corte.

A porta principal do palácio, trazida desde a cidade de Najaf, no Iraque, era a porta do mausoléu de Ali, genro de Maomé, fundador do xiismo e grande herói de Abbas. O Ali Qapu é um indiscutível legado de uma época em que o xiismo também se conjugava com a música, com a dança e até com o vinho, como se pode constatar igualmente num outro marco da arquitetura safávida de Esfahan, o Chehel Sotoun (literalmente: "Quarenta Colunas"), palácio que fica a poucos quilômetros do Ali Qapu.

Construído pelo xá Abbas para ser usado para o seu entretenimento, para coroações e recepções para dignitários e embaixadores estrangeiros, o edifício recebeu o nome de "Quarenta Colunas", embora possua só vinte delgadas colunas de madeira sustentando o pavilhão de entrada, porque essas, quando refletidas nas águas da piscina, que fica em frente ao palácio, multiplicam-se e formam quarenta. Os pequenos milagres da beleza persa.

Numa das paredes principais desse pavilhão, uma pintura, dentre outros afrescos extraordinários, retratando algumas das grandes batalhas da era safávida atrai, especialmente, a atenção dos visitantes. Numa cena pintada no estilo tradicional das miniaturas, o xá Abbas recebe uma autoridade estrangeira com músicos e dançarinas e um ostensivo banquete. No lugar dos negros chadores, um desfile de beldades languidamente vestidas em sedas coloridas e douradas. Contraditoriamente, o mesmo rei que tornou o xiismo religião oficial da Pérsia, que se considerava sucessor do profeta Ali, que erigiu monumentos de beleza inefável à religião, abria as portas de seu palácio para músicos, dançarinos e ceias regadas a vinho. Como relatou um visitante ocidental da corte de Abbas "sem vinho, neste país, não tem conversa".

Ainda que debaixo de tantos véus e chadores, o vinho, sobre o qual falarei em intersecção com a poesia, segue vertendo seus encantos nas veias ocultas da vida iraniana ainda hoje. Nesse contexto, o protagonismo é da comunidade cuja história se entrincheira com a da Pérsia, em geral, e a de Esfahan, em particular: os armênios. Autorizados a consumir bebida em ambiente privado, os armênios se transformaram em grandes fornecedores do comércio clandestino de álcool.

A presença dos armênios na região remonta à Antiguidade aquemênida, muitos séculos antes do xá Abbas promover a pujante imigração desse povo para reforçar seus exércitos e embelezar suas cidades, especialmente Esfahan.

Uma heterodoxa amizade

A porta esculpida do monastério, encravado num promontório, a quase 2 mil metros de altura, olha, a partir de sua própria ancestralidade, para a paisagem estonteante: o Lago Sevan, na Armênia, um dos maiores lagos de água doce de altitude.

O pequeno e dramático monastério, onde se chega após uma subida de 280 degraus acima do lago, foi construído no ano de 874 pela princesa Mariam, filha de Aszot I. O complexo é parte da alma armênia, atraindo visitantes locais e armênios da populosa diáspora durante todo o ano, apesar dos gelados ventos uivantes.

Não surpreende que tenha sido ali, nesse lugar tão querido, que os armênios de Esfahan tenham instalado o portal e o altar de uma das igrejas que compõem o monastério — a dos Santos Apóstolos — em 1772. Toda entalhada em madeira, trazida em blocos desde a cidade iraniana, o portal e os detalhes do altar mostram um Cristo com forte acento oriental, usando tranças.

Os fiéis armênios iranianos seguem sendo uma comunidade próspera em Esfahan, desde que o xá Abbas dedicou a eles todo um bairro, Nova Julfa, que fica do outro lado do rio Zayandehrud, que cruza a cidade de Esfahan. A travessia pode ser feita por uma das onze pontes. A mais impressionante delas, construída em 1602, durante o reinado de Abbas, é a Si-o-se Pol, também conhecida como Ponte dos 33 arcos.

O bairro armênio acolheu mais de 300 mil imigrantes, uma retribuição do xá à sofisticada contribuição dessa comunidade ao embelezamento da cidade. Conta Amirrezvani que "o xá agraciava os armênios duas vezes por ano com a própria presença em suas cerimônias religiosas, mas quando um arquiteto armênio projetara uma igreja mais alta do que a mais alta mesquita, mandou que lhe cortassem as mãos".

Atropelos como esse à parte, ao longo da história, a cooperação armênia com o Irã tem sido permanente, passando pelo artesanato, o comércio, a cultura, a educação, a gastronomia e a língua. E o reconhecimento vem em igual medida. A comunidade goza de privilégios inauditos na República Islâmica como minoria cristã protegida — com representação própria e liberdade para manter a sua religião e cultura, além de ser aquinhoada com uma regalia heterodoxa, já comentada: a autorização para consumir álcool.

Nova Julfa hospeda uma belíssima catedral ortodoxa, a Catedral do Santo Salvador, mais conhecida como Catedral de Vank, cujo nome deriva da palavra armênia "mosteiro".

Assim como quase todas as belezas arquitetônicas e decorativas de Esfahan, a catedral também foi construída durante o governo de xá Abbas, que transformou a cidade em capital do Império Persa. A catedral foi fundada em 1606 para acolher os deportados e expatriados das eternas guerras dos armênios contra os otomanos.

A variedade de estilos de construção usados para a catedral e seus arredores reflete a história do bairro de Nova Julfa, repleta de viajantes, missionários e mercenários europeus. O exterior da catedral é construído com modestos tijolos amarelos e dá a impressão errada do que está dentro da igreja. O interior da Catedral Vank é uma verdadeira obra de arte, apresentando afrescos, esculturas e azulejos. As pinturas combinam histórias bíblicas na cúpula, ornamentos florais persas no teto e motivos nacionais armênios nas paredes. Os visitantes também podem ver cenas da vida de mártires armênios sendo torturados pelos otomanos. Os afrescos são emoldurados com azulejos dourados e azuis, criando uma atmosfera ricamente calorosa dentro da igreja.

Ao redor da catedral, o bairro informa outra tradição que marca presença entre os armênios: a preferência pelo café, ao contrário dos iranianos, que privilegiam o chá. Numa das esquinas, inclusive, uma coffeehouse chamava a atenção por ostentar nas paredes fotos de George Clooney e propaganda do café do bonitão, o Nespresso. Nespresso no Irã?

Na verdade, pura decoração para atrair incautos como eu. O café era normal, sem qualquer pedigree nem autorização para abusar da marca do glamoroso café de Clooney. Uma licença poética no país que aboliu o direito autoral, por decisão do aiatolá Khomeini.

Esfahan foi o primeiro lugar em que tive contato diretamente com um dos episódios mais sangrentos da humanidade: o genocídio armênio, a tragédia que matou mais de um milhão de pessoas. No lugar mais armênio do Irã, um modesto e pequeno museu comove, ao apresentar fotos, objetos, *memorabilia* relacionada aos expurgos, *pogroms* e execuções em massa perpetrados por tropas do Império Otomano do final do século XIX até o fim da Primeira Guerra Mundial. Condenada pela ONU como autora dos massacres, a Turquia, criada como resultado do desmembramento do Império Otomano em 1920, rejeita o termo genocídio e considera que as mortes foram o resultado de uma guerra civil, rechaçando as acusações. Até hoje o reconhecimento do genocídio armênio é constante fonte de tensões entre a Turquia e a comunidade internacional.

Em Ierevan, capital da Armênia, o Museu e Memorial do Genocídio é avassalador, ao apresentar a escalada da perseguição aos armênios nos territórios anexados ao Império Otomano. Do lado de fora, um jardim com música clássica ambiente homenageia os países que reconheceram o genocídio. Em 20 de abril de 1965, o Uruguai foi o primeiro país do mundo a fazê-lo. No total, 30 países votaram leis, resoluções ou moções que reconhecem explicitamente o genocídio armênio, incluindo Alemanha, Argentina, Áustria, Bélgica, Bolívia, Brasil, Canadá, Chile, Chipre, Estados Unidos, França, Grécia, Itália, Suécia, o Vaticano e a

Venezuela. Em 24 de abril de 2015, ao lembrar o centenário da tragédia, o papa Francisco o definiu como o "primeiro genocídio do século XX".

A população que escapou do massacre foi forçada a se exilar em diferentes países do mundo. Um dos indiscutíveis resultados brutais do êxodo é que dos 11 milhões de armênios do mundo, só 3 milhões vivem no país e, hoje, a Armênia possui só um décimo do território que um dia foi seu.

Uma pequena parcela deles, em torno de 30 mil pessoas, emigrou para o Brasil. E, de modo inversamente proporcional à quantidade de imigrantes, os armênios aqui se tornaram uma força social e econômica na maior cidade da América do Sul.

Viva Hayastan!

Dentro do mapa da diáspora armênia, São Paulo foi uma grande conquista para uma pequena comunidade. Sua importância é inquestionável: dá nome a uma estação de metrô e a um viaduto central, mantém uma catedral e exibe muitas celebridades das artes, da ciência e da política. Em São Paulo, a Armênia conquistou corações, mentes e bolsos, ganhando passaporte definitivo de pertencimento à megalópole sul-americana: em 2019, foi tema da tradicional escola de samba Rosas de Ouro.

Com o tema "Viva Hayastan" (o nome armênio de Armênia), o samba-enredo da escola da popular Vila Brasilândia, à moda dos sambas-enredo, dá um jeito de misturar a rosa que dá nome à agremiação com o destino do país caucasiano, advogando: "Tem que respeitar a minha identidade/ Roseira é felicidade/ A esperança de um novo amanhã. Viva Hayastan!"

A maioria dos imigrantes chegou ao Brasil no começo do século XX, ao contrário do Irã, com quem esse relacionamento data de, pelo menos, vinte séculos.

O Museu de Esfahan atrai gerações de armênios e revela a antiguidade dos laços solidários que unem os dois países, apesar das contendas, batalhas, invasões que historicamente pavimentam esse relacionamento. Embora a conexão de Esfahan com a Armênia tenha se fortalecido ao longo dos anos, o papel da pequena nação caucasiana precede em muitos séculos a comunidade pujante que se instalou ali a partir do governo safávida, de Abbas, e no período sob o jugo otomano.

Desde a fundação do Império Persa, os armênios mantiveram estreitas relações com o país. Durante a época dos aquemênidas, no século VI a.C., a Armênia era uma das satrapias do império. A primeira referência feita a ela nos documentos antigos está na Declaração de Beshistun, em que Dario conta suas proezas militares, mencionando as batalhas contra os rebeldes da Armênia.

Tão antiga quanto a própria Pérsia, a Armênia é herdeira do legado de uma das grandes — e pouco conhecidas — civilizações do passado, o Império Urartiano, conquistado por Ciro, o

Grande, na primeira fase da dinastia aquemênida. Ierevan, capital da República da Armênia, foi fundada em 782 a.C., por um rei urartiano.

Primeiro estado do mundo a adotar o cristianismo, como já comentado, no ano de 301, no século IV, a Armênia se localiza aos pés da montanha bíblica do Ararat. Situado hoje em território incorporado pela Turquia, o Ararat é o monte onde a Arca de Noé teria encalhado após o dilúvio, podendo ser visto a poucos quilômetros da fronteira entre os dois países. E segue sendo um símbolo sagrado para os armênios.

No seu histórico de guerras territoriais, após a conquista dos aquemênidas, a Armênia foi invadida e ocupada pelo regime dos partos e dos sassânidas persas e, após a invasão árabe, por mongóis, pelos safávidas e pelos qajars, nos séculos XVIII e XIX. Já nos tempos modernos, os armênios viraram uma peça do xadrez das guerras entre otomanos e persas e, mais adiante, foram anexados à União Soviética.

A presença soviética, entretanto, não conseguiu apagar o legado persa que transpira na cultura do país. Das diferentes dinastias reais do passado à República Islâmica atual, os povos armênios e persas — apesar de separados por religiões diferentes — convivem e cultivam uma conexão forte, que resulta em parte da sua proximidade geográfica e política, mas também de uma cultura compartilhada. Do vocabulário — que combina a língua armênia com muitas palavras em farsi — a tradições gastronômicas e até espirituais, armênios e persas honram uma fruta dentro desse universo comum e particular: a romã, símbolo nacional da Armênia e figura central da cosmogonia persa.

A fruta do paraíso

Foi com um misto de susto e júbilo que Emília me decifrou o desenho traçado pelos restos de café do lado de fora da xícara. "Uma romã", o maior símbolo de sorte que pode existir em seu país. Ela, que vive num povoado na vizinhança de um dos milenares monumentos do país, ajuda a fazer a fama da tradição pela qual os armênios são famosos: a arte de ler a sorte na borra do café, um tema a que voltaremos oportunamente.

Perto da casa de Emília se equilibra um dos mais deslumbrantes mosteiros armênios, o de Geghard, parcialmente esculpido na montanha adjacente. Sua história remonta aos tempos da fundação do cristianismo armênio e sua arquitetura notável, combinada com o ambiente natural, rendeu ao mosteiro de Geghard um lugar na lista do Patrimônio Mundial da UNESCO. Na fachada, dezenas de romãs enfeitam o portal.

No sagrado e no profano, a romã transborda em todos os momentos da vida armênia. Um passeio pelo mercado de pulgas *Vernissage*, atrás da Praça da República e da estação de metrô da rua *Nalbandyan*, na capital Ierevan, as romãs estão presentes em todo tipo de utensílio, roupa, bijuteria, decoração, pinturas, tapetes, conservas, bebidas, elixires de juventude e tudo o que se possa imaginar. Uma prova inquestionável de que definitivamente a romã é símbolo de abundância.

Original da Pérsia, ela é cultivada e cultuada há milênios também na Ásia Menor e no Cáucaso (Armênia, Geórgia e Azerbaijão), onde restos de romãs fósseis datadas de 1000 a.C. foram encontrados. Alguns estudiosos, entretanto, sustentam que a fama da romã pode remontar à antiguidade ainda mais longínqua. Dentre as muitas representações antigas de romãs, estão as decorações de um vaso encontrado em uma mansão na cidade suméria de Uruk, fundada há mais de 5 mil anos (e hoje no Iraque). Uruk era uma vasta metrópole e foi governada pelo lendário Gilgamesh. Os sumérios, uma das civilizações agrícolas mais antigas, ofereciam romãs, consideradas sagradas, à deusa Ishtar. Na Pérsia zoroastrista, segundo Heródoto, romãs adornavam as lanças dos guerreiros persas nas guerras da Antiguidade. Na mitologia dos povos iranianos era a romã — e não a maçã — a verdadeira fruta do paraíso.

Do Irã, a romã alcançou o Oriente Médio, a Palestina e o Egito, onde é encontrada nas paredes de túmulos nobres. Na Grécia antiga, registros mostram que a fruta era associada aos mortos nos rituais ao deus Hades. A romã também aparece nas escrituras hebraicas como um fruto com muitas qualidades. Quando os filhos de Israel saíram do Egito em direção à terra prometida, Moisés enviou batedores à frente da comunidade, que trouxeram de volta os frutos da terra, incluindo a romã.

Na ocupação árabe da Península Ibérica, elas chegaram à Europa levadas pelos mouros do norte da África. A cidade de Granada, na Andaluzia espanhola, recebeu o nome da fruta durante o governo dos árabes e até hoje a fruta decora o brasão da cidade, assim como o do país.

Na mitologia armênia, a fruta simboliza a fartura, a fertilidade e a boa sorte e é reputada como a maior protetora contra o *evil eye*, o "olho mau", mais conhecido como mau-olhado. Daí o êxtase que dominou Emília quando enxergou a fruta no meu destino, segundo o desenho deixado pelo pó de café que se agarrava às paredes da xícara.

No dia 31 de dezembro, os armênios realizam o tradicional ritual de benzimento das romãs. Na última missa da noite, os armênios levam as frutas para serem abençoadas e, em seguida, deixadas por um tempo dentro de casa para trazer sorte no futuro.

Também nas cerimônias matrimoniais a romã disputa centralidade com a noiva. É costume em algumas regiões que a moça jogue uma romã na parede, quebrando-a em pedaços. Acredita-se que essa dispersão das sementes garante fertilidade ao casal. Em outros lugares, as mulheres armênias que queriam ter um filho comiam pão feito de massa misturada com sementes da fruta. Em se tratando de culinária, a romã frequenta uma enorme variedade de pratos, seja na receita, na decoração ou na busca de mais saúde. Um símbolo da vida, a fruta contém vitamina C, ácido fólico e antioxidantes, é recomendada para baixar a pressão, regular a menstruação e amenizar enfermidades da boca e garganta.

No Irã, é uma das frutas mais usadas na gastronomia do comer e do beber. Foi ali que, pela primeira vez na vida, deparei com um carrinho de suco de romã em cada esquina. Na Armênia eles estão em por toda parte.

Além de ter papel central na culinária e na cultura da Armênia e da Pérsia, a fruta é item importante da pauta de exportações do Irã, que está entre os maiores produtores mundiais de romã. Conhecida como *anār*, em farsi, a romã cresce nas montanhas de Zagros, que atravessam o país, de noroeste a sul, e floresce no final de maio e início de junho, desbordando cor pelos jardins das cidades. A curta primavera não impede que a romã se eternize na vida dos persas ao longo de milênios, sobrevivendo aos reinos, às intempéries, à marcha dos homens, das terras e dos tempos. Não é por acaso que, de acordo com a lenda, cada fruto contém uma semente da romã original do paraíso.

Remédio caseiro

Minha avó, pescadora e roceira em Barra do Sahy, no litoral norte do estado de São Paulo, ignorante do pedigree nobre da romã, ainda assim estaria totalmente de acordo. No seu paraíso caiçara, também a romã era fruta de alta patente, capaz de milagres infalíveis. Possivelmente, ela não sabia nada das qualidades subjetivas e mitológicas atribuídas à romã pelos orientais, mas não duvidava de suas competências. E naquela época nem se falava em radicais livres nem em antioxidantes.

Romã era assunto tão sério que a gente do litoral nem associava aquilo à fruta, à sobremesa ou a suco, que dirá à comida! Em casa de pobre, salgado era salgado e doce era doce. Única condescendência, em caráter de exceção, era a banana, com trânsito livre, entre as rigorosas fronteiras gastronômicas caiçaras. Por isso, quando conheci os carrinhos turcos e iranianos, que fazem suco de romã fresquinho, fiquei fascinada de ver o suco vermelho-sangue que vertia da casca para o copo e demorei segundos para atinar que aquilo era uma romã, idêntica à da farmácia particular da minha avó.

Na casa dela tinha sempre um pé da fruta para nos socorrer em casos de inflamações de boca e garganta. Ela ficava sem arroz e feijão, mas nunca sem a romã. Minha avó, que não sabia nada de antioxidantes, intuitivamente usava só a casca para fazer chá. Como se revelou depois, é exatamente a parte da romã que concentra dez vezes mais antioxidantes que o interior da fruta, podendo ajudar, inclusive, a prevenir sintomas do Alzheimer.

Romã era sinônimo de remédio e de fartura. E de fazer simpatia no Ano-novo, tradição que se mantém até hoje. Como na Armênia, é símbolo de fartura e de fertilidade e não pode faltar nas mandingas do réveillon, em que a tradição manda que se coma a fruta, guardando sete sementes na carteira, envoltas em papel branco durante todo o ano. Aprendi na Armênia que, segundo a tradição, cada romã madura tem 365 sementes, uma para cada dia do ano.

Sabida minha avó com suas poções milagrosas. Como sempre digo, a ciência avança para provar que, afinal, os pajés sempre estiveram certos. E espero francamente que estejam.

Metáfora da elegância

“... E ele a via como um cipreste, coroado pela luminária noturna, com um adorno de cabeça de âmbar na cabeça, adornado de joias e vestido de seda. Parecia um paraíso cheio de tentações.”

Ferdowsi, *Shahnameh.*

Estão no maior repositório de mito e lenda pré-islâmico, ainda hoje vigoroso na cultura persa, o *Shahnameh,* múltiplas referências a uma árvore, identificada como símbolo da beleza, da elegância, da resiliência e da retidão: o cipreste. Na nobre companhia da romã em sua origem zoroastrista e em sua carga simbólica, ele se destaca no horizonte poético e espiritual dos persas.

Símbolo da verdade, da liberdade e da imortalidade, o cipreste está entrincheirado na paisagem das cidades e da cultura persas desde tempos imemoriais. Da decoração das paredes de Persépolis às toalhas *ghalamkār,* das miniaturas aos bordados, dos manuscritos sagrados aos azulejos, dos jardins aos tapetes, o cipreste é um dos principais eixos simbólicos da identidade persa e de sua história: permaneceram eretos ao longo das múltiplas guerras e invasões sofridas pela Pérsia, resistindo a cada novo governante, altaneiros e flexíveis se dobrando sem quebrar, enfrentando ventos e tempestades e sempre de pé, uma metáfora da resiliência persa. Apenas ao cipreste se outorga o verde eterno, num lugar em que os imperativos do clima desértico não permitem muitas plantas verdejantes e jardins floridos. Conhecido como a árvore da vida, também se apresenta na morte, nos rituais funerários, como tradução da eternidade.

Tantos atributos em uma árvore levaram poetas e artistas de miniaturas a associá-la à coragem e capacidade de superação dos heróis nacionais, assim como os defensores da liberdade de expressão adotaram a árvore como seu maior símbolo de liberdade. Pensava-se que a essência da árvore trazia consigo a veracidade, de modo que qualquer um que aspirasse seu cheiro não poderia ser falso em sua presença.

Por estar sempre verde, está associado à ideia da perfeição, o que tem feito do cipreste uma fonte recorrente de inspiração para artistas, e de espiritualidade, legada pelo zoroastrismo. Segundo uma das lendas contadas no *Shahnameh*, Zaratustra, o profeta do zoroastrismo, teria plantado um cipreste, o de Kashmar, no Khorasan no nordeste do Irã, em honra da conversão de um rei à religião pré-islâmica persa.

Já um outro cipreste, ainda de pé depois de 4 mil anos, se converteu, na modernidade, em atração turística e refúgio para piqueniques. Foi assim que, acompanhada do motorista Ahmad e da guia, a bordo de lauto banquete, disposto sobre o *sofreh,* uma toalha de plástico colorida, abastecida com frutas frescas e secas, pão, chá e doces, ouvi, junto à sua abençoada sombra, a história da árvore "o cipreste de Abarkooh".

Também chamada de *Zoroastrian Sarv* (Cipreste zoroatrista), a árvore possui 28 metros de altura, de onde vigia há milênios a província de Yazd. Com uma folha corrida de tanta antiguidade, a origem do Abarkooh se emaranha num ninho de lendas. Tem, de um lado, sua origem atribuída a Jafé, filho de Noé; e, de outro, aos que acreditam que o próprio Zoroastro a plantou.

A árvore da vida — o cipreste — e a fruta do paraíso — a romã — se converteram em representação estética e espiritual que, nascidos nos tempos pré-islâmicos, sobrevivem até hoje, numa infinidade de usos e costumes, cunhando com suas pegadas uma das maiores tradições persas: os jardins.

Com sua perfeita integração de edifícios com o ambiente natural, a tradição que nasceu zoroastrista se lapidou com os safávidas xiitas e viajou da Pérsia para conquistar lugares tão distantes quanto a Alhambra, na Espanha; e os jardins do Taj Mahal, em Agra, na Índia.

O Éden revisitado

"A beleza nos rodeia, mas geralmente precisamos andar em um jardim para conhecê-la."
Rumi.

Quase nenhum ângulo do jardim persa escapou das lentes hiperativas de Kabir, um entre uma centena de guias-fotógrafos que assaltam os turistas feito esfomeados enxames de abelha quando a van estaciona no pátio externo do mais monumental dos jardins. Simpatizo com Kabir, um jovem com uma alegria e uma segurança contagiantes nos olhos e uma lábia de vendedor de feira. Kabir, que em farsi/árabe quer dizer grande, não se sobressai exatamente por sua figura, mas porque esbanja eficiência e proatividade. Enquanto me explica a história decorada e repetida incontáveis vezes aos turistas, fotografa, filma, dirige as cenas e impõe sua visão de *acting*, me fazendo sentar, deitar, curvar-me de perfil, de costas, de frente, de cócoras, em todas as posturas que cabem entre uma teleobjetiva e uma grande angular.

Kabir entrega o que promete no final da visita: um CD e um álbum impresso com mais de cinquenta fotos denunciando as poses de uma canastrice única, mas garantindo em cem por cento das fotos — com véu, sem véu, rindo, séria, contemplativa — que no background se sobressaísse o resultado da perfeita articulação entre arquitetura e natureza. Por trás dos jardins emerge feito uma visão paradisíaca o monumento considerado uma das obras mais belas do mundo, uma de suas maravilhas: o Taj Mahal.

Quando visitei Agra, na Índia, que durante 130 anos foi capital do Império Mugal, sabia que não conheceria só o túmulo da amada mulher de xá Jahan, mas também aquele que é considerado o mais perfeito jardim persa. Descrito pelo prêmio Nobel de Literatura indiano, o poeta

Rabindranath Tagore, como "uma lágrima na face da eternidade", o Taj Mahal é dos poucos lugares em que a realidade supera qualquer representação que se faça dela, em que a experiência não consegue ser apreendida por uma só narrativa. Nem as dezenas de fotos de Kabir, nem as milhares de geometrias nas paredes do mausoléu impressas nas fotos, nos quadros, nos filmes, nada supera o espanto que a primeira visão do Taj Mahal causa. Esse edifício-escultura, mais que monumento, é o mais arquitetônico poema de amor, como entoou Jorge Ben Jor nas índias do lado de cá do Atlântico: "Foi a mais linda/ História de amor/ Que me contaram/ E agora eu vou contar/ Do amor do príncipe/ Xá-Jehan pela princesa/ Mumtaz Mahal/ Do amor do príncipe/ Xá-Jehan pela princesa/ Mumtaz Mahal.../ Tê Tê Tê, Têtêretê/ Tê Tê, Têtêretê/ Tê Tê, Têtêretê/ Tê Tê...Taj Mahal."

A linda história a que se refere Ben Jor conta que, desolado pela morte de sua terceira esposa, Mumtaz Mahal, durante o parto, o imperador da dinastia mugal, xá Jahan decide construir um mausoléu, rodeado pelo jardim, que levou mais de 20 anos para terminar e empregou mais de 20 mil pessoas da Ásia e Europa. Esculpido em mármore e entalhado com pedras semipreciosas, o edifício é discreto e elegante. Toda a beleza vem do jogo de geometrias, de brancos, da cor das pequenas pedras, das luzes que se enlaçam com as sombras do edifício.

Contam os especialistas que o edifício guarda ainda muitos mistérios e segredos, como, por exemplo, certa distribuição de ilusões óticas, que brincam com os olhos dos visitantes. Dos eretos minaretes que ladeiam os túmulos, que são, na verdade, inclinados, à visão do Taj: quando você se aproxima do portão principal que emoldura o monumento, ele parece enorme, mas à medida que você se aproxima, ele vai diminuindo de tamanho.

Depois de perder grande parte de suas riquezas investidas na construção do Taj, xá Jahan foi derrubado por seu filho e encarcerado no forte de Agra, onde terminou seus dias admirando sua criação por trás das grades. Morreu com vista para seu poema de amor em 1666. E foi enterrado ao lado de sua amada Mumtaz.

Supostamente, nas câmaras de oito lados ornamentadas com *pietra dura* (uma incrustação com pedras semipreciosas) e uma tela de treliça de mármore estão os restos dos reis. Na verdade, os verdadeiros sarcófagos repousam protegidos numa sala silenciosa abaixo no nível do jardim.

Se o amor foi a inspiração, consta que o poder entrou com sua parte na decisão de xá Jahan. Conta a história que, como líder, ele era mais implacável que romântico. E não há muita dúvida que o complexo monumental, por sua escala, perfeição artística e riqueza, teve lá seu papel de marketing, exultando a simetria e a perfeição que a dinastia mugal queria imprimir aos súditos e aos inimigos.

Seu legado de arquitetura magnífica segue lembrando que Agra, situada ao longo do rio Yamuna, no estado de Uttar Pradesh, por 130 anos, foi o centro do grande Império Mugal da

Índia. Fundado por Babur, que descendia de Genghis Khan, o império dominou quase todo o norte do país, do século XVI ao XVIII[2].

Para celebrar um novo tempo e um novo governo, Babur trouxe da Pérsia, que integrava o império, o conceito de jardim paradisíaco, adotado posteriormente por seu bisneto xá Jahan ao construir o Taj Mahal, talvez o mais espetacular *chahar bagh* já sonhado.

O conceito persa do *chahar bagh*, "quatro jardins", é uma forma de jardim que tenta imitar o Éden, dividido em quatro quadrantes que representam o mundo segundo os pontos cardeais (norte, sul, leste e oeste) e segundo quatro rios: um de água, um de leite, um de mel e outro de vinho. Organizado geometricamente, disposto em quadrados e retângulos, o desenho do jardim exala os tempos aquemênidas. A associação com o paraíso remete às crenças islâmicas, consistindo em um jardim ideal, pleno de abundância, um lugar de árvores, flores e plantas, onde a água tem um papel-chave. O jardim reconstitui o céu na Terra.

Conforme a tradição persa, no Taj, o jardim, que começa no final da entrada principal e termina perto da base quadrada do mausoléu, é parte integrante da estrutura do edifício e não um adorno para embelezar a obra. Verdadeiro exemplar do jardim persa, cuja estrutura integra o humano, o mundo físico e a natureza, o Taj resplandece em dobro, majestosamente espelhado nas águas de seus lagos.

Jardineiros coroados

Muitos dos governantes da Pérsia, desde a Antiguidade, foram famosos jardineiros. Embora os jardins tenham se aprimorado ao longo da história, calcula-se que os jardins persas tenham mais de 4 mil anos. Segundo Xenofonte, Ciro, o Grande, considerava a criação de jardins uma atividade nobre, típica da realeza, e teria desenhado os jardins de Sárdis (hoje Sart, na Turquia). Também consta que o Palácio de Pasárgada era rodeado de jardins, assim como os palácios sassânidas, última dinastia antes da invasão árabe.

Sob a influência do zoroastrismo, a água na arte tornou-se cada vez mais importante, com maior ênfase nas fontes e lagos dos jardins. Num país desértico, não havia bem mais precioso. Até a devastação desencadeada pelas invasões mongóis dos séculos XIII e XIV, a Pérsia era inteira recortada por um sistema engenhoso e amplo de canais de irrigação, os "qanats", que permitiam que flores, plantas e árvores irrompessem entre as dunas do deserto. A partir da ocupação árabe da Pérsia, no século VII, o aspecto estético do jardim aumentou em importância, ultrapassando sua utilidade e passando a disputar a beleza com o paraíso.

Mais de mil anos antes do islã, a mais bela criação dos governantes da Pérsia já era o jardim. Conta Jason Elliot, em *Mirrors of the unseen*, que "a agência criativa que o tornou central para a cultura persa estava em ação muito antes da chegada dos árabes". Ela explica como o jardim,

---

2   Ver nota 1 no Capítulo 6.

desde então, representava a aliança entre a plenitude espiritual e a natural, entre o jardim e o paraíso. "Sob a influência do islã, ele foi apenas reexpresso." Hoje o tema do jardim ainda está entrelaçado no tecido da cultura, manifestado de incontáveis maneiras.

A dinastia safávida (do século XVII ao XVIII) elevou o conceito do jardim persa a um insuperável patamar épico e fez de Abbas o maior jardineiro que o país já teve, para muita gente, um legítimo e louvável seguidor de Ciro, o Grande. Em Esfahan, ele mesmo arregaçava as mangas para esboçar os *chahar baghs* que ornamentam até hoje toda a cidade. Dizem que projetou, de próprio punho, a planta do Jardim do Palácio das quarenta colunas.

Símbolo maior da relação do homem com o mundo natural, na cultura persa, o jardim que emula a ideia do paraíso terrestre, o Éden, foi uma ideia que capturou a imaginação dos poetas persas, perpetuando-se em prosa e verso, na festa e na tragédia: "O tema do jardim permeia toda a cultura persa. Ele corre profundamente e a palavra não descreve bem seu objeto. O jardim se materializa em milhares de meios diferentes por todo o espectro das artes", explica Elliot.

Não foi diferente com visitantes estrangeiros na corte persa em Esfahan, como Thomas Herbert, que, em suas *Viagens a Pérsia*, no século XVII, ressaltou a singularidade dos jardins persas:

> ⟪ Por sua grandeza e fragrância, os jardins aqui são como de nenhuma outra cidade na Ásia. A pouca distância da cidade você julgaria existir uma floresta de tão grande; mas tão doce e verde que você pode chamar de outro paraíso."

Para o grande poeta do sufismo, Jalāl-al-Dīn Rumī, o jardim era um símbolo da beleza divina que exibe e esconde a beleza eterna do jardineiro arquetípico, Deus. Também Hafez e Saadi cantaram as rosas e os jardins em toda sua plenitude. Em seu *Divã*, Hafez invoca as virtudes do Éden, devidamente acompanhado de vinho. De novo, num xiismo alternativo à corrente linha dura que tomou o poder depois de 1979, durante milênios os xiitas iranianos conjugaram as virtudes do paraíso e da bebida.

> ⟪ Tinja com vinho seu tapete de oração."
>
> Hafez

Na poesia moderna, o jardim manteve presença proeminente, inclusive em contextos menos paradisíacos de crítica social. Forūğ Farrokzād usou o jardim para associá-lo à tristeza e à alegria. Em *Meu coração sangra pelo jardim*, o ambiente é mirrado, seco e abandonado nos fundos de sua casa. Já *A vitória do jardim* é um alegre poema de amor, que usa imagens desse universo para expressar seus sentimentos.

Para compreender a natureza paradisíaca do jardim persa, é importante considerar que essa visão idealizada do jardim responde ao contraste fulminante com o que está fora do jardim, atrás de seus muros, em geral, a paisagem empedrada, desidratada do deserto. Inóspita e imprevisível, a força dos desígnios do deserto no exterior ameaça a vida, enquanto, do lado de dentro das paredes, a natureza se volta para atender a necessidade do homem de sombra e água fresca. Dos perigos que espreitam de fora à segurança e prazer de dentro. Como resumiu o visitante inglês: "Este jardim é reabastecido com árvores de todos os tipos, para medicina, sombra e frutas, que são tão verdes, tão doces e agradáveis, que podem ser classificadas de compêndio de delícias arrebatadoras, o paraíso de Abbas."

Como boa inglesa, também a escritora Vita Sackville-West se dedicou a entender os jardins na Pérsia: "Jardim? Nós dizemos e pensamos em gramados... Aqui tudo está seco e desarrumado, desmoronando e decaído, uma pobreza poeirenta exposta durante oito meses do ano a um Sol cruel... Mas eles não são jardins de árvores, não de flores... não são flores que seus olhos anseiam, mas uma caverna verde cheia de sombras (...). Esse é o significado de um jardim na Pérsia, um país onde a longa e lenta caravana é um fato cotidiano e não apenas um nome romântico... Um jardim na Inglaterra parece um luxo desnecessário, onde todo o campo é tão circunscrito, fácil e seguro; mas aqui se começa a entender por que o jardim extraiu tais notas de Saadi e Hafiz. Como uma brisa na noite depois de um dia quente, como um poço no deserto, assim é o jardim para o persa."

Dentro de um jardim, as árvores reinam até sobre as flores. A romã e o cipreste se combinam com folhas, flores, galhos, formas geométricas para associar o jardim a um lugar de bem-estar físico e deleite estético e espiritual, que ajuda a compor a imagem da perfeição e harmonia, celebrando a vitória da vida sobre a morte. E invadindo todas as dimensões da existência, a começar pelas casas, onde florescem diariamente por meio dos tapetes, sinalizando a inabalável aliança simbólica entre a vida, a arte e a espiritualidade, como salienta o autor de *Mirrors of the unseen*:

> ❝ A ubiquidade da representação dos jardins em tapetes persas, frequentemente contendo imagens de riachos e fontes, e sempre expressando generosidade e harmonia, evoca irresistivelmente o paraíso por vir. Os tapetes de oração, cujos motivos centrais são um nicho de oração emoldurando uma cena de jardim ou árvore frutífera, demonstram o pacto simbólico entre a oração, o santuário do mundo e a recompensa do mundo."

Universos espirituais: os tapetes

> ❝ A Pérsia se tornou uma verdadeira terra santa para nós, artistas."
>
> William Morris.

A Liberty, loja sofisticada de Londres, construída no fim do século XIX, em estilo Tudor, foi amor à primeira vista. Não pelo edifício ou os estilistas mais conceituados do mundo que ali estão, mas pelos têxteis que eles produzem. A formosura das estampas dos tecidos Liberty tocou alguma veia dessas que pulsam diante de coisas belas. Não falo da qualidade do tecido, um algodão de impecável delicadeza (preço exorbitante), mas dos motivos que decoram o pano; uma combinação de diferentes flores, folhas, galhos e cores, um arabesco aqui, um cipreste acolá e sempre o toque oriental circulando entre os elementos. Precisei ir ao Irã para fazer as sinapses entre aquela beleza que vi em alguns tecidos da Liberty e o repertório de geometrias e paletas de cores da herança cultural persa.

Levei anos até descobrir que os lendários tecidos da Liberty estavam entrelaçados à herança do designer inglês do século XIX, William Morris. E, também, com a da Pérsia. De algum modo, já naquela época, meu encantamento com a Liberty e seus tecidos eram sintomas inconscientes de um mesmo fascínio, que me atraiu para a toalha de Esfahan. Um sentimento que foi se ampliando, consolidando e ganhando consciência ao longo dos anos. Entrando pela porta da Liberty, tropecei em William Morris para também me aproximar mais da Pérsia.

A aproximadamente 4km da Liberty, no bairro vizinho de South Kensington, sob enorme redoma de vidro transparente, uma obra-prima em forma de tapete reina da extensão de seus 11 metros, no chão de uma das galerias de arte islâmica do Museu Victoria e Albert de Arte e Design, do qual Morris foi curador. É o famoso "Tapete de Ardabil", uma peça da era safávida, no século XVI, adquirido por Morris para o museu. Para preservar a beleza das cores originais, o tapete é iluminado por 10 minutos a cada hora.

William Morris foi um dos designers mais célebres do século XIX e o grande inspirador do movimento que revolucionaria a era vitoriana: o Movimento das Artes e Ofícios (Arts and Crafts), fazendo dele um dos primeiros grandes críticos da Revolução Industrial. Seus fundadores acreditavam que a sociedade precisava adotar um conjunto diferente de prioridades em relação à produção industrial. Seus líderes queriam desenvolver produtos em processos menos desumanizados. E enxergavam o artesanato e o trabalho manual como alternativas à produção em massa e à alienação do trabalho mecanizado. Morris também iluminava a dimensão estética dos objetos de uso cotidiano, advogando a volta a um modo de vida mais simples, mais belo e mais gratificante.

O designer, que já se tornara um artista e fabricante de sucesso, era ainda um ativista, revoltado com a deterioração social e ambiental, decorrentes do sistema de produção industrial implantado pela Inglaterra vitoriana. Sonhava em contribuir para alforriar os trabalhadores de um fazer repetitivo, frustrante e alienado. Ele acreditava apaixonadamente na importância de se criar objetos belos e bem-feitos que pudessem ser usados na vida cotidiana e que fossem produzidos de uma maneira que resgatasse o prazer da produção artesanal, na qual os trabalhadores se envolveriam diretamente com o processo do começo ao fim. Como ele mesmo disse em seu livro *Hopes and Fears for Art* (*Esperanças e temores pela Arte*):

"O verdadeiro segredo da felicidade está em ter interesse genuíno em todos os detalhes da vida cotidiana. Não quero arte para poucos, assim como não quero educação para poucos ou liberdade para poucos."

Para esse poeta, designer intelectual da era vitoriana, essa terra santa dos artistas, como ele costumava dizer, revelou-se num tapete persa, como relatou a um amigo em 1877: "Vi ontem um pedaço de um antigo 'persa', da época do xá Abbas (o tempo de nossa Elizabeth), que me fez cair de costas! Não sabia que essas maravilhas poderiam ser feitas em tapetes..." Fascinado pelos tapetes persas, Morris se tornou uma autoridade no assunto, colecionando exemplares e aconselhando vários museus na aquisição dos mais especiais para seus acervos, como fez com o "Ardabil" que mobilizou sua sensibilidade. Diz ele em seu parecer:

"Em referência ao grande tapete persa, devidamente datado, acho que o departamento certamente deveria comprá-lo pelo preço mencionado... Pela minha parte, tenho a certeza de que é, de longe, o melhor tapete oriental que já vi. Em seguida, e esta é a principal razão pela qual desejo vê-lo comprado para o público, o design é de perfeição singular; defensável em todos os pontos, logicamente e consistentemente bonito, sem esquisitices ou questionamentos grosseiros que possam precisar de um pedido de desculpas e, portanto, especialmente valiosos para um museu, cujo objetivo especial é a educação do público na arte... Em suma, acho que seria um verdadeiro infortúnio se tal tesouro de arte decorativa não fosse adquirido para o público."

Considerado uma das joias do Império Safávida, o tapete leva o nome da cidade de Ardabil, no noroeste do Irã, e foi tecido, possivelmente em Tabriz, em homenagem a um santo sufi[3] que morreu em 1334. A peça, encomendada por seus descendentes, o xá Ismail, fundador da dinastia safávida e introdutor do xiismo, no século XVI, foi feita para a mesquita do santo, que se tornara um espaço de peregrinação.

Tecido em seda e lã, o "Ardabil" tem aproximadamente 15,5 milhões de nós, no total, e provavelmente exigiu, pelo menos, 6 tecelões trabalhando lado a lado, durante 4 anos. Outra das características marcantes do tapete, dada sua extensão, envolvendo um enorme campo retangular, é sua composição, provavelmente inspirada nas iluminuras e característica do design safávida. Toda composição está baseada num medalhão central irradiando amarelo e outros 4 medalhões nos cantos. Em toda superfície se estende um denso campo de flores, crescendo entre videiras e folhas.

Numa das extremidades do tapete de Ardabil, também há uma rara assinatura e um gazal[4], um poema, do poeta Hafez, do século XIV, o que não era prática dos artistas islâmicos.

---

3   O sufismo é misticismo islâmico.

4   Gazal (ou Gazel, Ghazal, Ghazel) é um gênero de poesia lírica, originário do Médio Oriente e Norte da África, de cunho amoroso e místico, que surgiu no final do século VII.

"Além de seu limiar, eu não tenho refúgio neste mundo. Minha cabeça não tem lugar de descanso além desta porta." Originalmente, na tradição persa, os tapetes, como o caso do Ardabil, sempre foram peças fundamentais das artes islâmicas, decorando o chão de mesquitas, dos mausoléus e dos santuários. Porque, dizem os iranianos, pisar num tapete persa equivale a entrar no paraíso, como explica a personagem tecelã do livro *Os fios da fortuna*. "Assim como quando entramos numa mesquita e sua cúpula alta eleva nossas mentes até coisas muito, muito maiores, um tapete importante tenta fazer o mesmo sob nossos pés. Um tapete nos conduz à magnitude do infinito... E o infinito é feito de jardins."

Leito da vitalidade e da beleza da natureza, entranhado na textura da espiritualidade, o tapete era também um bem necessário para proteger as paredes e o chão das casas e tendas nômades contra o frio e a umidade durante o rigoroso inverno persa. Tradicionalmente, as casas iranianas não têm móveis. No tapete elas se sentam, ajoelham, rezam, comem, jogam, conversam. Até hoje, qualquer iraniano que chega em casa, em qualquer casa, tira imediatamente os sapatos. Segundo o ethos persa, o chão das instalações onde as orações são celebradas não deve ser pisado por sapatos sujos.

Se hoje os tapetes persas são considerados o suprassumo do luxo e decoram palácios, edifícios famosos, mansões e museus em todo o mundo, custando milhões nos leilões de arte, na história, a origem do tapete remonta a tempos pré-islâmicos, às tribos nômades da Pérsia. Gente modesta do interior, que está em Esfahan, Shiraz, Tabriz, Kashan e também nas montanhas e nos desertos, nas tendas das tribos, onde as mulheres tecem para suas próprias necessidades, para o bazar, para passar o tempo, tecem... e pronto, como um traço genético, instintivo, praticado há muitas gerações. Como observou a inglesa Vita Sackville-West:

"Os tapetes nas paredes, tudo aquilo era obra das mulheres das tribos, a balançar o berço com uma das mãos, enquanto com a outra passavam agilmente os fios da lançadeira."

E segue sendo assim, em inúmeros casos. Supõe-se que a tradição da tecelagem de tapetes no Irã tenha mais de 2500 anos. Historiadores creem que a tradição nasceu e se estabeleceu nos tempos de Ciro, o Grande, que, na conquista da Babilônia em 539 a.C., teria ficado impressionado com a riqueza dos tapetes, adotando e patrocinando essa arte. Consta que o túmulo de Ciro, em Pasárgada, perto de Persépolis, estava coberto de preciosos tapetes.

Conta-se também que quando Ctesiphon caiu para os árabes, em 637 d.C., uma das vítimas foi um espetacular tapete. Localizada às margens do rio Tigre e a cerca de 35km da atual Bagdá, Ctesiphon serviu como capital real do império iraniano nas eras parta e sassânida por mais de 800 anos. No Palácio Real, cobrindo o chão do grande salão de audiência, os invasores encontraram um enorme tapete sassânida de quase 30 metros de largura e comprimento que, por ser pesado demais, não pôde ser salvo pelos persas. Tecido de seda, ouro, prata e pedras raras, o tapete representava um esplêndido jardim semelhante ao paraíso.

O tapete foi enviado ao califa, que estava em Medina. E lá o tapete foi cortado em centenas de pedaços e fragmentos e dividido entre os árabes, que se apressaram em vender os fragmentos a peso de ouro.

Acredita-se que a sofisticação alcançada pelos tapetes persas foi trançada ao longo das diversas fases pelas quais passou a Pérsia, marcada por invasões, ganhos e perdas de territórios, grandeza e miséria, reis e clérigos, tendências, governantes. Não há dúvida, entretanto, de que essa arte chegou ao seu auge na era safávida no século XVI. De tempos imemoriais aos dias de hoje, os segredos da tapeçaria têm passado de geração em geração, através dos séculos ao longo dos períodos de paz, invasão e guerra.

Complexos e sofisticados

"Que suas mãos jamais doam."

Ditado persa

Muitas etapas são necessárias para se fabricar um tapete persa e muitas pessoas estão envolvidas em cada etapa, desde a escolha do material, das tintas, do desenho do modelo, da fabricação do tear, da tecelagem do tapete em si, da comercialização. Anita Amirrezvani revisita o momento em que os tecelões se reúnem para fabricar um tapete:

> Depois que todos se acomodaram em suas almofadas, ele se agachou atrás do tear e começou a recitar a sequência de cores necessárias para uma flor azul e branca."

A mesma cena, um século antes, encantou a escritora inglesa Vita Sackville-West, em sua viagem ao Irã:

> Eles se sentaram em fila, como andorinhas em um fio telegráfico, dez ou doze deles, tecendo com as mãos rápidas da prática... assim que os olhos se acostumaram à escuridão, a textura rica do tapete emergiu em azuis e vermelhos..."

Um tapete genuíno, como os descritos pelas duas escritoras, é inteiramente atado à mão, com materiais naturais, como a lã de carneiro, o algodão e a seda. Esses materiais podem ser combinados. A densidade de um tapete artesanal está relacionada à quantidade de nós na trama. Quanto menores, mais apertados e numerosos forem os nós, mais denso e resistente ficará o tecido e mais valioso será o tapete. Além de ser mais resistente, um tapete com muitos nós possui desenhos com mais definição. Os desenhos são tirados de um estoque tradicional de motivos, também presentes nas miniaturas e iluminuras, permanentemente renovados pelos artistas. Conta a personagem de *Fios da Fortuna*:

"Na minha aldeia, tínhamos o hábito de tecer todo tipo de símbolos; galos estimulavam a fertilidade, tesouras protegiam contra maus espíritos. No entanto, os símbolos provincianos pareceriam estranhos num tapete da cidade e, de toda maneira, um tapete destinado a uma escola religiosa não deveria exibir nenhuma criatura viva, salvo árvores, plantas e flores, a fim de evitar o culto a ídolos." Também é comum os tecelões introduzirem intencionalmente pequenos defeitos no tapete, seguindo a percepção religiosa de que só Deus é perfeito.

Já a tintura das peças é, muitas vezes, considerada segredo de família, sendo os tintureiros cidadãos de muita reputação, tidos como verdadeiros bruxos e alquimistas. O número de cores pode variar de cinco a vinte e, antes do aparecimento da anilina, os artesãos utilizavam insetos, plantas, raízes, cascas e outros ingredientes da natureza nas tinturas, dentre elas a casca de romã, açafrão e índigo e centenas de cochonilhas — um inseto com reputação de praga de jardim entre nós — esmagadas.

Entre doses intermitentes de copinhos de chá doce com hortelã e enterrada até o pescoço em pilhas de tapetes, inversamente proporcionais em beleza e tamanho ao dinheiro disponível, foram horas tentando penetrar nos mistérios que se entrelaçam entre fios de seda e de lã de onde brotam desenhos, formas, cores e dólares. Em todo o bazar, percorri com meus dedos por quilômetros de veludo dos tapetes de seda, do algodão grosseiro dos kilins, ouvindo as histórias provavelmente inventadas pelo vendedor especializado em tapetes e em turistas ocidentais deslumbrados.

Um especialista como Mohammad, experiente vendedor no caravançarai do bazar de Esfahan, classifica o tapete oriental pelos detalhes, isto é, pelos desenhos, tipos de tecidos e técnicas de tecelagem, além dos materiais utilizados, estrutura da trama, cores, acabamentos, desenhos característicos e a textura. Também entre eles há muitas categorias, como os tribais, os de cidade, de aldeia, os de oficina e os dos mestres.

Os tapetes se distinguem, ainda, por sua procedência geográfica e étnica. A geográfica localiza aldeias e cidades, por exemplo, Hamadan, Mashad, Kerman, Shiraz e Esfahan; já a origem étnica demarca a tribo e o povo que os produziu, como os bakhtiaris. Vita Sackville-West ficou fascinada com a sofisticada arte encontrada em tribos que vivem em tamanho isolamento e privação.

> ❝ Aquelas mulheres de Shalamzar estavam copiando um tapete Bakhtiari antigo, de seda: o tapete mais lindo que eu jamais tinha visto em toda a Pérsia. Era tão completo em si mesmo como um poema lírico, perfeito tanto no desenho como na cor. Para mostrá-lo a nós, foram buscá-lo no canto onde ficava guardado. Ali, na pobreza daquele aposento de mulheres, entre teares, berços e trapos, o tapete — uma autêntica obra de arte, uma peça única — encheu-nos os olhos com sua perfeição: um objeto perfeito, nos limites bem resolvidos de sua forma retangular."

Segundo a experiência do ex-correspondente da *Folha de São Paulo* no Irã, Samy Adghirni, "alguns iranianos juram que contemplar em silêncio a beleza transcendental de certas peças ajuda a apaziguar a alma".

Para a escritora Bahiyyih Nakhjavani, exilada em Paris, a associação do tapete com o jardim é um verdadeiro estado de espírito: "Não levava muito tempo para fazer um jardim no

Irã. Um gerânio de sua infância, um nó pungente de um tapete de lã oferecia a ela mais do que aquele parque seco no meio da Place des Vosges."

Tapetes não são apenas belas obras de arte para a contemplação e artigos de primeira necessidade; também são investimentos para as famílias iranianas. Complementa o jornalista: "Para muitas famílias de classe média, vender um tapete é o que permitirá financiar os estudos do filho no exterior." Toda família tentará possuir um e, quanto mais antigos, valem mais do que novos e se tornam patrimônio. "Um verdadeiro tapete deve ser passado de geração em geração", explica Samy em *Os iranianos*.

Hoje, a tecelagem de tapetes é, de longe, o artesanato mais difundido no Irã e o item de exportação mais importante, depois do petróleo, e sua criação é uma arte da mais alta ordem.

Uma das dicas para reconhecer um autêntico persa e constatar a delicadeza do trabalho é observar se o avesso é idêntico ao trabalho da frente do tapete, apenas com um pouco menos de intensidade nas cores. E, claro, encantar-se com a exuberância e o equilíbrio entre as cores, a riqueza da estampa, a elegância da composição, inspirada pelos jardins e suas manifestações infinitas.

O tapete persa é para ser vivido, além dos fios em que se pisa. Uma lenda oriental ensina que "o tapete escolhe seu dono". E ao dono convém ter consciência de que naquele trabalho sobrevivem milenares pegadas de uma civilização que se impôs aos seus intrépidos invasores por meio de sua cultura, que cativou o mundo pela beleza, como assinala a escritora Anita Amirrezvani, no livro *Os fios da fortuna*:

> ... É assim que nós, os tapeceiros, protestamos contra tudo de ruim. Nossa reação à crueldade, ao sofrimento e à dor é recordar ao mundo a face da beleza, o melhor meio de restaurar a tranquilidade de um homem, purificar seu coração de todo mal e conduzi-lo à verdade. Qualquer tapeceiro sabe que a beleza é um tônico como nenhum outro..."

Fim de uma era dourada

Tão espetacular quanto sua ascensão foi a queda de Esfahan ao final em 1722, quando a cidade foi sitiada por uma das tribos afegãs. A era Abbas foi seguida de um dos períodos mais sangrentos da história do Irã. Num cerco de nove meses, a cidade foi devastada pela miséria. Segundo relatos, os moradores cozinharam sola de sapato antes de começarem a comer carne humana. Dentre as barbaridades vividas na época, o roubo e o sacrifício de crianças esfomeadas. No dia da capitulação de Esfahan, conta-se que os invasores afegãos tiveram de mandar um cavalo para transportar o xá deposto porque não havia sobrado nenhum vivo na cidade. No entanto, nem toda a devastação foi suficiente para apagar as pegadas do monumental legado deixado por Abbas. O engenho artístico não só se incorporou à paisagem como passou a se constituir como parte indissociável da alma e do modo de ser dos persas.

Capítulo 9:

DE SHERAZADE A SAKINEH, DE ATOSSA A AMANPOUR, "MULHERES DA PÉRSIA"

> "Como é agradável e espantosa a sua história." E ela respondeu: "Isso não é nada perto do que irei contar-lhes na próxima noite. E que será mais espantoso, insólito e belo, se acaso eu viver e o rei me preservar."
>
> *Contos das mil e uma noites.*

Dupla face

U m ano e pouco antes de viajar para o Irã, cruzei em outras geografias com duas manifestações de rua, bradando palavras de ordem e brandindo bandeiras em farsi. Uma em pleno Paseo de Recoletos, em Madrid, e outra em Nova York, nas imediações das Nações Unidas. Nos dois casos, no centro das palavras e das bandeiras, figurava o rosto de uma mulher, Sakineh Mohammadi Ashtiani, a dona de casa de 43 anos, condenada à morte, no Irã, por apedrejamento, em 2006, acusada de adultério e de planejar a morte de seu marido.

A história de Sakineh comoveu e indignou o mundo. Movimentos em defesa de sua vida se alastraram pelo Ocidente durante um par de anos, pressionando o governo do Irã a poupar sua vida, e acarretando mais um severo golpe à reputação do país asiático, que desde a revolução dos aiatolás coleciona acusações de execuções e de ataques aos direitos humanos. Ironicamente, no drama de Sakineh, também submergia no ostracismo a história de um império pioneiro na defesa dos direitos humanos, estampada no "Cilindro de Ciro," e tendo muitas mulheres se destacando por sua lendária valentia.

Quatro décadas antes da condenação de Sakineh, que acabou sendo perdoada em 2014, depois de passar 10 anos no corredor da morte, uma outra iraniana desembarcava no meu pequeno mundo, feito de peixe com farinha, programa do Silvio Santos, e excursões ao mangue para catar caranguejo. Eu tinha pouco mais de 8 anos e a bordo de um livro de capa dura e páginas acetinadas, uma princesa exótica me revelava um universo estranhamente fascinante, tão distante da vida caiçara como uma viagem a Saturno.

A jovem contava histórias de *djinns¹*, de reis e rainhas, libertava gênios e diabos, invocava terras forasteiras, como Esfahans e Bagdás. E se chamava Sherazade.

Eram os *Contos das mil e uma noites*, o presente que eu, invejosa, confisquei do meu irmão, mais interessado em estilingues, anzóis e espingardas do que no caleidoscópico e alucinógeno mundo de Sherazade, a princesa que se salva pela palavra.

Em 2011, enquanto me preparava para finalmente viajar ao Irã, me perguntava como a antiga cultura de tantos luxos e luxúrias havia se tornado a terra de tristes chadores negros esvoaçantes. Como o país de Sherazade se convertera no país de Sakineh?

O escritor inglês Jason Elliot, autor de *Mirrors of the unseen*, foi a uma festa de arromba numa casa em Teerã e lá encontrou uma jovem em roupa de festa e cigarro na boca. Diante da surpresa dele ao encontrar tal abandono ao prazer num dos lugares mais policiados do mundo, uma jovem exclamou: "Aqui no Irã levamos uma vida dupla... entenda isso e você entenderá tudo."

Dito e feito. Sakineh e Sherazade têm mais em comum do que uma espada em sua garganta. Ambas são as duas faces das mulheres da Pérsia ao longo da história. Ou o lado de fora e o lado de dentro — um conceito central na cosmologia persa —, que atravessa há milênios a vida das mulheres daqui. Sob o chador não se escondem apenas mulheres vaidosíssimas, mas, sobretudo, mulheres ousadas e corajosas, profissionais competentes, histórias de sucesso em todas as áreas: do esporte às ciências, do cinema à literatura, do direito à política, da paz à guerra.

Diferentemente das "mulheres de Atenas", cantadas pelo Chico Buarque, as persas não teciam longos bordados nem mofavam na quarentena. Na Pérsia da Antiguidade, elas iam à luta desde tempos remotos. Ciro, o Grande, foi vencido por uma mulher, Tomires. A filha de Ciro, Atossa, mandou mais que qualquer soberano. Artemísia comandou frotas contra os gregos ao lado de Xerxes. Não são mulheres que "quando fustigadas, ajoelham-se, pedem, imploram por mais duras penas". Ao mesmo tempo, para ficar na canção do Chico, igual a suas antípodas históricas, as de Atenas, elas "quando amadas, se perfumam, se banham com leite, se arrumam".

Como lembrou a escritora Gina Nahai, "Miriam tomara banho de leite de cabra e se esfregava na água de rosas, forrava os olhos com antinomia e enchia suas bochechas com uma pasta feita esmagando o inseto seco chamado shan-djarf".

---

1   Djinns são espíritos, criaturas sobrenaturais da mitologia e da teologia islâmicas.

Nessa fascinante dualidade, Sakineh é a face pública da mulher iraniana hoje — calada, tapada, vigiada —; e Sherazade, a face privada dessa mulher, que se cuida, que se embeleza, que festeja, que se cultiva e que participa como protagonista do mundo moderno.

Pesadelos sob véus

Até pouco tempo atrás, nos voos que fazem a rota Teerã a partir da Europa, a rotina dentro da aeronave é a mesma. Além das costumeiras orientações sobre o uso do cinto de segurança, um pouco antes da entrada no espaço aéreo iraniano, os comissários de voo avisam que as mulheres devem cobrir a cabeça, os braços, os quadris, os pés e comportarem-se segundo a lei iraniana, que prescreve detalhadamente os mandamentos da modéstia no comportamento público de uma mulher. No voo de volta, a rotina se inverte: quando o avião deixa o território iraniano, irrompe uma revoada colorida de *hijabs*, de véus, de lenços, rapidamente devolvidos ao fundo das malas para dar lugar a de melenas de todas as cores e penteados e maquiagem carregada. Parece uma cena de comédia italiana.

O ex-correspondente da *Folha de São Paulo* no Irã, Samy Adghirni, garante que essa dinâmica vem mudando: no passado, "a mudança, de fato, ocorria quando o avião entrava no espaço aéreo iraniano, mas hoje as coisas estão mais flexíveis e, na maioria das vezes, as mulheres colocam o véu quando o avião está em solo e o retiram assim que entram no avião".

Diferentemente das companheiras de voo, que embarcaram no aeroporto de Istambul trajando roupas ocidentais, eu, muito, mas muito mais realista que o aiatolá, com precaução proporcional à minha excitação e medo, já me antecipara, me paramentando para esse momento histórico. Na falta do chador, enverguei a *abaya*[2] paquistanesa, toda preta, presenteada por um amigo, que queria fazer piada comigo, duvidando que eu fosse vestir o traje. Com exceção de duas octogenárias iranianas, eu era a única na sala de embarque embrulhada daquele jeito, o que me levou a começar a desconfiar do meu exagero.

Mas, no desembarque, ao dar de cara com os imensos olhos severos do aiatolá Khomeini, depois de me desembaraçar valentemente da imigração e da alfândega, achei que estava abafando, que a própria modéstia me vestia e me protegia daquela mirada feroz. Toda minha coragem desapareceu na saída no saguão central, quando, ao contrário do programado, não tinha nem guia, nem placa de boas-vindas, nem ninguém me esperando. Sempre me lembrarei do relógio, fixando a hora... 04h25.

Depois de meia hora começou a me bater o desassossego e comecei a caminhar até dar de cara com a placa com meu nome. Debaixo dela, vi uma jovem de seus 35 anos, vestida de calça

---

2   Abaya: espécie de vestido longo, que cobre todo o corpo da mulher com exceção do rosto, dos pés e das mãos.

jeans e blusão cinza e uma echarpe leve, creio que azul, na cabeça. Levemente maquiada, com batom e rímel, Afsaneh era o alívio em pessoa. Não deve ser fácil ter de explicar o desaparecimento de uma turista no Irã. Sobretudo, mulher, jornalista e sozinha. Num espanhol castiço, ela me contou que já tinha me visto, mas não podia imaginar que aquela era eu. Como ela mesma descreveu a cena, anos depois:

"Os voos internacionais normalmente chegam na madrugada, então, como sempre, uma hora antes de pousar estava lá com minha placa escrito "bem-vinda, Lúcia Araújo". Estava acostumada a reconhecer minhas turistas pela forma de usar o véu, porque é fácil reconhecer a pessoa que não é muçulmana e não sabe como usar o véu. E, dessa vez, estranhamente, eu não conseguia encontrar minha turista!!! Passou mais de uma hora e ela não apareceu. Fiquei preocupada se havia errado o número e o horário de voo? Dia do voo? Ou será que ela tinha perdido a conexão!? Sei lá... Comecei a caminhar com minha placa até que uma mulher tapada, da cabeça aos pés, com túnica negra, se aproximou. Ela estava tão coberta que eu só conseguia ver o rosto e a mão. Achei que era árabe, até que ela disse:— Eu sou Lúcia! — E você é brasileira? — Perguntei, chocada. — Eu vi você quando estava esperando para pegar sua mala, achei que você era da Arábia Saudita!!!

Já comecei a dar risada e falei, educadamente, que não precisava se vestir daquele jeito. Fomos para nosso carro, o motorista desceu e abriu o porta-malas... E me perguntou:

— De onde é ela?

— Brasil — eu disse, rindo.

— Tá brincando?! Não parece.

No carro, expliquei à Lúcia que eu, mesmo sendo daqui, nunca usei esse tipo de roupa. E combinamos de ir ao mercado comprar roupas mais frescas. Chegamos ao hotel e os recepcionistas que me conheciam comentaram:

— Nós não sabíamos que você trabalha com turistas árabes também!!!

— Não trabalho. Ela é brasileira.

— Brasileira??? Como assim?! Do país de Carnaval?"

Ou seja, estereótipos falam português e farsi (e todas as outras línguas), mas também é verdade que eu parecia pertencer, legitimamente, ao país do carnaval. Fantasiada com uma roupa cafona, que absolutamente nenhuma mulher moderna, mesmo com véu, seja iraniana ou ocidental, usa, eu parecia saída de uma caverna do Afeganistão.

As iranianas podem muito pouco, mas levam a elegância possível energicamente. Já as poucas turistas ocidentais, majoritariamente alemãs e um punhado variado de italianas, argentinas e espanholas se vestem como ocidentais, com roupas discretas e um lenço na cabeça. Do turista não se pede mais que isso.

Mas mesmo esse pouco que se pede dá algum trabalho. E um simples véu na cabeça pode virar uma dor de cabeça tremenda num país em que é crime sair sem ele. Rapidamente descobri que o dito cujo desliza desobedientemente minutos depois de colocado na cabeça. Preocupada de ser pilhada pela implacável polícia dos costumes sem ele, que fugia rebelde cabeça abaixo, pedi instruções à guia, cujo véu se equilibrava impecavelmente elegante em sua cabeça.

E num outro lance curioso do encontro da Pérsia com o carnaval, descobri que o segredo que segura o véu na cabeça da mulher iraniana é o mesmo que segura os cachos das cabrochas nos blocos de rua no Rio, disponíveis em todo camelô que se preze: uma simples flor artificial made in China! Nessa difícil conciliação entre o tecido e a gravidade, reina o artifício chinês na proteção dos véus iranianos. O império soturno dos aiatolás sustentado pelo capital-socialismo dos chineses e seus artifícios ecumênicos!

Feito o reconhecimento a essa nova etapa da rota da seda em versão 2.1, a flor sintética, que custa uma mixaria de reais ou de *rials*[3], é alocada num coque atrás da cabeça, impedindo que o tecido do véu fujão, feito de lã, algodão, seda ou poliéster, se esgueire cabelo abaixo e acabe te levando direto para um camburão iraniano. Só não se recomenda tirar foto de perfil. O volume do coque, ampliado pelo arranjo chinês, indica uma certa deformidade da cabeça, como se a mulher carregasse uma corcunda acima do pescoço. Não se pode pedir tanto de uma flor chinesa, essa boa operária na hora de sustentar os pilares seja da religião ou do paganismo, no caso de ser usada na fantasia de dançarina de flamenco ou índia tupiniquim no carnaval brasileiro. Bendita seja!

A obrigatoriedade do uso do véu se converteu num dos maiores pesadelos (sem metáfora) que tive na vida, um mês depois de chegar da minha primeira viagem ao Irã. Eu me encontrava no saguão do hotel de Teerã e me dava conta, aterrorizada, de que não usava o *hijab*, nem qualquer coisa na cabeça. Acordei muito assustada, com taquicardia e suadouro para me dar conta do fardo que isso representa para as mulheres que vivem ali.

No Irã, meu medo de sair sem ele e ser espancada no meio da rua pela sinistra guarda moral, que faz o patrulhamento diário e ostensivo das ruas, fazia com que amarrasse diariamente o lenço na maçaneta da porta do quarto. Descobri, ao largo de minhas leituras, que muitas mulheres recorreram a esse infalível lembrete. Também dormia com um vestido mexicano comprido e pensava que, em caso de terremoto — esse sim meu grande medo no Irã —, eu sairia vestida de acordo com a lei. Curioso que nunca me ocorreu deixar na porta a bolsa

---

3   Rial: moeda iraniana.

com dinheiro e passaporte — itens indispensáveis para qualquer fuga ou emergência. Na hora que precisa ser pragmática, eu viro fundamentalista!

Com que hijab eu vou?

“Além dos iranianos, que outras criaturas escolheriam seus companheiros sem vê-los?”

[4]Iraj Mirza, "Criticizing the veil", *Love me more than others*

De passeio numa manhã, no Museu da América, em Madri, que é um verdadeiro parque de diversões para quem é sul-americano, meus estereótipos sobre o véu se sublevaram. Naquele dia, estreava a exposição: "Com manto e saia: a tapada limenha", uma surpreendente coleção de gravuras sobre o figurino feminino mais popular entre as mulheres peruanas das classes altas de séculos passados: um vestido único de saia e manto, atrás do qual a mulher escondia seu corpo, deixando apenas parte de seu rosto visível, em geral só um olho ficava de fora. As tapadas ficaram tão famosas que acabaram por caracterizar todo um período histórico, tornando-se um ícone do vice-reinado e do início da república. E não foi uma moda de curta duração. Seu uso começou no século XVI (1560) e se manteve até o século XIX (1860), ou seja, durou três séculos.

Os primeiros depoimentos oficiais a se referir às roupas não eram muito piedosos com suas usuárias. Ao contrário dos aiatolás contemporâneos e mulás do passado, os arcebispos e bispos peruanos proeminentes manifestaram enérgica rejeição ao costume de usar o manto, porque, supostamente, fomentava a transgressão sexual e moral. Cada louco oriental ou ocidental com sua mania. Proibiu-se a participação das mulheres tapadas nas missas, sob ameaça de excomunhão, e impuseram-se multas pelo uso do traje. Mas nenhuma das várias tentativas por parte da Igreja e da corte para coibir seu uso deu resultado. Enquanto elas alegavam que a roupa impedia que o Sol fizesse mal à sua pele, os maridos temiam que a roupa escondesse os eventuais "deslizes" das esposas, como coqueterias, flertes e jogos de sedução com outros homens. Na verdade, a proibição parecia encorajar ainda mais a transgressão feminina.

Exatamente o contrário do que acontece no Irã, onde para o Estado, a ausência do *hijab*[5] é entendida como falta de decoro feminino e arma de atração para os homens, ou seja, na visão dos padres, elas se cobriam para seduzir os homens e, na visão dos aiatolás, elas se cobrem para afastá-los. Recentemente, a propósito da chamada "revolta do *hijab*", o aiatolá Khamenei, líder supremo da teocracia iraniana acusou pelo twitter a influência ocidental de provocar

---

4   Tradução da autora : "Aside from Iranians, what other creatures would choose their mates without seeing them?"

5   *Hijab*: lenço usado para tapar o cabelo e pescoço, deixando o rosto a descoberto.

os distúrbios contra o véu, acrescentando: "Ao promover roupas modestas (*hijab*), o islã bloqueou o caminho que levaria as mulheres a um estilo de vida tão desviante. O *hijab* é um meio de imunidade e não de restrição."

Embora atualmente mais identificado com o Oriente Médio e o islã, segundo os especialistas, as primeiras referências às mulheres cobertas antecedem em muito o desembarque dos árabes, no século VII. Consta que, na antiga Mesopotâmia, o véu sinalizava diferença de classe, devendo as nobres se velarem em público. Parece que no butim dos conquistadores persas, os governantes aquemênidas importaram o costume, difundindo-o entre todos os povos do Império Persa.

As primeiras representações de mulheres tapadas, em relevo, foram registradas no século V a.C. Outros escritos sobre o chador dão conta de que as mulheres zoroastristas já o utilizavam. O hábito seguiu nos impérios posteriores (selêucidas e sassânidas), não se restringindo somente a mulheres nobres. Os visitantes europeus dos séculos XVIII e XIX deixaram registros pictóricos de mulheres vestindo o chador e o longo véu branco.

No século XXI o véu islâmico ressurgiu como cabo de guerra não só no Irã, mas também no ambiente do chamado choque de civilizações, imaginado por Samuel Huntington[6]. Na Europa, a França foi a pioneira na proibição, a Bélgica e a Holanda seguiram o exemplo, multando em mais de 400 euros as mulheres que usam os véus que tapam completamente o rosto — no transporte coletivo, em escolas e prédios públicos. Na Espanha, não há uma lei nacional, mas em muitos lugares da Catalunha o uso do véu islâmico em espaços públicos já foi parar nos tribunais.

Objeto de tanta polêmica e controvérsia nas sociedades cada dia mais islamofóbicas, cabe fazer as devidas apresentações, antes de prosseguir com o tema, sobretudo no Brasil, onde a burca se popularizou erroneamente como sinônimo generalista de qualquer vestimenta islâmica. Compreensível, já que não é todo dia que o país do biquíni se encontra com o país do chador, nem que uma praia de Pitangueiras se cruza com a praia de Bandar Azali.

Na primavera de 2012, nessa praia do Mar Cáspio, a pouco menos de 300km de Tabriz e da fronteira com o Azerbaijão, não havia ninguém na areia nem no mar. Visível apenas era a cerca de centenas de metros, que ia da areia até muitos metros mar adentro. Achei que se tratasse de algum tipo de armadilha para pesca, até descobrir que a divisão separa o território do banho para homens e mulheres. No verão, sobre a cerca são colocados chadores negros para bloquear completamente a visão do campo do gênero oposto. E ainda assim, para evitar qualquer deslize do sexo masculino, elas se banham acondicionadas debaixo da capa negra. Ali também não há nenhuma chance para a versão islâmica da

---

6   Autor do livro *O choque de civilizações*.

"moda praia", o burquini, que tem mais de burca que de biquíni, e escandalizou os franceses por alguns verões.

Curiosamente o burquini foi inventado em terras onde imperam os biquínis: na ensolarada e "infiel" Austrália. Estilista de origem muçulmana, Aheda Zanetti criou a peça, respeitando a tradição religiosa, o que em geral significa cobrir o corpo e a cabeça. E o burquini, com suas calças aderentes cobertas por túnica de lycra, que cobre os quadris, com mangas compridas e touca de natação, tem um quê de futurismo dos anos 1960, uma moda meio galáctica, meio Barbarela, ao estilo de filmes de super-herói. São esquisitas, mas têm lá seu charme. E permitem a prática de esportes como a natação.

A exiguidade de modelos da moda praia islâmica contrasta fortemente com a variedade de nomes e modelos do figurino feminino no mundo muçulmano. Conhecido como *hijab*, palavra que, em árabe, significa "cobertura", o véu deve ser vestido em público e/ou diante de homens fora do círculo familiar, e é frequentemente adotado como codinome para diferentes tipos de véus, cujos modelos se adaptam a cada tradição religiosa e ecossistema cultural. Dependendo da sociedade em que se vive muda o tamanho, o tecido, a transparência, a cor e a estampa do véu, assim como a centimetragem de corpo descoberto das mulheres.

A burca, por exemplo, reveste todo o corpo, inclusive a cabeça, contando apenas com uma rede trançada diante dos olhos ou uma pequena fresta para permitir a visão. Ela se perpetuou no imaginário ocidental pela imagem das mulheres cobertas com mantos azuis durante o regime do grupo extremista Talibã, no Afeganistão. A burca também é muito comum no Paquistão, entre as mulheres da etnia pachtu.

O *niqab* é a máscara, amarrada atrás da cabeça, que cobre o rosto inteiro, exceto por uma fenda na altura dos olhos. Acompanhada de véu em geral negro, a peça é herança das tribos sauditas do deserto, sendo também encontrada no Iêmen, Omã e nos Emirados Árabes Unidos. No Iêmen, inclusive, muitas mulheres usam véu negro e transparente por cima da máscara. Tanto o *niqab* quanto o *hijab* são acompanhados de túnica escura e larga, de mangas compridas e de corpo inteiro, a abaya (como a que eu vesti para chegar ao Irã), que entre as sauditas é vestida sem grandes variações. Já em lugares como Dubai, Bahrein e Qatar, o desfile de mulheres em *abayas* luxuosas ostentando cristais swarovski, bordadas com fio de ouro na seda pura é de tirar o fôlego. Ali, a modéstia diante de Deus é paga em petrodólares.

Vizinhos na geografia e inimigos na política e na religião, também no plano da modéstia, sunitas e xiitas se estranham. Vivendo numa economia asfixiada pelos embargos ocidentais e pela mão de ferro dos religiosos, as mulheres no Irã se dividem entre aquelas que usam chador (que em farsi quer dizer tenda) negro, sem qualquer sinal de ostentação e, em geral, todos iguais, e as que optam por uma vestimenta parecida com um guarda-pó, uma túnica com uma pinta militar, professoral, abaixo dos quadris, em cores sóbrias. Em geral, as mulheres mais jovens e dos centros urbanos preferem essa opção. A maioria delas usa apenas *hijab*, que cobre a cabeça e o pescoço, deixando o rosto livre. Há *hijabs* de todas as cores e estampas.

O chador é uma manta negra e longa, que cobre todo o corpo, mas, diferente da burca, deixa o rosto totalmente descoberto. E, para falar a verdade, se não fosse a obrigatoriedade de usá-lo, sempre pode ter suas vantagens. Não deixa de ser aquele indefectível pretinho no guarda-roupa, com a vantagem de permitir que se saia na rua até de pijama ou com roupa de faxina. Nisso estou de acordo com Ana Briongos, autora de *Negro sobre Negro*: "É confortável não ter que pensar em se vestir e se preparar para sair; você veste o chador e "rua!".

O objetivo desse manto grande e negro para encobrir toda a roupa é cobrir principalmente o cabelo, conforme comenta irônica a autora Marjane Satrapi, de *Persépolis*: "O cabelo das mulheres emana raios que excitam os homens. É por isso que as mulheres devem cobrir seus cabelos." Da proibição, fez-se a transgressão.

Se para as ocidentais o cabelo é terreno de inovação e experimentação, para as iranianas, o véu, que supostamente deve esconder o cabelo, desempenha esse papel. E a cada dia, elas mostram mais cabelo. Em inglês, existe inclusive a expressão *"veil meter"*, algo como "taxímetro do véu" para avaliar a temperatura política da sociedade. Não é à toa que os mais recentes protestos no Irã tenham se concentrado no lançamento dos *hijabs* a distância.

Por um nariz que seja seu

São incontáveis os relatos de viajantes ao Irã que sustentam que o país mudou sua vida. Não podia ser diferente para a atriz pornô inglesa Candy Charms, que, ao voltar da viagem em 2016, postou no Instagram uma foto sua em Teerã, debaixo de um chador negro, dizendo: "Eu realmente fiquei muito impressionada por toda a viagem; as pessoas são incríveis: mesmo aquelas que não têm muito, fazem qualquer coisa por você." Não se sabe se foi a atmosfera piedosa, a experiência rara de vestir tanta roupa ou de ser proibida de se aproximar de qualquer homem que fez a atriz concluir, contrita: "Você realmente põe sua vida em perspectiva."

Até hoje os ingleses e os próprios iranianos se perguntam como o mesmo regime que trata prostitutas com pena de morte concedeu visto e permitiu a entrada de Candy, ou seja, não importa para que santo você reze que o Irã faz lá os seus milagres. E o milagre que atraiu a jovem até o Irã atende pelo nome científico de rinoplastia: cirurgia plástica de nariz.

Nomeado a capital mundial do nariz, o Irã realiza 7 vezes mais operações plásticas que os Estados Unidos. Calcula-se que cerca de 200 mil iranianos, a maioria mulheres, vão a cirurgiões plásticos a cada ano para reduzir o tamanho do nariz e arrebitá-lo, apesar do alto custo da cirurgia. Os procedimentos cosméticos custam de 5 a 6 vezes o salário médio mensal no país. Estudos da Sociedade de Pesquisa em Rinologia do Irã, em cooperação com a Universidade Johns Hopkins, nos EUA, sugere que apenas um quinto dessas cirurgias são para fins médicos, enquanto o restante é puramente cosmético. Segundo a análise, a cirurgia estética é tão predominante na República Islâmica quanto no Brasil, ou seja, além do Salão Assyrio, da Praça dos Cornos e da flor sintética no cabelo, Brasil e Irã também se encontram no consultório do cirurgião plástico.

"É simplesmente algo que todo mundo faz", confessa Mina, que fez a primeira cirurgia aos 19 anos. E, de fato, impressiona o número de mulheres jovens e também alguns rapazes que carregam orgulhosos vistosa atadura no nariz, numa demonstração afirmativa que consertaram sua bicanca, como diria minha avó, "à faca". Verdadeira fogueira de vaidades, a plástica de nariz ganhou tal relevância na vida dos iranianos hoje em dia que até alguns dos poucos manequins que existem nas vitrines das lojas ostentam um curativo em seus narizes.

Num país que proíbe a exibição do corpo, cuidar da aparência do que está à mostra (o rosto), é tudo o que resta à vaidade das iranianas, submetidas ao *hijab* compulsório. Ter um nariz pequeno e bem torneado é um imperativo no fascinante arsenal de técnicas de beleza e de sedução da mulher iraniana. "Como eles não nos deixam mostrar nossa beleza, temos que fazer tudo o que podemos de arte na própria cara", se diverte Mina, que já operou as pálpebras e, numa concessão ao que não se mostra debaixo do chador, já agendou a plástica nos seios para breve.

Outro personagem na arte de fazer arte no próprio rosto, acompanhante fiel dos narizes esculpidos, são as sobrancelhas. Consideradas soberanas do rosto porque definem a linha da face, há sites e blogs que enaltecem essa parte da anatomia. Historicamente falando, há registros de sobrancelhas nas figuras humanas desde a Antiguidade persa, com desenhos representando diferentes temperamentos, podendo refletir timidez, audácia e honestidade. Dizem que até na arte cinematográfica as sobrancelhas revelam matizes da personalidade dos personagens. Algumas negras e grossas, outras finas e suaves. A fama é tanta que já faz parte do catálogo de belezas expostas pelas atrizes. O site de *lifestyle*, criado da conexão Teerã–Paris, *Les Persiennes*, por exemplo, constatou em 15 de setembro de 2014: "A coragem e a determinação de Maryam Parvin Almani destacam-se no filme, bem como o seu rosto castanho e forte e o seu olhar brilhante, revelado por sobrancelhas perfeitamente moldadas que questionam a golpes de intensidade." Num país em que pouco se pode falar, algo aparentemente banal pode dizer muito.

Nessa que também é conhecida como um "tipo de dança de sobrancelha iraniana", a *expertise* das mulheres na arte de desenhar, aniquilar os pelos e tatuar esse detalhe do rosto é imbatível. Não chegam a ser audazes e radicais como as usbeques, que impreterivelmente unem os dois arcos num só, criando verdadeiros viadutos, pavilhões, cadeias de montanhas e pontes estaiadas sobrevoando os olhos.

E quando o assunto é depilação de sobrancelha, as iranianas não hesitam: "o melhor método é o *bande Abroo*, depilação a fio de nylon. A operação, de alta precisão, é feita com um fio fino duplo que é torcido e depois trançado sobre pelos indesejáveis até estrangulá-los. Ali pinça está destinada ao desemprego.

A propósito, os pelos, não só das sobrancelhas, como também de outras partes do corpo, são uma obsessão entre as iranianas e também entre mulheres de outras partes do Oriente Médio. Exterminá-los é um esporte internacional a que elas se dedicam incansavelmente.

Em Istambul, na Turquia, empenhei todo dinheiro que me restava para ir pela primeira vez na vida num legítimo *hamam*, o banho turco. Escolhi um que era lendário, dentre os mais antigos da cidade, perto do Grande Bazar: o *Çemberlitaş Hamam*. Construído em 1584, esse hamam histórico também leva a assinatura do maior arquiteto da bela Istambul, Mimar Sinan.

Ali dentro, sob a cúpula abobadada e incrustada de estrelas vazadas no barro entrava uma linda luz que rebatia no mármore para dar ao ambiente cheio de vapores e perfumes um toque de inesquecível encantamento. E isso também estava lá, enterrado na memória literária da primeira vez que li os contos de Sherazade, mais especificamente aquele que já virou até desenho da Disney: *Aladin*:

"O gênio se fez invisível ao jovem e transportou-o para um quarto de mármore, onde lhe foi dado um banho tépido e perfumoso. Fizeram-no depois passar por todos os graus de calor, segundo os quartos de banho aonde era levado. Ora transpirava, ora refrescava, e seu corpo leve e bem disposto."

Estava completamente intoxicada por toda aquela beleza, entornando pelos poros e pelas frestas das cúpulas, quando gritos, sem nenhum apego pelos lirismos, no indecifrável idioma turco, me tiraram daquele desfrute. Uma robusta banhadora de mulheres esgoelava-se na minha direção, ao mesmo tempo em que apontava uma maca, mandando que me deitasse. Sem entender nada, mas temente a qualquer tom autoritário desde sempre, obedeci. E ali, no meio de um trânsito caudaloso de mulheres seminuas, que entravam e saiam dos vapores, ela abre, sem se incomodar com as devidas licenças, as minhas pernas e grita: biquíni, biquíni, apontando minhas partes desnudas e pudendas.

Eu gesticulava que não estava entendendo e ela insistia: "Biquíni". Diante de tal voz de mando, me rendi sem pestanejar ao que quer que fosse. No caso, cera quente a sangue frio. Surda aos meus protestos, ela ia emplastrando na minha virilha e em todo restante do território, sem piedade, bocados de uma maçaroca feita de açúcar queimado e limão quentes. Repetiu a operação até não sobrar nem sombra nem lembrança de pelos. Nem pelos nem euros porque a aventura cobrou seu preço e me deixou quase a pé naquele dia.

Menos mal que anos depois, em Omã, fui apresentada a um dos mais bem guardados (e indolores) segredos da medicina tradicional persa: óleo de ovos de formiga.

Em algumas regiões do Irã, o óleo de formiga é tradicionalmente usado para prevenir o crescimento indesejado de pelos. Isso, sim, é um sonho das "mil e uma noites"! A matéria-prima é totalmente natural: formigas grandes que habitam o deserto e que, depois de moídas, são misturadas a azeite de oliva, resultando numa pasta, que é aplicada na superfície da pele, causando destruição dos folículos pilosos e inibindo o crescimento do pelo. Consta que em partes do sudeste do Irã, o óleo é misturado com argila e ministrado na área pubiana e nas axilas das meninas desde bebês. Supõe-se que o óleo tem a habilidade de enfraquecer a raiz do pelo, retardando seu crescimento e afinando sua espessura até que sua regeneração seja completamente inibida.

Apesar do medo de contribuir para um acidente ecológico ou toxicológico de grandes proporções (sim, porque para cada frasco pequeno de óleo, fico imaginando quantos milhões de ovos foram necessários), me rendi ao apelo irresistível do exótico produto e pus em teste o óleo no buço. Demora, exige paciência, mas funciona. Ainda assim, recomenda-se não avisar a Anvisa sobre o contrabando ecoambiental…

Numa nova constatação do universo contraditório de que é feita a vida no Irã, em que as fronteiras parecem inexpugnáveis, se de um lado as mulheres são proibidas de exibir o corpo, de acordo com os ideais oficiais da República Islâmica, de outro lado, no campo de batalha da beleza, vigora um verdadeiro vale-tudo: de operações plásticas a poções à base de insetos macerados, de ervas selvagens abortivas à prática de mergulhar os seios numa bacia de água com gelo para ajudar nas contendas com a gravidade. E, para tudo, na saúde, na doença, na realidade e na ficção, a indefectível água de rosas. Como constatado em muitas páginas dos *Contos das mil e uma noites*: "Assim que Abu-Hassan cruzou os talheres, as damas levantaram-se e trouxeram uma bacia de ouro com água de rosas e uma toalha de fino tecido. E, ajoelhadas, lavaram-lhe as mãos humildemente."

Garotas da Revolução

Vida Movahed, de 31 anos, vive em Teerã, é mãe de um bebê e passou um mês na cadeia no início de 2018. Conhecida como a "garota da rua da Revolução", cometeu o crime de subir num banco, arrancar fora seu véu branco e esvoaçá-lo feito bandeira na rua *Enghelab* (rua da Revolução), em praça pública. Não ficou sozinha. Nem na praça nem na cadeia.

Seu gesto, multiplicado aos milhões nas redes sociais, desencadeou a primeira grande onda de protestos contra o *hijab* compulsório na República Islâmica desde a chegada dos aiatolás em 1979. Nos primeiros meses de 2018 centenas de "garotas da rua da Revolução", como passou a ser chamado o movimento em homenagem à causa adejada por Vida, espocaram em diferentes cidades iranianas, brandindo seus *hijabs*, desafiando a ordem teocrática que as obriga a cobrir a cabeça e o corpo. Vazio de palavras e cheio de significados, com um gesto as "garotas da rua da revolução" deixaram explícito seu protesto. Vinte e nove foram detidas.

Até então, o máximo de rebeldia a que as iranianas se dedicavam era ganhar a cada dia um centímetro a mais de cabelo fora do véu. Nas mais recentes mostras de desabafo público, milhares de mulheres estão preferindo a prisão ou o exílio a seguir vivendo sob esse rigoroso código de vestimenta. Conheci mais de uma mulher que pediu refúgio em países ocidentais por não aguentar mais a imposição do véu, do chador, do uniforme rigoroso imposto pelas leis iranianas.

No Irã de 2018, o véu islâmico, mais que uma roupa, adquiriu reputação de arma, de bandeira, de palavra de ordem. Mas, desde sempre, na história da Pérsia, a roupa feminina ocupa a linha de frente da política. Periodicamente, o véu e o chador emergem nos conflitos políticos, oscilando com radicalidade, em sintonia com o humor político reinante. Nos tempos dos xás (Reza Xá e seu filho Reza Pahlavi), ambos com intenções modernizantes à moda ocidental (antes da Revolução Islâmica de 1979), o chador foi proibido, desencadeando forte onda de protestos por parte das mulheres mais religiosas e de desespero entre as populações nômades. Como descreveu a escritora e viajante inglesa, Vita Sackville-West, a mudança dos costumes veio investida de autoritarismo e de crueldade.

"O xá emite uma ordem proibindo o vestuário iraniano. Todos, usem ternos europeus! Todos, com chapéus europeus! O xá baniu os chadores. Nas ruas, a polícia arranca as mulheres aterrorizadas. Os fiéis protestam nas mesquitas de Meshed. Ele envia a artilharia para as mesquitas e massacra os rebeldes. Ele ordena que as tribos nômades sejam estabelecidas permanentemente. Os nômades protestam. Ele ordena seus poços envenenados, ameaçando-os com sede e fome. Os nômades continuam protestando, então ele envia expedições punitivas que transformam vastas regiões em terras habitadas."

Ainda que na década de 1970 as conquistas femininas tivessem se expandido substancialmente — os homens para se casar de novo precisavam da autorização da mulher; a idade de casamento foi elevada para 18 anos e as mulheres passaram a ganhar a custódia dos filhos em casos de divórcio —, a mão pesada do regime foi fortemente responsável para atrair não só mulheres do campo, mas também jovens politizadas das cidades a protestar contra o xá e suas políticas liberalizantes forçadas.

Como lembra a escritora Kamin Mohammadi em *The Cypress Tree*, "quarenta anos depois, que reformas no vestuário ordenadas pelo xá tinham tirado essas mulheres de debaixo dos véus, agora as próprias iranianas começavam a clamar por mudanças no regime repressivo dos pahlavis, advogando pela volta do véu islâmico, de forma a rejeitar o que elas viam como objetificação ocidental das mulheres."

Com os aiatolás, a situação se inverteu e o que era proscrito virou a lei. Khomeini era um advogado orgulhoso do *hijab* e dizia que a mulher coberta era uma vitória da revolução, mesmo se nada mais funcionasse. Como lembra Azar Nafisi, autora de *Lendo Lolita em Teerã*, "O véu adquirira um significado simbólico para o regime. Sua reimposição significava a vitória completa do aspecto islâmico da revolução... O ato de desvelar as mulheres, ordenado pelo Xá em 1936, tinha sido um símbolo controverso de modernização, um sinal poderoso da redução do poder dos clérigos".

Em seu livro *O Despertar do Irã*, a vencedora do Prêmio Nobel da Paz, a iraniana Shirin Ebadi, lembra que "o convite para vestir o lenço foi o primeiro sinal de que a revolução poderia comer suas irmãs, que era como as mulheres se tratavam enquanto se mobilizavam pela derrubada do Xá". Com o tempo e com mulheres como Vida ou Shirin, a cada dia fica mais difícil para a revolução engolir suas irmãs. A geração mais jovem, apoiada nas ferramentas digitais, está alavancando o debate sobre os rígidos códigos religiosos que estruturam o sistema islâmico do Irã. "As mulheres devem ser livres. O *hijab* deveria ser uma escolha", completa Ebadi; "Por exemplo, por que não nos incomodamos com a barba masculina, mas o fazemos com o *hijab* da mulher?"

A "revolta do *hijab*" não deixa de ser a culminância de um movimento deflagrado três décadas antes por ativistas de direitos humanos como Shirin Ebadi para se opor ao sistema patriarcal e discriminatório, que vai muito além de peça obrigatória do vestuário. "O que elas querem não é só andar com a cabeça descoberta, mas sim direitos iguais perante a lei. Desde 1979, uma mulher no Irã vale apenas a metade do que vale um homem", comenta Ebadi, em reportagem de *O Globo*, de 16 de fevereiro de 2018, em coro com suas compatriotas que sempre nos lembram: "Não se trata do *hijab*; ele é o menor dos nossos problemas. Ele apenas se tornou símbolo de um sistema desigual, que favorece os homens."

Mulheres casadas são proibidas de pedir o divórcio, viajar sozinhas sem a permissão do pai ou marido. E as penas são atrozes para as que cometem adultério, enquanto aos homens a lei permite ter até quatro esposas. Nos ônibus, elas se sentam atrás, não podem cumprimentar um homem dando as mãos, nem olhar diretamente nos olhos deles. "Hoje, por exemplo", escreveu Shirin num artigo na *Folha de São Paulo*, em 26 de abril de 2015, "um marido pode impedir sua mulher de ter um emprego, e as mulheres nem sequer podem assistir a um jogo da seleção". Mais recentemente, algumas começaram a ser admitidas nos estádios. Ao contrário da Arábia Saudita, elas ocupam altos cargos executivos, podem votar e ser candidatas a cargos políticos.

Um Nobel ou a vida?

Silenciaram suas vozes, mas não seus gestos. Lançar o véu pelos ares equivale a gritar para o mundo que as iranianas então muito mais ansiosas para serem senhoras de seu próprio destino. E é preciso coragem para fazer isso por ali. A advogada Shirin Ebadi sabe bem quanto custa desafiar o estado teocrático.

Especializada em direitos humanos, Shirin tomou em suas mãos a defesa de algumas das minorias oprimidas do Irã: os sufis, os curdos, os bahais e, claro, as mulheres. Acusada de "perturbar a opinião pública", ela foi ameaçada de morte, presa e acabou exilada em Londres.

Seu marido foi preso, torturado e coagido, mediante chantagem e ameaça de morte, a denunciá-la na TV. Num dos episódios mais sórdidos das punições que foram infligidas a Shirin, seu marido foi obrigado a gravar um depoimento para salvar-se da chantagem e da pena de morte imposta a ele, depois de ser gravado fazendo sexo com outra mulher, acompanhado de bebida alcoólica. Uma situação denunciada como armadilha armada pelo regime para acossá-lo. Num último grande golpe para incriminar Shirin, seu marido foi forçado a dizer em rede nacional:

"Shirin Ebadi não merecia receber o Prêmio Nobel. Ela só ganhou o prêmio para poder ajudar a derrubar a República Islâmica. Ela é uma apoiadora do Ocidente, particularmente da América. Seu trabalho não está a serviço dos iranianos, mas serve aos interesses dos imperialistas estrangeiros que procuram enfraquecer o Irã."

Um prêmio Nobel e toda uma vida familiar tornados pó em trinta segundos, em rede nacional...

Nessa trajetória de décadas em que mulheres foram abusadas (mortas, encarceradas, interrogadas, vigiadas ou exiladas) desponta uma poderosa evidência, como lembra Shirin Ebadi, em seu livro *Until We Are Free* (*Até sermos livres*). "Apesar da feroz repressão — tudo, desde leis que permitem morte por apedrejamento e a poligamia, ao assédio da polícia da moralidade às mulheres por não se vestirem de forma conservadora —, o Irã tinha um promissor e vibrante movimento de mulheres. E o mais importante: ele tinha apoio de base, entre mulheres de todos os *backgrounds*." Nesse sentido, segundo a advogada, o Irã é um caso bastante particular. "Nenhum outro país do Oriente Médio tinha algo assim. Nisso o Irã era muito especial e à frente de seus vizinhos."

Muitas dessas mulheres passaram a maior parte da vida na cadeia ou foram mortas, desapareceram, exilaram-se, tiveram, impreterivelmente, suas famílias e vidas desgraçadas. Mas nada parece detê-las. A autora do best-seller chamado *El libro de mi destino*, a escritora Parinoush Saniee tem a explicação: "Mulheres persas sempre foram lutadoras tenazes, o que as torna muito diferentes de outras mulheres na região."

Históricas guerreiras

Escreveu Heródoto:

> ❝Veja você que não havia limite para a influência exercida por Atossa."
>
> *(Histórias).*

Escreveu Gore Vidal (*Criação*)

> ❝Dario pode mandar na Pérsia, mas Atossa é quem governa."

Escreveu Ésquilo: (*Os persas*)

> ❝Excelsa dama persa curviforme, máter
> de Xerxes, veneranda, esposa de Dario:
> Saudações! Cônjuge de um deus e mãe de um deus."

Fato e ficção concordam: Atossa foi a grande estrategista do Império Aquemênida. Filha de rei, mulher de dois reis e mãe de rei, mulher mais importante da história do antigo Irã, ela mandou e desmandou do alto de um império que atravessou continentes, entretanto nada foi suficiente para que ela ganhasse o codinome que acompanha os expoentes da família. Ao contrário de Ciro, o Grande — seu pai —, e de Dario, o Grande — seu marido —, Atossa não ganhou a honraria "a grande", nem um lugar na mais espetacular necrópole dos soberanos aquemênidas.

Naqsh-e Rustam, que significa Trono do Rustam, projeta-se com majestade no azul do céu e no ocre da paisagem desértica, a aproximadamente 5km a noroeste de Persépolis, a antiga capital do Império Aquemênida. Um dos locais mais representativos do antigo império da Pérsia, o sítio arqueológico consiste de tumbas gigantescas dos reis do primeiro milênio a.C. Incrustados na pedra de uma cadeia de montanhas considerada sagrada estão os túmulos de governantes aquemênidas e de suas famílias, datados dos séculos IV e V a.C.

O monumento permanece como a memória duradoura de um império que dominou boa parte da Antiguidade. Mas ali, onde está seu marido, Dario; seu filho, Xerxes; e neto, Artaxerxes; não está Atossa. Nem ali, nem em nenhuma outra parte. Protagonista de momentos cruciais da expansão e queda do Império Aquemênida, ela testemunhou o reinado dos quatro primeiros grandes reis e desempenhou papel decisivo na guerra e na paz, na vitória e na derrota. Não foi à toa que Ésquilo lhe dedicou o papel central em sua peça *Os Persas*, em 472 a.C., considerada como a mais antiga tragédia do teatro grego a chegar até nós. Mesmo sob o ponto de vista dos inimigos, os gregos, contra quem os persas combateram e perderam, Atossa é uma mulher extraordinária.

Filha de Ciro, conhecida como a maior rainha da Pérsia, Atossa viveu de 550 a.C. a 475 a.C. Não se sabe muito sobre a sua vida, exceto que ela foi casada primeiro com seu irmão Cambises e depois de sua morte casou-se com Dario.

Atossa deu a Dario, o Grande, o próximo rei aquemênida, Xerxes I. Sendo descendente direto de Ciro, o Grande, Atossa tinha grande autoridade dentro da corte imperial aquemênida. A sua posição especial permitiu que Xerxes, que não era o filho mais velho de Dario, sucedesse seu pai.

Se seu nome não está nos monumentos, está em gravado em lugares surpreendentes, como no perfil da empresa Atossa Genetics:

> "A Atossa Genetics é uma empresa farmacêutica que desenvolve novos métodos terapêuticos para o câncer de mama..."

Não é coincidência que o nome da soberana possa estar mais relacionado ao câncer de seio do que ao seu lugar na política. Atossa teve considerado o primeiro registro de câncer de mama da história, tendo sido estudado ao longo dos séculos posteriores.

Heródoto foi o primeiro a relatar, em suas *Histórias*, a enfermidade da rainha e sua perturbação por um caroço no peito, que sangrava. Depois de tentar várias terapias alternativas, ela permitiu que um escravo grego, Democedes, lhe extirpasse o tumor. Aparentemente curada, Atossa viveu para ver Xerxes invadir e ser derrotado pela Grécia. Nas palavras de Ésquilo: "Rainha, anciã tão cara, traze do palácio a veste mais recamada e vai buscar teu filho Xerxes, pois da indumentária cintilante de antes restaram só farpelas a lhe cingir o corpo com sofrimento que o dizima."

No caso de Artemísia, contemporânea mais jovem de Atossa, fato e ficção discordam. Protagonista da segunda parte da fantasia orientalista hollywoodiana *300, a Ascensão do Império*, que conta a derrota persa para os gregos em Salamina, Artemísia é retratada como uma mulher incapaz de um sorriso, vingativa e sanguinária, capaz não só de comandar a imensa frota persa contra os gregos, mas também de manipular seu rei, Xerxes. Num determinado momento do filme, ao discutir com o imperador, ela ameaça: "Nunca se esqueça de quem pôs a coroa em sua cabeça infantil." Implacável!

O filme pode ter inventado essa frase e quase toda a história dela — a jovem cuja família é massacrada pelos gregos, se torna escrava sexual até ser encontrada e depois é treinada por guerreiros persas —, mas outras lendas dão conta de que Artemísia era a comandante preferida de Dario. General de armas, tropas e exércitos e exímia lutadora, conta a lenda que Artemísia foi chamada ao leito de morte de Dario, o Grande. Para ele, era impossível que o seu filho Xerxes algum dia pudesse vir a superar Artemísia numa frente de batalha. Heródoto também não economiza elogios à guerreira.

"Agora, como não tenho obrigação de mencionar quaisquer outros capitães, vou passá-los — exceto Artemísia, cujo papel na campanha contra a Grécia era verdadeiramente surpreendente para uma mulher. Após a morte do marido, ela assumiu as rédeas do poder e, apesar de ter um filho, e embora não houvesse a menor pressão sobre ela para participar da campanha, ela foi incitada a fazê-lo pela marca formidavelmente masculina de sua bravura."

Artemísia faz companhia a Tomires, ambas rainhas viúvas, ambas herdeiras do trono do marido, ambas audaciosas guerreiras. Rainha dos massagetas, tribo de nômades das estepes Ásia Central, hoje Uzbequistão, cujo território era cobiçado pelos persas, Tomires infligiu aos inimigos uma das maiores derrotas simbólicas dos aquemênidas: matou Ciro, o Grande.

Numa primeira batalha, os persas vencem e matam o filho da rainha. Enfurecida, ela jura vingança e desafia os aquemênidas a uma segunda batalha. Na luta que se segue, os massagetas se impõem e destroem a maior parte do exército dos persas, inclusive seu líder, Ciro, abatido depois de governar a Pérsia por 29 anos. A busca pelo seu corpo, por ordem da rainha, foi feita entre os mortos, e quando foi encontrado ela pegou uma pele e, enchendo-a de sangue humano, mergulhou a cabeça de Ciro no sangue, insultando, assim, o cadáver: "Eu vivo e conquistei você na luta, e ainda assim você me arruinou, pois você levou meu filho com sua astúcia; mas assim eu faço valer a minha ameaça, e dou-lhe sua cota de sangue."

Tomires, como Atossa e Artemísia, decidiram guerras, criaram estratégias, aconselharam monarcas, forjaram alianças e comandaram tropas. No destino das três, dentre muitas outras da Antiguidade, foi urdido o destino da Pérsia.

No Irã de hoje, mudaram o campo de batalha, o inimigo e as armas, mas as mulheres continuam destemidas, resistindo e lutando para mudar seu destino. Em vez de espadas, hoje combatem com aquilo que têm: um *hijab* hasteando seu desejo de liberdade e, quando conseguem, também uma caneta. Ou um microfone.

Uma persa na CNN

Contemporânea de sua conterrânea Shirin Ebadi, a jornalista Christiane Amanpour é repórter especial da *CNN*, famosa por emparedar seus entrevistados com perguntas indesejáveis. Anos atrás, ela gravou para a emissora *A revolutionary journey* (*Uma viagem revolucionária*), contando sua volta ao Irã vinte anos depois de ter saído para estudar e nunca mais voltar. Se revolução islâmica foi a alavanca para que Christiane ficasse fora do país, a jornalista norte-americana, Barbara Walters foi a inspiração que a levou a escolher a carreira de repórter, depois de não passar nos exames para odontologia e medicina, segundo ela mesma conta.

No seu retorno ao Irã, a jornalista, que batizou seu filho como Dario, conversa com jovens e com mulheres ativistas que não se esquecem das promessas que a revolução fez e, segundo elas, não cumpriu. "O aiatolá (Khomeini) tinha prometido igualdade e depois impôs o chador. Não se trata do *hijab* ou do chador que nos limitam; são as nossas leis para as mulheres", diz uma delas. Outra mais jovem completa: "O Alcorão nos dá liberdade de escolha. Eles não podem prender toda a população", desafia. Elas têm razão em cobrar as promessas do passado.

> Liberdade, não é fácil definir esse conceito. Digamos que liberdade é quando você pode escolher suas próprias ideias e pensar nelas quando quiser, sem ser forçado a pensar em outra coisa. Vamos dizer que a liberdade é viver onde você quer e fazer o trabalho que você gosta."

Essas palavras, que podiam estar na boca de qualquer liberal, foram ditas pelo Aiatolá Khomeini, em outubro de 1979 a outra jornalista, a italiana Oriana Fallaci. Autora de algumas das entrevistas mais provocadoras e corajosas com líderes mundiais da história do jornalismo, Oriana, debaixo de um chador, não se convenceu com as platitudes sobre a liberdade proferidas pelo líder xiita e o imprensou na parede sem misericórdia:

> Por exemplo, esse chador que eles me fizeram vestir, e que você insiste que todas as mulheres devem usar. Por que você as força a se esconder, todas enroladas sob essas roupas desconfortáveis e absurdas, dificultando o trabalho e a movimentação? E até aqui, as mulheres demonstraram que são iguais aos homens. Elas lutaram como os homens, foram presas e torturadas. Elas também ajudaram a fazer a revolução."

Khomeini devolveu:

> As mulheres que contribuíram para a revolução eram, e são, mulheres com a vestimenta islâmica, não mulheres elegantes, todas feitas como você, que andam por aí todas descobertas, arrastando atrás de si uma fila de homens. As coquetes que se maquiam e vão para a rua exibindo seus pescoços, seus cabelos, suas formas, não lutaram contra o Xá. Elas não sabem como ser úteis, nem social, nem politicamente nem profissionalmente. E isso é assim porque, descobrindo-se, elas distraem os homens e os perturbam."

Enfurecida, como boa italiana, Oriana detalhou com requintes a situação de segregação a que as mulheres estão submetidas no trabalho e na vida social. "A propósito, pergunta ela, como você pode nadar com chador?"

Também subido de tom, o religioso não titubeia diante da "malcriação": "Não é da sua conta. Nossos costumes não são da sua conta. Se você não gosta de vestido islâmico, você não é obrigada a usá-lo. Porque vestimenta islâmica é para mulheres que se comportam adequadamente."

O duelo se consuma dramaticamente, com a jornalista arrancando o chador diante do aiatolá Khomeini: "Muito gentil da sua parte, Imam, e já que você disse isso, eu vou tirar esse estúpido pano medieval agora mesmo. Feito! Mas me diga uma coisa. Uma mulher como eu, que sempre viveu entre os homens, mostrando seu pescoço, seus cabelos, suas orelhas, que esteve em guerra e dormiu na linha de frente no campo entre os soldados, de acordo com você, ela é imoral, ousada e imprópria?"

O aiatolá preferiu não comentar, só acrescentando que "se essa peça de roupa não existisse — a vestimenta islâmica —, as mulheres não poderiam trabalhar de maneira útil e saudável. E nem homens. Nossas leis são leis válidas".

Ou seja, mais uma evidência de que contra tal argumentação, não há fatos.

E os fatos disputam diariamente com as ficções no Irã contemporâneo. No meio da maior praça de Teerã desponta a Torre Azadi, que em farsi significa liberdade. O monumento branco, composto por 8 mil blocos de mármore branco, exibe uma combinação de estilos arquitetônicos islâmicos e sassânidas (a dinastia anterior à invasão islâmica), e do alto dos seus 15 metros, projeta-se feito sentinela, guardando a vida movimentada da cidade. Criada em 1971, em comemoração aos 2500 anos da fundação do Estado Imperial do Irã, essa "porta de entrada para Teerã" foi chamada de Šahyād ("Memorial do Rei") em homenagem ao Xá Mohammad Reza Pahlavi, mas foi renomeada Azadi após a Revolução de 1979.

Trinta anos depois de tremer com manifestantes raivosos contra o Xá, a praça Azadi voltou a ser ponto central do ativismo de direitos humanos no Irã. Em 2009, uma nova geração de iranianos ocupou a praça, desta vez em protesto contra supostas fraudes no pleito que deu a vitória pela segunda vez ao presidente, Mahmoud Ahmadinejad. Ali o mundo conheceu o Movimento Verde, que havia surgido antes das eleições, ganhou força, mobilizando a população jovem, educada e revoltada, disposta a enfrentar as forças da opressão e da repressão e se sacrificar para mudar o regime vigente. Milhares de manifestantes foram presos, espancados e torturados e dezenas foram mortos pelas forças de segurança.

Em 2011, em homenagem ao papel político da praça, a Anistia Internacional lançou uma iniciativa de mobilização virtual chamada "Praça Azadi", conectando os grupos que protestam com apoiadores ao redor do mundo. E para coroar a vocação da praça pela liberdade que lhe dá o nome, as "garotas da revolução", como Vida, também escolheram esse marco para simbolizar sua indignação contra o tratamento do regime às mulheres.

Fato e ficção

"É voz unânime de poetas, profetas e vaticinadores que a mulher é a calamidade e dela nascem todas as fraquezas e aflições dos homens!"

Contos das 1001 noites.

Essas palavras que poderiam estar na boca de um dos aiatolás foram perpetuadas por uma mulher, mais de um milênio atrás, ou melhor, palavras de homem na boca de uma mulher. Não como defesa, mas como arma de ataque, na sua "guerra particular" contra o poder instituído. Como se diz no Irã, historicamente se luta contra a coroa ou o turbante.

No caso da protagonista de uma das mais famosas lendas da humanidade, seu desígnio era impedir que o rei seguisse matando todas as virgens com quem se casava para vingar-se de uma traição de sua primeira esposa. Com astúcia, ela desafiou a coroa, lutando por sua liberdade e a de todas as outras mulheres de sua época, sem derramar uma gota de suor nem de sangue. Sherazade combatia com a palavra.

"Verdadeiramente, o interesse dessa história não se concentra no monogâmico déspota, mas em sua noiva Sherazade, filha do Grão Vizir, espirituosa, bela, inteligente, de imaginação fértil e a mais eloquente narradora de histórias de que se tem notícia." Assim se inicia a versão infanto-juvenil dos *Contos das mil e uma noites* presenteada ao meu irmão e expropriada por mim aos 9 anos de idade. Ali, pela primeira vez, e sem me dar conta, estava sendo inoculada pelo fascínio pela cultura persa, que me acompanharia por toda a vida. Mas antes mesmo de saber sobre o país oriental, eu caminhava em direção a ele, sob algum tipo de chamado, de encantamento que me fazia descobrir pouco a pouco, ao longo da vida, que a fonte de quase tudo que eu achava bonito, sofisticado e tocante vinha da Pérsia. Sim, o feitiço da famosa persa abatera Shahryar, a mim e a milhões de leitores mundo afora, ao longo de incontáveis gerações. A batalha sem sangue de Sherazade, que atravessou as culturas e o tempo.

> 66 Não existe no mundo quase ninguém que não tenha ouvido falar do sultão Shahryar. É que, desde o princípio dos tempos, foi ele o homem que mais vezes se casou... Era uma coisa tremenda aquela boda seguida de imediata viuvez... Com esses atos cruéis, cumpria ele uma promessa feita."

As mil e uma noites incluem façanhas históricas, situações cômicas, jogos de ciúme e de poder, ardis sentimentais e políticos, feitiços e metamorfoses envolvendo reis, príncipes, gênios malignos, bruxas, rainhas, escravos e unindo épocas, geografias e costumes. Segundo a *Enciclopédia Britânica*, esse compêndio de histórias se originou na Índia, Pérsia, Iraque, Síria, Egito, Turquia e possivelmente até Grécia e Roma. Alguns contos remontam a, pelo menos, 1100 anos. O próprio livro explica como a persa possuía repertório tão vasto, culto e diversificado.

"Sherazade tinha lido livros de compilações, de sabedoria, de medicina; decorara poesias e consultara crônicas históricas. Conhecia os dizeres de toda gente, como as palavras de sábios e reis. Conhecedora das coisas, inteligente, sábia e cultivada, tinha lido e entendido."

No seu bem arquitetado plano, Sherazade pede ao novo marido que deixe a irmã dormir no quarto com eles, para que ela possa aproveitar sua última noite de vida também em sua companhia. No seu estratagema, o papel da irmã é sempre pedir à Sherazade que conte "uma de suas maravilhosas histórias" a cada anoitecer: "Se você não estiver dormindo, maninha, continue para nós a história do terceiro dervixe."

E assim, encadeadas com engenhosidade e suspense, as narrativas seduzem o sultão, que a cada dia posterga a execução da jovem para poder ouvir a continuação das histórias. "Isso não é nada, comparado ao que lhes contarei na próxima noite se eu viver e for preservada." O mesmo princípio do "próximo capítulo" das séries e telenovelas que fazem tanto sucesso hoje em dia.

Enquanto ela repete a cada noite "Eu tive notícia, ó rei venturoso...", ela vai ganhando cada um dos 1001 dias. No caso de Sherazade, a sobrevivência era o imperativo de sua tenacidade. Como pondera o filósofo Michel Foucault, a obra "é o avesso encarniçado do assassínio, é o esforço de noite após noite para conseguir manter a morte fora do ciclo da existência".

A escritora Fatima Mernissi, no livro *Scheherazade goes West,* aborda a personagem de uma perspectiva desconhecida para nós: a oriental, onde Sherazade é mais estrategista do que odalisca. Ela menciona ter ficado chocada com a representação de Sherazade feita por um balé alemão: "A Sherazade oriental é puramente cerebral e essa é a essência de sua atratividade sexual." Ela complementa que nas histórias originais, "o corpo de Sherazade mal é mencionado, mas seu conhecimento é repetidamente reforçado".

As explicações acadêmicas e históricas sobre a verdadeira origem da heroína Sherazade e suas histórias são bastante controvertidas. O que se sabe é que o livro não foi obra de um único autor, mas de uma variedade de contadores de histórias anônimos, reunidas durante séculos, em diferentes partes do Oriente, propagadas pelas conversas entre aventureiros e comerciantes, da Índia até a Pérsia. Ali, na Pérsia, teria sido feita a primeira coleção dos textos, numa obra chamada *Hazār afsāne* (*As mil fábulas*), onde já figuravam o sultão Shahryar e sua esposa Sherazade, que fazem a amarração entre as histórias. A obra se difundiu e foi ampliada na época dos reis sassânidas, dinastia a que pertencia o lendário Shahryar. Algumas versões sustentam que a coletânea persa foi escrita em homenagem a Homay, filha e esposa (isso mesmo) do rei Bahman, personagem do outro grande clássico iraniano, o *Shahnameh* (o *Livro dos Reis*).

Nem os sassânidas nem o título sobreviveram aos árabes, que invadiram a Pérsia no século VII. Além de traduzir e difundir a obra, seu título foi mudado de "mil" para "mil e uma" noites, não se sabe se por conta de uma superstição da época contra números redondos ou simplesmente porque, como sustenta a *Enciclopédia Britânica*: "É claro que as expressões 'Mil Contos' e 'Mil e Um...' tinham a intenção de indicar apenas um grande número e foram tomadas literalmente apenas mais tarde, quando histórias foram adicionadas para compor o número."

As mil e uma noites só desembarcaram no Ocidente após 1702 e desde então são lidas geração após geração, influenciando diferentes expressões artísticas. Ávido leitor desde a infância, o escritor argentino Jorge Luís Borges se apaixonou pelas narrativas de Sherazade e fez delas sua inspiração para vários contos. Segundo ele, *As mil e uma noites* passaram a ser "parte prévia de nossa memória", tal a incorporação da obra por arte de tantas culturas diferentes.

E ainda que poucos tenham lido a obra, muitas das histórias contadas ali acabaram ganhando autonomia, virando livros, filmes, séries e animações, como é o caso de *Aladdin*, *Ali Babá e os 40 ladrões* e de *Sindbad*, o marujo que, enquanto busca sua fortuna no Oriente, sobrevive a perigos terríveis e monstros estranhos, conhece terras, tribos e costumes exóticos.

Em Omã, no século XXI, a memória do lendário Sindbad tenta sobreviver aos turistas e a seus exóticos costumes.

De hijab, com passaporte alemão

Rahaf esconde os loiros cabelos e a identidade alemã debaixo do *hijab* conservador, de cores escuras, que voa sobre a abaya, no embalo do seu passo teutônico pelos corredores lamacentos do Mercado de Peixe de Muttrah, em Mascate. Capital do Sultanato de Omã, a cidade está estrategicamente posicionada no Golfo Pérsico e, desde sempre, seu destino cruzou com o da Pérsia. No seu trajeto rotineiro de guiar turistas pelo país, necessariamente ela faz escala na história do marujo mais famoso do mundo, Sindbad, personagem dos contos de Sherazade.

Ela conta que em Omã, duas cidades, Sohar e Sur, importantes portos de onde partiam os aventureiros marítimos, disputam ainda hoje a naturalidade do jovem navegador, baseadas na extensa tradição marítima dos habitantes da costa omani. "Todo árabe e pescador aqui gosta de estar associado ao nome de Sindbad. Essa é uma nação de navegantes." Pouco importa que no livro se diga que ele vivia em Bagdá e que viajou por Basra, ambos no Iraque.

Para dar sua contribuição à longevidade da lenda local sobre o personagem e conhecendo como ninguém a psicologia dos turistas ocidentais, criados a leite de vaca e de contos de Sherazade, Rahaf abre espaço, com proativismo, na pequena multidão que se junta nas primeiras horas da manhã, no Muttrah, para o leilão dos peixes capturados horas antes. Ali ela nos apresenta aos supostos sucessores do navegante lendário. Um a zero para Rahaf e para a superioridade da ficção sobre a realidade!

Num pátio, voltado para o mar, dezenas de homens, vestindo seus turbantes coloridos e suas *dishdashas* (túnicas sem gola, que chegam até o tornozelo, normalmente na cor branca e com mangas compridas) disputam no grito, em leilão público, o melhor peixe pelo melhor preço. Mesmo num ambiente cheio de sal, de vozes, cheiros e escamas, muitos não dispensam o maior símbolo de elegância masculina: o uso do *khanjar*, uma viril adaga curva, cerimonial, usada na cintura.

Rahaf tinha razão: esses homens de aparência bíblica, pescadores e comerciantes, podiam ter saltado das páginas de *As mil e uma noites* para ganhar existência no mercado. Pouco importa que seja improvável que Sindbad tenha sequer existido. Em Omã, uma ficção sequestrou outra ficção para dar cor, odor e sabor à realidade.

> “E a aurora alcançou Sherazade, que parou de falar.”

Também a história e a bela figura oriental da ocidental Rahaf, que quer se esquecer de sua origem europeia, assim como se esqueceu de seu nome alemão, que se recusa a revelar, poderia estar entre as páginas de Sherazade. “Eu tive notícia, ó rei venturoso”, diria Sherazade ao apresentar Rahaf e sua história, em que convivem e se misturam Alá e gênios, o sublime e o sensual, o religioso e o carnal, o legal e o ilegal, infiéis com fiéis. E também o indefectível óleo de ovos de formiga para acabar com os pelos inconvenientes, sem o qual ela não passa.

Feito Sherazade, Rahaf também inventou para si uma narrativa para se salvar, a qual aderiu como carteira de identidade. Tendo sido casada e tido um filho na Alemanha, apaixonou-se pelo Oriente Médio e depois de zanzar por vários emirados, aprendendo árabe e a cultura, apaixonou-se por Omã e ali renasceu, como diz ela. Aos 35 anos, convertida e praticante devota do Islã sunita, Rahaf reza cinco vezes ao dia, mesmo em serviço, e defende ardorosamente o uso do véu. Conta que se sentia oprimida na Europa com o excesso de exposição do corpo e que agora se sente muito mais feliz, envergando os trajes tradicionais das mulheres, que fazem da modéstia no comportamento seu meio de vida.

Como muçulmana que segue o catecismo e o figurino rigorosamente, ela nunca dá a mão ao ser apresentada a um homem, nem fica às sós com um estranho. Durante nossa viagem, se eu precisava ir ao banheiro, meu marido tinha de ir também para evitar ficar com ela, tamanha severidade que nunca vi no Irã, a propósito.

Como o amor desacata todas as leis, Rahaf não ligava tanto para a modéstia na hora de achar um par. Abraçando com igual fervor a bigamia, quando se mudou para o Oriente Médio, ainda casada na Alemanha, contraiu os votos com um beduíno e foi morar no meio do deserto em Abu Dhabi.

A vida errante, sob uma tenda, durou três meses e Rahaf desfez o casamento. “Bebia demais”, explica ela sobre seu nômade rechaçado. Como desejava ser solteira de novo, pensava em adquirir um novo passaporte. E, aparentemente, para facilitar o trâmite, casou-se de novo, dessa vez com um indiano, criado no islã, e dedicado ao empreendimento “diplomático”, ou seja, falsificação de passaportes. Enquanto espera o novo passaporte, tenta se garantir e já engatou uma paquera com um desconhecido, de Nizwa, que conheceu nas redes sociais e que passa o dia enviando-lhe *emojis* de flores. Para se justificar diante de algum eventual questionamento, ela rapidamente lança mão de um provérbio árabe: "Quem não pensa nas consequências, não tem o destino como companheiro."

Completamente apaixonada por aquele que ainda desconhece, mas crê que venha a ser seu companheiro de destino, Rahaf tinha fé que finalmente encontrara um devoto para viver protegida das tentações desse mundo. Já dizia um dos personagens de Sherazade: "Nunca se está a salvo das artimanhas femininas."

O lugar do desejo

As mulheres não estão sozinhas no discurso de Sherazade, que parece troçar todo o tempo do politicamente correto e moralmente desejável. Também abundam preconceitos, estereótipos, vulgaridades em relação a todas as "minorias": negros, velhos, doentes, anões.

> Quando chegamos fomos atacados por gente negra de cabelo pixaim, que nos capturou e distribuiu entre si… notei que as pessoas ali eram cevadas com aquele arroz e, a cada vez que alguém engordava eles o sacrificavam, assavam e degolavam."

Por comentários racistas assim, dentre outros de igual incorreção, hoje em dia, provavelmente Sherazade perderia a cabeça. Ela escapou da ira do sanguinário sultão, mas dificilmente, na atualidade, *O livro das mil e uma noites* sobreviveria às patrulhas do politicamente correto. Se algum radical quiser fazer reparação histórica, não vai sobrar palavra sobre palavra da memória de Sherazade.

Está claro que a princesa podia até ser virgem, mas não tinha nada de santa. A quantidade de fatos obscenos, envolvendo homens, mulheres, homossexuais, relações de sadismo, escatologias de toda ordem, sexo coletivo, estupros, sodomia, que é narrada abertamente, sem nenhum comedimento, pela princesa atravessa vários dos contos:

> … eles serviram um banquete com comida e vinho e todos comeram e beberam até perder a cabeça de tanta bebedeira; olhando para ela, viram-na enfeitada e perfumada e se puseram a agarrá-la e a excitá-la até nela colher o gozo. Permaneceram em tal situação, ela e eles, sete dias e sete noites, comendo, bebendo vinho e transando até a sexta-feira seguinte, quando, então, ela disse: 'Agora, eu preciso voltar ao meu marido…' eles disseram: 'Vá, mas não nos abandone.'"

Dar de cara com frases atrevidas e de duvidoso gosto, algumas ainda mais impublicáveis, na boca de uma princesa, nos originais do livro que foi cultuado na infância, é desconcertante. É igualmente difícil imaginar tais frases na boca e no ouvido de um rei, como o intelectual imperador, Dom Pedro II, quando ele se deparava com a fartura de obscenidades que desfila pelas noites de Sherazade. Tarimbado orientalista, o Imperador do Brasil foi pioneiro no Brasil em verter a obra:

"Empreendi também a primeira tradução portuguesa (a partir do original) das *mil e uma noites* [...]", diz ele em 12 de junho 1887, em um dos seus diários. Dom Pedro, mais inclinado aos desafios do intelecto do que da vida pública, aplicou muitas horas ao estudo, à pesquisa e à aprendizagem de línguas orientais (hebraico, russo e árabe, um pouco de sânscrito e persa), além das ocidentais (latim, alemão, inglês, espanhol e italiano moderno).

O imperador chegou a traduzir mais de 100 noites, grande parte já no fim da vida. Uma boa coleção desses manuscritos, feitos a partir de 1890, quando o imperador já estava no exílio, estão arquivados no Museu Imperial de Petrópolis.

Desde a primeira tradução ocidental, realizada pelo francês Antoine Galland, em 1704, seguidas vezes os conteúdos considerados mais indecorosos das mil e uma noites foram censurados por iniciativas dos tradutores e leitores ocidentais. Até os seios foram extirpados de muitas narrativas, mas não na de Dom Pedro, como mostra a pesquisadora Rosane de Souza da Universidade Federal de Santa Catarina (UFSC), no texto *A tradução das mil e uma noites*.

> [...] brilhante como a pérola para o sol resplandecente, a falla d'ella cura os pesares [...] assentada de mamas bonitas de face ennobrecida [...]

Pelo que indicam estudos feitos no Brasil sobre o assunto, Dom Pedro era menos pudico que seus colegas orientalistas europeus, não eliminando trechos mais apimentados para olhos ocidentais, provavelmente devido à sua compreensão de que a cultura islâmica possui uma interpretação da moralidade e da sexualidade diferente da perspectiva judaico-cristã do Ocidente e sua carga de culpas, proibições e vergonhas.

A chave para entender como uma obra criada e difundida no mundo islâmico, onde se exige tamanha contenção no vestir e no se comportar, no mundo dos sete véus, das mulheres tapadas, das loas a Alá, abarcando conteúdo que, para nós soa obsceno, está na forma como o islã se relaciona com a sexualidade.

Como a religião prescreve códigos de conduta para todas as dimensões da vida de homens e mulheres, também o sexo e o prazer receberam tratamento específico no Alcorão que, inclusive, estabelece o que é lícito (*halal*) e ilícito (*haram*), ou seja, os valores que o Ocidente cristão e o islã oriental atribuem à sexualidade são completamente distintos. Na perspectiva islâmica sobre a questão, as relações sexuais são parte essencial da vida, produzem prazer e alegria ao ser humano. E haja alegria debaixo de burcas e chadores.

"Quando estávamos juntos no fundo da loja, ela me estreitou ao peito, apertando os seios contra mim, sem retirar a burca para mostrar o rosto."

Pelo que se lê em *As mil e uma noites* e em outras obras de origem islâmica, toda essa cobertura não só não impede o prazer como foi essencial para contrabandear muitas vezes homens para dentro dos bem guardados haréns.

> ❝... os eunucos revistavam todas as mulheres que entravam no palácio com a suspeita de que um jovem homem pudesse estar vestido com roupas femininas.❞

Com tantas referências a Maomé e a Alá, e sendo fruto de culturas pré-islâmicas e islâmicas, o *Livro das mil e uma noites* abriga outro insondável mistério: a quantidade de referências à homossexualidade.

> ❝... o persa adormeceu de bruços, bêbado; acreditando tratar-se do criado, o cantor desamarrou-lhe as calças, cuspiu no pau e enfiou-o nele. O persa acordou aos gritos, agarrou o cantor, amarrou-o e moeu-o de pancada, prendendo-o em uma árvore do quintal.❞

Verdadeiro diário do que se passa nas alcovas, o livro de Sherazade também traz episódios narrando o amor entre mulheres, embora a homossexualidade seja considerada um crime punido com pena de morte no Irã e em muitos países islâmicos, como na Arábia Saudita, no Sudão, na Somália, na Mauritânia. "Sou uma mulher apaixonada pela filha do juiz... Foi Deus que me impôs essa paixão... Eu a vi certa vez no banho público, conversamos, brincamos as duas a sós e entre nós aconteceu o que tinha que acontecer..."

Mesmo em sociedades islâmicas mais seculares, como Egito, Tunísia, Líbano, Bósnia e Albânia, onde há certa tolerância aos gays, é muito difícil encontrar homossexuais assumidos. Se o controle não é policial, seguramente é social. E talvez tenha sido isso que levou o presidente do Irã, Mahmoud Ahmadinejad, em seu conhecido negacionismo, a proferir, em 2007, na Universidade de Columbia, em Nova York, mais uma de suas canônicas asneiras: "No Irã, não temos homossexuais. No Irã, não temos esse fenômeno."

Recebido com gargalhadas pela perplexa plateia, o presidente iraniano fazia coro ao ideário propagado pelo aiatolá Khomeini e repetido à jornalista Oriana Fallaci: "O que traz corrupção a um país inteiro e a seu povo deve ser arrancado como as ervas daninhas que infestam um campo de trigo. Eu sei que existem sociedades onde as mulheres podem se dar para satisfazer o desejo de homens que não são seus maridos, e onde os homens podem se dar para satisfazer os desejos de outros homens. Mas a sociedade que queremos construir não permite tais coisas. No islã, queremos implementar uma política para purificar a sociedade e, para atingir esse objetivo, devemos punir aqueles que trazem o mal à nossa juventude." Dito e feito.

A jornalista Geraldine Brooks, autora de *Nine parts of desire*, um livro imperdível sobre sexualidade e o mundo oculto das mulheres islâmicas, aborda a selvageria dos castigos contra adúlteros e homossexuais, entre os quais estão o apedrejamento e enterro de vivos, salientando que as punições para a sodomia homossexual são concebidas para serem ainda mais cruéis: "se os parceiros forem homens casados, eles podem ser queimados vivos ou atirados de um penhasco. Se forem solteiros, os sodomizados — a menos que sejam menores — são executados e o sodomita é chicoteado uma centena de vezes." A significativa gradação da pena reflete, segundo ela, o ódio muçulmano à ideia de um homem assumir o papel de "parceiro penetrado".

Louvando o Amado

66 Enquanto teu sono não for digno do despertar, não durmas."

Shams de Tabriz.

Afshin tem 26 anos e trabalha como "faz-tudo", num pequeno restaurante da cidade de Kandowan, na província de Azerbaijão Oriental, perto da cidade de Tabriz, no norte do Irã. Trabalha limpando a cozinha, vigia a portaria nas madrugadas e, em horas mortas, dá uma mão para o cozinheiro curdo. Ele é um dos pouco mais de seiscentos habitantes dessa aldeia extraordinária, cujas casas são esculpidas em rochas, não sobre, mas dentro das montanhas. Kandowan, com seus mais de oitocentos anos, foi parcialmente formada por restos vulcânicos de uma forte erupção do Monte Sahand há milhares de anos.

Segundo conta Afshin, a vila foi criada por pessoas que se escondiam nos regaços das rochas para fugir das invasões mongóis. O jovem fala, além de farsi, o dialeto turco azeri, que predomina nessa parte do Irã, e explica que as casas são conhecidas como *karan,* que, na língua local, significa colmeia. Parecendo desafiar todas as leis da física, a arquitetura intrigante é considerada hoje um sistema energeticamente eficiente, mantendo a casa fresca durante o verão e quente durante o inverno.

Verdadeiro "homem das cavernas", Afshin compartilha de certo modo do destino dos pioneiros dessa "capadócia iraniana". Ele também se exilou aqui, "erva daninha" arrancada de sua própria vida, desertando de um outro tipo de violência: a de gênero, a mesma que leva o risível ex-presidente iraniano a negar com igual energia com que o faz com o Holocausto, a existência da homossexualidade.

Com os olhos pintados de cajal no rosto imberbe e entornando delicadeza nos gestos e no modo de falar, Afshin conseguiu trabalho de ajudante no restaurante e acolhimento de uma família, escolhendo viver protegido numa caverna a ser tratado como pária por parte da ala mais conservadora da sociedade teocrática iraniana. Seu crime foi ser homossexual e ter optado pela troca de sexos a ser condenado à morte. Mesmo assim, como tantos fazem, fugiu de Tabriz para viver na quase clandestinidade da isolada Kandowan.

No restaurante, acostumado a receber turistas de todo o mundo, ninguém presta muita atenção a seu jeito feminino. Além do detalhe nos olhos, Afshin se veste como um rapaz iraniano de sua idade. Ele conta que resolveu mudar de sexo para escapar da pressão social por ser gay.

O caso de Afshin não é incomum no Irã. Talvez seja o único país do mundo onde a troca de sexos é política de estado desde os tempos do aiatolá Khomeini.

Em 1980, o fundador da República Islâmica emitiu uma fatwa — um decreto islâmico — permitindo a cirurgia de mudança de sexo. Aparentemente, conta o jornalista Adghirni, "ele recorreu a essa saída, após ser convencido em um encontro com um homem que se dizia mulher, Feyredun Molkara, que comoveu o aiatolá com seu relato. Molkara fez operação de troca de sexo e assumiu sua identidade de mulher, tornando-se figura pública no Irã até morrer, em 2012". Essa política leva a que médicos sejam orientados a dizer a homens e mulheres homossexuais que eles estão "doentes" e que precisam de tratamento.

Marcado por congênita ambivalência, também no campo da sexualidade nada é preto e branco, tal como narrado nos contos se Sherazade. E é na poesia, a quintessência da alma persa, o território de todas as liberdades, que flutuam as pegadas do amor homossexual ou de um amor definido pela espiritualidade, num conceito alienígena para o Ocidente. A *Encyclopædia Iranica*, concorda que existe um forte contraste entre o tratamento da homossexualidade na lei islâmica, por um lado, e seu reflexo na poesia, que é o principal veículo da expressão literária persa. "Desde o alvorecer da poesia persa no século IX até o século XX, não só a homossexualidade era tolerada na poesia persa, mas na verdade o homoerotismo formava quase o único tema de *gazals* persas. É tema principal de grande parte da poesia de amor persa."

O caso mais intrigante e famoso, comentado por amigos iranianos, envolve um dos maiores poetas e filósofos da Pérsia, Jalaladim Rumi, ou Mevlana. Nove séculos depois, os iranianos se perguntam o que houve, afinal, entre um dos maiores poetas canônicos da Pérsia e o enigmático sábio errante Shams de Tabriz. Na internet são muitos os sites de natureza muçulmana que se desdobram em negar uma das maiores fofocas "místico-literárias": seria a relação de devoção entre os dois um amor gay? O site de estudos sobre Rumi, Dar-AL-Masnavi, esclarece:

"Antes de mais nada, é necessário entender que na poesia persa sufi, a palavra "amante" significa ser amante de Deus. E nos caminhos do sufismo, um verdadeiro dervixe místico é o amante, e Deus o Amado. Portanto, "os amantes" são os amantes de Deus. Então, nesse sentido, Mevlana e Shams certamente eram "amantes". Espirituais.

Não fazia ideia dessa polêmica — e tampouco ela importa diante da grandeza de Rumi — quando conheci o poeta persa, mais uma escala no meu caminho ao Irã, na década de 1990, por ocasião de uma nova tradução para o português. Uma resenha no jornal *O Estado de São*

Paulo me introduziu no universo da poesia sufi, dos dervixes rodopiantes, da poesia mística de delicada transcendência. Poucos anos depois, deparei com uma exposição dedicada a ele e à sua contribuição pioneira para a constituição do sufismo[7], a ala mística do islamismo, na igreja de Santa Sofia — recentemente convertida em mesquita — em Istambul.

Considerado o maior poeta persa de todos os tempos, Rumi nasceu em Balkh, no atual Afeganistão, no dia 30 de setembro de 1207. Entre 1215 e 1220, quando os mongóis invadiram a Ásia Central, Rumi, sua família e alguns discípulos migraram para Bagdá, Damasco e Meca até se instalarem em Kônya, na atual Turquia. Tornou-se professor e teólogo e pregava nas mesquitas de Konya até conhecer o dervixe Shams al-Dīn Tabrīz, que mudou sua vida. Consta que Shams e Rumi passaram 40 dias isolados em reclusão espiritual.

> 66(…) Divino Sams, não sou de mais ninguém.
> Guia-me, pois não sei onde é a casa."[8]

Os poemas de Rumi dedicados a Shams foram concebidos em transe na chamada dança dervixe. O poeta foi o fundador da primeira escola dos dervixes rodopiantes. Sua vasta obra, composta por 70 mil versos, é comparada à de Shakespeare. Quando Shams foi assassinado por discípulos enciumados de Rumi, o poeta enlouqueceu de amor, segundo seu filho mais velho, Sultan Walad:

"Noite e dia, em êxtase ele dançava, na terra girava como giram os céus. Rumo às estrelas lançava seus gritos e não havia quem não os escutasse. Aos músicos provia ouro e prata, e tudo mais de seu entregava. Nem por um instante ficava sem música e sem transe, nem por um momento descansava. Houve protestos, no mundo inteiro ressoava o tumulto. A todos surpreendia que o grande sacerdote do islã, tornado senhor dos dois universos, vivesse agora delirando como um louco, dentro e fora de casa. Por sua causa, da religião e da fé o povo se afastara; e ele, enlouquecido de amor." Rumi tinha consciência de sua loucura, que transformou em poemas de uma beleza alucinante.

> 66Se houver passado um dia em minha vida
> sem ti, eu desse dia me arrependo.
> Se pudesse passar um só instante
> contigo, eu dançaria nos dois mundos.
> Sams de Tabriz, vou ébrio pelo mundo
> e beijo com meus lábios a loucura."

Um dos escritores mais grandiosos e polêmicos do Irã, pensador livre secular, também abriu fogo contra as convenções sexuais. Iraj Mirza (1874–1926), poeta e satirista modernista

---

7 Mais sobre o sufismo no capítulo "Ser e não ser".
8 Tradução de Marco Lucchesi.

iraniano, criticou aberta e explicitamente o véu das mulheres iranianas, como um sinal do atraso do país. Proibido no Irã desde a Revolução, Iraj é particularmente famoso por sua poesia de forte teor sexual (e, muitas vezes, homossexual).[9]

> "Silenciosamente, pé ante pé, eu deslizei para baixo do cobertor dele,
> e meu coração começou a palpitar descontroladamente.
> Abri a calça dele e ficou visível —
> uma bunda como uma lua redonda que estava escondida de mim.
> Eu lubrifiquei aquele lugar especial habilmente;
> Sim, porque pratiquei essa arte muitas vezes."

Iraj Mirza, *"The trick": Love me more than others*

Como em todo canto, na poesia e na prosa, também no Irã o amor tem suas maneiras próprias pra se realizar. Num lugar onde a vida sexual deve circunscrever-se ao leito matrimonial, a pétrea jurisdição islâmica, que opera e mata gays e adúlteros sem piedade e que autoriza a poligamia masculina, recorre, por outro lado, a um inaudito jogo de cintura para acomodar os desejos e as pulsões dos seus amantes. Afinal, nem no mais rigoroso regime se pode aniquilar uma população inteira. E um dos modos mais engenhosos já registrados na história é o chamado *sigheh*, ou casamento temporário.

Segredos de alcova

Nahid é uma mulher frustrada em múltiplas dimensões. Divorciada numa sociedade patriarcal em que a mulher é cidadã de segunda categoria, apaixonada por outro homem e ameaçada — caso se case novamente — de perder a guarda do filho, concedida pelo marido, Nahid se vê numa grande encruzilhada. Num mundo que parece conspirar contra ela, a única solução parece ser uma figura jurídica peculiar: o *sigheh*, ou casamento temporário, uma escolha legal, mas imoral aos olhos da sociedade, já que se espera que a jovem se case virgem.

"Nahid" é o nome da personagem e o título do filme de estreia da diretora Ida Panahandeh. Mais uma amostra de uma safra de filmes realistas iranianos que se popularizaram no Ocidente nos últimos anos, mostrando, por meio da vida e do cotidiano de pessoas comuns, algumas das questões sociais mais importantes de seu país. Nesse caso, o filme não aprofunda, mas aborda pela primeira vez a instituição do *sigheh*, um contrato de casamento temporário,

---

9   Tradução livre da autora: "(...) Quietly, tiptooing, I slipped under his blanket, / and my heart began palpitationg wildly. / I opened his pants, and it became visible – an ass like a round moon that had been hidden from me". / I lubed that special place expertly; / Yes, because I had practiced this art many times."

praticado no Irã, que pode durar meia hora ou trinta anos, desde que a duração do casamento seja especificada e acordada antecipadamente por ambas partes.

Num país em que, segundo reza o antigo provérbio persa, "é imperioso que a jovem tenha marido ou túmulo"; em que casais não casados que tenham relações sexuais ou mesmo encontros e mãos dadas podem ser presos, multados e até mesmo açoitados, o *sigheh* não deixa de ser a saída mais indolor para quem quer ter companhia e sexo e, pela razão que seja, não quer ou não pode se casar em definitivo. Outra demonstração do incrível jogo de cintura iraniano, um esporte que consiste em encontrar formas de explorar brechas no sistema jurídico de um país que criminaliza o sexo fora do casamento.

Enquanto uns fazem o elogio do pragmatismo, outros argumentam que os *sigheh* são uma maneira de disfarçar e dar caráter legal à prostituição. E o *sigheh* está longe de ser a única excentricidade do plantel de costumes sexuais dos iranianos xiitas. Sabe-se que Khomeini passou a primeira parte de sua carreira pontificando e fornecendo orientação religiosa sobre a conduta pessoal médica e também sexual.

O artigo "O aiatolá debaixo dos lençóis", da revista *Foreign Policy*, de 23 de abril de 2012, lembra que seu tratado religioso de 1961, "A Clarification of Questions", Khomeini administrou "receitas detalhadas sobre questões que vão desde a sodomia ("Se um homem sodomiza o filho, irmão ou pai de sua esposa após o casamento, o casamento permanece válido") à bestialidade ("Se uma pessoa tiver relações sexuais com uma vaca, ovelha ou um camelo, sua urina e esterco ficam impuros e beber leite será ilegal").

Algumas das orientações acabaram virando piada, por ser difícil imaginar algum iraniano, nos dias de hoje, fornicando com um camelo nas ruas de Teerã. Mas estudiosos do xiismo, ouvidos pelo artigo, argumentam que esses temas "eram a norma entre os clérigos da geração de Khomeini e deveriam ser entendidos em seu contexto apropriado: o islã era uma religião que emergia de um deserto rural, e o Profeta Maomé já tinha sido pastor.

Em seu famoso livro, *Lendo Lolita em Teerã*, a escritora Azar Nafisi revisita o tema do sexo com animais, defendido pelo aiatolá: "Existe o problema do sexo com as galinhas. Você tem que se perguntar se um homem que tem relações sexuais com uma galinha pode comer galinha depois. Nosso líder nos forneceu a resposta: "Não, nem ele nem sua família imediata, nem seus vizinhos de porta podem comer a carne da galinha; mas não tem a menor importância se um vizinho, duas casas ao lado, a comer."

Também em outras plagas estrangeiras, o aiatolá, algumas vezes, virou o centro da piada. Na famosa movida espanhola — movimento de renovação e efervescência cultural nos tempos pós-Franco —, uma das canções que faziam o sucesso de um grupo punk, chamado de Siniestro Total, alardeava:

"Você pode me levar ao Irã /e me apresentar ao Imam /me levar por Teerã e me mandar para a frente do Iraque /você pode me pendurar pelos meus pés /e atirar em mim /também cortar minhas mãos sem piedade /e leve minha garota, sim /Aiatolá, não me toque a *pirola*[10]/ Aiatolá, não toque a *pirola* /Você sabe que eu não sou o Xá /mas em nome de Alá /Eu peço mais uma vez, não me toque na *pirola*."

Afortunadamente, o Siniestro teve mais sorte que o escritor Salman Rushdie que, por muito menos, passou a vida sob ameaça de morte, decretada pelos aiatolás iranianos. O Siniestro seguiu sua carreira de canções alucinógenas, como "Menos mal que nos queda Portugal", "que tal homossexual" e "las tetas de mi novia", até se dissolver anos depois. Do lado dos aiatolás, salvo algumas *fatwas*[11] disparadas para diversificados inimigos da fé, boa parte das atenções do regime teocrático sempre foi mesmo o sexo feminino.

Sherazade não exagera ao narrar coisas assim: "As mulheres foram criadas de uma costela torta e, se você tentar endireitá-las, vai quebrá-las; quebrá-las é divorciar-se delas... As mulheres são tortas, mas deleitem-se com elas apesar disso." Também na fábula, a sexualidade feminina é problematizada: "a excitação da mulher é mais forte que a do homem."

Numa das passagens da versão síria de *O livro das mil e uma noites*, a contadora de histórias persa faz outra referência explícita ao desejo feminino: "Logo a ausência do marido começou a lhe parecer prolongada e o demônio se achegou, pois se os homens têm um desejo, as mulheres setenta de dois." Sherazade pode ter exagerado na sua matemática do desejo feminino, mas segundo um dos profetas mais importantes do xiismo, Ali, esposo de Fátima e genro de Maomé, a mulher, de fato, sobrepuja em muito os homens no seu estoque de sexualidade.

No magnífico livro *Nine parts of desire*, a jornalista australiana Geraldine Brooks, correspondente do *Wall Street Journal* durante anos no Oriente Médio, explica que o título de seu livro remete a um dito de Ali, segundo o qual "Deus criou o desejo sexual em dez partes; então ele deu nove partes para as mulheres e uma para os homens". Portanto, segundo a lógica xiita, dada sua incrível sexualidade, as mulheres precisam ser controladas para proteger a estabilidade social.

Surpreendentemente, segundo Geraldine, Maomé amava as mulheres. "Ele se casou com sua primeira esposa quando ele tinha 25 anos de idade. Analfabeto, órfão e pobre, ele dificilmente esperava receber uma proposta de sua chefe, Khadija, uma rica empresária de Meca, pelo menos, dez anos mais velha, que o contratou como gerente de sua empresa de comércio internacional... Ela lhe deu dinheiro, status e quatro filhas."

Por 24 anos, Khadija foi a única esposa de Maomé. Geraldine suspeita que grande parte das restrições impostas às mulheres e as facilidades oferecidas aos homens foram anunciadas

---

10   Maneira vulgar de se referir ao pênis em espanhol.
11   Decreto religioso islâmico.

por Maomé depois da morte de Khadija. "Portanto, de Khadija, a primeira mulher muçulmana nunca lhe foi solicitado que usasse o véu ou segregar-se e não viveu para ouvir a palavra de Deus proclamar que "os homens estão encarregados das mulheres porque Deus fez com que eles as excedessem e possuem recursos para sustentá-las." Se estivesse viva, tal comando teria soado esdrúxulo para Khadija, que mandava em Maomé, nos negócios e pagava as contas.

Também as revelações sobre a aquisição de até quatro esposas e a ordem para a reclusão das mulheres teria nascido após a morte da primeira esposa de Maomé. A jornalista suspeita que "a maioria das revelações do Alcorão sobre as mulheres chegou a Maomé diretamente após os eventos em sua própria casa".

No caso da Pérsia, segundo Geraldine, a chegada do islã com a determinação de cobrir e isolar as mulheres encontrou ali terra fértil. Ela confirma que, desde tempos ancestrais e pré-islâmicos, as persas de origem nobre costumavam se cobrir.

> 66 Diferentemente dos árabes, os persas segregavam suas mulheres há tempos: na antiga Assíria, as esposas dos nobres se velavam como símbolo de status, enquanto mulheres de classes mais baixas (sic) eram obrigadas a sair descobertas. Uma escrava que fosse pega se cobrindo podia ser punida tendo sua cabeça coberta com piche derretido."

No livro *Tehran, Lipstick and loopholes* (*Teerã, batom e brechas*), a acadêmica iraniana Nahal Tajadod faz um retrato fascinante e engraçado da vida cotidiana em Teerã, através dos olhos de uma mulher que tenta renovar seu passaporte. Ela também comenta em tom jocoso alguns dos poderes sensuais atribuídos às mulheres. "As potências islâmicas proíbem as mulheres de salto alto porque o clique dos saltos de uma mulher enquanto caminha pode sempre despertar um bom muçulmano, provocando sensações perigosas. Por um momento, eu imagino Wall Street com suas centenas de mulheres em sapatos de tribunal correndo em todas as direções, felizmente inconscientes de que estão conseguindo melhores ereções em corretores de NY do que o Viagra pode produzir."

Estigmatizadas como fontes de estímulo aos desvarios sexuais masculinos, as mulheres são acusadas de provocar inclusive cataclismos naturais. Um alto clérigo iraniano, segundo reportagem do jornal inglês *The Guardian*, de abril de 2010, chegou a dizer que as mulheres que vestem roupas insinuantes e se comportam de forma promíscua são as culpadas pelos terremotos. "Muitas mulheres que não se vestem modestamente enganam os jovens, corrompem sua castidade e espalham adultério na sociedade, o que faz aumentar os terremotos." Se fosse assim, no Brasil a terra não pararia de tremer nas praias cariocas.

Quem pensa que o suposto estoque de sensualidade da mulher seja suficiente para os homens, se engana. Aditivos como Viagra e Cialis reinam nos bastidores clandestinos da vida iraniana. Hooman Majd, jornalista, escritor e tradutor iraniano-americano brilhante, autor de *The Ministry of Guidance invites you to not stay* (*O ministério de orientação convida você a não ficar: Uma família americana no Irã*) informa que "as duas drogas, Viagra e Cialis, são as drogas mais populares por ali, vendidas nas primeiras horas da manhã, sem receita médica, e anunciadas de forma proeminente em todas as farmácias, ao lado da enorme quantidade de preservativos perto da porta da frente. Pode parecer chocante a venda aberta de preservativos em um país que essencialmente proíbe a sensualidade e em uma cultura que desaprova menções explícitas de sexo".

Pode-se pedir tudo ao Irã, menos que seja coerente. Tendo vivido períodos totalmente e intensamente antagônicos: dos tempos dos pahlavis — com sua modernidade à la ocidental —, em que as roupas tradicionais islâmicas estavam proibidas; aos aiatolás de rigor extremado, prescrevendo e regulando os centímetros de carne feminina à mostra; os iranianos parecem mesmo viver numa permanente esquizofrenia. Sobretudo as mulheres, comprimidas entre o sagrado e o profano. De um lado elas podem passar a noite dançando com vestidos decotados e maquiadas como *supermodels* em festas e na manhã seguinte estarem na mesquita, vestindo chador e chorando por um dos imanes xiitas. Como sustenta Kamin Mohammadi: "Essa dualidade não apresenta problema para as mulheres iranianas, cujas naturezas facilmente abrangem os dois desejos aparentemente opostos, festejar e rezar."

It's party time!

❝Dance apenas quando estiver mortificado:
É no campo da batalha que os homens dançam e giram
Quando são libertados do império do eu, eles batem as mãos juntos
Quando eles escapam de sua própria imperfeição, eles dançam."[12]

(Rumi)

No Irã atual as festas acontecem em espaço privado e, mesmo assim, estão sujeitas à vigilância da polícia dos costumes, que pode invadir a casa de qualquer pessoa para fazer buscas por álcool, drogas e mulheres descobertas. Após a revolução e sem muita delonga, o aiatolá Ruhollah Khomeini, fundador da república islâmica, que nunca ria ou sorria em público, logo decretou: "Não há diversão no islã!"

Como se diz por lá, antes você rezava em casa e bebia na rua; agora bebe em casa e reza na rua. A separação entre o público e o privado — chamados de biruni e andaruni, respectivamente — ganhou muros mais altos e véus bastante mais espessos. "Quando eu vivi entre as mulheres do Islã", diz a autora de *Nine parts of desire*, "eu me tornei parte de um mundo

---

12   Tradução da autora: "Dance only when you are mortified: / I tis on the field of the battle that men dance and whirl / When they are liberated from the empire of the self, they beat their hands together / When they escape their own imperfection, they dance."

que ainda é, na última década do século XX, intensamente privado. Em público, a maioria das mulheres se movimenta como sombras, constrangidas fisicamente pelo *hijab* ou mentalmente por códigos de conduta que as inibem. É logo atrás dos muros altos e das portas que são realmente livres."

Nem sempre foi assim, principalmente para as prisioneiras seculares dos haréns orientais e de seus eunucos, encarregados de controlar os desejos sexuais femininos. O eterno fascínio exercido pelos haréns no imaginário europeu produziu extensa documentação da vida das mulheres nesse espaço, compreendido não como o reino da lascívia, tal como dispõe o estereótipo oriental vigente na cultura ocidental, mas como o território doméstico, onde viviam todas as mulheres da casa, as aparentadas, as escravas, as crianças e os eunucos. Impenetrável ao olhar dos estranhos, só o homem da casa tinha acesso ao seu interior.

Segundo David Blow, estudioso dos relatos sobre a Pérsia ao longo dos séculos, o melhor retrato do harém persa foi feito no século XVII pelo comerciante e orientalista francês, John Chardin, visitante assíduo da corte safávida por doze anos. Nomeado joalheiro real do xá Abbas, Chardin teve acesso privilegiado aos interiores do palácio e às suas fofocas. Reconhecendo ser um dos estrangeiros com mais experiências no país, o comerciante admite "que é muito difícil saber ao certo o que ocorre nos haréns, ou aposentos das mulheres, considerados um mundo desconhecido".

Segundo ele, os interiores do *serraglios*, como também ficaram conhecidos os haréns, são normalmente a parte mais magnífica e voluptuosa dos palácios da Pérsia, porque é ali que o senhor da casa passa mais tempo. E para deleite das quimeras orientalistas, quando descreve o harém, Chardin salienta: "do ponto de vista da beleza de suas mulheres, o harém do rei da Pérsia é incomparável porque as jovens mais lindas do reino são continuamente enviadas para lá. Quando uma mulher de beleza perfeita é encontrada onde quer que ela esteja, ela é recrutada para o harém." Pelo que se segue, em geral, as mais lindas estavam nas montanhas do Cáucaso, uma das fronteiras que separam a Europa da Ásia, residência de mais de cem etnias diferentes. Só as virgens eram admitidas.

> "A maioria são georgianas e circassianas e outros povos das províncias vizinhas, onde parece que a beleza esparrama seu encanto mais livremente que em qualquer outra parte do mundo."

Na sua visão, o serralho real era um tipo de prisão perpétua, da qual algumas — uma entre seis ou sete — se livram só num golpe de sorte. Quando um rei morria, conta Chardin, suas esposas eram confinadas pelo resto de seus dias, guardadas por eunucos que só permitiam a entrada de víveres. "Por isso que a notícia da morte do rei joga o serralho no mais tenebroso desespero e provoca gritos que atravessam os céus. Isso não vem de maneira alguma do amor pelo rei, mas porque suas esposas e amantes estão privadas da esperança de um dia deixar aquele lugar e porque ficarão trancadas o resto da vida."

O francês afirma que a perda da liberdade nem era a pior coisa a acontecer dentro do harém. "Conta-se que as abominações mais horríveis do mundo são cometidas ali: gestações interrompidas, abortos forçados e infanticídios." Segundo ele, as mulheres eram severamente vigiadas menos pelas conspirações contra suas rivais do que pelo medo de que se apaixonassem. "As mulheres orientais sempre foram consideradas lésbicas. Ouvi tão frequentemente e por tantas pessoas de que elas têm muitas maneiras de satisfazerem mutuamente suas paixões que eu acho bem possível." Atribuindo suas informações às mulheres que visitam os serralhos, em geral que ajudam nos nascimentos, Chardin acrescenta que a paixão com que elas fazem amor acaba suscitando um ciúme feroz. Ciúme esse bastante crítico entre as preferidas do rei, muitas das quais acabavam punidas com um exílio em atividades degradantes e, nos casos mais graves, com a fogueira.

Em suas famosas *Cartas Persas*, o escritor Montesquieu, inspirado pelos escritos de Chardin, descreve muitas dessas explosivas tensões centradas no desejo das mulheres do serralho.

"E se transgrediste tua obrigação sem motivo e sem que te incitassem os teus desordenados apetites, que não farias para os satisfazer/ Que farias se pudesses sair desse lugar sagrado onde se desvanece a fraqueza do teu sexo, e é invencível, não obstante as tentações da natureza? ... Não podes tolerar o chefe dos eunucos porque sempre tem os olhos no teu procedimento e te dá prudentes conselhos. Dizes que tamanha é a fealdade dele que não o podes ver sem repugnância se para semelhantes postos se requeressem objetos formosos."

Figura central da narrativa de Montesquieu e de Chardin, os eunucos se encarregavam das mulheres e da administração do harém. Cada área do serralho era governada por um eunuco, "em geral um escravo antigo, deformado e grotesco, sob cuja supervisão se pode imaginar a extensão em que as jovens beldades vivem num estado de martírio".

Outro best-seller orientalista, ajustado à moldura do olhar ocidental para o oriente, *O físico*, sobre a viagem de um antigo médico judeu à Pérsia de Avicena, ou Ibne Sina, deleita-se na descrição da figura do eunuco do harém: "Para Rob, o prazer das cirurgias era estragado pela quantidade de castrações que realizavam. Fazer eunucos era um procedimento comum e havia dois tipos de castração. Homens bonitos, escolhidos para guardar as entradas dos haréns, onde teriam pouco contato com as mulheres da casa, eram submetidos somente à retirada dos testículos. Para serviços variados dentro do harém, homens feios eram preferidos, com prêmios pagos aos que tivessem o nariz amassado ou naturalmente asqueroso, a boca *torta*, lábios grossos e dentes negros ou irregulares; para tornar esses homens completamente incapazes sexualmente, eram removidos todos os seus órgãos genitais e tinham de usar um tubo oco para urinar. Geralmente meninos novos eram castrados. Às vezes eram enviados para a escola de eunucos em Bagdá, onde aprendiam música e canto ou os conhecimentos básicos do comércio e administração, o que fazia deles criados muito valiosos, peças de propriedade, como o eunuco escravo de Ibne Sina, Nassif."

Nas *Cartas Persas*, Montesquieu encena o desabafo de um velho eunuco: "Por fim o fogo da mocidade apagou-se; já estou velho e a esse respeito me acho em sossego. Olho para as mulheres com indiferença e retribuo-lhes todos os desprezos e tormentos que me fizeram padecer. Lembro-me sempre de que nasci para mandá-las, e afigura-se-me que recupero o ser de homem quando ainda mando nelas."

Apesar de todos os esforços dos eunucos no passado e dos guardas dos costumes do presente, as mulheres do Irã despontam como as mais estudadas, conscientes e atuantes mulheres do Oriente Médio. Submetidas à força aos *hijab*s e a um regime de leis asfixiantes, elas não se calam e, engenhosamente, silenciosamente, definem seus caminhos.

> 66 Assim, ao concluir a sua história, a luz da madrugada se difundia por sobre a terra. Por mil e uma noites Sherazade havia entretido seu senhor, salvando ao mesmo tempo a vida de centenas de mulheres."

Capítulo 10:

A POLÍTICA DO BAZAR E O BAZAR DA POLÍTICA

Belém, Palestina

N o dia em que entrei pela primeira vez num bazar oriental, descobri que nunca mais queria sair dali de dentro. E que ele nunca mais sairia de dentro de mim. Maktoob[1]: "Estava escrito!"

Para quem, como eu, cresceu se abastecendo de tudo no comércio das feiras livres — de calcinhas a rabanetes; que, igual a todas as mulheres da família, não perdia inauguração de supermercado, da quitanda da esquina e até de pet shop, entrar num mercado no Oriente Médio equivale a viajar de primeira classe ao paraíso, à terra do leite e do mel, ao território de todas as transcendências: do gosto doce do chá de hortelã aos aromas do açafrão, dos pistaches, a um panteão de especiarias, dos perfumes exóticos aos brilhos e cores dos tapetes e sedas, bordados em dourado e prata; das joias aos apelos dos doces, das frutas; dos gritos dos comerciantes e compradores aos sons das mesquitas, muitas das quais instaladas no centro do bazar. É o verdadeiro jardim das delícias — ou do Éden, como descobri anos depois, ao conhecer Tabriz.

Anos antes, naquele dia, em Belém, na Palestina, fui acometida pela primeira vez por essa enxurrada de estímulos e prazeres visuais, aromáticos, tácteis, palatáveis e sonoros disponíveis num bazar. Totalmente de acordo com a impressão de Jason Elliot em *Mirrors of the Unseen*.

"É difícil de pensar numa estrutura urbana que dê tanto prazer para explorar. Caminhando ao longo de seus túneis arqueados é como ser levado junto por um pedaço complexo e harmonioso de música."

Flutuando nos acordes daquela algaravia, o sentimento era o de ser uma criança numa loja de doces ou parque de diversões, atontada no meio desse inesgotável universo de surpresas. Aturdida, eu comia com os olhos não só o que havia para

---

1   A expressão árabe *Al-maktoob* significa literalmente "aquilo que está escrito". Na abordagem muçulmana, a história é um desdobramento da vontade de Alá. Cada acontecimento é "maktoob", predeterminado por Deus e "escrito" no livro da vida.

comer, mas sobretudo o que não se comia: a beleza que explodia a norte, sul, leste e oeste. Uma viagem sensorial por todas as latitudes de deleites desconhecidos. Hipnotizada por essa beleza, que penetra pelas cúpulas e pelas gelosias geométricas, colorindo azulejos e as paredes, concordo com Elliot, quando afirma: "Se poderia esperar esse tipo de sofisticação arquitetônica num palácio, em instalações reais, mas quando isso acontece num mercado, algo desconhecido soa. Sua amplitude, eu acho, é uma medida de dignidade tradicionalmente associada com o comércio. E o espírito da arquitetura que apoia isso aqui é generoso e humanitário."

No meu primeiro mercado, em Belém, comprei de lembrança uma tigela decorada com uma miríade de flores, onde durante décadas as saladas da família se aninharam. Mas, até que eu pudesse tomar posse daquela preciosidade, intrometeu-se a implacável lei pétrea de um mercado oriental: a infernal barganha.

Disposta a pagar o que fosse para me apossar da tigela, para a qual eu pretendia ficar olhando até o fim de meus dias, fui rechaçada duplamente. Numa terrível evidência do conluio do capitalismo com a ideologia mercantil beduína, o empresário a quem meu então marido e eu acompanhávamos naquela visita a Israel, decretou que num comércio árabe era imperativo negociar. Mais um sintoma de que rico rouba até a oportunidade alheia (no caso, a minha) para levar a melhor na negociação. Para a felicidade do dono da tigela, disposto a passar o dia em queda de braço com o obstinado capitalista, o embate rendeu US$5 de economia. Para mim, uma incalculável fortuna de minutos e de paciência, que por pouco não arruína meu encantamento. Louca e indócil para sair correndo para a próxima tenda árabe, foi insuportável testemunhar o tal choque de civilizações no corredor do *souk* palestino.

Desde aquele dia, faço o equivalente a um *haj* — peregrinação a Meca — periódico, aos *souks*[2] e bazares. Enquanto tem gente que vai a Índia praticar yoga, ao Butão meditar, à Macy's comprar maquiagem ou ao cruzeiro com Roberto Carlos, eu me recompenso sempre que posso de doses regulares de bazar, a Meca de meus percursos pelo mundo. Da Tunísia à Turquia, do Marrocos ao Uzbequistão, do Catar a Omã, peregrinei por quilômetros entre corredores estreitos de construções milenares, sem imaginar que também esses passos me conduziam tortuosamente até a Pérsia.

Além de abrigar alguns dos mais antigos bazares do mundo, a Pérsia cunhou o nome dado a esse comércio, coisa que ignorava até chegar lá. E a palavra bazar vem do farsi *bāzār* e tem sua origem na Pérsia zoroastrista, de mais de 2500 anos atrás, muito anteriormente à invasão árabe. Desde sempre, o bazar é o coração das cidades iranianas e se tornou componente central no intercâmbio entre as civilizações e na definição dos destinos da Pérsia.

Fascinada por esse universo, a inglesa Gertrude Bell, viajante, diplomata e arqueóloga de grande prestígio na virada do século, que passou tempos na Pérsia, descrevia assim o ambiente: "Ruas esquálidas e estreitas te levam ao bazar, onde, embora pouco realmente lindo ou precioso possa ser encontrado, a pulsante vida oriental é, em si, uma fonte infindável de

---

2   *Souk*: mercado árabe, correspondente ao bazar persa.

deleite… Todo o bazar ressoa com conversa, com os gritos dos donos de mulas, com os sinos das caravanas, os golpes dos martelos dos ferreiros. O ar é permeado com um cheiro curioso, meio mofado, meio aromático, de frutas, de carnes sendo assadas, de mercadorias e de uma farta humanidade."

A controvertida amante da escritora Virginia Woolf, a também inglesa e escritora Vita Sackville-West, foi igualmente seduzida pelos bazares da Pérsia, ao contrário, segundo suas palavras, de seus compatriotas, instalados naquele país.

"Bazares onde os europeus nunca vão e de que falam com desprezo. Os europeus gostam de fingir que estão vivendo na Europa, e qualquer ir ou vir entre uma casa e outra é feito com os olhos fechados. […] Pessoalmente prefiro os bazares às salas de visitas. Ninguém toma conhecimento de você no bazar; certamente muito menos do que deveríamos esperar de um dervixe, se ele andasse por Picadilly."

Um século depois de Vita, os tradicionais bazares da Pérsia seguem invocando os cenários de *As mil e uma noites*. A presença gritante dos produtos com origem na China — dando ainda mais lastro ao bazar como conexão importante da rota da seda — não venceu muitos hábitos tradicionais, com ábacos reinando sobre inexistentes computadores ou máquinas de calcular, os kebabs assando em fogos de carvão, as mesmas amêndoas verdes frescas e suculentas sendo oferecidas em cada esquina, os carrinhos antigos destilando suco de romã e cereja, o canto celestial dos muezins chamando à prece. Tudo parece desafiar a marcha implacável dos séculos e os ponteiros dos relógios. Me disse um vendedor de tapetes de Esfahan: "o bazar é assim há mais de ccm anos. E queremos que continue assim para sempre."

Não surpreende que os poderosos e conservadores mercadores, donos dos negócios, *os bazaris*, também representem — de fato — o mais poderoso partido político iraniano.

Como descreve Vita: "homens fumando em um café falam de política e dão crédito a lendas extraordinárias: 'os russos perderam um corpo de exército em algum lugar nas fronteiras do Cáucaso; os ingleses organizaram um complô para assassinar o Xá.' Tudo isso passa de boca em boca; os persas, que na maioria das vezes não sabem ler, ainda são grandes contadores de histórias, e aquelas histórias que afetam ou podem afetar os eventos atuais, encontram mais receptividade entre eles."

O bazar, ao longo do tempo, consolidou-se como uma das principais instituições do país, por onde tudo circula. Já foi comparado à espinha dorsal das cidades iranianas, em torno da qual tudo gravita, com a devida ascendência das mesquitas, que reinam soberanas sobre todos os negócios. Alguns bazares hospedam mais de uma mesquita e *madrasa*, as escolas corânicas.

Ali, comprar parece ser o menos importante. Gente conversando e discutindo energicamente por toda parte, de pernas cruzadas, fumando, tomando chá e batendo boca sobre política, futebol e economia; gente dormindo com a loja totalmente aberta; muitos vendo televisão, quase indiferentes ao movimento frenético dos compradores, carregadores, vendedores. Mais de uma vez encontrei tendas escancaradas, sem ninguém à vista para vender.

No bazar iraniano, no meio do intenso tráfico de carrinhos de mão, mulas, de mulheres apressadas nos esvoaçantes chadores, os comerciantes não se abalam. Vender parece coisa de amador, ninguém aparenta muito interesse pela suposta atividade-fim. Como observou Kapuscinski:

> Bazar, uma combinação colorida, lotada, ruidosa, mística, comercial, gustativa. Se alguém diz 'vou ao bazar' não significa que ele precise de sua sacola de compras. Você vai ao bazar para orar, encontrar amigos, fazer negócios, sentar em um café. Você pode ir lá para atualizar as fofocas e participar de uma manifestação da oposição. Sem ter que percorrer a cidade inteira, o xiita encontra num só lugar, no bazar, tudo o que é indispensável para a existência terrena e, através da oração e das oferendas, também assegura a sua vida eterna."

Essa natureza polivalente do bazar também não escapou a Gertrude Bell: "Na Pérsia, a ordem usual das compras é invertida: você não compra nada quando precisa, mas somente quando os comerciantes escolhem vir até você." Tal desapego agradou muito à compatriota da escritora. Disse Vita Sackville-West: "Nem mesmo os lojistas demonstram ansiedade em vender seus produtos; pode-se fazer uma pausa e revirar um punhado de sedas, ou apontar, admirar e discutir sem ouvir o 'comprar, comprar, comprar', que acomete quem vai ao Cairo ou Constantinopla." A escritora tem toda razão: os bazares do Irã são totalmente diferentes dos *souks* nos países árabes, onde a amolação dos insistentes vendedores chega a ser insuportável.

Achem o que quiserem os visitantes ocidentais, que aos comerciantes iranianos não lhes faz mínima diferença. Esses mercadores sabem o que fazem. Num bazar persa, mais do que vender açafrão, pistache, anéis ou tapetes, esses homens estão dedicados a coisas muito mais excitantes, como, por exemplo, derrubar governos. Maktoob! No Irã, isso está sempre escrito!

Rotas de seda e de política

O primeiro sinal das revoluções vem sempre do bazar. É o que ensinam, pelo menos, quatro grandes momentos da história contemporânea do Irã em que o bazar estava no epicentro de um confronto que mudaria os rumos do país. Foi assim na derrocada da dinastia dos qajars, na ascensão do nacionalista Mossadegh, na queda do último xá iraniano, Reza Pahlavi, e no triunfo do aiatolá Khomeini.

Desde os safávidas até os dias de hoje, a sorte política do Irã é jogada no bazar. Não surpreende o tédio dos comerciantes por sua atividade precípua. "O bazar sempre esteve à frente de todos os movimentos políticos. Durante os últimos duzentos anos, os bazares desempenharam um papel fundamental. Os imanes sempre usaram o bazar como arma. Quando os comerciantes fecham o bazar, todos sabem que algo importante ou incomum está para acontecer", comenta o escritor Kader Abdolah, em *The house of the mosque*.

Em 1978, quando os mercadores fecharam o bazar, por sucessivas vezes, o que se seguiu foi a revolução teocrática, que arrancaria o Xá do poder para instalar o aiatolá Khomeini. Não é gratuitamente que, dados seus laços tradicionais com o clero xiita, no Irã, o bazar erga-se como pilar da República Islâmica. "O dinheiro que muitos bazares deram para as mesquitas e sua decisão de fechar as portas meses antes da revolução foram críticos para o sucesso do aiatolá Khomeini", assegura a premiada jornalista do *New York Times*, Elaine Sciolino.

Segundo vários especialistas, a história da revolução islâmica de 1979 não pode ser contada sem contar as inúmeras vezes em que os bazares, em todas as grandes cidades, entraram em greve para protestar contra o governo autocrático do Xá. As redes familiares de *bazaris*, assim como suas redes de negócios, estavam tão entrelaçadas com o clero xiita que os especialistas iranianos falaram da aliança "bazar–mesquita" como a principal razão para a derrubada da monarquia Pahlavi.

A aliança dos bazaris com a religião está por toda parte, sob as belas e centenárias cúpulas, e entre os labirintos, infestados de movimento. Em Teerã ou Esfahan, Kashan ou Ardabil, ao longo de seus corredores e suas vielas, entre vendedores de tapetes, casas de chá e de especiarias, despontam cartazes e faixas xiitas e pôsteres do aiatolá Khamenei e do finado líder da Revolução Islâmica, Khomeini, com seu olhar severo, lembrando a todos que ali foi um dos lugares em que a fé xiita começou a ser cultivada e se fortaleceu para derrubar sucessivos impérios.

Como já dito, foi durante a era safávida, dinastia que governou a Pérsia de 1502 a 1736, que o Irã viveu seu último grande momento de glória imperial. Os safávidas fizeram do país um centro de arte, arquitetura, poesia e filosofia e, de Esfahan, sua capital. Outro legado foi a adoção do xiismo como a religião oficial da Pérsia[3]. E também o surgimento de uma aristocracia clerical que se uniu à comunidade mercantil para formar uma aliança possante. Para se ter uma ideia desse pacto, nos conta o grande autor iraniano, Mahmoud Dowlatabadi em sua novela *The Colonel* (*O Coronel*): "Os comerciantes do bazar precisavam de um lugar decente para celebrar o martírio de Iman Hussein, então os fiéis se reuniram e compraram cinemas antigos e os transformaram em mesquitas."

Até alcançar o poder, essa articulação entre a religião e a economia foi abatendo um a um de seus opositores, ao longo da história recente, a começar pelos qajars, que governaram a Pérsia de 1786 a 1925, quando foram sucedidos pelos pahlavis. Os reis qajars ficaram famosos por seus excessos. E o Louvre tem muito a agradecer a esse esbanjamento real, como conta Kapuscinski.

"O xá Nasreddin contraiu tantas dívidas em bordéis de Paris que vendeu aos franceses os direitos de realizar expedições arqueológicas e ficar com quaisquer artefatos que encontrassem."

---

3   Ver mais sobre o xiismo nos capítulos: "Onde as toalhas voam" e "Jogo de tronos no país do martírio".

Excesso não só em relação ao luxo e ostentação de sua corte como às mulheres que os reis qajars mantinham. Dois deles, Fath Ali Shá e Naser al Din tiveram tantas milhares de esposas e concubinas em seu harém que os historiadores perderam a conta delas e de seus tantos herdeiros. Numa dessas matemáticas, é atribuído ao ocupante do "Trono do Pavão"[4] um harém com 1600 esposas, concubinas e eunucos.

Por isso, na primeira vez em que os mercadores fecharam o bazar, na era dos qajars, em protesto à decisão do xá Naser de entregar todo o mercado de tabaco do Irã a um único cidadão britânico, a conjuração clero-bazar se insurgiu com um aliado inesperado, muito poderoso e numeroso: o harém. Quando, em dezembro de 1891, as mulheres do Xá decretaram que não fumariam mais suas pipas, o sinal estava dado para um movimento que mudaria a história do Irã. Como lembra Stephen Kinzer, no fabuloso livro *All the shah's men*, a determinação de parar de fumar, assumida pelas mulheres, não era um sacrifício fácil. "O tabaco era um dos grandes prazeres da vida no harém, onde as odaliscas belíssimas passavam horas do dia fumando reclinadas em luxuriosos divãs."

Após mais de um ano de greves e manifestações mercantis, foi a *fatwa* impondo um boicote ao produto que forçou o Xá a finalmente cancelar o acordo e a endividar-se para honrar multas pela quebra do contrato. Por mais anedótica que pareça, dizem os especialistas, que a "Revolta do Tabaco" foi a raiz de todas as revoluções que se sucederiam na história contemporânea do Irã, tendo os bazares e os mulás como protagonistas.

Em sintonia com Teerã, numa outra cidade a mais de 600km de distância, alguns anos depois, a sorte do Irã experimentaria novo revés, dessa vez com a emergência das primeiras ideias de democracia, numa terra dominada por sucessivos monarcas absolutistas. O século XX arrancava e Tabriz se transformava na sede da Revolução Constitucional Iraniana.

Capital histórica

Numa noite profunda de abril, quando o avião se aproxima de Tabriz, uma das capitais históricas do Irã, uma imagem à distância arrebata o campo de visão. Uma verdadeira "plantação" de luzes coloridas cintila, tingindo a escuridão com rajadas verdes, vermelhas, azuis e amarelas; como se lá embaixo houvesse um acampamento de vaga-lumes ou um arraial de festa de santo, espargindo brilhos sobre o vale; como se abaixo se estendesse um jardim que nunca escurecesse, um Éden engastado entre as montanhas do Azerbaijão iraniano. Apenas mais uma encantadora coincidência, uma vez que a Tabriz se atribui o endereço do misterioso jardim bíblico, disputado igualmente por outros países (como a Armênia). O aspecto de

---

4   O Trono do Pavão foi um dos artefatos mais magníficos que o mundo já conheceu. Foi planejado e moldado no século XVII para o imperador Xá Jahan, o mesmo que construiu o Taj Mahal, cujo governo é considerado a Idade de Ouro do Império Mugal. Encomendado para celebrar a glória do império e também para mostrar a opulência do tesouro, o trono empregou mais de mil quilos de ouro e 230kg de pedras preciosas. Segundo a lenda, o trono foi criado durante um período de 7 anos por um grupo de arquitetos e artesãos. O custo de sua construção é estimado em duas vezes mais do que o custo do Taj Mahal. O famoso trono foi roubado quando o rei persa Nadir Xá invadiu a Índia, em 1739, e desapareceu depois da morte do Xá, sendo, provavelmente, desmontado ou destruído. Nenhuma peça estrutural do Trono do Pavão original teria sobrevivido, mas seu nome se perpetuou como símbolo da monarquia persa.

"jardim de luzes" abaixo é dado pela iluminação de inúmeras mesquitas que desabrocham em cores nas ruas da cidade vista do alto.

Enxertada entre parques e lagos, espremida entre o noroeste do Irã e os países do Cáucaso e Rússia, acredita-se que Tabriz remonte à era pré-sassânida (224–651 d.C.), muito anterior à conquista árabe. A cidade foi parte integrante da não menos lendária Rota da Seda, que conectava a China à Europa, tendo sido mencionada nos relatos de Marco Polo. "Os homens de Tauris vivem do comércio e do artesanato, pois tecem muitos tipos de coisas bonitas e valiosas de seda e ouro. A cidade tem uma posição tão boa que as mercadorias são trazidas da Índia, Bauda e muitas outras regiões; e isso atrai muitos comerciantes latinos, especialmente genoveses, para comprar mercadorias e realizar outros negócios lá… Há armênios, nestorianos, jacobitas, georgianos, persas e, finalmente, os próprios nativos da cidade, que são adoradores de Mahommet. A cidade está cheia de jardins encantadores, cheios de muitas variedades de frutos grandes e excelentes."

Os jardins encantadores vistos pelo aventureiro genovês seguem na Tabriz moderna, uma cidade vibrante, com belos lagos e que não deixa entrever os esforços das múltiplas reconstruções, após uma sequência de terremotos, ao longo de sua história milenar, com uma grande e dramática exceção: a Mesquita Azul. Hoje só restam escombros daquela que foi conhecida como a "Turquesa do Mundo do Islã". Construída no estilo da dinastia timúrida mongol, sob a ordem do governante Jahan Xá (1397–1467), a mesquita foi severamente danificada no terremoto de 1779. Hoje, apenas partes da mesquita resistem, ao lado de restos de azulejos enfeitados com arabescos e textos religiosos em farsi.

Na Tabriz do século XXI, sobram evidências arquitetônicas e culturais das muitas invasões que sofreu ao longo dos séculos, incluindo as tribos árabes do Iêmen no século VII, os mongóis no século XIII, os safávidas no século XVI, os otomanos no século XVIII e os russos no século XVIII. Justiça seja feita, todos os invasores acabaram invadidos pela titânica cultura persa.

Entre os iranianos sobram codinomes para Tabriz, dependendo do lado em que se está. Como ali grande parte da população fala azeri, um dialeto turco, muitos iranianos os consideram "idiotas", por serem aparentados com os turcos, de quem não gostam; já outros dizem que os de Tabriz são ricos e bem-sucedidos; outros ainda os consideram fanáticos.

Entre fofocas, fatos e ficções, no meio da noite, Tabriz abre os portões terrenos com bem menos lirismo que as imagens aéreas noturnas anunciavam. Entrar no Irã pela porta de Tabriz, como fiz em minha segunda viagem ao Irã, é uma oportunidade que oferece seus encantos, mas impõe sua devida dose de sacrifício para uma mulher estrangeira sozinha e jornalista.

Na imigração, no meio da madrugada, horário em que chegam muitos voos ao Irã, fiquei plantada até que todos os passageiros de todos os voos fossem atendidos porque o oficial de plantão não entendia a mim, ao meu visto, às relações diplomáticas e me escanteou até despachar um a um de todos os outros passageiros, uns 250. Não falava nada além do farsi e de azeri, e estava visivelmente irritado de ter que sair da sua zona de conforto burocrático para deter alguém que pode representar algum tipo de ameaça. Como dessa vez eu tinha manei-rado na roupa, substituindo a abaya e o *hijab* por uma túnica e um véu discretos, nem podia atribuir a resistência do funcionário à velha rejeição de iranianos aos sauditas.

Vencido por sua própria confusão, sem saber o que fazer comigo, ele saiu do seu posto em autêntico desespero para ir em busca da guia, que me esperava do lado de fora. Feitos os devi-dos esclarecimentos, duas horas depois eu me instalava num hotel na cidade. E poucas horas mais tarde entrava numa das mais exuberantes experiências estéticas e sensoriais de que se pode desfrutar numa viagem ao Irã: o Bazar de Tabriz, um dos maiores e mais antigos do Oriente Médio e Patrimônio Mundial da Unesco.

Localizado no centro de Tabriz, o complexo foi, no passado, um dos mais importantes cen-tros de comércio internacional e de intenso intercâmbio cultural no Oriente e ainda serve hoje como o coração econômico do noroeste do Irã. Constituído por um amplo complexo de pré-dios, unidos por cúpulas abobadadas de tijolos, o bazar de Tabriz é considerado o maior bazar coberto do mundo, ocupando cerca de 7km de área.

A obra começou a ser construída há mais de um milênio, embora grande parte da abóbada de tijolo remonte ao século XV. Desde o século XVI, quando Tabriz se tornou a capital do reino safávida, a dinastia responsável pela introdução da fé xiita, o bazar manteve suas princi-pais características e reagiu a qualquer grande mudança. Também consolidou uma autoridade que vai muito além da economia. Dez dias antes do Dia da Ashura, a principal data religiosa, que lembra o falecimento do neto de Maomé, Iman Hussein, os mercadores deixam de nego-ciar. Ficam dedicados a organizar os eventos em torno do dia santo. Por isso, com exceção dos episódios religiosos, quando o bazar para, o país sabe que se avizinha tempestade. Foi o que aconteceu nos primeiros anos do século XX.

Endereço da democracia

A poucos metros do Grande Bazar de Tabriz se encontra a *Khaneh Mashrouteh* ("Casa da Constituição"). Não é mera coincidência. A casa foi construída por Haj Mehdi Koozekanani, um comerciante do bazar de Tabriz em 1868. Durante os anos que culminaram com a Revolução Constitucional e também mais tarde, a casa se notabilizou como ponto de encontro dos líderes, ativistas e simpatizantes. Com o início do movimento constitucional, que durou de 1905 a 1911, o comerciante se juntou aos opositores do governo qajar e passou a ser um dos seus maiores financiadores. Causada pela insatisfação com a economia, com a cobrança de impostos para pagar o empréstimo tomado dos russos para a viagem real da corte persa, a revolta foi deflagrada, em resposta a um episódio que desafiou diretamente os bazaris.

Quando um deles foi castigado com um bastinado, em público, uma punição humilhante e dolorosa, em que as solas do pé são chicoteadas, sob a acusação de subir os preços, mulás e comerciantes se uniram em virulentos sermões para dar um "basta" ao regime, clamando por justiça, condenando o poder abusivo da monarquia absolutista e exigindo um parlamento. Um dos principais resultados da revolta foi a introdução de uma monarquia constitucional concedendo o poder ao parlamento, aos *majles*[5], e aos ministros. A Constituição de 1906, inspirada na Constituição da Bélgica, pela primeira vez limitava o poder do xá e criava um debate efervescente sobre o futuro da Pérsia entre vários segmentos da sociedade. Também criava novas instituições e aposentava a velha ordem monárquica. Uma iniciativa pioneira na Ásia e o prenúncio de uma nova era na política iraniana. Ainda que largamente ignorada pelos monarcas, dissolvida às vezes à bala, a constituição produzida pelos *majles* permaneceu vigente até a revolução islâmica de 1979.

Parte dessa história e de seus protagonistas está contada na Casa da Constituição de Tabriz. Além de seu significado político exaltado na museografia, a casa de dois andares, que se distingue pelas cúpulas ogivadas, pela bela claraboia e por corredores de mosaicos de espelhos coloridos, é um belo exemplar de um período de luxo e riqueza na arte e arquitetura iranianas da era qajar. Época também celebrizada pelo esbanjamento de riquezas, pela venda dos territórios da Pérsia para pagamento de dívidas e pela entrega de tesouros estratégicos às mãos dos inimigos, sobretudo russos e ingleses. Tudo que, ironicamente, os ocupantes da Casa da Constituição lutaram para extinguir.

É difícil compreender a psicologia dos bazaris. Apoiadores tradicionais do "turbante", os bazaris foram fundamentais também para alavancar as chances de um homem sem coroa nem turbante. Aquele que até hoje é lembrado como símbolo de um devir democrático para o Irã, Mohammad Mossadegh, derrubado por um golpe da CIA, e do serviço secreto do Reino Unido.

Operação Ajax

⟨⟨Na sua época, Mossadegh era uma figura titânica. Ele sacudiu um império e mudou o mundo."

Stephen Kinzer, *All the shah's men*.

A CIA demorou sessenta anos para admitir publicamente sua responsabilidade. A agência britânica de inteligência nunca o fez. Graças às leis de acesso à informação, em 2013, foram revelados os documentos que descrevem em detalhes como Estados Unidos e a Grã-Bretanha projetaram e desfecharam o golpe militar, batizado de "Operação Ajax", que derrubou o primeiro-ministro democraticamente eleito do Irã, Mohammad Mossadegh, e seu gabinete, em 1953, uma ação que, para os estudiosos, desencadeou o processo que levaria mais tarde o Irã a render-se ao poder dos aiatolás. Com a queda dele, caíram também por muitas décadas as chances de entendimento entre o Irã e o Ocidente, como afirma Kinzer: "Mais de meio século se passou desde que os Estados Unidos depuseram o único governo democrático que o

---

5   Majles, palavra de origem árabe para "parlamento".

Irã já teve… Se os EUA não tivessem enviado agentes para depor o ministro Mossadegh, em 1953, o Irã teria continuado seu caminho para a democracia."

Mohammed Mossadegh, que foi primeiro-ministro entre 1951 e 1953, é considerado como o principal defensor da democracia secular e de resistência à dominação estrangeira na história moderna do país — intervalo de respiro na queda de braço entre reis e clérigos. Os documentos da CIA descrevem Mossadegh como um dos "líderes mais mercuriais, enlouquecedores, hábeis e provocadores com os quais eles (os EUA e a Inglaterra) já lidaram."

Advogado, escritor e parlamentar de destaque, Mossadegh também ficou conhecido por suas rarezas. Excêntrico, a ponto de governar, inclusive em eventos públicos, vestindo pijamas, e dado a ataques de choro, Mossadegh partia lenços *Kleenex* pela metade para não desperdiçar. Também era dado a desmaiar em público. Embora tenha sido o político mais dramático da política iraniana, muito do seu comportamento se devia a estranhas doenças que o atacaram durante toda a vida. E os inimigos (EUA e Grã-Bretanha) tentaram se aproveitar de seu temperamento controvertido. "Quando ele se transformou numa figura internacional, seus inimigos nas capitais estrangeiras usaram esses aspectos de sua personalidade para ridicularizá-lo." Mas nada disso ofuscou seu papel na história como o líder que se levantou contra a submissão do Irã às potências estrangeiras. Explica Kinzer: "No Irã, onde séculos de prática religiosa xiita tinham exposto todos a uma intensa emoção pública, desconhecida no Ocidente, esse comportamento não só era aceito como celebrado. Parecia provar que ele abraçava e compartilhava o sofrimento de seu país."

Filho da elite política do Irã, ele estudou direito na Europa e atuou no governo após a ascensão ao poder de Reza Khan em 1921, que pôs fim à dinastia dos qajars. Posteriormente, integrou a monarquia constitucional, servindo como ministro das Finanças e das Relações Exteriores. Eleito para a *majles* em 1923, Mossadegh se opôs à autonomeação de Reza como xá, o que, para ele, representava um evidente retrocesso político aos tempos da realeza absolutista. Teria dito ele, segundo Kinzer:

"Foi para chegar numa ditadura que as pessoas sangraram suas vidas na revolução constitucional? Se eles cortarem minha cabeça e mutilarem meu corpo, ainda assim, eu nunca estarei de acordo com tal decisão."

Dois dias depois, foi votada e aprovada a coroação de Pahlavi e Mossadegh foi obrigado a retirar-se da vida política. Voltou ao serviço público em 1944, após a abdicação forçada de Reza Xá, em 1941, e ascensão ao poder de seu filho, Mohammad Reza Pahlavi.

Defensor ardente do nacionalismo, Mossadegh desempenhou papel fundamental na oposição à concessão para exploração de petróleo no norte do Irã à União Soviética, assim como a uma concessão britânica no sul do Irã. Sua força política cresceu solidamente a partir do seu chamado para nacionalização da estratégica empresa britânica de petróleo anglo-iraniana. Quando em 1951, os *majles* aprovaram a medida, o poder de Mossadegh era tanto que o xá

Mohammad Reza Shah Pahlavi foi forçado — por pressão do parlamento, dos bazaris e de segmentos da população — a nomeá-lo primeiro-ministro.

Durante sua gestão, introduziu uma série de ações sociais e políticas, como a segurança social, reforma agrária, elevação da renda e a tributação pelo uso da terra. Em 1951, durante sua visita aos Estados Unidos, a revista *Newsweek* o tachou de fanático. Já a revista *Time* o reconheceu como "Homem do Ano", em 1951. Quando o embate pela nacionalização do gás e petróleo começou, todo o bazar apoiou o primeiro-ministro, decretando greve até que Mossadegh triunfasse.

Mas o embate pelo controle sobre o governo do Xá não esmoreceu, acirrou-se, com o apoio e serviço de inteligência das potências ocidentais, que não admitiram perder as regalias a que estavam acostumadas. Dois anos depois de sua posse, o Xá tentou demitir o *premier*, mas uma legião de seguidores tomou as ruas e forçou o soberano a deixar o país.

Quando a contenda entre o Irã e a Grã-Bretanha chegou ao Conselho de Segurança da ONU, Mossadegh compareceu à histórica sessão em Nova York que, naquele dia, foi presidida pelo diplomata brasileiro, João Carlos Muniz. Em seu discurso, o líder iraniano disse: "Meus conterrâneos não têm suas necessidades básicas para a existência contempladas. Seu padrão de vida está entre os mais baixos do mundo. Nosso grande ativo é o petróleo. Essa deveria ser a fonte de trabalho e comida para a população do Irã. Sua exploração deveria ser de nossa própria indústria nacional e a receita deveria ir para a melhoria de nossas condições de vida. Como está organizado, porém, a indústria do petróleo não contribuiu praticamente nada para o bem-estar do povo e o desenvolvimento técnico e industrial do meu país."

Seus discursos emocionados e inflamados empolgavam, mobilizavam, mas não foram suficientes para deter a marcha do golpe orquestrado pelos EUA e pela Grã-Bretanha, que ficou conhecido como "Operação Ajax". Mossadegh foi derrubado e o xá Reza Pahlavi reconduzido ao poder. A advogada Shirin Ebadi descreve o momento como "devastador" em seu livro *Until we are free*: "Perdemos nosso líder amado e democraticamente eleito, perdemos nosso sentido de inviolabilidade e independência e perdemos nossas aspirações nacionalistas."

Mossadegh ficou preso por 3 anos, em prisão domiciliar, e foi enterrado no terreno de sua própria casa, uma vez que o Xá temia que seu túmulo se tornasse local de peregrinação e foco de oposição política. Até seu nome foi proscrito, como lembra Kapuscinski, em sua obra *O xá dos xás*: "Mossadegh: Você sabe que, por 25 anos, foi proibido expressar seu nome em público? Esse nome 'Mossadegh' foi removido de todos os livros, todos os testes de história? Mas o xá não entendeu que, embora você possa destruir o homem, destruí-lo não o faz deixar de existir. Você pergunta se Mossy estava fadado a perder? Ele não perdeu. Ele ganhou. Tal homem não pode ser apagado das memórias das pessoas; [...] jogado fora do escritório, mas nunca fora da história."

A prova é que a mais notável consequência da deposição de Mossadegh, apontada por especialistas, acabou por ricochetear de volta aos países que articularam o golpe. O inglês Terry Eagleton, em seu livro *Reason, faith and revolution,* é taxativo: "Foi o Ocidente que ajudou o islã radical a florescer ao recrutá-lo como uma força contra o chamado comunismo — um rótulo para descrever qualquer país que ousasse desposar o nacionalismo econômico contra capitalismo corporativo ocidental. Também foi o Ocidente que, ao apoiar golpes contra aqueles governos seculares no mundo muçulmano que ou toleravam comunistas ou se recusavam ao alinhamento com o Ocidente (Sukarno na Indonésia, Nasser no Egito) ou que pregavam uma forma leve de nacionalismo econômico (Mossadegh, no Irã) restringiram o espaço para a política secular em tais sociedades, estimulando a emergência da ideologia islamista."

Em hibernação… pero no mucho

Enquanto o Bazar de Tabriz é identificado com o movimento constitucionalista, o de Teerã é, definitivamente, o berço da revolução de 1979. E a sede dos protestos que voltaram a agitar o país, depois de trinta anos dos Pahlavis no poder.

O *Bāzār-e Bozorg*, o grande bazar de Teerã, não é o mais antigo do país, mas é o barômetro mais confiável da situação socioeconômica e política do país há duzentos anos.

Ali, no labiríntico espaço, os revolucionários conseguiram se proteger das forças de segurança do xá Reza Pahlavi, contra o qual conspiravam, em articulação com os partidários de Khomeini. Além de oferecer abrigo e distribuir bebidas e alimentos gratuitos para os manifestantes, os bazaris também respondiam por negócios mais pesados. Conta a jornalista Adriana Carranca que "durante a Revolução Islâmica e a subsequente guerra Irã–Iraque, os aliados bazaris foram envolvidos na importação de armas e se tornaram grandes parceiros comerciais dos mulás".

De centro de agitação revolucionária, o bazar se tornou artéria complementar do Estado e pilar do status quo xiita, auferindo vários dividendos dessa relação com os religiosos. Por três décadas se manteve na zona de conforto, em estado de hibernação, até 2008, quando os bazaris voltaram a incendiar a agenda política da República Islâmica do Irã, em protesto contra a deterioração da economia e aos desvarios do presidente. Mahmoud Ahmadinejad não fez estragos só nos seus discursos bélicos contra Israel e americanos na ONU. Ele conseguiu ameaçar a estabilidade dessa histórica aliança bazar–mesquita pela primeira vez.

Em outubro de 2008, os bazaris fecharam suas portas em Teerã, Esfahan, Tabriz e outras grandes cidades por vários dias em oposição a um novo imposto sobre vendas, implementado pelo polêmico presidente. Foi a primeira greve geral do bazar desde a revolução islâmica, e ela assustou o presidente, que voltou atrás e cancelou o imposto.

Em 2010, um boato sobre aumento de impostos, que reduziria as margens do bazar, fez subir a temperatura novamente, provocando a revolta dos comerciantes. Os bazaris entraram em greve por vários dias, apesar das violentas tentativas de policiais para reabrir as lojas. A greve irrompeu em três setores do bazar: o de tecidos, o de ouro e joias e o de tapetes, instalando uma crise de confiança na administração Ahmadinejad, economicamente dominada pelo Corpo da

Guarda Revolucionária Islâmica, um dos estamentos mais poderosos do governo teocrático. Os vários desmandos e incidentes protagonizados pelo presidente à poderosa comunidade dos bazaris golpeou a governança xiita, num passo em falso na ideologia ensinada pelo maior líder xiita iraniano. Em janeiro de 1984, o aiatolá Khomeini se dirigiu aos líderes do bazar com palavras lisonjeiras, ciente da importância de seu apoio, proclamando: "Se os bazaris não estiverem em sintonia com a República Islâmica, o povo sofrerá uma derrota."

Desde a entrada do século XXI, a resiliência dos bazaris vem sendo sistematicamente testada e desafiada, em consequência da claudicante economia iraniana, governada pelos religiosos e castigada sucessivamente pelas sanções do Ocidente e pelo colapso da moeda local, o rial. Como lembra a jornalista brasileira, Adriana Carranca, "são os bazaris, ainda hoje, que compõem a única classe forte e unida o suficiente para derrubar o mesmo regime que ajudou a triunfar".

Embora já não exerçam o mesmo poder e influência, que ajudou a detonar a revolução islâmica, simbolicamente o posicionamento do bazar ainda conta muito para os iranianos. Quando não são os estrategistas por trás dos protestos, necessariamente eles devem ser cooptados por quem se opõe ao regime.

Por isso, em 2018, quando novamente os bazaris fecharam suas tendas, o mundo voltou a se perguntar se o país estava à beira de outra insurreição, dessa vez contra o poder dos antigos aliados. A greve de um dia do bazar em 25 de junho foi provocada por demandas econômicas e pela crescente frustração, por parte da ala mais conservadora do bazar, com o desempenho da administração do presidente Hassan Rouhani, ou seja, o bazar está rugindo. Só não se sabe a favor de quem. Aqui, vale a mesma máxima que os comerciantes usam para se referir aos coletores de impostos: "Nós temos uma expressão no bazar: Você tem cinco dedos, mas tem que esconder um deles." Maktoob!

Bazares e caravançarais

O "rush hour" no bazar começa tarde. Ele passa parte do dia em dormência, numa semipenumbra, mergulhado em sombras e silêncios. A partir das 17h, ele recobra vida, se acende, se enche de gente, de gritos, de tertúlias, a bordo do indefectível chá de hortelã. No de Kashan, a cidade das rosas, não é diferente: a noite entra e o padeiro sova e assa o pão, enquanto acompanha o movimento; o ferreiro martela seus metais, o vendedor de tapetes boceja e conversa com o vizinho noite adentro, o indefectível chá é servido. O bazar é o melhor lugar para comprar as especialidades da região de Kashan. Eles incluem tapetes, veludo, brocados, destilados de rosas, vasos de cobre, doces, romãs, nozes e frutas secas. Nos corredores, nas lojas e nas mesquitas o movimento soa alto, efervescente. Nos antigos hammams, transformados em casas de chá e restaurantes, o entra e sai é incansável.

O mercado existia na cidade já no século XIII. Foi, no entanto, reconstruído durante a época safávida, a última grande dinastia, responsável por um grande renascimento artístico da

Pérsia até ser destruído durante o terremoto de 1778. Restaurado na dinastia Zand, uma dinastia de origem curda, que reinou entre 1750 e 1794, foi ainda mais embelezado pelos reis qajars, que governaram a Pérsia no século XIX. O bazar de Kashan mantém a agitação do centenário centro de comércio de quase 800 anos de idade e até hoje abriga alguns dos mais exemplares caravançarais do Irã, marca indelével da Rota da Seda. Assim como bazar, a palavra caravançarai vem do persa, sendo *kārvān,* caravana, e *sarāy,* casa.

Da Turquia à China, os caravançarais eram grandes casas de hóspedes ou albergues planejados para receber mercadores, peregrinos e viajantes com suas caravanas enquanto seguiam por essas rotas comerciais, como a Rota da Seda. As hospedarias forneciam não apenas uma oportunidade para os viajantes e seus animais comerem bem, descansarem e se prepararem para seguir em segurança sua jornada, como também para trocarem mercadorias, informações, conhecimentos e ideias.

É obrigatório passar algumas horas em um dos caravançarais instalados no Bazar de Kashan, um espaço, encimado por um teto abobadado, cravejado de desenhos e geometrias pintadas e esculpidas. Ao redor, lojas em estruturas de dois andares — que anteriormente deviam alojar os quartos e as cavalarias — exibem tapeçarias espetaculares, peças de artesanato e alojam uma casa de chá. Num canto, junto à infusão feita à base de açafrão, um homem com turbante omani conversa com outro metido num tipo de *keffiyeh* palestino. As caravanas, de Bukhara ou de Gansu, já não passam, mas seus protagonistas seguem ladrando por aqui.

Os primeiros caravançarais no Irã foram construídos quando o Império Aquemênida (por volta de 550 a 330 a.C.) governou a Pérsia, e atingiram seu apogeu na dinastia safávida. Os iranianos adoram alimentar a lenda de que xá Abbas (1571–1629) construiu uma rede de 999 caravançarais por todo o Irã, ficando cada um a aproximadamente 30km a 50km do seguinte.

Os caravançarais típicos, como descreveu a inglesa Vita, "eram cercos quadrados de lama seca, com um pátio no meio, onde os camelos podiam passar a noite, cabanas de barro onde o samovar de latão ferve o dia; cabanas que podem ser usadas como abrigos noturnos, quando as estradas estão bloqueadas e o viajante clama pela hospitalidade de uma cabana de barro onde ele possa estender seu tapete de ovelha e se deitar".

Em alguns casos, essas estruturas antigas sobreviveram aos séculos e se reinventaram. As ruínas de um dos mais famosos caravançarais do Irã, o *Madar-shah,* uma homenagem do xá Abbas à sua mãe, localizado em Esfahan, converteu-se no melhor hotel da cidade, o Abbasi. Da altura de seus mais de trezentos anos, o Abbasi conserva as formas da antiga parada de caravanas, organizadas em torno de um enorme jardim florido, lagoas e cedros imponentes, e com vista para a cúpula de uma escola corânica. O complexo fornecia abrigo não apenas para os comerciantes, mas também para os camelos e cavalos que os viajantes usavam.

Séculos depois passou a ser usado como complexo militar no início do século XX até quase ruir em decadência. Coube ao arqueólogo francês, André Godard, na década de 1950 assumir a responsabilidade de lutar por sua restauração até transformá-lo num hotel de quatro estrelas, preservando o espírito e a aparência do seu passado. Por isso, segundo a CNN: "É um lugar como nenhum outro. Esfahan tem seu quinhão de maravilhas históricas, mas de muitas maneiras o Abbasi tornou-se uma atração turística por si só."

O mercador persa

Creio que nove entre dez insones brasileiros que já buscaram refúgio e acolhimento nos programas de televisão da madrugada esbarraram num programa verdadeiramente original e até para quem não pretende comprar joias: o *Medalhão Persa*. Uma câmera fechada em mãos perfeitamente manicuradas exibe anéis, colares e brincos, acompanhada de locução sedutora: "Conjunto de pingente e brincos de ametista e zircônia; pulseira escrava de ouro maciço…" Verdadeiramente hipnotizante ouvir aquela voz melodiosa, embalando um festival de brilhos coloridos mostrados por mãos imaculadamente brancas. Programa líder em venda de joias pela TV, o Medalhão é transmitido às madrugadas, 365 vezes por ano, em duas emissoras ao mesmo tempo (Rede Vida e Canal Rural). A venda por telefone pode ser feita hoje online e o modesto estúdio se multiplicou em três.

Os cães ladram, a caravana passa e o *Medalhão Persa* segue vitorioso pelo século XXI adentro. Herdeiro da tradição de bazar e caravançarais é a partir do bairro de Betel, em Curitiba, que Mahmoud Jafari, dono do *Medalhão Persa*, comanda seu império midiático de ouro e pedras preciosas, que tem mais de 120 mil clientes cadastrados. Vivendo desde 1994 no Brasil, o iraniano se considera um verdadeiro pioneiro do comercio a distância e se vangloria de ser um mascate "de joias para clientes que gastam milhares de reais, de chinelo e pijama", como confessou a um jornal local.

Como tantos iranianos, Jafari deixou o Irã na revolução de 1979. Antes de se instalar em Curitiba, a convite de um amigo, Jafari viveu e fez família nos Estados Unidos. Na cidade brasileira se dedicou à arte de vender tapetes em leilões, sem muito sucesso, até ter uma epifania: "se Maomé (o comprador) não ia à montanha (o leilão), a montanha iria a Maomé".

Jafari volta ao Irã periodicamente para se abastecer de tapetes, sendo representante oficial no Brasil da Sherkat Farsh Iran, empresa estatal que assumiu a exportação dos tradicionais tapetes, mas em frequência menor depois que passou a atuar com joias e pedras preciosas, alargando seu portfólio de produtos e sua agenda de viagens ao exterior. No processo de diversificação, passou a dedicar um dia da semana aos tapetes, que hoje correspondem só a dez por cento das vendas, e os demais dias às joias, bastante mais lucrativas.

O que não se sabe é se o mercador persa em terras brasileiras mantém a tradição dos bazaris de seu país e prepara sua candidatura (ou de algum aliado) à política local, fiel à lei do bazar! Maktoob?

Capitulo 11:

JOGO DE TRONOS NO PAÍS DO MARTÍRIO

❝Eles farejam teu hálito,
Com medo de que possas ter dito eu te amo.
Eles farejam teu coração.
Estes são tempos estranhos, minha querida…"

Ahmad Shamlou.

A tragédia como destino

Quando eu chefiava os programas jornalísticos, na TV Bandeirantes, cuidava de uma faixa de documentários internacionais, com o nome apático de *Sem Fronteiras*, mas muito original de conteúdo. O *slot*, a faixa, apresentava documentários premiados, que nossa equipe selecionava no mercado internacional, especialmente da BBC, PBS, Arte, Deutsch Welle, CBS e ABC. Vários tinham recebido Oscars ou Emmys, mas só um deles imprimiu na minha memória uma sequência inteira de imagens arrebatadoras. Daquelas que te suspendem da realidade ao redor para nunca mais te deixar.

De passagem pela sala onde os documentários eram assistidos e avaliados, fui imobilizada a distância por cenas de homens ensanguentados, vestidos com batas brancas, cantando, dando murros no peito e se açoitando. Sangue e reza, desespero e êxtase, beleza e agonia, dor e prazer tudo em 40, 50 segundos do transe dos fiéis e do meu próprio. O documentário — dele não sei mais título, procedência, duração — mostrava cenas do Ashura, no Irã, o maior festival religioso dos xiitas.

No Brasil, o xiismo entre nós ficou associado a radicalismo político. Assim como Pasárgada fez *spin off* da original para se tornar sinônimo de lugar utópico, onde se aninham todas as fantasias, o xiismo nasceu identificado com grupos de esquerda mais extremista. É verdade que o imperdoável e injusto estereótipo de radical, que ficou colado na testa do Irã, talvez tenha alguma correspondência na história, uma vez que foi na guerra Irã–Iraque e nos ataques do Hezbollah, no Líbano, que o xiismo e o Irã ficaram vinculados a atentados com homens-bomba e ao martírio de jovens. A história mudou, o Irã abandonou essa prática, que passou a ser adotada por grupos extremistas sunitas, como Talibã, Hamas e Estado Islâmico, mas a fama ficou. E as imagens sangrentas do Ashura não ajudam a eliminar a associação do xiismo com a violência.

Naquela cena, na TV, impregnada de fervor e de dor, lastreada em sangue, executada por homens e meninos com facas e espadas nas mãos, fui apresentada a esse traço inseparável do estado de espírito iraniano, não só no dia do Ashura, mas que transborda da religião para as telas do cinema e para as páginas da literatura, para as conversas do dia a dia, para o figurino, para a concepção de mundo: o martírio.

O repórter Kapuscinski, que acompanhou no Irã a queda do Xá Reza Pahlavi vai mais além: "Os xiitas realmente têm um destino trágico, e o sentido da tragédia, dos males históricos e das desgraças que os acompanham está codificado profundamente em suas consciências. O mundo contém comunidades para as quais nada deu certo por séculos [...]. Essas pessoas parecem ter algum tipo de marca fatal [...] por esse motivo, talvez, elas tenham um ar de seriedade mortal, de uma fervorosa e inquietante adesão às suas crenças; e também um ar de tristeza." O jornalista tem razão: o Irã, um país que esbanja cultura, ancestralidade e beleza, também é um país triste.

Quando o país se veste de luto

> " Desejo agora espremer cada gota de suco da minha vida, como de um cacho de uvas, e derramar o suco, gota a gota, como a água de Kerbala."
>
> Sadegh Hedayat, *A coruja cega*.

Hoje, os xiitas constituem cerca de 15% do total da população muçulmana em todo o mundo, dominada pela corrente sunita. Para o xiismo, o dia da Ashura é especialmente celebrado, sobretudo no Irã, onde se concentra o maior número de fiéis. A data é a culminância do período de dez dias de luto, que começa na primeira noite do mês sagrado do *Muharram*[1]. Um dia de intensa tristeza pelo martírio e pelo assassinato de Hussein, neto de Maomé, filho de Alī (o quarto califa) e Fátima, a filha do profeta, em 680 d.C.

No início da história islâmica, após a morte de Maomé, em 632, emergiu entre os fiéis um feroz antagonismo em relação à sucessão do profeta, sobre quem deveria guiar a nova e

---

[1]   O mês de Muharram é um dos quatro meses sagrados, segundo o Alcorão.

crescente fé. A ideologia dominante do califado omíada — procedente de Meca, na Arábia Saudita — acreditava que o novo líder deveria ser eleito por consenso. Outros, os xiitas, pensavam que apenas aos descendentes do profeta deveria caber a liderança do islã. Até então, os xiitas eram uma facção política (conhecida como o "partido de Ali"), que apoiava Ali, primo e genro de Maomé, à sucessão do profeta, confrontando a hegemonia ideológica do califado. A proposta dos seguidores de Ali não prosperou e ele foi assassinado em 661 d.C., com uma espada envenenada numa mesquita, mas o "partido de Ali", sob o comando de Hussein, seu filho com Fátima, não se submeteu à liderança do califado saudita.

Vítima de uma emboscada, Hussein, sua família e seus seguidores foram massacrados numa batalha em Kerbala, às margens do rio Eufrates, no Iraque. Desde que a cabeça de Hussein foi enviada para o califado em Damasco, na Síria, seu sangue de mártir ensopou a fé xiita, penetrando pelos forros do tecido cultural do país.

"Na mitologia xiita, Hussein é a encarnação do rei dos mártires, nunca hesitando em expor sua própria vida e a de sua família e seus 72 companheiros ao sabre cruel do opressor. Eles foram traídos e abatidos em Kerbala. A tragédia de sua morte é o texto fundador da fé xiita", explica a autora Nahal Tajadod em *Tehran, lipstick and loopholes*.

A vingança pelas mortes de Ali e Hussein eclodiu no grito de guerra que deu impulso à ascensão do movimento, que penetrou na Pérsia poucas décadas depois da invasão árabe, em 642, derrubando a última dinastia pré-islâmica e zoroastrista dos sassânidas. Nessa, que foi a primeira invasão das muitas outras que se seguiriam, os persas foram obrigados a adotar o islã, mas abraçaram sua principal dissidência, derrotada, "um islã de vencidos, um islã subterrâneo, esotérico e revolucionário, o xiismo", como explica a introdução do livro de quadrinhos *Persépolis*, de Marjane Satrapi.

Com a morte do neto do profeta, foi deflagrado o maior cisma já havido no Islã, dividindo a religião em duas correntes: o sunismo e o xiismo, e estabelecendo uma relação de conflito que irradia até os dias de hoje na geopolítica do Oriente Médio, especialmente entre iranianos e sauditas.

O conflito entre xiitas e sunitas "é, ao mesmo tempo, a luta pela alma do Islã — uma grande guerra de teologias e conceitos de história sagrada — e uma manifestação do tipo de guerras tribais de etnias e identidades, aparentemente tão arcaicas às vezes, mas tão surpreendentemente vitais, com a qual a humanidade infelizmente se familiarizou", explica o acadêmico iraniano Vali Nasr, autor de *The Shia Revival* (*O revival xiita*).

Essa conflagração parece revelar que, diante da imposição do islã como religião oficial, substituindo o zoroastrismo, os persas criaram sua própria maneira de aderir a Alá, abraçando outra interpretação da fé. Apesar de vencidos, eles se distinguiram claramente dos invasores sunitas. "O desafio de Hussein contra todas as dificuldades informa o núcleo da psicologia xiita… Ele morreu para salvar seu povo, entoam os enlutados todos os anos no mês de Muharram", pontua o autor britânico Jason Elliot, em *Mirrors of the Unseen*.

Ali e Hussein, ambos traídos e massacrados, estão na origem do culto xiita ao martírio, que incorporou à "paixão" um forte sentimento de revolta e luta contra a injustiça, a opressão e a tirania. Sentimentos que seriam decisivos na derrubada do Xá Reza Pahlavi em 1979 e na tomada do poder pelos clérigos xiitas, comandados pelo aiatolá Khomeini.

Completa Elliot: "Ya Ali… A santidade do primeiro imã permeia o tecido de todo o mundo xiita. Ele é tanto guerreiro e mestre de cavalheirismo, campeão dos pobres, compassivo em relação aos inimigos e exemplo de virtude."

O escritor inglês, Rudyard Kipling, segundo registro do livro *The Shia Revival*, testemunhou celebrações do Ashura xiita quando viveu no Paquistão muçulmano, comentando: "Os tambores batiam vigorosos, a multidão estava uivando 'Ya Hasan! Ya Hussein[2]' e batendo em seus peitos; as bandas de metais tocavam mais alto, e, em cada esquina, onde o espaço permitia, pregadores maometanos contavam a lamentável história da morte dos mártires."

No Ashura, a população mais religiosa do país entra em luto pelos infortúnios e tragédias que se abateram sobre a vida do marido de Fátima, Ali, e do filho deles e neto de Maomé. Os muçulmanos xiitas relembram a "paixão" de Hussein, com rituais de sacrifícios e encenações que reconstituem a batalha de Kerbala. Para Stephen Kinzer, autor de *All the shah's men*, "o abraço da morte de Hussein é uma causa sagrada que forjou a psique coletiva do Irã".

As imagens e sons da Ashura são contagiantes, definindo simbolicamente, como diz o autor, a identidade xiita e renovando seu vínculo com a fé e com a comunidade. São multidões que tomam as ruas do Irã, desfilando de preto e às vezes de branco, esmurrando o próprio peito, cantando e alguns se golpeando com correntes ou ferindo a testa e a cabeça com facas e espadas, na tentativa de imitar o sofrimento do neto de Maomé. A celebração inclui cantos funerários, procissões noturnas e doação de comida e água aos penitentes e aos pobres.

Na descrição do viajante e orientalista francês, Sir John Chardin, "durante esse festival os persas dão muitas esmolas aos pobres. Eles acreditam que é crime não dar o que se pode. Os ricos colocam grandes jarras com água gelada e uma xícara diante das portas de suas casas para que ninguém sofra da sede que matou Hussein. Eles contam que foi por causa da sede que ele se jogou em desespero contra os inimigos que o sitiavam". Chardin acrescenta que os vendedores de água vão pelas ruas oferecendo grandes copos de água. E gritando: "aquele que dá a água seja abençoado até a septuagésima geração."

Entre as bandeiras pretas, símbolo do luto, e verdes, símbolo do islã, tremulam imagens de uma mão aberta, cujos dedos representam a família de Maomé, Fátima, Ali, Hasan e Hussein.

---

2   Ó Hasan! Hussain!" é uma profissão de fé dos xiitas e uma demonstração de solidariedade aos filhos de Ali, Hasan e Hussein.

Em *Minhas viagens com Heródoto*, Kapuscinski descreve o espetáculo: "A turba prossegue sua marcha e ritmicamente eleva os punhos ameaçadores. Há momentos em que ela parece ser liderada por jovens de ambos os sexos, vestidos de branco ou com faixas brancas na testa. São os mártires, prontos para morrer. E é exatamente isso que está escrito nas faixas." Complementa Kurban Said, pseudônimo de um autor misterioso do Azerbaijão, em sua novela *Ali e Nino*: "Os sofrimentos que o jovem Hussein enfrentou devem ser compartilhados pelos seguidores devotos. Quem aceita compartilhar os sofrimentos, recebe também uma parte da graça [...] o caminho da graça e a alegria da salvação se revelam aos fiéis, enredados em suas dificuldades, na dor da mortificação." Em muitos lugares do mundo, a prática da autoflagelação vem sendo trocada pela doação de sangue. Anos atrás, o próprio aiatolá Khamenei recomendou que essa prática fosse abandonada, sem muito sucesso.

A tradição do Ashura remonta a muitos séculos da fé xiita e no passado, no governo dos safávidas, que adotaram a religião como oficial, a data era celebrada com extravagância, conforme se pode constatar no relato do orientalista francês:

"Assim como alguns estavam cobertos de ferro, outros estavam nus, seus corpos lubrificados como lutadores e gladiadores. Quase todos tinham uma pele de tigre nas costas e um escudo no topo; alguns seguravam uma espada na mão, outros carregavam lanças, machados ou maças. No meio da procissão estava um homem nu, coberto de sangue, com as pontas de flechas e pedaços de lanças presas à pele, como se tivessem passado pelo seu corpo; ele representa o santo do festival."

Da mesma maneira que antigamente se empregava a terra de Kerbala misturada com água como remédio, alguns muçulmanos xiitas ainda acreditam que participar do Ashura lava seus pecados. Tal crença é chocante para a maioria dos sunitas.

Um ditado popular xiita diz que "uma única lágrima derramada por Hussein lava cem pecados". Na novela de Kurban Said, uma cena descreve um imã, com um chumaço de algodão, que circula pelas fileiras recolhendo as lágrimas dos espectadores numa garrafinha. "Essas lágrimas têm grandes poderes mágicos."

Ao tentar compreender a estrutura da adesão xiita ao martírio, Kapuscinski reflete: "Eu estou tentando entendê-los, mas, uma e outra vez, tropeço em uma região escura e perco meu caminho. Eles têm uma atitude diferente em relação à vida e à morte. Eles reagem de maneira diferente à visão de sangue... ficam tensos, fascinados, e caem em algum tipo de transe místico."

Além da celebração do Ashura, o ramo xiita do islã tem outros costumes diferentes dos sunitas, praticado em 85% do mundo muçulmano. Eles reconhecem, por exemplo, que devem ser feitas cinco orações ao dia, como praticam os sunitas, mas aceitam reduzi-las a três; veneram doze imãs, número sagrado entre os persas, coincidentemente com doze meses do ano, a começar por Ali e Hussein. O neto do profeta Maomé é também o terceiro imã, sendo precedido por Ali e seu irmão Hasan. Os xiitas acreditam que nenhum dos onze imanes morreu de morte natural. Eles foram assassinados, torturados ou envenenados por representarem uma ameaça ao governo do califado. Todos, exceto o décimo segundo, al Muhammad — Mahdi. Conhecido como "o duodécimo", o Mahdi teria desaparecido, levando uma vida oculta para um dia retornar e estabelecer paz e justiça no mundo. Essa corrente majoritária é chamada "xiita dos 12" e é seguida por 99% dos xiitas.

Na visão do autor de *All the shah's men*, ao abraçar essa fé, "os iranianos aceitaram o islã, mas não da maneira que seus conquistadores sunitas desejavam. Eles se rebelaram enquanto aparentavam se submeter. Talvez o mais importante é que talvez os iranianos tenham encontrado a instituição que acabaria finalmente por libertá-los, pelo menos, espiritualmente da autoridade do Estado".

Coroas x turbantes

Numa determinada manhã, já quase no fim da viagem, quando eu já relaxara em relação à guarda moral, ao *dresscode* e aos sanitários cavados no chão, a minha guia fez o apelo surpreendente: "Amanhã você poderia vestir aquela sua roupa da chegada?" Ela se referia à roupa com que desembarquei na minha primeira viagem ao Irã. Embrulhada num verdadeiro pacote negro, na semiburca, com abaya e *hijab*, parecendo uma radical saudita, tive de aguentá-la gozando do meu exagero. E era essa roupa que ela queria reabilitar naquele dia. "É que vamos a Qom, a cidade dos religiosos." O tom solene e algo ameaçador da agenda turística não me deixou margem à dúvida e muito menos à contestação.

Não é de hoje que Qom inspira respeito e, sobretudo, temor entre locais e estrangeiros, como já observara jocosamente, como era seu hábito, o escritor orientalista inglês, James Morier, em *The adventures of Hajji Baba of Isfahan*: "O Kom é um lugar em que, excetuando-se o assunto da religião, e estabelecendo quem é digno de salvação e quem deve ser amaldiçoado, ninguém abre os lábios. Todo homem que você conhece é descendente do Profeta ou um homem da lei. Todos apresentam rostos longos e mortificados, e parecem olhar para qualquer pessoa como alguém designado para os fogos eternos."

Em outras palavras, minha informalidade tropical exagerada me punha em risco na capital xiita. No lugar mais conservador do Irã, até calada eu estava errada. Mesmo encapada pela semiburca, só fui autorizada a ver Qom pelos vidros do carro, sem direito a foto, *selfie*, nem a risos e piadas. Com Qom não se brinca! Se no Ocidente colonizado pelos Estados Unidos, sempre se interpreta o que ecoa da Casa Branca, no mundo muçulmano, todos olham para Qom e seu líder supremo, o aiatolá Khamenei, autoridade máxima do xiismo iraniano.

Embora a cidade de Mashad seja mais relevante do ponto de vista espiritual, Qom passou a ser considerada a mais sagrada das cidades, onde os clérigos são formados. Profundamente associada com o governo pós-1979, Qom, chamada de "O Vaticano xiita", fica a cerca de 100km a sudoeste de Teerã. Deserta de vegetação e de charme, a cidade parece ostentar o luto em estado permanente. Nas ruas, as pessoas de vestem modestamente, como prescreve o islã, e majoritariamente de preto. A totalidade das mulheres usa chador e os homens camisas negras de manga comprida. Mulás envergam túnicas compridas marrons esvoaçantes e levam turbantes, brancos e negros. Explicam-me que só os descendentes do profeta podem usar turbante negro. Muitos têm a testa marcada pelas horas passadas rezando, com a cabeça no chão, apoiada pelo *mohr*, que é uma pequena peça de argila, cravejada de orações a Alá, usada durante as orações. Ela simboliza a terra, e seu uso é considerado compulsório para a maioria dos xiitas. O ato de prostração na terra (ou num material alternativo, como o *mohr*) durante a reza, segundo o Alcorão, traz muitos benefícios; e quanto mais a pele apresenta as marcas deixadas durante a oração, mais devoto parece o fiel. Já os sunitas não só não usam como reprovam o uso do *mohr*.

Qom se tornou o maior centro de erudição xiita e lembra uma "Oxford medieval", como a classificou o escritor Naipaul. Aqui se encontra a maior faculdade teológica do país, e, em média, trezentos seminários e madrasas, ou escolas corânicas, onde os estudantes podem se especializar em jurisprudência, teologia e filosofia islâmicas e lógica. Em seus seminários, alojam-se aproximadamente 60 mil estudantes clericais de 70 países. A cidade também se converteu em importante local de peregrinação, visitado por milhões de fiéis todos os dias.

Desde que a dinastia safávida adotou o xiismo como religião oficial, no século XVI, Qom passou a ter papel destacado na história do Irã. Foi a partir de Qom que o aiatolá Khomeini começou a trovejar admoestações contra o xá Reza Pahlavi; foi ali que explodiu a revolução que poria fim à era dos impérios e das dinastias e é em Qom que o clérigo e seus sucessores ainda residem e a partir de onde governam.

A vitória da revolução é vista como a vitória de Qom, dos clérigos de turbante e de sua teologia de rigor implacável. Como na época descreveu Kapuscinski: "Todo pretexto era válido para se levantar contra o Xá. As pessoas queriam se livrar do ditador... Todo mundo olhou para Qom. É assim que sempre foi em nossa história: sempre que havia infelicidade e uma crise, as pessoas sempre começavam a ouvir os primeiros sinais de Qom. E Qom estava rugindo."

Até chegar o dia em que o Xá foi deposto pela revolução religiosa, muitos eventos políticos anteriores conspiraram para a virada histórica que daria fim à monarquia de 2500 anos. Em muitos casos, a instituição fez por merecer a derrocada, que começou antes dos Pahlavis, durante uma dinastia de origem turcomana: os qajars. "Nós tivemos excelentes xás, como

Ciro e Abbas, mas isso foi há muito tempo. As duas últimas dinastias derramaram grande quantidade de sangue inocente para ganhar ou manter o trono. Imagine o monarca Agha Mohammad Khan, que ordena que toda a população da cidade de Karman seja assassinada ou cegada — sem exceções", explicou ao repórter um iraniano.

A última dinastia das eras históricas, os qajars, como atesta o depoimento recolhido acima por Kapuscinski, é considerada um verdadeiro desastre, desde sua instituição pelo rei eunuco, Agha Mohammad Khan, um déspota sanguinário, até mesmo pelos padrões do Irã do século XVIII.

Castrado aos 6 anos, sob as ordens de inimigos de seu pai, nada impediu sua carreira. O eunuco se tornou o chefe de sua tribo em 1758, chegando ao poder com o apoio das forças tribais turcas. Em 1779, após a morte de Karim Khan, da dinastia Zand, que sucedeu a dinastia safávida, Mohammad Khan Qajar reunificou o Irã, transferindo sua capital para Teerã, então uma aldeia perto das ruínas da antiga cidade de Rey. E reconquistando a Geórgia, no Cáucaso.

Em sua busca pelo poder, o eunuco e seus exércitos arrasaram cidades, massacraram populações inteiras, estupraram as mulheres e cegaram cerca de 20 mil homens em Karman porque a população local havia escolhido defender a cidade contra o seu cerco. Para arrematar, segundo conta a escritora Gina Nahai, levantou uma pirâmide feita de crânios. Eliminou todos os seus rivais, restabelecendo o controle persa sobre os territórios do Cáucaso e se autoproclamou "Rei dos Reis", sendo coroado como xá da Pérsia.

O aludido déspota sanguinário não corresponde à imagem luxuosa — e bastante *kitsch* — dos qajars, que decora os jogos de chá mais tradicionais do Irã. Em quase toda chai-khaane (casa de chá), a bebida é servida num delicado serviço de louça, em que figura um dos mais excêntricos monarcas da história persa: Fath Ali Xá, segundo monarca da dinastia e sobrinho do eunuco.

Famoso entre os persas por sua longilínea barba, sua cintura de vespa e seu harém com mil mulheres e 260 filhos, seu reinado também se destacou pela perda dos territórios do Cáucaso, ao norte do Irã (Geórgia, Daguestão, Azerbaijão) para o Império Russo após as guerras de 1804 e 1820. Grande patrocinador das letras e das artes, especialmente da pintura, e de uma corte luxuosa, mandou construir em 1798 o mais espetacular dos tronos, o Trono do Sol, cravejado de quase 30 mil pedras preciosas, que tentava emular o célebre *Peacock Throne*[3].

Instalado nos subterrâneos do Banco Central do Irã no Museu de Joias da Coroa, o trono de Fath Ali shah é um dos mais eloquentes exemplos da riqueza esbanjada pelos qajars. E faz companhia a colares, coroas, anéis de Soraya e Farah Diba, ex-esposas de Reza Pahlavi.

---

3   Ver nota 4 no Capítulo 10.

Ficaram as joias como testemunhas irônicas de uma monarquia em que quanto mais se gastava, mais se enterrava.

Os qajars, que ficaram no poder até 1925, são provavelmente a dinastia mais detestada pelos iranianos. Arruinaram de tal modo o país a ponto de trocar grande parte de seus tesouros, como a exploração de petróleo e de caviar, e de seus territórios pela quitação de dívidas com as potências ocidentais e com a Rússia. Conta o jornalista Adghirni, em *Os Iranianos*, que os "reis Qajar eram dados a luxo e pompa e torravam fortunas com obras de arte. Em viagens pela Europa, levavam comitivas com centenas de pessoas, inclusive haréns inteiros".

E, segundo Stephen Kinzer, "os qajars não pareciam incomodados de ver o Irã escorregar para a subserviência. E a comprovação cabal veio quando um explorador e geólogo, financiado pelos ingleses, descobriu petróleo no meio do deserto iraniano, nos primeiros anos do século XX, obtendo o direito exclusivo de prospecção numa enorme área do território. Em troca, ele deu à coroa 20 mil libras e a promessa de 16% dos futuros ganhos. Conta Kinzer que "não demorou para os líderes britânicos agarrarem o escopo e as implicações da descoberta. Em outubro de 1908, eles organizaram uma nova corporação, a companhia anglo-persa de petróleo". Vitaminada por investimentos do governo da Inglaterra, que já antecipava que, com a aproximação da Primeira Grande Guerra, necessitaria de petróleo, a companhia abriu poços, construiu redes de oleodutos e passou a retirar milhões de barris. Mais impressionante — salienta o autor — começaram a construção do que por meio século seria a maior refinaria de petróleo, em Abadan, no Golfo Pérsico.

Diz Stephen Kinzer que quando os ingleses formaram com o governo o consórcio da companhia anglo-persa de petróleo, Churchill teria exclamado: "Um prêmio do reino das fadas muito além de nossos sonhos mais selvagens." Por aí se pode ter ideia das fortunas extraídas do país persa enquanto durou esse relacionamento sob os qajars. Segundo Kinzer, "o petróleo poderia ter feito os qajars ricos e poderosos. Eles não tinham recursos para explorar sem ajuda estrangeira, mas com mais clarividência, eles poderiam ter conseguido um acordo muito melhor com seus parceiros britânicos. Em vez disso, venderam seu direito de primogenitura por uma ninharia".

Enfraquecidos e empobrecidos, os qajars foram presa fácil para um militar da brigada cossaca persa, de origem modesta, sem molécula de sangue real, mas de ambições imperiais. "Um homem rude, montado a cavalo", como o descreve Stephen, o general Reza Xá Pahlavi comandou o golpe que facilmente depôs os qajars. Em 1925, Reza foi nomeado monarca, por decisão da assembleia constituinte do Irã. A assembleia depôs Ahmad Xá Qajar, o último governante da dinastia qajar, e alterou a constituição do Irã de 1906 para permitir a eleição de Reza Xá.

O cossaco, nascido nas montanhas do Arboz, perto da fronteira russa, se autocoroou rei, instituindo uma monarquia e inventando sua própria linhagem real, uma dinastia fictícia.

Presente na coroação de Reza Xá, em 1926, o diplomata inglês, marido da escritora Vita Sackville, Harold Wilson, não poupou adjetivos ao retratar o momento: "Lentamente, o Xá, vestido com um manto azul bordado com pérolas, arrastou-se pelo corredor e subiu ao trono... Sentou-se — rígido, teocrático, bastante soberbo — esse soldado cossaco, o governante do mundo, o rei dos reis." Com ele, arranca a história moderna da Pérsia, que passa a se chamar Irã, a terra dos arianos.

Ataturk, o herói nacionalista turco, era a grande fonte de inspiração para Reza Xá que, embora nacionalista, respeitava o apoio britânico e reconhecia a dívida acumulada com eles. "A ideia apavorava a classe religiosa, chocada pela decisão de Ataturk de abolir o sultanato e o califado islâmico", conta o autor de *All the shah's men*.

O cossaco dividia os sentimentos iranianos. De um lado admiravam o governante forte e decidido, ao mesmo tempo que se chocavam com o grau de crueldade que Reza Xá empregava em suas punições. Conta Kinzer que quando "ele soube que padeiros estavam estocando farinha para pressionar preços, mandou jogar um padeiro no forno! No dia seguinte toda padaria tinha pão barato".

Sob seu governo, o país enfrentou um choque de modernidade e de ocidentalização. Disposto a criminalizar e eliminar algumas tradições religiosas e culturais, ele suprimiu as roupas tradicionais, obrigando as mulheres a tirar o véu em lugares públicos e os homens a usar chapéu. Também proibiu as caravanas de camelos de entrar nas cidades. Para controlar as novas diretrizes, conta Adghirni que "soldados patrulhavam as ruas da cidade e arrancavam à força vestimentas julgadas retrógradas".

A arqueóloga britânica Freya Stark, em *The valley of the assassins* (*O vale dos Assassinos*), reproduz a mensagem enviada de Teerã pelas autoridades, dando "cinco dias para ver o Luristan vestido e barbeado, sendo o cabelo longo considerado incompatível com a aparência civilizada. Os membros da tribo olharam com infeliz perplexidade", constatou ela. Complementa Kapuscinski: "O xá emite uma ordem proibindo o vestuário iraniano. Todos, usem ternos europeus! Chapéus europeus! O xá baniu os chadores. Nas ruas, a polícia os arranca de mulheres aterrorizadas. Os fiéis protestam nas mesquitas de Meshed. Ele envia a artilharia às mesquitas e massacra os rebeldes. Ele ordena que as tribos nômades sejam fixadas permanentemente. Os nômades protestam. Ele ordena o envenenamento de seus poços, ameaçando-os com sede e fome. Os nômades continuam protestando, então ele envia expedições punitivas."

As tribos nômades, que Reza Xá considerava antiquadas e incompatíveis com o Estado moderno, foram forçadas a se assentar em alojamentos, onde muitos morreram. "O governo está se esforçando para fazê-los construir casas para mantê-los em um só lugar, mas eles são unânimes em não gostar da mudança." A arqueóloga se escandaliza com a imposição do modo de vida ocidental: "O objetivo do governo persa é fazer com que todos se vistam à *la Ferangi*"[4] e condena a falta de sensibilidade ao modo de pensar e de viver das tribos nômades: "Os homens tribais sabem em seu coração que a liberdade vem em primeiro lugar na ordem das coisas… ele recusará o maior conforto da vida sedentária porque ele, definitivamente, prefere sua herança espiritual a coisas mais materiais."

As novas regras — que incluíam a proibição a rituais religiosos, como tocar a testa no chão durante as orações — se somavam ainda a outros secularismos, especialmente delicados para o clero, como planos para a emancipação feminina. Tais ideias que incendiaram os líderes religiosos que, em 1935, convocaram um protesto. Mais de cem pessoas foram mortas.

Conhecido por sua desmedida aspiração por modernizar o país, emulando os países ocidentais mais desenvolvidos, Reza Xá introduziu o sistema métrico, o uso de sobrenomes, o casamento civil e o divórcio. Também se lançou numa empreitada febril de construção de redes de infraestrutura e de transportes, de criação de sistemas de saúde e educação. Muitos iranianos estão convencidos de que o xá ficou riquíssimo com propinas colecionadas em seus negócios e com a extorsão de líderes tribais. Confiscou tanta terra que no auge do seu poder era o maior dono de terras do país, conforme um diplomata relatou a Kinzer: "Reza Xá eliminou todos os ladrões e bandidos do país e fez com que seus compatriotas percebessem que daí em diante haveria apenas um ladrão no Irã!"

Como afirma ainda o autor, a geografia colocou o Irã no caminho das duas grandes potências imperiais da época: a Grã-Bretanha e a Rússia. Vivendo sob pressão da Grã-Bretanha, da qual exigia melhor distribuição dos *royalties* do petróleo, logo que assumiu, Reza Xá tentou melhor acordo de exploração. Chegou a cancelar a concessão e a briga chegou até a Liga das Nações da ONU. Numa nova negociação, conseguiu melhores condições para o Irã, ainda longe de todo o dinheiro que era carreado para os britânicos. Também sempre às turras com os russos nas fronteiras, Reza intensificou seus contatos com a Alemanha, em pleno florescimento do nazismo, enfurecendo seus aliados e parceiros comerciais. Após a Segunda Guerra Mundial, os britânicos e soviéticos, que suspeitavam da relação amigável de Reza Xá com a Alemanha, ocuparam o oeste e o sul do Irã, forçando-o a abdicar em favor de seu filho, Mohammad Reza Pahlavi, que posteriormente o sucedeu.

Segundo conta o autor de *Cypress Tree*: "Minha avó, como o resto da nação, não lamentou Reza Xá — na época de sua abdicação —, ele havia sido extremamente impopular, forçando as pessoas a adotar costumes e maneiras com as quais eles não estavam acostumados […]. Ele não se importou em adoçar o gosto amargo das pílulas que ele forçou seus súditos a engolir."

---

4   "À moda estrangeira."

O autor de *All the shah's men* sustenta que o Irã entrou numa nova era quando Reza Xá abdicou em 1941. "Muitos ficaram excitados de vê-lo desaparecer, dentre eles milhares de famílias tribais que imediatamente abandonaram os assentamentos miseráveis em que ele os arrebanhara e retornaram às suas montanhas ancestrais e à vida nômade." Segundo Kinzer, nos planos dos ingleses, virtuais comandantes da operação de queda do Xá, cogitava-se restituir o trono aos qajars, dada sua folha de serviços aos negócios britânicos. Foi então que alguém se lembrou do jovem herdeiro, que não falava persa, vivia em Londres, amava carros e corridas, mulheres e o *jet set* internacional e era, segundo depoimento colhido pelo escritor, tímido e indeciso por natureza, "sem coragem moral e sucumbe facilmente ao medo".

Descrito como um monarca fraco, facilmente manipulável, o jovem xá Mohammad teve que se enfrentar com uma nova grande crise, dessa vez com a ascensão do popular primeiro-ministro nacionalista, Mohammed Mossadegh, que defendia a nacionalização da indústria do petróleo, que enriquecia os cofres ocidentais, rendendo muito pouco ao país. O Xá acabou perdendo a luta pelo poder com Mossadegh e deixou o país, até ser trazido de volta, depois que a CIA e o serviço secreto inglês se uniram para destituir Mossadegh do poder, em agosto de 1953, manobra essa que custaria muito caro ao mundo e, sobretudo, aos patrocinadores do golpe, como já mencionado.

Apesar da volta do Xá ao poder, o governo secular estava com seus dias contados. Da cidade de Qom, o mais estridente inimigo dos Pahlavis carregava as baterias desferindo críticas cada vez mais contundentes contra o governo ocidentalizante do Xá. Era o aiatolá Khomeini.

Clérigos no poder

Ruhollah era neto e filho de mulás (autoridades religiosas xiitas) e cresceu acompanhando as reviravoltas da política iraniana e sofrendo na pele algumas de suas consequências. Quando ele tinha cerca de 5 meses de idade, seu pai foi morto por ordem do temível serviço secreto do Xá, a Savak. O jovem Ruhollah foi criado por sua mãe e tia e foi educado em várias escolas islâmicas até se instalar em Qom, por volta de 1922. Ele se tornou um estudioso proeminente na década de 1930, conhecido pelo nome de sua cidade natal, Khomeini, na época em que Reza Xá obrigou todos os habitantes a adotarem sobrenome, à moda ocidental. Na década de 1950, ele foi aclamado como aiatolá, um posto no topo da hierarquia clerical xiita.

Como estudioso e professor, Khomeini produziu numerosos escritos sobre filosofia, lei e ética islâmicas, mas ganhou destaque por sua furiosa oposição aberta ao Xá, denunciando a ocidentalização socioeconômica acelerada e defendendo a pureza islâmica. Na opinião de Jason Elliot, Khomeini era "uma figura tão incompreensível quanto aterrorizante. Parecia impossível ligá-lo à extravagância e sofisticação dos safávidas de Esfahan".

No início da década de 1960, o xá suspendeu o parlamento e lançou um agressivo programa de modernização, conhecido como Revolução Branca, que incluía maior emancipação das mulheres, redução da educação religiosa, acelerada urbanização, novas leis agrárias — políticas que reduziam o poder político e a influência da poderosa classe clerical e marginalizavam os valores tradicionais. Ao lado disso, cresciam as preocupações sobre democracia e direitos.

Em outra frente, Mohammad tentava se reabilitar, invocando o império persa pré-islâmico, de Ciro e Dario, e tendo a péssima ideia da indescritível festa em Persépolis em 1971. Com o objetivo de surfar na glória e mística dos reis da Antiguidade no esforço de se legitimar, tomou para si o título de "Rei dos Reis" e "Luz dos arianos" e celebrou dois milênios e meio da realeza persa na capital aquemênida, Persépolis. Ao lado, em Shiraz, famílias morriam de fome[5].

A festa e toda sua revoltante ostentação indignou a população aviltada pela pobreza e torpedeou ainda mais o esforço do rei em se regenerar diante do seu povo. "Quanto mais ele tentava ser um democrata, mais estátuas dele eram derrubadas", ilustra a autora de *Persépolis*.

De um lado, modernidade, de outro, perversidade. A Savak censurou a imprensa, livros e filmes, proibindo, inclusive, as peças de Shakespeare e Molière porque criticavam os desvios das monarquias e aristocracias. Segundo relata Kapuscinski, a Savak dispunha de 60 mil agentes, que mandavam nas universidades, nos escritórios e nas fábricas. "Era como um polvo monstruosamente superdotado, que se emaranha em tudo, penetra em todas as rachaduras e cantos, que cola suas ventosas em todos os lugares, perfurando, farejando em todas as direções, arranhando todos os níveis da existência." Era exatamente esse o plano do Xá, num surto de paranoia: reunir inteligência que recolhesse toda informação possível.

O autor de *The Cypress Tree* confirma as palavras de Kapuscinski e vai além. "A existência espectral da Savak jogou uma sombra que se estendia sobre todos aspectos da vida iraniana, e a mente iraniana, há muito, sensível a conspirações, teve logo toda sua paranoia de pesadelo alimentada pelas atividades da organização."

Na percepção afiada de Kapuscinski, "o Xá havia criado um sistema capaz de se defender, mas incapaz de satisfazer o povo. Essa foi a sua maior fraqueza e verdadeira causa de sua derrota final. O fundamento psicológico de tal sistema é o desprezo dos governantes por seu povo e sua convicção de que a nação ignorante pode sempre ser enganada por promessas constantes". E, lembrando um provérbio iraniano, ele completa: "As promessas têm valor apenas para quem acredita nelas."

Em 1962, foi a vez de Khomeini ser preso pelo serviço de segurança do Xá, o que concorreu para sua elevação ao status de herói nacional, como assinala o autor de *The Cypress Tree*: "Khomeini estimulou o ressentimento do povo com uma retórica inflamada; o xá havia

---

5   Ver mais sobre a festa no capítulo "Dois poetas e um império".

reduzido o povo iraniano a um nível inferior ao de um cão americano. O subsequente exílio de Khomeini no Iraque o transformou de religioso provinciano, pouco conhecido, em líder político nacional. E ele incorporou o papel, anunciando: "Meus soldados estão no momento ou nos berços ou brincando nas ruas." Com isso, ele declarou seu lugar como seu potencial líder político. E mesmo quando estava mais distante, exilado, censurado, conseguia se fazer presente, como assinala Kamin Mohammadi: "Os discursos de Khomeini — gravados e contrabandeados para serem disseminados nas mesquitas — espalharam as chamas do descontentamento... se tornariam um tsunami de insatisfação."

Exilado em 1964, Khomeini viveu na Turquia, no Iraque e depois na França, cultivando muitos seguidores no exílio e estabelecendo uma rede forte e influente, à medida que escalava ainda mais as denúncias contra o Xá, instigando seus partidários a derrubarem o regime. Conta a jornalista Geraldine Brooks que, ao chegar em Paris, Khomeini fechou os olhos para não se contaminar com o Ocidente. O ex-correspondente da BBC, John Simpson, entrevistou o aiatolá quando ele chegou à França no exílio: "Ele parecia a vingança personificada... Você podia sentir a personalidade do homem emanando dele: ele era pequeno, mas parecia encher a sala. Ele também parecia extraordinariamente limpo." As impressões de Kapuscinski foram além: "Khomeini leva vida ascética, comendo apenas arroz, iogurte e frutas, ocupando apenas um quarto, paredes nuas, sem mobília, só um colchão no chão, e uma pilha de livros... Ele senta rigidamente. Seu rosto é pálido, acima da barba branca. Ele não gesticula quando fala; as mãos dele descansam nos braços da cadeira. De vez em quando, ele enruga o alto da testa e levanta as sobrancelhas... Nessa face, que parece ter sido composta para não produzir nem emoções nem humores, não expressando nada além de concentração interna."

A partir de meados dos anos 1970, a influência de Khomeini no Irã cresceu dramaticamente, devido à insatisfação pública com o regime do Xá. Como salienta Naipaul, "o aiatolá Khomeini, no meu entender, havia sido lentamente revelado. À medida que a revolução se desenrolava, sua santidade e autoridade pareciam crescer e, no final, eram vistas como se tivessem sido absolutas desde o princípio". Kapuscinski parece concordar com essa visão: "E os mulás saíram e disseram que o movimento do Xá ofendeu o princípio da soberania. Agora, pela primeira vez, o Irã ouviria o aiatolá Khomeini. Antes disso, ninguém, além do povo de Qom, sabia dele."

A economia mal administrada estimulou o ressentimento e alavancou uma oposição popular generalizada. Os mulás subiam o tom e a temperatura dos ataques a Reza Pahlavi: "Ele, o que está sentado no palácio, é um estrangeiro recebendo ordens de potências estrangeiras. Ele está causando todas as suas misérias; ele está fazendo fortuna às suas custas e vendendo o país", rememora Kapuscinski. "O povo prestou atenção a isso porque a palavra dos mulás os atingiu como a verdade mais óbvia. Não quero dizer que os mulás eram santos. Longe disso. Muitas forças das trevas se escondem nas sombras da mesquita. Mas os abusos de poder e a ilegalidade do palácio fizeram dos mulás advogados do interesse nacional." E nisso Khomeini foi categórico: "Em nosso país não há espaço para a influência estrangeira."

Enquanto isso, o Xá prometia, conforme relato de Kapuscinski: "Que, com o petróleo, eu criarei uma segunda América em uma geração."

Observador ativo desse momento da história anterior à revolução, o filósofo francês Michel Foucault visitou duas vezes o país em 1978, interessado em entender a sublevação iraniana. Ali ele forjou a concepção de "espiritualidade política". Sua abordagem rendeu barulhenta polêmica, acusando-o de ter apoiado uma república islâmica teocrática. Em *O enigma da revolta*, ele se pergunta: "Qual é, então, essa força que implica ao mesmo tempo uma vontade de sublevação feroz, obstinada, a cada dia renovada, e a aceitação de sacrifícios dos próprios indivíduos que aceitam a morte? É evidente que não é do lado das ideologias políticas do tipo marxista, que não é também do lado de um tipo de ideologia revolucionária no sentido ocidental do termo, que é preciso procurá-la, é em outro lugar."

A oposição a Reza Pahlavi incluiu um amplo espectro de alianças políticas, além da presença maciça de mulheres. Khomeini encorajou fortemente as mulheres a irem para a rua, e uniu os clérigos conservadores, a esquerda secular e outros, que se abrigaram em terreno comum sob a bandeira da identidade xiita. Como diz Kapuscinski: "O Xá deixou às pessoas a escolha entre a Savak e os mulás. E eles escolheram os mulás. Quando se pensa sobre a queda de uma ditadura, não se pode ter ilusões de que todo um sistema chega ao fim como um sonho ruim." O autor Vali Nasr explica que "as mudanças tectônicas na política xiita que se desenvolveram sob o governo do Xá coincidiram com um período de intenso ativismo de esquerda no país".

A autora de *Persépolis* reconstrói a confusão ideológica da época: "É inacreditável. A revolução é de esquerda, mas querem que a república seja islâmica." O movimento massivo culminou na Revolução Iraniana de 1979, que derrubou a dinastia Pahlavi, pondo fim a 2500 anos de monarquia.

Cronista da revolução, Ryszard Kapuscinski identificou, na época, o fio que uniria todos esses movimentos sucessivos. Para ele, o movimento de mudança foi tão acelerado e violento que a sociedade não conseguiu absorvê-lo. O caráter ocidentalizante dos valores modernos ignorou a dimensão comunitária e religiosa da vida das pessoas, ameaçando a "parte mais elementar de sua identidade". Como resultado, "ainda mais ênfase foi colocada em valores mais antigos. As pessoas se defenderam escondendo-se nesses valores mais antigos. As antigas tradições e a antiga religião eram o único abrigo disponível para elas". Foucault também concorda que foi o islã que permitiu que todo o povo participasse. "Ele se reconheceu. Parece-me que, até mesmo no âmago do interior do Irã, esse movimento ecoou na medida em que se referia a algo que as pessoas reconheciam como seu. Se o movimento tivesse sido feito em nome da luta de classes, ou em nomes das liberdades, não tenho certeza de que teria tido o mesmo eco e a mesma força."

No final da década, a impopularidade de Pahlavi, produzida pelo empobrecimento da população aliado ao implacável aparato repressivo e à fracassada "Revolução Branca" desencadeou tumultos, greves e manifestações em massa por todo o país. Ao buscar o estopim que culminaria na revolução xiita, o escritor Kapuscinski identifica um fato: o artigo no jornal oficial *Ettelaat*: "Como o Xá passou do limite e assinou sua própria sentença? Autoridade deve saber que uma palavra descuidada pode derrubar o maior império."

O artigo, supostamente escrito pelo próprio Xá, com o título de "Irã e o imperialismo vermelho e negro", foi publicado em 8 de janeiro de 1978. O texto denunciava as forças de oposição, designadas como "Imperialismo vermelho e negro", ou seja, os comunistas e o clero, e fazia acusações pessoais graves a Khomeini. Dentre outras coisas, insinuava que ele não era realmente iraniano e que suas credenciais religiosas eram questionáveis. De acordo com o artigo, ele tinha "um passado desconhecido", mas aparentemente morou muitos anos na Índia, onde desenvolveu "contatos com centros do imperialismo britânico". Além de sugerir que o clérigo era um agente britânico, o artigo concluía denunciando o aiatolá Khomeini como "alguém que tomou a iniciativa de levar a cabo os planos do imperialismo vermelho e negro".

Quando o jornal chegou em Qom, a população enfurecida tomou as ruas em defesa de Khomeini. Poucos dias após o artigo ser publicado, os estudantes religiosos da cidade foram às ruas protestar contra o ataque ao aiatolá. Seguiu-se um confronto com a polícia, nove pessoas morreram e muitas ficaram feridas. Quarenta dias depois, em Tabriz, um funeral se transformou em campo de guerra. Desta vez, treze pessoas foram mortas. Depois disso, como um castelo de cartas desabando, explodiram conflitos em Teerã, Esfahan e Mashad, e depois em Qom mais uma vez. Durante todo aquele mês, cidade após cidade testemunhava a agressão aos símbolos da modernidade ocidental associados ao governo do Xá, como bancos, cassinos e cinemas.

E foi num cinema que se deu o momento mais trágico desse clima de tensão pré-revolucionário, que ficou conhecido como "o crime do século" pelos iranianos: o incêndio criminoso do cinema Rex, na cidade de Abadan. Em 19 de agosto de 1978, mais de 400 pessoas, incluindo crianças, morreram queimadas dentro da sala. Até hoje há polêmica sobre quem fechou as portas do cinema, impedindo a fuga das pessoas. Relatos da época dão conta que em 2 horas todos viraram cinzas. Consta que os bombeiros chegaram apenas 40 minutos depois de o incêndio começar.

Embora muitos, como a autora de *Persépolis,* responsabilizem o Xá pela chacina — "O regime do Xá disse que os autores do massacre foram os fanáticos religiosos, mas o povo sabe que a culpa é do Xá" —, outros acreditam que o cinema foi atacado por fundamentalistas insuflados por Khomeini para acelerar a revolução.

Na iminência do colapso de seu governo, em janeiro de 1979, Reza Pahlavi e sua família fugiram para o exílio, penando para encontrar asilo, diante da recusa quase unânime dos países em recebê-los. Acabaram indo para o Egito, onde Reza morreu de câncer. Conclui Kapuscinski: "A grande civilização está em ruínas. O que foi em essência? Um transplante rejeitado, uma tentativa de impor um certo modelo de vida a uma comunidade ligada a tradições e valores completamente diferentes... A rejeição de um transplante, uma vez iniciado, o processo é irreversível."

A rejeição ao "transplante" — a imposição do modelo ocidentalizante na sociedade, deflagrado pelo Xá — estava nos discursos do aiatolá Khomeini e também nos postulados de intelectuais influentes. Atribui-se a um deles a inspiração para a retórica enraivecida do aiatolá. Seu nome era Jalal Al-e-Ahmad e sua principal obra foi desenvolver um conceito que fundamentaria o pensamento dos revolucionários (xiitas e seculares), opositores do Xá: *Occidentosis: a plague from the West* (*Ocidentalismo: uma praga do Ocidente*). Se Edward Said "abriu" os olhos do mundo para as armadilhas e ameaças do "orientalismo", Al-e-Ahmad alertou para os perigos do "ocidentalismo" para a sociedade iraniana.

O Ocidente como ameaça

> "Falo de 'ocidentalismo' como falo de tuberculose."
>
> Jalal Al-e-Ahmad, *Occidentosis.*

Com esse diagnóstico contundente, começa o livro de Al-e-Ahmad, expressando muitas das preocupações que agitaram a intelectualidade durante os anos anteriores à tomada do poder pelos xiitas. Proibido no Irã durante o reinado do Xá, *Gharbzadegi* ("*Occidentosis*; ocidentalismo"), foi publicado pela primeira vez após a Revolução Islâmica. Representa um dos primeiros livros do Irã a ter grande impacto sobre os eventos que derrubariam o último xá da Pérsia.

Trata-se do desabafo e do posicionamento arrebatador de um intelectual iraniano fortemente incomodado diante da emergência em seu país daquilo que ele considerava uma doença, *Gharbzadegi,* algo como a "doença do ocidentalismo". Em seu libelo, Al-e-Ahmad denunciou a perda da identidade cultural iraniana por meio da adoção e da imitação de modelos e referências ocidentais na economia, educação, nas artes e na cultura.

66... nós, os ocidentalistas, deixamos nossa própria música inexplorada, bradando baboseiras inúteis sobre sinfonias e rapsódias. Permanecemos totalmente ignorantes da pintura iraniana — pintura representacional e miniatura... Abandonamos a arquitetura iraniana com suas simetrias, seus lagos e fontes, seus jardins, suas adegas, suas piscinas fechadas, seus quartos de hóspedes com seus vitrais, suas janelas de treliças. Fechamos os *zurkhana*[6] e esquecemos o polo. Vamos com quatro lutadores às Olimpíadas, cuja peça central é a Maratona, em si uma alusão à derrota daquele patife nos tempos antigos, de quem não se sabe por que ele liderou um exército deste lado do mundo para aquele."[7]

O autor também rejeitava a transformação do Irã num tipo de dado no tabuleiro da geopolítica do Oriente Médio, manipulado pelas potências ocidentais, transformado em mero mercado consumidor para produtos do Ocidente.

O termo "*occidentosis*" foi cunhado pela primeira vez por Ahmad Fardid, um professor de filosofia da Universidade de Teerã, na década de 1940. E ganhou popularidade após a publicação clandestina do livro de Jalal em 1962. Entretanto, a polêmica em torno da influência deletéria ocidental na cultura iraniana e das estratégias para combatê-la antecederam em décadas os acontecimentos do final dos anos 1970.

Desde o início do século XX, durante a Revolução Constitucional do Irã até a Dinastia Pahlavi, o tema assombrava segmentos da sociedade iraniana. Em consequência, a própria terminologia passou a significar coisas diferentes para diferentes pensadores. Para alguns, como Jalal Al-e-Ahmad, a expressão 'ocidentalismo' representava um mimetismo pernicioso e tóxico. Já para os religiosos revolucionários, como Ruhollah Khomeini, a influência ocidental pervertia a identidade religiosa e corrompia a moral, supostamente promovendo a demagogia sexual. E para outros intelectuais, o conceito problematizava o paradigma do "global" e da "modernidade, em que o Ocidente tem o monopólio da 'civilização', do 'progresso', das 'máquinas', do 'desenvolvimento'". E tal ideia de superioridade feriu os brios iranianos, como recorda Kapuscinski: "Este exército de estrangeiros, por força de sua expertise técnica, seus conhecimentos de que botões apertar, que alavancas puxar, que cabos conectar, começou a dominar e a encher os iranianos de complexo de inferioridade." Um sentimento que só fez insuflar a contrariedade com a ocidentalização da sociedade. "Este é um

---

6   *Zurkhana* ou *Zurkhaneh*, que significa "Casa de força", é o ginásio de esportes da antiguidade persa, possivelmente com origem no Império Parto (132 a.C.–226 d.C.). O objetivo original dessas instituições era treinar guerreiros, fortalecer o orgulho nacional e prepará-los para futuros combates. Nesse ambiente, homens de diferentes grupos étnicos, em várias províncias, praticavam lutas tradicionais. A antiguidade dessa forma de atividade física está sacramentada pelo clássico *Shahnameh*, segundo o qual Rustam, o maior herói, praticava lutas tradicionais. Os rituais combinavam treinamento físico, espiritualidade, música, dança, códigos de comportamento, ética e arte. A luta corpo a corpo para o combate era considerada a especialidade dos *zurkhaneh*. Até hoje é praticada no Irã, onde funcionam aproximadamente quinhentas dessas academias.

7   Ahmad ironiza o fato de iranianos comparecerem a jogos, cuja prova principal chama-se Maratona, por ter sido nesse lugar na Grécia que os persas, sob domínio de Dario, foram vencidos pelos gregos na primeira das guerras médicas. A modalidade tem origem numa lenda e homenageia um mensageiro do exército de Atenas, que teria corrido 42km entre o campo de batalha de Maratona até Atenas para anunciar aos cidadãos da cidade a vitória dos exércitos atenienses contra os persas, morrendo de exaustão após cumprir a missão.

povo orgulhoso, extremamente sensível sobre sua dignidade. Um iraniano jamais admitirá que não consegue fazer algo. Para ele, tal admissão constitui uma grande vergonha", conclui o repórter polonês.

Gharbzadegi (Occidentosis) é o trabalho mais conhecido de Jalal Al-e-Ahmad, mas sua obra é vasta, compreendendo mais de vinte volumes de novelas, contos, ensaios, livros de viagem, traduções, romances e estudos antropológicos. Nascido numa família religiosa clerical em Teerã, em 1923, o autor foi membro destacado do Partido Comunista, o Tudeh, logo após a Segunda Guerra Mundial, rompendo com o partido poucos anos depois, em 1947, em protesto contra a influência soviética no Irã. Continuou atuando politicamente, fundando partidos sobretudo para apoiar o primeiro-ministro Mohammad Mossadegh nos anos 1950 e seu posicionamento em favor da nacionalização da indústria do petróleo.

Como intelectual e antropólogo, foi dos mais proeminentes etnógrafos iranianos contemporâneos. Além disso, durante toda sua vida, Jalal Al-e-Ahmad também foi professor e a educação ocupou grande parte de sua obra. De acordo com ele, o sistema educacional não deveria tentar "homogeneizar" ou "uniformizar" a aprendizagem sem vínculo com o passado, sem qualquer interesse ou conhecimento sobre suas culturas locais.

A valorização do legado histórico e cultural era um imperativo da visão de Al-e-Ahmad, que insistia que os iranianos estivessem cientes e se orgulhassem de sua preciosa herança. Em seu livro, ele assinala: "Embora ao lançar sua carreira de imperialismo, o Ocidente, como uma sanguessuga, só bebesse o sangue do Oriente (marfim, óleo, seda, especiarias e outros bens materiais), aos poucos foi percebendo que o Oriente também possui abundantes bens espirituais... Sua antropologia, mitologia, dialetologia e mil outras 'ologias' foram fundadas em material recolhido deste lado do mundo. E agora estudar os bens espirituais do Leste, da Ásia, África e América do Sul está se tornando a ocupação intelectual do ocidental.[8]"

Ao enfatizar que o Oriente tem um passado filosófico excepcional, Ahmad acreditava na capacidade do país para lidar com as novas ideias e teorias do Ocidente, e de absorver a mecanização da sociedade dentro de um contexto próprio, que imprimisse sentido e propósito, indo de encontro ao consumismo desenfreado e vazio do Ocidente. Ahmad defende o uso da tecnologia ocidental de forma controlada, como meio e não como fim, "para abolir a pobreza e colocar o bem-estar material e espiritual ao alcance de todos". A estratégia, na visão dele, permitiria à sociedade iraniana resistir à globalização e seus impactos, ou seja, a tecnologia, a "máquina" não deveria ser o objetivo, um fim em si mesmo, mas apenas ferramenta de produção, controlada pela cultura iraniana. Em suas palavras, era necessário "colocar este gênio

---

8   Jalal Al-e-Ahmad dividia o mundo entre os polos do Oriente e do Ocidente, mas sua visão não correspondia a uma separação geográfica ou política padrão. Ao contrário, ele enxergava a divisão econômica entre os produtores da tecnologia, os donos dos meios de produção e os consumidores de máquinas. Ahmad considera a América do Norte, a Europa, a Rússia (então URSS) e países como África do Sul partes do Ocidente, e a África, Ásia e América Latina, como partes do Oriente.

de volta na garrafa". Para ele, se o Ocidente era a toxina com a qual os iranianos se envenenaram, o islã era o antídoto.

Apesar de seu relacionamento com grupos políticos seculares, Al-e-Ahmad tornou-se, ao longo do tempo, mais simpático à necessidade de liderança religiosa na transformação da política iraniana, aproximando-se de Khomeini. Entre 1963 e 1964, durante prisão domiciliar do religioso na cidade de Qom, antes de ser enviado para 15 anos de exílio, Ahmad e Khomeini se encontraram pela primeira vez. O encontro durou apenas 15 minutos, mas teve consequências pelos 50 anos seguintes. Al-e-Ahmad seria o único escritor contemporâneo — iraniano ou estrangeiro, leigo ou clerical — que o aiatolá elogiou.

Al-e-Ahmad não viveu para ver a apropriação de parte de suas ideias pelos revolucionários xiitas, falecendo em 1969, aos 46 anos, 10 anos antes da derrubada do Xá. Entretanto, a força e a ressonância de *Gharbzadegi* o converteram na grande fonte inspiradora da Revolução Iraniana. Seu legado filosófico e sua memória seguem sendo cultivados, dando nome a uma via expressa em Teerã, a um importante prêmio literário, e a imagem de seu rosto estampou selos emitidos pelos correios do Irã", relata um amigo iraniano. A escritora Azar Nafisi viveu a repercussão da adoção radical das ideias de Al-e-Ahmad na vida cotidiana: "Esse era um país onde todos os gestos, mesmo o mais particular, eram interpretados em termos políticos. As cores do meu véu ou da gravata do meu pai eram símbolos da decadência ocidental e das tendências imperialistas. Não usar barba, apertar as mãos do sexo oposto em público, bater palmas ou assoviar em reuniões públicas eram, do mesmo modo, considerados hábitos ocidentais."

Turbantes no lugar das coroas

Em 01º de fevereiro, poucos dias após a fuga de Reza Pahlavi, Khomeini retornou ao Irã em triunfo. Conta um jornalista que o acompanhou na viagem que, ao ser perguntado o que sentia ao voltar finalmente para seu país, o líder religioso teria respondido simplesmente: "*Hitch*!" (Nada!)

Em 01º de fevereiro de 1979, ao ser aclamado como o líder político e religioso do Irã, Khomeini retornou a Qom, enquanto a classe clerical trabalhava para estabelecer seu poder. Um referendo nacional em abril mostrou apoio esmagador para a instituição de uma república islâmica. Os clérigos xiitas iranianos assumiram em grande parte a formulação de políticas governamentais, enquanto Khomeini arbitrava entre as várias facções revolucionárias e tomava decisões que exigiam sua autoridade pessoal. Em seus discursos, o líder xiita não deixou dúvidas sobre suas intenções: "Nós não adoramos o Irã, adoramos Alá."

Testemunha das mudanças que sacudiram o país após a revolução, a escritora Azar Nafisi, autora do best-seller *Lendo Lolita em Teerã*, relembra: "Aqueles foram dias cruciais na história iraniana. Uma batalha sobre o modelo da constituição e a alma do novo regime era travada em todos os níveis. A maioria das pessoas, dentre as quais clérigos importantes, era a favor de uma constituição secular. Grupos poderosos de oposição — secular e religiosa — se formavam para protestar contra as tendências autocráticas dentro da elite dominante" [...]

A elite clerical se impôs, detonando um intenso movimento de vingança política, condenando à morte centenas de pessoas que haviam supostamente trabalhado para o regime do Xá. A oposição interna restante foi, então, suprimida, seus membros sendo sistematicamente aprisionados ou mortos. Naipaul relata que seis meses depois da derrubada do xá, as notícias do Irã ainda eram execuções. "As mais recentes haviam sido prostitutas e gerentes de bordéis; a revolução islâmica dera essa guinada perversa." Num episódio se conta que Khomeini condenou quatrocentas pessoas à morte em Teerã. Como mostrou a história, a esquerda ajudou a tirar o Xá, abriu espaço para a islamização e muitos de seus membros acabaram mortos, confirmando o velho ditado do "cuidado com o que deseja".

Um dos mais sofridos relatos dessa época está na literatura. A novela *The Colonel* (*O Coronel*), de Mahmoud Dowlatabadi, obra incrivelmente poderosa sobre nação, história e família, ilumina de forma arrasadora as consequências de anos de opressão e agitação política no Ira, primeiro com o Xá e depois com os clérigos. *O Coronel* é um verdadeiro pranto por mais essa tragédia na história moderna do Irã.

> "Nenhuma geração queria saber nada sobre a outra, e o resultado foi que eles se cegaram tanto para o futuro quanto para o passado. Muitos eram opositores passivos, enquanto outros eram catastróficos em sua atividade."

A lei islâmica foi imposta em todo o país. As mulheres iranianas foram obrigadas a usar o véu, a música e o álcool e os banhos de mar conjuntos foram proibidos e as punições prescritas pela lei islâmica foram restabelecidas. A advogada Shirin Ebadi desabafou: "Eu participei de meu próprio fim." O regime também decretou o fim de outro grupo, que desde a instalação do governo islâmico passou a sofrer uma quantidade inominável de abusos e de penas capitais: os bahais.

Mártires dos mártires

Assim que mudei de vida, de estado, de emprego e de cidade, uma das primeiras experiências inesquecíveis de minha chegada ao Rio de Janeiro foi ser homenageada, como responsável por um canal educativo que contribuía para a defesa dos direitos humanos, por uma instituição de que nunca havia ouvido falar. Tratava-se do prêmio conferido pela Fé Bahai a realizações que promoviam o respeito aos direitos humanos. A homenagem também era patrocinada pela Unesco. Fé Bahai? Direitos Humanos? Ao buscar o link entre todas essas coisas, de novo desembarquei no Irã. Dessa vez, no lado menos luminoso do país.

Anos depois, na minha primeira visita à Pérsia, peguei um táxi em Teerã para ir à embaixada do Brasil. Conversando com o motorista, um senhor gentil e discreto, descobri que ele era bahai. Depois de revelar sua religião, ele emendou: "Os bahais sofrem muito aqui no Irã, sofrem muita perseguição e nem sempre é possível escapar." Sim, o prêmio dado em nome dos direitos humanos tem lastro quando vem dos bahais com sua saga de martírio perpétuo, perpetrado pelos grandes promotores dos martírios no mundo.

A perseguição aos bahais não é um fenômeno recente. Vistos como hereges e apóstatas, os bahais foram os bodes expiatórios da sociedade persa e iraniana por gerações. Praticamente desde o seu início, em meados do século XIX no Irã, essa religião tem sido objeto de intensa hostilidade por parte do clero xiita muçulmano e alvo de sucessivas ondas de ataques contra seus membros. O principal motivo da hostilidade à essa minoria tem sido diferenças religiosas. O clero islâmico rejeita a ideia de que poderia haver uma revelação de Deus depois da de Maomé, que é considerado por eles como "o último dos profetas". Sua fé é comparativamente nova. Em 1844, um comerciante que se chamava "o Bab" ("o Portão") começou a pregar na Pérsia, reinterpretando o xiismo e anunciando a vinda de um novo profeta. O eleito foi um dos seguidores do Bab — Baha'u'llah —, considerado o fundador oficial de sua religião e quem elaborou os ensinamentos da fé e fundou a comunidade bahai.

Segundo Naipaul, "o movimento bahai no século XIX era subversivo. Uma das primeiras palavras de ordem era "cabeças cortadas, livros e papéis queimados, lugares simbólicos destruídos e arrasados e matança generalizada; em 1852, houve uma tentativa de matar o rei". O movimento não prosperou e "os bahais foram deixados, ou abandonados como muitas outras seitas muçulmanas, nos labirintos quase sem saída de sua fé."

A fé bahai também defende a superação das diferenças de raça, credo, língua e nação. Os escritos bahais dão grande importância a objetivos como o estabelecimento da igualdade entre os gêneros, a não segregação dos sexos nos serviços religiosos, o que vai de encontro aos postulados xiitas, e o encorajamento da educação universal, com particular ênfase nas ciências.

Tais conceitos ressoaram como um insulto para o *establishment* xiita no século XIX, e são igualmente repugnantes para seus sucessores modernos. Se bem que para o jornalista Samy Adghirni, por trás dessas diferenças "existe também um componente geopolítico, já que muitos clérigos acham que a fé bahai é uma invenção ocidental para dividir o Oriente Médio".

Apoiada por organizações como a Comissão de Direitos Humanos das Nações Unidas, o Parlamento Europeu e a Anistia Internacional, essa minoria proscrita, ainda sobrevive mantendo-se *low profile*, sem nenhum engajamento político-partidário.

Calcula-se que 20 mil bahais foram mortos no Irã durante os últimos 100 anos. Pouco importa se quem manda são os persas ou otomanos, reis ou mulás, o ódio contra eles não encontra similar na sociedade iraniana. Em junho de 1983, as autoridades islâmicas de Shiraz enforcaram 10 mulheres e adolescentes por se recusarem a negar sua crença na fé bahai. Dias antes, outros grupos de bahais foram sacrificados. Nos 10 anos que se seguiram à revolução de 1979, mais de 200 bahais foram executados, centenas de outros foram torturados ou presos e dezenas de milhares perderam casas, empregos, negócios, acesso à educação. Funcionários públicos aposentados perderam as pensões. Casas, colheitas e animais foram destruídos; santuários demolidos. A constituição do país, que em tese protege minorias zoroastristas, cristãs e judaicas, lhes nega todo direito. E eles são a maior minoria, com aproximadamente 300 mil pessoas, do Irã.

Por meio de sua ONG e de seu escritório de advocacia, Shirin Ebadi atende às causas dos bahais e também é perseguida por isso, como salienta em seu livro *Until we are free* (*Até sermos livres*): "Na esfera legal, os bahais são a terra de ninguém da República Islâmica. Ninguém, nem mesmo advogados que representem feministas e ativistas da democracia, assume os casos de bahais, porque o ódio e a extrema sensibilidade do Estado estão tão arraigados que as consequências, temem os advogados, podem ser muito perigosas." Na interpretação que a teocracia iraniana faz do Islã, a fé bahai equivale à apostasia, que é passível da pena de morte.

Entre inimigos reais ou imaginários, internos ou externos, desde a sua criação, a República Islâmica do Irã soube assegurar a sua longevidade política com o apoio nacionalista de grande parte de sua população e pelo regime de força instaurado. Entre inimigos internos, como os bahais, e o externos, como as potências ocidentais aliadas do Xá e a liberalização dos costumes, a República Islâmica sobreviveu a diferentes tipos de abalo, ao longo dos últimos quarenta anos. Logo no início do governo, uma crise diplomática de muitos graus por pouco não detonou uma guerra. Dessa vez, contra o grande Satã, os Estados Unidos, o vilão da vez.

Como era de se esperar, a principal inflexão na política externa de Khomeini foi o completo abandono da inclinação pró-Ocidente do Xá e a adoção de uma postura de franca hostilidade em relação aos Estados Unidos. Era o novo invasor nas terras da cobiçada Pérsia. A ocupação do país por russos, turcos e ingleses, seguidos dos americanos, criou, na visão de Jason Elliot, de *Mirrors of the Unseen*, "um profundo sentimento de impotência entre os iranianos contra os projetos dos governos estrangeiros".

As denúncias do novo regime sobre a alegada deletéria influência americana no país insuflou de tal modo os jovens que, meses depois da revolução, em novembro de 1979, dezenas de estudantes militantes islâmicos atacaram a embaixada dos EUA, rotulada como "ninho de espiões", em Teerã, desencadeando uma ruptura entre Teerã e Washington. Mais de 50 reféns americanos foram mantidos em cativeiro por mais de um ano na embaixada ocupada, posteriormente retratada, sob viés norte-americano, em *Argo*, filme com Ben Affleck no papel principal, que levou o Oscar de melhor filme em 2012.

Enquanto a crise dos reféns recaiu como uma bomba sobre o governo democrata de Jimmy Carter, para o aiatolá Khomeini a captura da embaixada americana e de seus diplomatas foi celebrada como uma vitória simbólica de peso imenso. E alimentou ainda mais sua "retórica incendiária" contra os EUA. O correspondente Samy Adghirni, aponta as razões do ódio aos EUA que emana do regime teocrático. "Aos olhos de Khomeini, os americanos eram a encarnação do mal absoluto. Um povo materialista e depravado, capaz de tudo para saciar seu imperialismo hegemônico."

Até hoje o prédio da embaixada é um monumento de repulsa à hegemonia americana no mundo. O edifício agora é usado para treinar membros da Guarda Revolucionária do Irã, além de hospedar um museu de propaganda antiamericana, onde se exibem peças e supostas provas das atividades de espionagem daquele país. Uma vitrine mostra o que o museu alega ser uma mesa de ferramentas e equipamentos para fazer documentos falsificados e passaportes para espiões. E também livros contendo papelada oficial dos EUA supostamente confidenciais, encontrados na embaixada. Muitos deles que haviam sido destruídos em máquinas trituradoras, foram reconstituídos por um grupo de mulheres tapeceiras.

Bem perto da embaixada, ironicamente, ergue-se outro edifício simbólico para o regime xiita, um tipo de altar à guerra e ao heroísmo dos fiéis combatentes xiitas. É o *Shohada Museum* — Museu dos Mártires de Teerã —, frequentado por estudantes, universitários e poucos turistas, onde os artefatos em exposição se destinam basicamente a fortalecer a fé dos cidadãos, a reviver as batalhas contra "os infiéis" e a divulgar as lendas dos mártires mais exaltados do Irã. Pedaços de pano crivado de balas e manchado de sangue, cordões de contas de oração, um par de binóculos surrados, objetos religiosos e bandeiras islâmicas são testemunhas das histórias ali relatadas. Em lugar de destaque, a bandeira negra da Guerra Irã–Iraque, lembrando que, de acordo com a crença xiita, o sangue pode revitalizar a religião e tonificar a hegemonia política, como sempre soube o aiatolá Khomeini, que aproveitou de forma pujante a primeira grande oportunidade de fazer valer sua ideologia.

Paisagem do sangue derramado

Em Shiraz, entre as árvores que ladeiam as belas alamedas da cidade dos poetas, das mulheres e, antigamente, também do vinho, equilibram-se outdoors com rostos de jovens combatentes. Em Teerã, essas imagens estão em todas as esquinas, assim como em outdoors nas estradas e nas rotatórias atarefadas das cidades do Irã. Ao lado dos enormes murais, retratando os aiatolás Khomeini e Khamenei, elevam-se os pôsteres dos mártires da guerra Irã–Iraque, que desenham uma presença visual diferente de qualquer coisa que se vê pelo mundo, sobretudo no mundo ocidental, congestionado de anúncios. Junto às fotos dos jovens mortos, poemas, orações e palavras de ordem e de fé dos xiitas. Segundo a análise de Kamin Mohammad: "Pintado em estilo de pôster, com fragmentos belamente caligrafados de poemas ou slogans revolucionários, os homens foram retratados cercados por pombas e guirlandas de rosas, o amor iraniano pela natureza transformando até mesmo essas obras duvidosas em uma continuação da delicada sensibilidade da arte iraniana."

É como se as fotos nas lápides dos cemitérios ganhassem independência e invadissem a paisagem das cidades, temperando-a com uma nota sinistra. Naturalizados componentes do cotidiano, os cartazes dos mártires se incorporaram de tal modo à paisagem e ao mobiliário urbano iraniano, tal como uma calçada, um poste ou um semáforo. Ninguém — talvez com a exceção dos turistas desavisados — parece prestar mais atenção neles do que numa fachada banal de escritório ou num ponto de ônibus. Assim como sabemos que em Nova York, em cada esquina há uma Starbucks, no Irã tem sempre um mártir a espreitar, lembrando o laço de sangue que une a cultura da morte à cultura da vida, dessa vida que teima em circular indiferente ao redor.

Diante da iconografia do martírio que inunda a paisagem, Jason Elliot observa como "os olhos de mortos na guerra olham para o mundo dos vivos… Os retratos mostram rostos entre as centenas e milhares de soldados iranianos que morreram na década de guerra com o Iraque: gigante em escala, ubíquo e poderoso".

Em torno de um ano depois da tomada do poder, Khomeini teve que se enfrentar não com americanos, mas com um povo que compartilhou na Antiguidade o mesmo império: o Iraque.

Durante séculos Irã e Iraque foram parte da mesma Pérsia. Depois da revolução islâmica de 1979, os dois países passaram a se estranhar por razões que combinam a venenosa mistura de política, território, riquezas naturais e religião.

As relações entre o Irã de Khomeini, uma teocracia xiita, e o Iraque, um país de maioria xiita, comandada por uma elite sunita liderada por Saddam Hussein, deterioraram-se em função de uma disputa territorial pela hidrovia Shatt al-Arab. Além disso, complementa o jornalista Samy Adghirni que "Saddam também morria de medo que Khomeini insuflasse espírito revolucionário entre xiitas iraquianos".

Em setembro de 1980, o Iraque lançou uma invasão surpresa ao Irã, numa agressiva ofensiva para tomar posse da região rica em petróleo, o Khuzestan, dando início à guerra, uma guerra de tronos entre um "turbante" ansioso por exportar sua revolução para países de forte presença xiita e uma "coroa" sunita disposta a tudo para detê-lo, impedindo que a ideologia de Khomeini se espalhasse pelo Oriente Médio.

Quando o Iraque invadiu o Irã em 1980, Khomeini foi rápido em declarar a defesa do país como uma guerra sagrada, pondo em marcha a máquina de propaganda, comparando a guerra à batalha de Kerbala e proclamando o Irã como "a nação do martírio". Com seu chamado, mobilizou uma população que é extremamente orgulhosa e nacionalista.

Acorreram ao chamado para se juntar à Defesa Sagrada mais de 30 mil voluntários, alguns com apenas 13 anos, encorajados a abraçar o martírio da tradição xiita. Alguns deles integraram as chamadas ondas humanas, expondo-se aos campos minados, andando sobre eles — com uma chave para o céu pendurada no pescoço. Explodiam chamando o nome do imã Hussein. A ideia de ataques de enxame foi retirada da natureza, onde insetos e pequenos animais — de formigas a lobos — podem dominar um animal muito maior usando velocidade e ataques simultâneos. Completa Robert Baer: "Numa guerra santa, não bastava morrer. Só por meio do martírio a alma subiria diretamente para o céu."

No saldo de mais de um milhão de mortos, muitos se tornaram os novos "husseins", que passaram a ser cultuados como mártires xiitas. Em *Teerã, Lipstick e Loopholes*, Nahal Tajadod assinala que a revolução islâmica "usou e abusou do culto dos mártires para consolidar suas próprias fundações e depois defender o Irã contra a invasão do Iraque. Sem o imã Hussein e o culto profundamente arraigado do martírio, jovens iranianos não teriam se oferecido. Sem o imã Hussein, Saddam teria conquistado o Irã. Na verdade, é precisamente desde a queda de Saddam que os iranianos finalmente puderam ir ao Iraque e visitar o mausoléu de Hossein em Kerbala".

A batalha de califas e clérigos deixou uma multidão de mortos e incontáveis lojas de próteses e equipamentos para os mutilados, como revela Shirin Ebadi. "Na maioria das cidades iranianas há, pelo menos, uma loja de membros artificiais, pois o país tem o segundo maior número de minas terrestres no mundo que estão espalhadas em seu solo." No infeliz balanço da guerra com o Iraque, restaram 16 milhões de minas com sua perene ameaça de morte latejando no subsolo.

Segundo o correspondente brasileiro Adghirni, "a guerra foi especialmente traumática para o Irã, que sofreu o ataque inicial, registrou baixas e perdas maiores que o Iraque e enfrentou praticamente sozinho um inimigo amparado pelas maiores potências mundiais".

A guerra sangrenta cultivou ainda mais fortemente a ideia de um país devotado à morte, ao luto e ao martírio, que, com Khomeini, transformou-se num dos pilares do islamismo xiita, quase tão importante quanto o Alcorão, a mesquita e a oração diária.

Pedra de toque da revolução de Khomeini, a prontidão para o sacrifício foi abordada densamente pelo escritor Dowlatabadi, que descreveu em dramáticas palavras em sua novela *The Colonel* a presteza genuína dos filhos do personagem principal pelo martírio, tanto em nome da revolução contra o Xá, como na guerra contra o Iraque: "A única razão pela qual eles entraram no jogo e honrada e loucamente arriscaram o pescoço foi porque acreditavam que suas vidas estavam inextricavelmente ligadas ao seu país e ao seu povo."

O mesmo engajamento, selado a sangue, leva dezenas de famílias a fazer piquenique, a passear entre as tumbas de seus familiares, os mártires, no cemitério Behesht-e Zahra, "Paraíso de Zahra". Um dos maiores e mais movimentados do mundo, o local é batizado em homenagem a uma santa xiita. Por ali circulam cerca de 15 mil visitantes e são realizados 150 funerais por dia. Estima-se que cerca de 1,6 milhão de pessoas estejam enterradas ali. Num fim de semana comum, calcula-se que meio milhão de pessoas passeiem por aqui. "Você só precisa visitar o Behesht-e Zahra, em Teerã, ou o cemitério dos mártires para ver evidências de uma prontidão constante para o sacrifício. As sepulturas estão marcadas com tulipas vermelhas, as fontes correm com água de cor vermelha — símbolo do sangue dos mártires. Uma recitação infinita do corão ecoa de alto-falantes", conta o autor de *The devil we know*. "O regime islâmico no Irã não poupou esforços para manter viva a memória da guerra e consolidar a República Islâmica, reservando espaço nobre no cemitério para abrigar os mártires, numa área decorada com uma fonte que verte uma água tingida de vermelho, honrando o sangue derramado."

Surpreendente foi para o escritor Naipaul encontrar em livrarias de Teerã souvenires, cartões-postais fúnebres, louvando o martírio: "... havia álbuns de fotografias da revolução. A ênfase desses álbuns recaía em morte, sangue e vingança. Havia fotos de pessoas assassinadas durante o tempo do Xá; fotos da insurreição, sangue nas ruas, corpos nos necrotérios, com slogans escritos nos azulejos brancos; galerias de pessoas executadas depois da revolução, e mortos expostos, página após página, cadáver sobre cadáver." Naipaul conclui: "... Para manter vivas antigas hostilidades, aferrar-se à ideia de vingança pessoal, mesmo depois de mil anos, ter uma lista especial de heróis e mártires e vilões era necessário."

Robert Baer, em *The devil we know* (*O diabo que conhecemos*), aclara o quanto essa relação com o martírio alimenta a resistência dos devotos. "Os xiitas abordam o mundo de uma perspectiva completamente estranha à nossa. Eles sofreram repressão e privação econômica por 1300 anos; eles foram massacrados pelas mãos de sunitas; eles são muito duros e sangrentos demais para serem apaziguados com a nossa fé na democracia e no liberalismo do século XIX.

Combine isso com a sua lealdade, clareza e piedade, e a coragem de não correr sob o fogo, e os xiitas chegam perto de serem invictos inimigos... Na verdade, é o sangue que tornou os xiitas tão fortes."

O governo faz o que pode para enaltecer as graças alcançadas por meio do martírio. O valor da morte pela causa invade a vida. Conta a autora de *Persépolis* que as mães dos mártires exultam de alegria pela morte de seus filhos, além de contarem com todo o apoio do Estado. Já a advogada Shirin Ebadi sustenta que "filhas de homens-bomba não pagam escolas, têm direito à cota nas universidades, ganham presente no dia dos pais e têm educação universitária paga".

Na opinião de Robert Baer, a propensão ao martírio transcende o regime de plantão: "Nunca vi uma pesquisa confiável sobre o número de iranianos preparados para sacrificar suas vidas. Mas dezenas de iranianos com quem conversei disseram que fariam isso, mesmo aqueles que tinham pouca confiança no regime. Eu diria que o martírio no Irã não passará com o desaparecimento dos mulás", conclui ele.

É esse mesmo sentimento que repercute ainda nos dias de hoje na verdadeira guerra fria que se tornou a relação EUA e Irã, no começo do século XXI, durante o governo Donald Trump, que fez naufragar o histórico acordo nuclear selado no governo Barack Obama, a instituição do martírio foi de novo invocada. No auge das tensões, um general iraniano, o comandante-geral da Força Qods, braço externo da Guarda Revolucionária, Qasem Soleimani, em resposta a um tweet do presidente dos EUA alertou "Trump, o jogador" de que "você pode começar a guerra, mas seremos os únicos a determinar seu fim". No discurso proferido em 26 de julho de 2018, o general associou a retórica de Trump à de "um barman ou gerente de cassino", advertindo que "estamos perto de você em lugares que você não pode nem imaginar. Somos a nação de martírio". Em janeiro de 2020, o próprio Soleimani seria executado pelos americanos e se tornaria — ele também — mártir.

Vários autores, como Stephen Kinzer, lembram que "a retórica ameaçadora pode intimidar países que são pequenos, pobres, isolados e inseguros. Quando dirigido contra uma nação tão orgulhosa quanto o Irã, tem o efeito oposto. Enrijece a resistência e une pessoas que, como as pessoas de qualquer lugar, não gostam de receber ordens de quem consideram arrogantes".

Tal resistência, sugere o experiente ex-agente da CIA e autor do livro *The devil we know*, Robert Baer, revela a diferença entre o xiismo e outras religiões que cultuam o martírio — como os cristãos —: "É que no Islã o martírio é a recompensa pela guerra sagrada — e quem for puro e entregar sua vida conscientemente à causa, vê a face de Deus." Como relatou a ele um especialista: "Ele será recebido pelos anjos, que o levarão ao seu Paraíso." O autor completa: "A América já deveria ter entendido que nenhum exército pode ficar no caminho do martírio."

Khomeini soube aproveitar a vitória na Guerra Irã–Iraque e manter seu domínio carismático sobre os xiitas do Irã, permanecendo como o árbitro político e religioso supremo do país até sua morte em 1989, apesar de modestos resultados de seus planos de desenvolvimento. Em poucos anos promulgou uma constituição islâmica e construiu um complexo sistema de governança, que vigora até hoje e que não tem precedente histórico. Explica o jornalista Adghirni que a "República Islâmica do Irã ostenta no título suas raízes concomitantemente republicanas (inspiradas na tradição revolucionária e antimonárquica europeia) e religiosas. O modelo pretendia ser, ao mesmo tempo, democrático, com cargos eletivos, e absolutista, pela suposta conexão com Deus".

Khomeini tomou para si o lugar de líder supremo, representante de Deus na Terra, legalmente autoimcumbido de governar os muçulmanos enquanto esperassem o retorno do décimo segundo imã, o Mahdi. No sistema criado por ele, cabe ao líder supremo a palavra final sobre qualquer assunto, indicando o presidente do poder judiciário e os membros do poderoso Conselho dos Guardiães da Revolução, que aprova as candidaturas à presidência, monitora o Parlamento e fiscaliza ideologicamente o país.

Acompanhando o sistema, que inclui eleições diretas facultativas, acopla-se uma das instituições mais poderosas e temidas, a Guarda Revolucionária, que reúne mais de 100 mil homens, funcionando como um estado dentro do estado. Eles se envolvem nos grandes negócios estratégicos e na inteligência, interferem no debate sobre o programa nuclear, controlam empresas e bilhões em negócios, operando como uma fraternidade exclusiva. Passar pela "Guarda" funciona como rito de passagem para homens iranianos com ambições políticas, como foi o caso do comandante Soleimani.

O Conselho dos Guardiães da Revolução tem, ainda, o poder de vetar qualquer lei aprovada pelo Parlamento e garantir que essas leis estejam de acordo com a Constituição e as leis islâmicas, uma concepção heterodoxa, que combina elementos da democracia moderna com uma teocracia. O líder supremo só pode ser destituído pela Assembleia dos Especialistas — colegiado formado por 96 religiosos islâmicos, eleitos a cada 8 anos com a única função de avaliar o desempenho do líder supremo. É ele também quem aprova o presidente do país, escolhido pela população através de eleições diretas. Já o Parlamento, o Majles, é eleito por voto popular a cada 4 anos.

Apesar dos abusos dos direitos humanos, coletados desde a Revolução de 1979, o governo teocrático arrebanhou algumas conquistas: o índice de criminalidade do país é baixíssimo e a escolaridade alta e a população é bastante culta. Meninas e meninos estudam em escolas separadas até chegarem à universidade. O Estado oferece educação e saúde gratuitamente. O IDH, que mede o índice de Desenvolvimento Humano, é superior ao do Brasil.

Ao morrer, Khomeini deixou marcas fortes na sociedade. Milhões de iranianos se reuniram nas ruas de Teerã para homenagear o fundador da República Islâmica do Irã. Quando o féretro seguiu o caminho da procissão fúnebre, a multidão fortemente abalada agarrou o caixão das mãos dos guardas e arrancou a mortalha branca, na tentativa de arrematar alguma relíquia do líder supremo. Seu funeral foi um tributo enlouquecido ao martírio que ele sustentou com mão de ferro e com sua ênfase no sangue derramado de mártires e dos fiéis.

Na visão de Robert Baer, o legado real e duradouro de Khomeini é o martírio, uma arma no campo de batalha. "Ele elevou o martírio de Imam Husayn ao serviço do Estado." O ex-agente da CIA assinala que o Irã deve ser visto como um país de nuances. "Os americanos veem o presidente e os mulás do Irã como relíquias de uma idade das trevas, quando, na realidade, são a força motriz por trás da modernização do Irã. Não é o véu que cega os iranianos. É o véu que cega os americanos. Os americanos veem o turbante e não o cérebro."

Sem esquecer o passado anterior ao advento do xiismo, Stephen Kinzer arremata: "Central para o xiismo como para o zoroastrismo está a crença de que os governantes podem deter poder somente enquanto forem justos." Daí, talvez, origina-se a esperança de muitos jovens iranianos com quem conversei de que o regime opressivo contemporâneo tenha seus dias, anos ou séculos contados. Enquanto isso, o Irã não sairá das manchetes dos jornais, a cada ano mais recheadas de notícias de insurreições, de *tweets* provocadores, de guerras frias e ardentes, de batalhas internas e externas, produzindo milhares de vítimas. E de novos mártires da liberdade.

Capítulo 12

SER E NÃO SER

"Aceita a vida como aceitas essa taça, de sorriso nos lábios, ainda que o coração esteja a sangrar. Não gemas como um alaúde; esconde as tuas chagas."

Hafez.

O eixo da comédia

E por onde anda a alegria no país do martírio?

Em teatros por todo canto dos Estados Unidos, onde se apresenta o comediante de stand-up comedy, Maz Jobrani. Iraniano, criado na Califórnia, nos Estados Unidos, Maz é um ídolo dos expatriados iranianos da Tehrangeles, como os imigrantes se referem a Los Angeles, onde vive a maior comunidade de persas na diáspora, quase um território além-mar. Também numa evidência de que, desde a revolução xiita, a alegria vive bastante expatriada.

Em entrevista por e-mail, Maz fala desse improvável Irã "californiano": "É bom ter tantas pessoas com o mesmo background que o seu. Também senti que tinha muito em comum com aqueles que nasceram lá, mas cresceram na América. As tradições que foram mantidas principalmente através da minha família. Até hoje falo a língua (persa) com muitos na minha família, assim como com muitos em Los Angeles. Eu também gosto da comida. Sempre que posso, tento me expor à cultura, especialmente se houver uma mistura de Oriente e Ocidente." Ou seja, Maz é a expressão daquilo que dizia o poeta sufista do século XIII, Jalaluddin al-Rumi:

> Não sou cristão, nem judeu,
> Nem mago, nem muçulmano.
> Não sou do Oriente, nem no Ocidente,
> Nem da terra, nem do mar.
> Não sou corpo, não sou alma.
> A alma do amado possui o que é meu.
> Deixei de lado a dualidade,
> Vejo os mundos num só.

"Sou iraniano casado com indiana, com uma babá que é guatemalteca e meus filhos são… confusos", Maz zomba. Em casa e no palco, o Ocidente e o Oriente se encontram.

Em suas plateias, a diversidade impera: paquistaneses, afegãos, bolivianos, palestinos, haitianos, chineses, americanos e mexicanos, além de seus conterrâneos. Ali, eles têm a liberdade de rir de si mesmos, do jeito de ser dos pais e dos avós, da herança milenar, das contendas com os gregos e das relações com o mundo e a cultura ocidental, coisa difícil de se imaginar no Irã austero e soturno que o mundo conhece. "As pessoas não sabem que nós rimos! Você nunca nos vê rindo de filmes americanos, a menos que seja uma risada maléfica (fazendo cara de 'mau'): Eu vou te matar em nome de Alá!"

Maz ganha a vida fazendo comédia desde que ingressou num grupo de stand-up comedy chamado "Eixo do Mal", formado também por um comediante egípcio e um palestino. O grupo foi o primeiro a fazer piada — e sucesso — no Oriente Médio e sobre o Oriente Médio. Nunca no Irã. Maz também atua em séries de TV, além de já ter estrelado com recorde de visualizações dois TED Talks, e escrito um livro, contando sobre as desventuras e venturas de sua vida profissional e familiar.

Mesmo se tratando de um background tão particular, Maz assinala em sua entrevista que há mais em comum entre os diferentes imigrantes do que se pode imaginar. "Cresci nos EUA, então abraço a liberdade que temos de falar o que pensamos num palco. Dito isso, sou especialista, cresci com pais iranianos e em nossa cultura, então posso falar sobre isso no palco. Descobri que muitas culturas de imigrantes têm muito em comum. Então, quando conto piadas sobre meus pais iranianos, vejo indianos, mexicanos, chineses balançando a cabeça e rindo na plateia."

Um exemplo disso, lembra ele, foi quando meu pai resolveu me buscar numa partida de futebol já aqui na Califórnia: "Eles vinham e traziam a família inteira com eles em um carro — mamãe, papai, irmãos, tias, vovó, vizinhos, galos. Se você vir um carro sobrecarregado de pessoas, quebrando todos os tipos de regra e leis de cinto de segurança, com várias gerações de uma família apinhada em qualquer lugar onde haja espaço, eles são mexicanos ou iranianos! Nós trazemos toda a aldeia para cada atividade! Eu não sei por que isso acontece, mas talvez tenha algo a ver com as revoluções e circunstâncias políticas ruins que fizeram nosso povo se acostumar fugir do país."

No Irã, a "aldeia" se locomove entre atividades de moto. Uma das imagens mais impressionantes, exceção feita à galeria de mártires a céu aberto, é ver a quantidade de motocicletas levando famílias inteiras na garupa. Sobre duas rodas, se equilibram dezenas de pernas, como uma centopeia em movimento. Ninguém com capacete. Às vezes, viaja a bordo também uma mesa, um fogão, uma pilha de sacos de mercado ou de material de construção, acomodado sobre as quatro, cinco cabeças, empoleiradas nas motos.

A paisagem assustadora proporcionada pelos veículos menores que a carga chamou a atenção da escritora Vita Sackville-West já no início do século XX: "Uma quantidade notável de material pode ser colocada sobre rodas se você souber como fazer isso e não se importar com a pintura. O exemplo do persa ensina isso, pois tratam um veículo exatamente como se fosse um animal de carga. Por gerações eles estão acostumados a amontoar seus camelos e suas jumentas com várias mercadorias, desistindo apenas quando as pernas do animal realmente começam a ceder. E é assim com seu novo e mais rápido veículo, eles desistem de carregar somente quando as molas começam a ranger e os pneus a achatar... como se isso não bastasse, oito ou nove homens se amontoam no veículo que foi construído para cinco e pousam nos fardos como pardais numa pilha de feno."

Como me contaram alguns iranianos, a sensação é de que todos estão escapando de algum iminente ataque, com toda a mudança nas costas.

Das coisas da vida de que fala Maz, é o comportamento da família que mais arranca gargalhadas do público. Como quando ele expressa sua estupefação com a forma com que americanos tratam e mimam os filhos, ao contrário da linha dura atribuída aos pais iranianos. "Aqui passamos 'tempo de qualidade' com nossos filhos. Eu não me lembro de conhecer meu pai até os 5 anos!" Outro dos momentos hilários é quando ele conta que na revolução, quando houve um êxodo em massa, "os pais mandaram os candelabros de primeira classe e os filhos a pé, pelas montanhas do Afeganistão".

Ou quando, em apresentação em 2017, em Washington, ele comenta que no Irã os pais não costumam dizer que amam os filhos. Seus pais — ele brinca — "faziam coisas que indicavam que seus pais o amavam. E é uma das coisas que os pais iranianos falam que indicam que amam o filho é 'você é a luz dos meus olhos', o que significa que eu posso ver você até no escuro. Cuidado!"

E esse controle familiar se estende para o campo profissional. Quando Jobrani disse a seus pais que queria ser ator, eles não entenderam o que isso significava. "Eles basicamente responderam: 'Você quer ser ator? O que isso significa? Você é gay?'"

Como ele esclarece, os pais iranianos não acreditam que seus filhos devam seguir sonhos. "Para os pais persas, só há poucas opções na vida, e essas incluem advogado, médico ou engenheiro, de preferência um advogado especializado em engenharia, com diploma médico. Qualquer outra coisa é recebida com um franzido na testa."

A preocupação com o que os outros conterrâneos vão pensar, o medo de ser julgado, é outra sombra que, segundo Maz, persegue os persas: "Quando você é criança e seus pais te enchem de culpa com a conversa sobre a 'comunidade', é, de verdade, uma chateação. É como se você estivesse abandonando 2500 anos dos persas e sua história. Como se o peso de todo o Império Persa repousasse sobre seus ombros quando a comunidade se manifesta. Você anda pelas ruas de Westwood e acha que todo mundo sabe que você escolheu ser comediante. Para os iranianos, pior que ser comediante só sendo terrorista."

A escritora Freya Stark observou essa mesma preocupação com "a tribo", inclusive entre os nômades do Luristão. "A vila nessas montanhas remotas é a única unidade pela qual todo o resto é medido, o censor de quem ninguém jamais escapará. Você é feliz ou infeliz de acordo com o que a vila pensa de você, e até sua virtude é praticada principalmente porque a vila espera isso."

A discrição exagerada em relação aos outros e a desconfiança em relação a tudo é outro traço que se pode observar. Um dos volumes do ramo egípcio do *Livro das mil e uma noites* já anunciava: "O paradigma de quem se sente à vontade com o sultão é o mesmo do adestrador de cobras, que com elas passa a vida, comendo, deitando-se e levantando-se ao lado dele... Sultões não têm amigo, nem parente, nem criado, nem filho."

Discrição e secretividade são traços que os diferenciam profundamente, segundo Robert Baer. "Eles são um dos povos mais reservados do mundo. Eles não guardam registros burocráticos; não anotam suas razões em papéis; eles não vazam. Eles não espalham escândalos e erros nas primeiras páginas de seus jornais."

Por conta dessa suspeição permanente em relação aos outros, conta Maz num sketch no Kennedy Center, em 2017, disponível na *Netflix*, o futebol nunca foi um esporte bem-sucedido por lá. "No Irã não funcionam esportes coletivos, só se dão bem em individuais porque brigam o tempo todo; começam a partida com 11 e terminam com 3." Basicamente, a lei é uma: "não confie em ninguém, salvo sua família."

Talvez seja essa razão que também os leve a desconfiar de bancos e instituições em geral, preferindo sempre pagamentos em dinheiro. "A gente gosta de lidar com dinheiro vivo, e o guardamos em contas secretas ou embaixo do colchão. Ou dentro das paredes. Desse modo, ninguém sabe quanto você tem e você está sempre pronto para escapar no caso de uma revolução acontecer." A avó do comediante, por exemplo, "guardava todo seu dinheiro no sutiã. Pensávamos que ela usava número 46 até o dia em que fomos comprar uma casa e ela tirou todo o dinheiro, revelando que ela vestia somente número 40".

Numa de minhas visitas, o Irã estava sob risco iminente de ser bombardeado por Israel, numa das muitas crises em que se debate o país desde sempre. E por toda parte eu ouvia histórias de que as pessoas estavam sacando todo dinheiro do banco por medo de serem roubadas pelos banqueiros, em iminente fuga do país. Já tinha acontecido uma vez, poderia se repetir. Numa dessas ameaças de guerra, descobriu-se depois que os banqueiros haviam tirado US$3 bilhões para fora do país. O governo repôs o dinheiro, o chefe do banco escafedeu-se na Suíça e os bancos perderam toda a credibilidade. Com o dinheiro resgatado, as pessoas compravam comida para estocar e joias para vender em caso de necessidade.

Vigiados há muitas gerações por governantes repressores, dos xás e dos aiatolás, prevalece na sociedade um tipo de "lei do silêncio". A primeira recomendação que recebi da guia foi não pronunciar os nomes Ahmadinejad, aiatolá Khamenei, mulás. Uma advertência que a história explica, segundo o repórter polonês Ryszard Kapuscinski, no livro *Xá dos Xás*:

"As pessoas podiam discutir apenas questões inócuas, mas mesmo assim era necessário ficar longe de assuntos em que a polícia pudesse identificar alusões significativas. A Savak tinha bons ouvidos para alusões. A experiência os ensinara a evitar pronunciar termos como opressão, escuridão, carga, abismo, colapso, putrefação, gaiola, barras, corrente, mordaça, bota e expressões como deitar, fique quieto — porque todos eles, esses substantivos, verbos, adjetivos e pronomes podem esconder alusões ao regime do Xá. É um campo minado conotativo, onde você pode explodir em pedaços com um deslize da língua."

Como aconselhava o poeta Saadi: "A palavra é um demônio encantado no fundo do coração, que não escape para a língua e o paladar."

O ex-correspondente brasileiro no Irã, Samy Adghirni, ressalva que, por mais repressor que pareça, o Irã não é a Síria nem o Iraque nem os Emirados Árabes Unidos: "Pela minha experiência de quatro anos circulando pelo Oriente Médio, posso garantir que a palavra no Irã é relativamente livre, se comparado com outros países. Os iranianos são muito politizados e adoram debater sobre o presidente, os ministros e até o líder supremo. Claro que as pessoas evitam falar mal do líder fora da esfera privada, mas a repressão no Irã não se dá contra a palavra dita em público." Samy propõe que se compare as reportagens "feitas por correspondentes em Teerã, nas quais muitas fontes aceitam ser identificadas com nome e sobrenome, com aquelas produzidas nos Emirados Árabes Unidos ou outros países, nas quais nenhum local não ligado ao governo tem liberdade para falar". Ele explica que o que "o governo iraniano persegue, além de hábitos e questões morais, é qualquer atividade que possa ser vista como ameaça ao regime, como movimentações com diplomatas estrangeiros ou com opositores exilados. O bate-papo informal entre indivíduos, a fala comum em si não está no centro da perseguição. Mas como essas fronteiras são tênues, é claro que vigora um ambiente de paranoia".

Kamin Mohammadi, em *The Cypress Tree*, amplia ainda mais o segredo por trás da secretividade dos iranianos: "Mas não é apenas o terror que impede os iranianos de expressar suas opiniões e se envolver em pensamentos criativos; é a natureza paradoxal da cultura persa. Embora o pensamento criativo seja abundante no Irã, ele geralmente é mantido próximo ao peito, por medo não apenas de repercussão política, mas de ridículo. Portanto, uma cultura que reverencie a poesia acima de tudo tende a menosprezar os empreendimentos artísticos; os grandes poetas persas são citados todos os dias, e sua contribuição para a matemática, a ciência e a medicina é quase igualmente anunciada, mas nenhuma consideração é dada à ideia de que talvez tenha sido seu pensamento criativo que levou a avanços da ciência nos anos de glória dos impérios persas."

A desconfiança em relação a tudo explica, segundo Maz, a falta de consenso em relação ao número de imigrantes em Los Angeles, porque os iranianos não respondem aos censos: "Não respondemos porque temos medo que em seguida o FBI apareça. Ninguém sabe se há 300 mil ou 3 milhões." Segundo ele, outra técnica é sempre responder com outra pergunta. Quando um repórter americano perguntou a um presidente iraniano, de acordo com Maz, se o país tinha energia nuclear, ele respondeu: 'E vocês têm?' Você nunca consegue uma resposta direta de um iraniano!" Mais uma tradição que faz parte do policromático protocolo de relaciona-mento que rege as relações no Irã há milênios.

A complexa arte persa da etiqueta

Maz faz graça dos estranhamentos culturais dos ocidentais diante de costumes iranianos que soam excêntricos, sobretudo para a pragmática tradição cartesiana ocidental. Um dos que mais chamam a atenção, numa viagem ao Irã, é conhecer a duração dos cumprimentos entre eles: Fascinava-me cada vez que minha guia encontrava um conhecido ou se apresentava a um desconhecido. Eram, pelo menos, três minutos de saudações em que não havia interlocutor nem pausas, dois monólogos concorrendo furiosamente para caber no mesmo espaço tempo-ral. Os dois falavam ao mesmo tempo, como se estivessem recitando um poema em jogral, ou fazendo uma oração ou vocalizando um texto decorado. Duelam verbalmente, e com muita rapidez, com frases do tipo: "Pudera eu me sacrificar por você! Que Deus lhe conceda uma vida longa! Que Deus dê a todos a graça da paciência. Que você possa ficar jovem e ter uma vida longa e abençoada!" Portanto, como resume o comediante: "Entre os persas, o 'oi' leva hora e meia! Tanto quanto uma negociação nuclear."

Combinado a essa tradição, feita de abundantes votos recíprocos, de saúde, felicidade, sorte e vida longa para a pessoa, seus familiares e seus amigos se soma o inebriante estoque das amabilidades da etiqueta persa, que se expressa em diferentes conjugações. Maz exemplifica: "Se alguém pisa no seu pé, é normal dizer 'desculpe, meu pé é muito longo'", ou seja, a vítima assume a culpa para agradar o interlocutor, além do que a mente ocidental pode compreen-der. Dentro desse variado espectro, o exemplo mais categórico é o *taarof*.

O *taarof* compreende um amplo conjunto de regras de polidez, desde os cumprimentos ini-ciais até um jogo sutil de gentileza, muitas vezes falsa. O ato de recusar algo que é oferecido, por pura cordialidade, por exemplo, é um comportamento que pode confundir muito o visi-tante e, eventualmente, metê-lo em confusões. Maz explica que o *taarof* "vem com a nossa hospitalidade. Eu digo às pessoas que *taarof* é quando você oferece algo para alguém, mesmo que você não seja sincero sobre isso. A ideia é ser generoso. E essa pessoa deve rejeitar a oferta — mais de uma vez —, mesmo que não seja sincera sobre isso. Em última análise, porém, é uma bela tradição e leva a um modo generoso de ser". Dizem que a função do *taarof* é elevar o status da outra pessoa e diminuir o próprio de modo a forjar um ambiente de igualdade e de estabilidade social. Alguns estudiosos acreditam que o costume tem raízes na filosofia sufi — linha mística do islã — de desapego às riquezas mundanas. O poeta Saadi, um dos mais popu-lares do Irã, parece confirmar:

❝ Apenas esse é o Caminho do Dervixe:

Rebaixar sua pessoa.

Para alcançar a eminência, escolha a humildade!

Pois, para esse telhado, não há escada senão essa".

Saadi, *Bustan*.

Além disso, comportamentos como o do *taarof* representam a essência de uma cultura em que pode ser indelicado se expressar de maneira direta e reta. Palavras gentis são sempre importantes na cultura persa. Mirem-se no exemplo da própria Sherazade, especialista em seduzir pela palavra. A delicadeza no trato, ainda que encobrindo conflitos, está no xiismo e está no zoroastrismo. De acordo com o lema dos zoroastristas, "boas palavras", os iranianos debulham delicadeza no modo de se relacionar com os outros.

Como salienta Kamin Mohammadi, "a sociedade iraniana é baseada em valores de honra e respeito, e ser visto fazendo a coisa certa é quase tão importante quanto realmente fazê-la".

Como os iranianos são genuinamente corteses, a linha que separa gestos educados de *taarof* da pura hospitalidade pode ser quase invisível. Com um hóspede as pessoas compartilham até o que não têm. Um convite usual para uma xícara de chá pode ser estendido para passar a noite. Pedir orientações pode resultar em um novo amigo que, em vez de simplesmente apontar a direção, o levará até lá.

O *taarof* também é visto como sintoma de outra manifestação da tendência iraniana mais ampla de envolver tudo em ambiguidade — e de gastar considerável quantidade de tempo fazendo isso. Tempo, aliás, é algo que os iranianos manejam e concebem de forma bastante diferente dos ocidentais.

Como diz o autor de *The devil we know*, "os iranianos são pacientes. Eles pensam em séculos, eras — ao contrário dos americanos, que pensam em anos fiscais". Já segundo a inglesa Vita Sackville-West, em *Twelve days in Persia*, para a arquitetura mental dos persas "... não é apenas rude, mas incompreensível estar com pressa". Essa maneira de manejar tempo e espaço, observa a escritora Freya Stark, é resultado da mente persa que, "assim como seus manuscritos com iluminuras, não lida com a perspectiva: 2 mil anos são tão emocionantes quanto anteontem".

Quanto ao espaço, opina Robert Bauer "os iranianos olham para a geografia de maneira diferente da nossa maneira de fazer. Quando olhamos para o mapa do Irã e da Turquia, vemos uma linha fixa separando dois países; um iraniano pode ver a mesma linha, mas também vê a estrada real, a antiga rota comercial que ia do Irã através da Mesopotâmia e da Anatólia, até a Europa".

E no que toca à geografia, em terra de *taarof*, é prudente não acreditar quando o taxista disser que você não deve nada na hora de pagar. Insista e pague, senão ele vai te perseguir no meio do trânsito de Teerã, o que é tão perigoso quanto adentrar um campo com minas. Verdadeiro lubrificante das relações sociais no Irã, o *taarof* é fartamente comentado na literatura.

Vítima de uma situação em que lhe prometem algo que não será cumprido, desabafou a inglesa Sackville-West: "Agora isso não era verdade. Era realmente magnificamente falso; era uma mentira em grande escala... Meu vizinho no jantar deve ter sabido com que rapidez e com que profundidade suas palavras seriam reprovadas. Mas depois, à maneira de sua raça, ele, sem dúvida, achou mais agradável produzir uma impressão confortável no momento, deixando o futuro para cuidar de si mesmo. Familiarizado com o hábito, deixei de argumentar."

Já para o jornalista Samy Adghirni, "o *taarof* diz muito sobre a mentalidade complexa e sinuosa dos iranianos, que parecem cultuar a ambiguidade em tudo".

E põe complexo nisso. O *taarof* é apenas uma das muitas estratégias de um invisível arsenal de defesa cultivado por um povo que já perdeu a conta das invasões, imposições, acusações e ataques que sofreu. Certos comportamentos, que envolvem a ocultação de fatos e sentimentos, a dissimulação e até mesmo uma certa tendência à tapeação, estão entranhadas no jeito de ser e de agir dos iranianos, algo muito difícil de um ocidental decifrar e compreender. Conheci iranianos solteiros, vivendo com os pais que, ao encontrar conhecidos, falavam de seus cônjuges e filhos, criando uma ficção muito bem elaborada. Para dar mais veracidade, usavam até aliança para dispersar os curiosos e suas perguntas indesejáveis.

Entre esses singulares modelos de comportamento, que consistem em esconder, negar algo verdadeiro, dissimular para esconder as verdadeiras crenças, destacam-se o *kitman*, um artifício que vem da Antiguidade; a *taqiyya* e o *khodeh*, cujas práticas são sancionadas pelos religiosos. Todos envolvem técnicas de ocultação de suas verdadeiras crenças religiosas, algo que o islã xiita incentiva seus seguidores a fazer em face da perseguição. Explica o autor de *The devil we know*:

"Os xiitas não falam livremente. Sua seita tem um princípio peculiar, um dogma chamado *taqiyya* — que é a permissão para um crente xiita mentir e dissimular a fim de proteger a fé [...] em particular quando se trata de estranhos. Na conversa [...] é quase impossível distinguir o que é verdadeiro e o que não é. Há um significado interno para cada sentença, em que um xiita entende instantaneamente, mas que alguém não xiita não compreende. *Taqiyya* é uma das razões pelas quais a inteligência americana e a israelense nunca foram capazes de penetrar no Hezbollah."

A escritora espanhola Ana Briongos, na obra *Negro sobre negro*, surpreendeu-se com a etiqueta persa: "No Irã nunca se sabe se o que eles estão dizendo é o que eles realmente pensam, porque todos estão exercendo uma atitude teatral ao longo da vida. Eles sempre fazem teatro, eles sempre agem, eles foram educados para isso desde o berço... É um jogo permanente: dizer que uma coisa é branca quando se pensa que é preto. No Ocidente, 'sim' geralmente significa sim. No Irã, 'sim' pode significar sim, mas geralmente significa talvez ou não. No discurso político, as pessoas não sabem no que confiar."

Na história política do Irã, um dos mais exímios praticantes desses códigos de conduta foi o aiatolá Khomeini, que manejou como mestre as tais ferramentas de comportamento, dissimulando brilhantemente suas ambições. Durante o movimento que acabou derrubando o Xá, o religioso esbanjou suas habilidades de ocultamento e dissimulação, conforme diferentes relatos. Se não contou mentiras, abusou de meias verdades e de vender ilusões. Enganou amigos e inimigos, levando-os a julgamentos errados sobre suas verdadeiras intenções.

Khomeini gerenciou sua imagem para o público ocidental de forma a conseguir apoio para sua campanha por uma "frente única" contra o Xá, incluindo até mesmo o partido comunista *Tudeh*. Prometeu igualdade feminina e total liberdade de imprensa e respeito aos direitos humanos. Durante sua residência de 4 meses em Paris, Khomeini deu 132 entrevistas de rádio, entrevistas de televisão e imprensa e emitiu 50 declarações mantendo silêncio sobre suas visões radicais sobre questões sociais e legais e se posicionando como um homem moderado, enfatizando que o novo regime não mudaria a estrutura social do Irã. Ganhou apoio da grande mídia europeia, que deu cobertura total aos seus pontos de vista. No final de 1978, o aiatolá passara a ser visto, por muitos desses intelectuais ocidentais interessados no Irã, como um velho santo que estava determinado a estabelecer um regime muito mais justo, democrático e "espiritual" do que o que era administrado pelo cruel, corrupto e despótico Xá.

Khomeini dissimulou magistralmente sua verdadeira ambição, vendendo a ilusão da democracia, de que compartilhava as esperanças e crenças de todos sem nunca discutir publicamente seu plano de um governo teocrático, e assim foi capaz de formar a coalizão mais ampla possível, enganando a todos sobre suas crenças verdadeiras. Depois de ganhar o poder, ele promoveu a eliminação física de muitos dos seus antigos apoiadores e aliados, descartando solenemente suas promessas.

Outro traço do comportamento persa, descrito por diferentes autores, é o costume do "desaparecimento temporário" ou "rebelião passiva". Amin Maalouf conta que "quando um personagem teme por sua liberdade ou por sua vida, ele se retira da vida pública. E ali ele se encerra e recebe seus visitantes, a quem expõe suas queixas".

Por essas e por outras, os negociadores iranianos são insondáveis. As discussões sobre questões nucleares já foram descritas como "xadrez diplomático", um jogo no qual o Irã claramente se destaca. "O Irã vê seus interesses vitais através do prisma da história... Os iranianos ainda são movidos por conflitos e ressentimentos antigos que remontam ao Império Aquemênida, dos séculos V e VI, as guerras otomano-persas e o colonialismo dos séculos XIX e XX", completa Robert Baer.

De comprar pão a negociar o acordo nuclear, dizem especialistas, esse comportamento dita como as pessoas devem tratar umas às outras em todas as interações sociais na cultura.

À revista *The Atlantic*, John Limbert — diplomata aposentado que estava entre os americanos mantidos reféns por um grupo de militantes iranianos por 444 dias em 1979 — assinala que "a sociedade iraniana está cheia de elementos aparentemente inconsistentes que nós, no Ocidente, consideramos hipócritas. Nossos instintos são conciliar as contradições", enquanto os iranianos preferem "viver com elas".

Como se pode imaginar, os jornalistas também penam para descobrir o que está por trás das amabilidades, o que é puro teatro e o que é real, como relata o ex-correspondente da *Folha* no Irã, Samy Adghirni, em *Os iranianos*: "No Irã você nunca sabe quem realmente está do seu lado. Todo mundo é falso, todo mundo age com segundas intenções."

A escritora iraniana, Bahiyyih Nakhjavani, no livro *Nós e eles*, concorda: "As regras para mentir são simples. Primeira: você sempre deve concordar com o que as pessoas dizem, sem restrições; segunda: você nunca deve dizer não, nunca contradiga o que as pessoas disseram, aconteça o que acontecer; terceira: você nunca deve apresentar fatos quando as pessoas lhe fazem perguntas, nunca dê uma resposta direta, aconteça o que acontecer. E, finalmente, você tem que encontrar jeitos para evitar responder qualquer coisa; você tem que transformar a pergunta numa piada..."

É preciso lembrar, como diz Baer, "que os iranianos não pensam como nós. Sua estrutura cognitiva os leva a se impor e, ao mesmo tempo, informa seu senso de justiça. A história, à qual nós, no Ocidente, prestamos cada vez menos atenção, ainda desempenha um papel determinante para todos os iranianos". E na história, em geral, os iranianos estavam do lado dos vencidos, dos derrotados.

"Os persas têm o hábito de prosperar quando os tempos são difíceis, de algum modo encontrando uma maneira de contornar obstáculos, infiltrando-se na cultura dominante do invasor, transformando-o em glória."

A coleção de condutas elaboradas dos iranianos — sustenta Kamin Mohammadi — "é projetada para proteger nossos eus particulares e esse traço, nascido de tantas invasões, tornou os iranianos adaptáveis acima de tudo". Muitos deles afirmam que invasões estrangeiras ensinaram a eles a importância de esconder sua verdadeira face. "Quando você conta mentiras, pode salvar sua vida."

Também de estratégias inteligentes de sobrevivência, de como trabalhar nas entrelinhas, sob censura, insinuar o que há por trás das aparências e desvelar em cenas ordinárias o cotidiano de vidas acinzentadas, austeras, sem qualquer concessão ao sentimentalismo vive uma outra arte que, sem qualquer tempero de humor, conquistou para o país não só Oscars e palmas de Cannes, mas sobretudo admiração e aplausos de muitas outras plateias: o cinema. Observa o jornalista brasileiro que "é curioso notar como o cinema iraniano só prosperou após a instauração do atual regime, talvez a repressão tenha criado involuntariamente um ímpeto artístico e criativo".

Um narizinho surge na telona[1]

A primeira coisa que vemos é um narizinho. Depois, um rosto: o de uma menina. Está assustada, perdida na cidade grande. Razieh tem 7 anos e procura um peixinho dourado para comemorar o ano-novo.

O *Balão Branco* (Jafar Panahi) foi um primeiro aviso: o cinema iraniano existe. Um cinema humilde, pequeno. Uma menina e um peixinho dourado: isso é tudo.

Dois anos mais tarde, Abbas Kiarostami dava uma razão de ser à *nouvelle vague* iraniana com *Gosto de Cereja*. Razieh agora é Badi, um ancião de meia-idade que, como aquela, procura sem encontrar, no seu caso um voluntário disposto a cumprir seu desejo de ser enterrado, para o qual antes deverá pôr fim à própria vida. Cannes, porta de entrada para todos os "novos cinemas" que houve e há, de *Rashōmon* a *Deus e o Diabo na Terra do Sol*, premiaria o filme com a Palma de Ouro, a primeira dada ao cinema iraniano. *Gosto de Cereja* — na verdade, uma adaptação de *Morangos Silvestres*, de Ingmar Bergman — foi o início de um longo caminho. Desde então, a presença do cinema iraniano nas telas de cinema e plataformas de TV paga do Ocidente é discreta e constante. O cinema do Terceiro Mundo, que rodeia as sociedades opulentas como os subúrbios sub-humanos que antes rodeavam as grandes cidades, passou a contar com uma nova voz. A mais improvável de todas.

De que fala o cinema iraniano?

O cinema iraniano é o ser humano nas mãos do destino, frente a si mesmo, frente à sociedade que o cerca. Um cinema de perguntas mais do que de respostas. Suas armas são a simplicidade, a ternura.

O cineasta iraniano não nos conta a epopeia do *Shahnameh,* o que está escrito já está escrito, parece nos dizer. Para ele, não existe Arash, o arqueiro, nem Ciro, rei da Pérsia e do mundo (em seus cartões de visita). Nem rastro de épicos samurais, ou de cangaceiros justiceiros. Os protagonistas do novo cinema iraniano são uma menina em busca de um sonho, um ancião de meia-idade que não encontra quem o enterre, um camponês pobre levado à loucura no seu amor por seu único bem: sua vaca (*A Vaca*, de Dariush Mehrjui, 1969)... Os novos cineastas formados na Escola de Televisão e Cinema de Teerã, fundada em 1969 pelo xá Pahlavi, cresceram à sombra dos mestres do neorrealismo italiano — Rossellini, Di Sica, Visconti — e da *nouvelle vague* francesa. Daqueles, o interesse pelas histórias mínimas, insignificantes, os heróis anônimos... destes, a "fome" por rodar, que confere à *nouvelle vague* iraniana sua vivacidade característica.

---

[1] Texto de Chema García Martínez, escritor e jornalista espanhol, crítico de cinema e de música. Durante quase quinze anos, foi crítico de jazz do jornal espanhol *El País.* Autor dos livros *Tocar la vida*, *Del fox-trot al jazz flamenco*, dentre outros

O cinema iraniano aspira à atemporalidade/relevância através da universalidade/(suposta) irrelevância. Suas imagens líricas, nuas, recordam-nos o poder de sedução frente à tecnologia, a simplicidade do gesto, o que une o ser humano ao invés de dividi-lo. A singularidade iraniana, seu selo distintivo, decorre menos das aparências que da própria história. A essência está no que não se vê, mas está lá.

Modernidade à iraniana

O cinema iraniano, tal como é conhecido fora do país, nasceu moderno. Seus grandes temas são o amor e a morte; a infância e a poesia.

O cinema iraniano, e nisso se distingue das demais cinematografias do Terceiro Mundo, é asséptico por natureza. As histórias se situam em um entorno neutro, a selva de asfalto, a periferia (conceito geográfico, mas também um estado de espírito); o apartamento pequeno-burguês perfeitamente convencional e a choupana triste e cinzenta situada em lugar nenhum... A vocação de universalidade do cinema iraniano se revela na natureza dos assuntos que aborda. O que distingue Nader e Simin (Asghar Farhadi, *A Separação*, Oscar de melhor filme em língua estrangeira em 2012) de qualquer casal em trâmite de divórcio, em qualquer parte do mundo? Muito pouco. A peculiaridade iraniana, sua singularidade, nos diz o filme, vem dada pelo peso da religião/da tradição, onipresentes no dia a dia do iraniano. Sem negar isso, Farhadi prefere se centrar no que realmente importa: os sentimentos; a pessoa... Mude "lei" por "religião" e "Código Civil" por "Alcorão" e você terá *Nadir e Simin, uma Separação* (o título original). E é esse entorno neutro, mas não inócuo, que permite ao cineasta iraniano sobreviver às circunstâncias e à censura (e eventualmente à prisão).

Como no Brasil da Ditadura, o cineasta iraniano aprendeu a narrar nas entrelinhas, ou nos *entre fotogramas*, e com ele o espectador. Trata-se de encontrar a mensagem subjacente por trás do gesto banal na aparência. As imagens no cinema iraniano vão além de si mesmas e adquirirem um significado profundo. São paradoxos, hipérboles, metáforas... E é a história da pequena Razieh, pura, aparentemente irrelevante, que é a nossa, a de toda a humanidade.

O cinema iraniano está num olhar, no narizinho de uma menina vagando pelos interstícios da grande cidade em busca de um peixinho dourado.

O cinema iraniano, além de estrela moderna da linguagem artística nacional, é também o mais jovem componente da orgulhosa identidade persa. Tudo leva a crer que a excelência que a cinematografia iraniana alcançou seja um capítulo a mais na evolução do refinado e abundante universo das artes, urdido ao longo de uma história de dois milênios e meio, onde a literatura, a música, a arquitetura, o paisagismo, as miniaturas, os azulejos e a poesia reinam e transbordam nas veias da cultura iraniana. E não poderiam estar longe dos rituais religiosos. Nem dos profanos.

Uma vela para Alá e uma para Oxalá

Quando penetrei na inexpugnável fortaleza onde vive Sara, uma armênia de meia-idade, moradora de Nova Julfa, em Esfahan, dei de cara com uma fila quilométrica de chadores negros. Mulheres de todas as idades aguardavam pacientes por sua vez para ler a sorte. Sara é famosa em toda a cidade, atraindo legiões clandestinas de jovens em busca de vaticínios, esperando um milagre que mude suas vidas, o que basicamente significa arrumar um noivo estrangeiro.

Na casa humilde, um *paykan*² enferrujado na garagem e uma antena parabólica convenientemente ocultada num teto rebaixado. Como tudo no Irã, as emissoras estrangeiras são proibidas, mas todo mundo as assiste por meio de parabólicas que varrem as lajes da cidade, muito mal disfarçadas. Em *Lendo Lolita em Teerã*, a autora comenta: "As antenas parabólicas se tornaram a coqueluche do Irã. Não eram simplesmente pessoas como eu. Ou as classes educadas, que ansiavam por elas. Tahereh Khanoon nos informou que nos bairros mais pobres e mais religiosos de Teerã, uma família com uma parabólica alugaria certos programas para seus vizinhos."

Assim como todos têm seu *personal Armenian* no fornecimento de bebida, também têm seu *personal satellite man*, no que diz respeito às telecomunicações. Como diz Hooman Majd em *The ministry of guidance invites you to not stay* (*O ministério da orientação convida você a não ficar*), "no Irã, toda a questão das antenas parabólicas envolve um jogo sutil de gato e rato entre as autoridades e milhões de usuários". São tantos os "ratos" transgredindo cada centímetro dos limites impostos, que faltam "gatos" para coibir tantos "crimes".

Depois de esperar pacientemente na fila de espectros negros em busca de seu futuro colorido, tomei a xícara de café que uma jovem assistente dá a cada uma da fila, em cuja borra Sara decifrará os destinos.

Dentro de casa me esperava uma mulher de meia-idade fogosa, de saia justa e blusa decotada com o cabelo tingido em diferentes cores de vermelho e loiro, e boca lambuzada de batom. "Brazil?", disse ela num *broken English*: "Novelas! *Gabriela, Escrava Isaura* e o último lançamento da TV Globo no exterior. Sara acompanhava até o programa de cidades contra cidades da TV pública de São Paulo.

Profissionalmente, a armênia era um espetáculo: de fala contundente, varando a gente com o olhar, sem qualquer *taarof* nem dissimulação, na hora de interpretar os desígnios dos destinos desenhados pelo pó de café dentro da xícara. De cara, comentou: "Que dor no joelho, não?" Naquela frase, que remetia ao acidente que tive em que rompi os ligamentos do joelho direito, Sara me ganhou. Dela eu compraria até o paykan enferrujado.

---

2   Paykan, que em persa, significa "a flecha", foi um automóvel fabricado pela empresa Iran Khodro há mais de 50 anos. O paykan se tornou profundamente arraigado na cultura popular até hoje. No Irã, grande parte dos 5 milhões de carros nas estradas ainda são paykans.

O encontro com Sara foi a experiência mais transgressora de minha passagem pelo Irã na primeira visita a Esfahan, uma vez que esse tipo de feitiçaria está terminantemente proibida pelo regime dos aiatolás, e uma denúncia da polícia dos costumes pode ser suficiente para ir pro "xadrez". E, sinceramente, uma coisa é você ser presa porque participou de protesto, de manifestação ou porque escapou com um nativo para um hotel sem ser casada. Outra é ser presa e ter que incomodar o corpo diplomático inteiro porque foi pega lendo a sorte num quintal armênio. Além de dar cadeia, compromete a biografia. Sentia-me buscando drogas proibidas (o que não deixa de ser, para muita gente). E pensava com meus botões: "Imagine se sou achada numa dessas buscas que a polícia de costumes faz nas casas? Presa por ler a sorte!" Valha-me Deus. Ser presa por protestar contra os aiatolás, a favor das mulheres e da democracia, contra o veto ao esmalte vermelho, tudo isso cai muito bem numa biografia, mas ser presa porque estava dedicada à bruxaria?

O temor de ser pilhada em pecado não impediu que eu passasse um dia inteiro batendo perna pelo bairro armênio de Julfa, perguntando secretamente se alguém por ali sabia de armênias que liam a sorte. Conhecedora do talento das mulheres da Armênia na prática dessa atividade, não podia deixar passar a oportunidade.

Depois de acionar uma verdadeira rede de espiões, encontrei minha informante nas dependências de um café, onde ela furtivamente me passou o endereço e o nome da armênia, sem dizer uma palavra. Para chegar até aquela casa da bruxa de cabelo tingido, com cara de pistoleira, e obviamente desfrutar dos seus conhecimentos da Armênia profunda, corri mais risco do que se levantasse um cartaz insultando o aiatolá.

De qualquer modo, saí de lá com perspectiva de também arrumar um noivo estrangeiro no aniversário de dez anos do meu segundo divórcio, de mudar de emprego, de fazer uma viagem aos EUA e recomendações de cuidado com pessoas falsas. Acertou em cheio. Inclusive em relação ao marido estrangeiro.

A consulta a oráculos clandestinos, como Sara, é prática corrente, ainda que a especialidade da bruxaria mude, como lembra a autora de *Os fios da fortuna*, ao comentar sobre como uma dessas feiticeiras adivinhava o futuro: "Ela era famosa em todo o bairro pela precisão com que previa o futuro. Ela fazia lembrar pessoas da minha aldeia, que eram capazes de olhar para o céu ou um punhado de ervilhas e dizer a alguém se o momento era ou não propício à realização dos seus desejos."

Ao mesmo tempo que cultuam mártires nas vias públicas e praticam uma das mais radicais versões do xiismo, os iranianos não se desgarram de um certo paganismo pré-islâmico, presente na abundante coleção de superstições e na prática de rituais passíveis de punição rigorosa, como a leitura da sorte, a adivinhação, a astrologia. Seria pedir demais de uma civilização por tanto tempo dona de seus próprios deuses, magos, djinns, e de seu próprio nariz. É quando Alá encontra Oxalá. Os contos de Sherazade fazem múltiplas referências à astrologia, aos esconjuros, às simpatias e bruxarias variadas. Segundo a versão do ramo sírio do *Livro das mil e uma noites*, há a descrição da prática da geomancia, uma antiga tradição de adivinhação, mediante o uso da areia e da interpretação dos desenhos por ela formados: "Separou os desenhos formados pela areia, lançando-a cuidadosamente, e interpretou-os para verificar e certificar-se da morte de Ala'uddin e da manutenção da lâmpada no subterrâneo."

Grande aliada da adivinhação, a astrologia entrava para lastrear, inclusive, os diagnósticos médicos: "Minha senhora, qual o nome dessa jovem? Preciso dele para calcular seu astro regente e qual a hora adequada para ingerir o remédio."

Tanto nas narrativas de estrangeiros sobre a Pérsia como naquelas escritas por persas transbordam situações envolvendo astrólogos que, em tempos ancestrais, também eram astrônomos e matemáticos. Desde a Antiguidade, o céu era usado como mapa, calendário e relógio. Numa passagem do romance best-seller *O físico*, os astrólogos comandam muitas das decisões e são ouvidos até por sábios como Avicena: "A pior demonstração do desprazer de Alá partiu dos astrólogos que anunciaram com grande nervosismo uma grande conjunção dos três planetas superiores, Saturno, Júpiter e Marte, dentro de dois meses, no signo de Aquário. Havia divergências quanto à data, mas todos concordavam quanto à gravidade do acontecimento. O próprio Ibne Sina ouviu a notícia pensativo..."

O diplomata James Morier confirma em seus diários: "Quase toda cidade da Pérsia tem seu astrólogo e frequentemente grandes homens têm um colado à sua pessoa, que regula todas as ações de sua vida."

No mesmo país em que nasce a álgebra, que tem entre seus maiores matemáticos Avicena e Omar Khayyam, também se estudava o céu para entender sua influência no comportamento e no destino humano. E nenhum rei do passado dava um passo sem ouvir antes seus astrólogos. O *Shahnameh* informa de que modo a leitura dos astros estava integrada à educação. Ao revelar a trajetória do rei Shapur, da dinastia sassânida, encerrada na invasão árabe no Irã, o poeta Ferdowsi escreve: "Ele convocou professores especializados nos vários ramos de conhecimento, que ensinaram Shapur a escrever em Pahlavi... Ele se dedicou à sua ciência, consultando as estrelas, suas tabelas astronômicas e seu astrolábio para ver o que os céus continham de conforto e lucro e de dor e perda."

Na Pérsia, os magos tinham de mostrar serviço. E se o bruxo não trouxesse "seu amor em 3 dias", como diz a propaganda mais famosa de macumbeiros brasileiros, se não honrasse a profecia com a prova da realidade, perdia o emprego e a cabeça. Um erro era suficiente para sentenciá-los à morte. Fato que também não escapou à ficção de Sherazade:

"E o rei continuou matando um astrólogo atrás do outro, até dar cabo de cinquenta deles, cujas cabeças deixou penduradas na parte externa do palácio... depois de dez dias havia matado duzentos astrólogos."

Na Antiguidade, não havia fronteiras entre a astronomia e a astrologia, que surgiram praticamente com o homem, com objetivos bem práticos, como de se orientar, medir a passagem do tempo, o regime das chuvas, a melhor época para o plantio e a colheita. Também a partir da observação da Lua, do Sol e das estrelas, os povos antigos acreditavam que os planetas regiam a vida humana. Os registros astronômicos e astrológicos mais remotos datam de 3000 a.C. e se originam na Suméria. Os sumérios foram o primeiro povo a habitar a região da Mesopotâmia, o atual Iraque, compreendida entre os rios Tigre e Eufrates. Até se fixarem na Mesopotâmia, viviam como nômades pelos Montes Zagros, atual Irã.

Com o avanço das ciências astronômicas na virada do milênio, a dimensão mística desse campo foi abandonada e a astronomia elevada ao patamar de ciência, relegando a astrologia ao ostracismo esotérico, sem base científica. Isidoro de Sevilha, arcebispo espanhol, foi um dos primeiros a querer separar a astrologia da astronomia, no ano de 636 d.C.

Entretanto, com todo respeito a Copérnico, Kepler e Galileu, a expatriação da astrologia do reino da ciência não parece ter diminuído a fé na leitura dos céus para a investigação do próprio destino: ao longo dos milênios, a humanidade continuou a se consultar com os oráculos planetários, fervorosa nos seus desígnios sobre a vida das pessoas, desafiando as novas fronteiras científicas, sociais e religiosas, a exemplo dos povos antigos. Entender o mundo sempre foi tão importante como entender a si mesmo. Maktoob! Estava escrito! Nas estrelas...

A propósito, olhar as estrelas faz parte da herança ancestral dos iranianos. Até a República Islâmica se instalar com sua "mão de ferro", um dos hábitos mais comuns da sociedade era dormir no telhado das casas, nas lajes. São inúmeras as referências às noites passadas sob as estrelas.

Conta o autor de *The house mosque* que, "durante o verão, a maioria das pessoas dormia no telhado. Aqui e ali você via um dossel branco transparente no telhado, que é onde as noivas e noivos dormiam". Já a escritora Gina Nahai explica que sua personagem "queria passar a noite no telhado para escapar de seu quarto, onde as paredes transpiravam calor. Antes da vitória de Khomeini, a maioria das pessoas em Teerã dormia no telhado durante o verão. Agora, ninguém se atrevia a ficar de fora". Efetivamente, ao que tudo indica, Khomeini aproveitou esse hábito para seu próprio benefício até proibir a tradição, como lembra o escritor Kader Abdolah: "Khomeini chamou todos para irem ao telhado à noite. Milhões de iranianos obedeceram ao seu chamado, subindo aos telhados e gritando: 'Morte à América! Alá é grande!'" Possivelmente, foi a última vez que os iranianos puderam dormir no telhado, ainda que continuem fielmente contando com a ajuda dos céus.

Além das estrelas, os iranianos recorrem a um inesgotável repertório de frases feitas, exclamações piedosas ou admoestações raivosas quando se encontram e se cumprimentam.

"Que o santo imã o leve sob sua proteção! Que você nunca sofra a sede do abençoado Hussein! Que Deus dê a todos a graça da paciência! Que você fique jovem para sempre e tenha uma vida longa e abençoada! Que você seja protegido do mau-olhado! Que sua abundância aumente! Que Deus nos proteja dos truques do gênio do mal!"

Para cada situação, um ditado, um provérbio é invocado para orientação moral e existencial. E grande parte dá conta da notória desconfiança que marca os iranianos. Tenha fé em Deus, mas não deixe de amarrar seu camelo.

Olho que não vê, coração que não se entristece.

Tome seu café da manhã sozinho, almoce com seu amigo e dê o jantar aos seus inimigos.

A parede tem rato e o rato tem orelhas.

Já a lista de superstições é infinita. Algumas também vêm dos céus e de fenômenos astronômicos. Um eclipse expressa a ira de Deus. Cometas significam que alguém importante morreu. Outras mais banais poderiam inclusive ser brasileiras. Por exemplo, acreditava-se popularmente que uma mulher poderia engravidar através de banhos públicos também frequentados por homens. Outra crença era que um bebê se pareceria com a pessoa para quem a mãe estava olhando quando se mexeu pela primeira vez no útero. Para um desavisado turista, entretanto, o perigo vive mesmo num espirro em público.

Uma das mais temidas superstições persas exige que, se alguém presente espirrar, qualquer ação que alguém esteja prestes a realizar seja adiada. Ao som de um espirro, imediatamente os iranianos dizem *sabr amad!* ("veio a paciência!"). Após pronunciar essas palavras, a pessoa deve esperar alguns minutos antes de sair ou de continuar o que estava fazendo. Como o espirro traz paciência, acredita-se que esse pouco de espera impeça um evento ruim. Contam as lendas que, no passado, alguns xás condenavam à morte quem espirrasse interrompendo uma atividade importante.

Os animais são personagens importantes no mundo iraniano das superstições. Um coelho que cruza seu caminho é boa sorte; uma coruja que pia à noite é portadora de más notícias; um único corvo que grasna na mesma hora e local todos os dias também anuncia tragédia, mas se o fizer em grupo anuncia boas notícias.

Como constatou o repórter polonês Kapuscinski: "Crenças supersticiosas, como fé em números, presságios, símbolos, profecias e revelações, têm raízes profundas aqui." Para cada problema, um tipo de solução do ramo das transcendências: o número da sorte é sete; para evitar o azar, três batidas na madeira e uma pedra de sal; se perder algo, amarra uma fita na cadeira; se sair para viajar, a mãe põe o Alcorão na cabeça e no umbral da porta, para que você vá e volte em segurança.

Entre os objetos mais investidos de misticismo estão os espelhos. "O mundo é um espelho: você recebe o que dá; como você faz, outras pessoas fazem" é quase um mantra na vida dos iranianos. E estão em toda parte. Os espelhos se multiplicam nos magníficos interiores na decoração de mesquitas e mausoléus, descritos em todo seu encantamento pela escritora iraniana Gina Nahai: "As paredes e o teto aqui eram compostos por um mosaico de pequenos espelhos refletindo a luz que entrava dos portais em arco ao redor da sala. Espelhos, como todos sabiam, protegem contra demônios."

Objeto simbólico central nas cerimônias de casamento, em que ocupam a cabeceira da mesa do bolo e doces, eles confirmam o amor do casal. Considera-se que a presença da luz irradiada pelo espelho "ilumina" os noivos e sua vida futura como casal. No fim da festa, o espelho de núpcias ganha lugar de honra na casa, passando a compor a mesa do Ano-novo da família por toda a vida.

E entre os profissionais da adivinhação, cabe um destaque especial aos leitores de espelhos, pessoas que podem contar a história de sua vida, o passado e o futuro olhando para o espelho, outra prática coibida, mas bastante popular nos oráculos clandestinos. O espelho representa a verdade e a honestidade. O que você vê no espelho é o que recebe.

A graça de um país sombrio

Se o cinema se mantém aparentemente a certa distância da religião e tange as cordas mais contemporâneas da vida iraniana, o teatro está profundamente associado às comemorações do Ashura em que se louva a morte do neto de Maomé, Hussein, na batalha de Kerbala. Enquanto o cinema é uma arte recente, o teatro vem de tempos pré-islâmicos, possivelmente de rituais mitraístas. Uma espécie de "teatro da paixão", o *ta'zieh* é um gênero teatral persa tradicional, em que a história é transmitida através da música, recitação, encenações e fantasias. Trata-se da mais importante expressão nacional do teatro iraniano, com influência profunda também no cinema. A partir da adoção do xiismo, no século XVI, o *ta'zieh* foi reinterpretado para encenar o martírio de Hussein, revivendo o passado no presente por meio de um ciclo de cerimônias de lembrança dos imanes xiitas martirizados.

Do Ashura nasce o teatro da paixão e a paixão pelo teatro, como no caso do comediante Maz Jobrani. Ele conta que, ironicamente, nasceu num dia de Ashura: "Eu nasci na Ashura, que é o dia em que os xiitas muçulmanos choram a morte de um de seus profetas, Hussein. Enquanto eu chorava no hospital porque estavam me batendo na bunda, nas ruas de Teerã as pessoas choravam porque o profeta havia sido martirizado anos antes. Um dia de choro — um momento pouco auspicioso para o nascimento de um comediante."

Como Irã e humor não são palavras que geralmente andam juntas, Maz também recorda que a comédia vem da tragédia, "e ser iraniano nos Estados Unidos desde 1979 se tornou bastante trágico", uma realidade da qual ele obviamente se aproveita no palco para exagerar. Como comediante em um país onde o martírio é um valor altamente promovido, Maz diz que não pensa muito sobre isso. "Eu não sou muito religioso, então não estou tão familiarizado com a mentalidade por trás do martírio, embora, às vezes, quando as coisas não estejam indo bem no palco, use a linguagem do martírio. Se você não se sair bem, você diz: 'Eu morri no palco! Então talvez isso tenha algo em comum'", relata ele em entrevista por e-mail.

Quando pergunto qual o conceito de humor no seu país de origem, ele recorre às memórias familiares: "Para ser honesto com você, a maneira como eu conhecia a comédia na cultura iraniana era apenas através de piadas que eu ouvia meus primos contando nas festas. Essas são basicamente piadas de rua sobre diferentes regiões do Irã. Havia também uma grande cultura de comédia política nos filmes e na TV iraniana sob o Xá."

Uma dessas séries de grande popularidade antes de 1979 foi adaptada de um clássico do humor na literatura: *Meu tio Napoleão*. Escrita pelo autor iraniano Iraj Pezeshkzad e publicada em Teerã em 1973, a novela ironiza a generalizada paranoia entre os iranianos de que os ingleses estão por trás de todos os males e conspirações que se abatem sobre o país em muitos dos últimos dois séculos da história. A expressão "tio Napoleão", inclusive, acabou sendo adotada como sinônimo de alguém que acredita em teorias da conspiração e na mão do Ocidente por trás de qualquer acontecimento.

Uma obra muito querida pelos iranianos, o romance foi banido após a tomada de poder pelos xiitas, mas seguiu sendo distribuída em massa na clandestinidade, dada a sua popularidade. Azar Nafisi, autora do best-seller *Lendo Lolita em Teerã,* abordou: "Meu tio Napoleão" em artigo para o *The Guardian,* em 2006.

"Napoleão é, em muitos aspectos, uma refutação das imagens sombrias e histéricas do Irã que dominaram o mundo ocidental por quase três décadas. Em tantos níveis diferentes, esse romance representa as vozes confiscadas e mudas do Irã, revelando uma cultura cheia de profundo senso de ironia e humor, bem como sensualidade e ternura."

Conta Nafisi que no século XX as sátiras e farsas foram usadas "para articular os dilemas do Irã moderno". Ela cita um discurso do autor na Universidade da Califórnia, em Los Angeles, em que Pezeshkzad traçou as origens do personagem de Tio Napoleão em sua própria infância, "quando, ouvindo os adultos, ficou perplexo com a forma como classificaram indiscriminadamente a maioria dos políticos de "lacaios britânicos". Essa obsessão relacionada aos ingleses é mencionada também por Hooman Majd que, ao ver cartazes nas ruas dizendo "Abaixo Elizabeth!", referindo-se à rainha britânica, ironizou: "A rainha ficaria lisonjeada de ser vista, pelo menos, em um país no mundo, como uma líder suprema."

De um jeito diferente de Maz, Azar Nafisi, uma ativista contrária ao regime vigente, diz que quando vivia no Irã tinha a impressão de que *Meu tio Napoleão* "predizia e articulava, em termos farsescos, a mentalidade dominante na República Islâmica. Como todos os sistemas totalitários, o governo iraniano se alimenta e cresce com a paranoia. Para justificar sua regra, o regime teve que substituir a realidade por suas próprias mitologias". Um dos exemplos chocantes dessas mitologias foi o que o país fez ao comprar uma exuberante telenovela japonesa. Para fazer frente aos corpos descobertos, o governo vestiu as atrizes com tanta roupa, por meio de efeitos especiais, que a novela ficou irreconhecível a tal ponto que o Japão — reza a lenda — comprou de volta o seriado.

Como não podia deixar de ser para o comediante radicado nos EUA, a tentação de falar sobre a política é grande. Embora sustente, como todo bom iraniano, que "nós não somos muito políticos. Nós não gostamos de estar envolvidos na política porque não queremos que as pessoas saibam sobre as nossas preferências", é inevitável que Maz esbarre no assunto, seja no palco ou nas páginas de seu livro. "Como comediante iraniano-americano, é quase impossível não mencionar Irã durante a apresentação. Isso ocorre porque o Irã está sempre sendo notícia nos Estados Unidos. Mesmo quando algo que não tem nada a ver com o Irã acontece, o Irã encontrará uma maneira de entrar na discussão." E conclui: "O regime iraniano deve ter o mesmo publicitário das Kardashians."

Para Maz, na verdade, "a comédia é uma boa maneira de falar sobre assuntos sérios, mas de maneira subversiva, para que as pessoas nem saibam que você está falando sobre um assunto sério. Essa é a beleza da comédia que você pode fazer as pessoas rirem. Eu acho que um dos trabalhos de um comediante é apontar a hipocrisia na política, elas andam de mãos dadas, elas são um bom time, elas se complementam muito".

Na literatura persa, assim como *Meu tio Napoleão* se relaciona com a tensão entre a realidade e a fantasia no plano da comédia, de cuja tradição Maz Jobrani é herdeiro, outro grande clássico moderno articula-se com a realidade iraniana por meio da tragédia: *A coruja cega*, de Sadegh Hedayat e *O coronel* são exemplos destacados das duas faces da mesma medalha, profundamente inscritas do tecido de que é feita a Pérsia. "O conflito entre o que existe e o que é imaginado caracteriza os personagens e suas relações", complementa a autora de Lolita.

Tristeza persa

❝A revolução comeu seus próprios filhos, como na lenda persa Rostam matou seu filho Sohrab."

Mahmoud Dowlatabadi, *The Colonel.*

A história e a lenda se imbricam organicamente na sociedade iraniana, como invoca o escritor Dowlatabadi. Ao recorrer ao destino do maior herói mítico do Shahnameh, Rostam, herói trágico que, por engano, matou seu filho numa batalha, para associá-lo às tragédias do Irã moderno, o escritor se alinha com a percepção bastante presente entre os próprios iranianos: a tristeza e a dor não são uma excepcionalidade, e sim parte inerente da vida, uma concepção presente desde tempos pré-islâmicos, tal como narrados pelo épico persa.

A adoção do islamismo xiita pelo Irã no início do século XVI ajudou a consolidar irrevogavelmente o passado de tragédias — dos antigos reis e heróis aos mártires imolados em nome da nação e da religião. A tristeza iraniana vai além das circunstâncias das dores individuais. O iraniano aparentemente experimenta todas as tristezas acumuladas e sentidas por gerações de ancestrais, uma espécie de herança emocional de seu país, moldando sua visão da vida.

Um estudante iraniano ouvido numa pesquisa da antropologia e de psiquiatria intercultural, chamada *Cultura e Depressão*, conduzida nos anos de 1970 e 1980 por uma equipe de estudiosos, descreveu esse sentimento reinante na cultura iraniana: "As pessoas no Irã são tristes por causa do sistema, da história, da ditadura. Elas choram mais frequentemente do que riem. É por causa da cultura; é profundo. Quando você entende a tristeza, você compreende melhor as pessoas. Atualmente os iranianos entendem que a alegria é muito boa porque eles estão tristes. Agora que estou triste, eu entendo melhor a alegria." E conclui: "Nossa história é tragédia; tragédia depois da tragédia."

A lendária tristeza persa não passou despercebida do maior escritor brasileiro. Numa crônica divertida, publicada em 19 de novembro de 1893, Machado de Assis invoca a melancolia persa ao relacioná-la com a morte dos remédios. "Conta-se que Xerxes, contemplando um dia o seu imenso exército, chorou com a ideia de que, ao cabo de um século, toda aquela gente estaria morta. Também eu contemplo, e choro, por efeito de igual ideia; o exército é que é outro. Não são os homens que me levam à melancolia persa, mas os remédios que os curam. Mirando os remédios vivos e eficazes, faço esta pergunta a mim mesmo: Por que é que os remédios morrem?"

Entrincheirada em camadas ancestrais de cultura, a melancolia persa penetra e determina fortemente os cânones estéticos. Coisas tristes são frequentemente percebidas como bonitas, transcendendo além da superfície para alcançar o campo do sagrado. Do *Shahnameh* à prosa contemporânea e ao vasto universo da poesia (rubaiyats, gazals, elegias...), a tristeza se insinua de forma particularmente poderosa na expressão literária persa. Um professor de literatura entrevistado pelo escritor Naipaul em *Entre os fiéis*, confirma que "a poesia persa é cheia de tristeza". E completa: "Essas lágrimas são belas."

No Irã a gente percebe um estado de espírito e um modo de ser sinuosos, em que as contradições e os antagonismos convivem como dados da natureza. Dois dos mais populares ditados advertem: "Deus ou tâmara" e "Ou o homem come ou dorme bem", sinalizando claramente que a felicidade nunca pode ser completa.

Existir entre o ser e o não ser, entre felicidade e tristeza, é visto como um caminho para se alcançar a excelência espiritual. Como sustenta a filosofia que une os principais poetas — o sufismo, a corrente mística do Islã — e como ensina Rumi, um dos seus fundadores: "Deus ensina por meio dos opostos."

A mensagem do sufismo místico encontrou sua voz mais veemente na poesia persa, particularmente nos versos de Ferdowsi, Hafez, Saadi, Rumi, Khayyam e Attar, nos quais as reflexões sobre a tristeza e a dor são acompanhadas de emoções como a alegria e o prazer. Uma velha lenda sufi resume o espírito que move a Pérsia e seus poetas: "Um rei persa pediu a seus sábios que inventassem uma maneira de fazê-lo feliz quando estivesse triste. Eles deram ao rei um anel com estas palavras gravadas nele: 'Isto também passará.'" O provérbio significava que todas as condições, positivas ou negativas, são apenas temporárias.

Giro poético

“Deus te joga de um sentimento para outro e te ensina por meio de opostos, para que você tenha duas asas para voar, não uma.”

Rumi.

Em 2018, conflitos registrados no Irã entre seguidores de um líder islâmico sufista e a polícia iraniana terminaram com cinco mortos, trinta feridos e mais de trezentos detidos, em mais um episódio da história de tensão entre fiéis sufi e autoridades xiitas. Nos países muçulmanos em que é praticado, o sufismo conseguiu um grande feito: unir sunitas e xiitas na histórica perseguição contra eles.

Filosofia de autoconhecimento mística e contemplativa do islã, o sufismo é um movimento espiritual nascido na Pérsia antiga e marcado pela busca de liberdade interna e pelo amor, enfatizando a introspecção e proximidade espiritual com Deus, desafiando práticas religiosas muçulmanas mais ortodoxas. Nos seus rituais, os sufistas pregam a paz, a tolerância e a bondade e seguem a orientação de um líder espiritual. Propõem a entrega plena às experiências como meio para a vivência e expansão da espiritualidade.

Considerados uma ameaça ao *establishment* político do Irã e ao conservadorismo imposto pela teocracia xiita, seus adeptos são, muitas das vezes, artistas, poetas, músicos, dançarinos e atores, que se utilizam da arte como meio de refinar sua entrega apaixonada ao sagrado ou ao amante. Entre as formas de entrega e transe sufis estão os giros dos dervixes, que Rumi, poeta do século XII, criou.

Rumi também é o autor de algumas das mais belas poesias persas de todos os tempos, continuamente lembrado e invocado pelos iranianos. Um dos maiores intelectuais e eruditos de sua geração, Rumi explora magnificamente em muitos de seus versos o espírito de arrebatamento e de entrega dos sufis: “Dance quando você estiver quebrado. Dance se você rasgou o curativo. Dance no meio da luta. Dance em seu sangue. Dance quando você estiver perfeitamente livre.”

A filosofia sufi chegou e ficou conhecida no Ocidente pela contribuição de duas grandes personalidades: um pensador e filósofo oriental, Idries Shah, e um dos patriarcas da literatura ocidental, Johann Wolfgang Goethe.

Famoso por difundir no ocidente em coleções humorísticas, o personagem clássico do Oriente Médio, Nasrudin, “o mulá que não é mulá, o tolo que não é bobo e resolve problemas”, Idries Shah fazia uso extensivo de parábolas e contos tradicionais. Autor e mestre da tradição sufi, ele dedicou sua vida a explicar o Oriente para o Ocidente, coletando, selecionando e traduzindo clássicos da literatura dos sufistas, adaptando-os a referenciais ocidentais, com a ênfase de que no sufismo os ensinamentos podem se adaptar ao tempo, ao lugar e às pessoas.

Escreveu mais de três dezenas de títulos cujos temas abrangem desde a psicologia e espiritualidade a livros de viagem e estudos culturais. Seus livros venderam mais de 15 milhões de cópias em 20 idiomas em todo o mundo. Sua obra mais elogiada, *Os Sufis*, lançada em 1964, foi um sucesso internacional e Shah chegou a ser reconhecido como porta-voz do sufismo no Ocidente, lecionando em várias universidades ocidentais.

Nascido na Índia e descendente de nobres afegãos, Shah viveu a maior parte da sua vida na Inglaterra. Em livros e artigos, ele apresentava o sufismo como uma forma universal de sabedoria de origem anterior ao islã, salientando virtudes como bom senso, pensamento claro e humor no combate aos dogmas. Criticado por muitos orientalistas que desconfiavam de suas credenciais, Idries Shah também ganhou a admiração de personagens importantes, como a escritora inglesa Doris Lessing. "A primeira vez que li um livro sufi foi como se me fizessem descobrir o fundo de meu pensamento e de meu coração, a melhor parte de mim mesma."

Antes de Idries Shah popularizar no século XX as narrativas sufi, o escritor alemão Wolfgang Goethe, na virada do século XVIII para XIX, já tinha se aproximado dessa filosofia por outra porta de entrada: a poesia.

Goethe dedicou uma de suas obras, o *West-Ostlicher Divan* (*Divã Leste-Oeste*), a homenagear os poetas da Pérsia. Segundo a tradição poética persa, um divã é uma coleção de poemas líricos. Diz Goethe na introdução: "Quando voltamos nossa atenção para um povo pacífico e civilizado, os persas, devemos — já que, na verdade, foi a poesia deles que inspirou esse trabalho — voltar ao período mais antigo para podermos compreender tempos mais recentes. Sempre parecerá estranho para os historiadores que não importa quantas vezes um país tenha sido conquistado, subjugado e até mesmo destruído por inimigos, sempre há um certo núcleo nacional preservado em seu caráter, e, antes que você perceba, há um novo ressurgimento, um fenômeno nativo há muito familiar. Nesse sentido, seria agradável aprender sobre os persas mais antigos e segui-los rapidamente até os dias atuais, num ritmo ainda mais livre e constante."

Ao promover e apresentar ao Ocidente os maiores poetas do Oriente, como Saadi e Hafez, Goethe externou em uma carta sobre seu Divã: "Minha esperança e objetivo é abordar, por meio deste trabalho, o Oriente para o Ocidente, o passado para o presente e os persas para os alemães."

Quando Goethe se familiarizou com *Divan* de Hafez, ele escreveu: "De repente, fiquei cara a cara com o perfume celestial do Oriente e com a brisa revigorante da eternidade que soprava das planícies e dos desertos da Pérsia, e conheci um homem extraordinário, cuja personalidade me fascinava completamente." Goethe considerava os versos de Hafez como fonte de gosto e refinamento, um modelo de perfeição.

> Quem quer entender a arte da poesia
> Deve ir para a terra da poesia
> Quem quer entender o poeta
> Deve ir ao país do poeta[3]
> Bem-vindos ao país da poesia!

---

3   He who wants to understand the art of poetry
     Must go to the land of poetry
     He who wants to understand the poet
     Must go to the poet's country
     Goethe, citado em *Persian love poetry*.

CAPITULO 13:

UM PAÍS DE MUITOS BARDOS E ALGUNS "ASSASSINOS"

⟨⟨ Até bem pouco tempo ele pegava um volume do épico Shahnameh escrito em letras grandes, sentava-se à beira da mesquita, encostava a velha bengala na parede e começava a ler para os aldeões de Zamine…

Mahmud Dowlatabadi, *Missing Soluch*.

A poesia nossa de cada dia

a) Em 2003, 9 dias depois do terremoto que devastou a histórica cidade de Bam, no Irã, no dia 26 de dezembro, de 2003, uma mulher de 97 anos foi encontrada viva sob os escombros por voluntários do Crescente Vermelho iraniano, o equivalente muçulmano da Cruz Vermelha. Depois de tomar chá, a primeira coisa que ela disse foi um poema.

b) De 2009 a 2017, o presidente Barack Obama, religiosamente, se dirigiu todos os anos ao povo iraniano para felicitá-lo por ocasião do *Nowruz*, o Ano-novo Persa, no dia 21 de março. Competente estrategista, o presidente americano travava difíceis negociações com o Irã para chegar a um acordo nuclear. E no *Nowruz*, ele aproveitava para fazer o reconhecimento às contribuições históricas da Pérsia, montando a famosa mesa dos 7 S's, uma tradição neste dia[1], além de recorrer impreterivelmente a outro pilar da cultura persa, a poesia: "Ao reunir-se com a família e amigos neste *Nowruz*, muitos de vocês se voltarão para o poeta Hafez, que escreveu: 'Plante a árvore da amizade que produz o fruto da satisfação; arranque a muda da inimizade que traz sofrimento sem fim.'" Numa outra ocasião citou Saadi…

c) Em 2011, ao me deixar no aeroporto internacional de Teerã, Ahmad, o motorista que me transportou na viagem ao Irã, um rapaz jovem, humilde, bem-educado e

---

1   Para saber mais sobre a mesa em que se colocam sete "coisas" que começam com a letra S, ver mais no capítulo "Assim falou…".

doce, de transbordante amabilidade, me deu um presente: um livro de poesias em farsi, numa edição de digna simplicidade. Na capa, a sua foto. Ahmad, pobre, com pouca educação escolar, era poeta.

d) Mais recentemente, o ministro das Relações Exteriores do Irã e negociador da questão nuclear, Javad Zarif, divulgou um vídeo no YouTube chamado "Mensagem do Irã: nossas contrapartes devem escolher entre acordo e coerção", aproveitando para citar o autor épico do *Shahnameh* em seu discurso. "Há mil anos, o poeta iraniano Ferdowsi disse: 'Seja implacável na luta pela causa do bem. Trazer a primavera, você precisa. Banir o inverno, você deve.'"[2]

Quatro momentos significativos de algo que distingue os persas entre todos os povos que conheço: a presença da poesia na vida cotidiana. Muitos países produziram gênios da literatura e comunidades robustas de leitores. Mas só conheço um em que a poesia está na ponta da língua do açougueiro, do taxista, do trabalhador intelectual e do braçal. Na terra dos poetas, eles brotam até no deserto. Diferentemente de tantos outros lugares do planeta, a poesia no Irã nunca foi patrimônio da elite. David Blow concorda que "não existe nação mais viciada em poesia".

No Irã, a poesia é matéria-prima da subsistência, espinha dorsal de um enquadramento do mundo singular e fascinante. Não se trata apenas de desfrutar da poesia como arte ou louvá-la como parte estruturante de sua herança ancestral, mas de vivê-la e de consumi-la regularmente, tal como um item obrigatório na cesta básica da sobrevivência do iraniano comum. Qualquer humilde vendedor do bazar ou garçom de restaurante de kebab sabe citar um verso dos grandes poetas sobre as desilusões da vida, os desígnios insondáveis do destino, as boas ações. Ferdowsi está na ponta da língua dos pais e dos filhos em momentos especiais. Como confessa a autora de *Tehran, Lipstick and Loopholes*, Nahal Tajadod: "Como todos os iranianos, em momentos cruciais, posso me expressar citando nossos grandes poetas. A maioria de meus compatriotas cita Hafez, mas minha mãe me ensinou a referir-se a Rumi, a quem ela via como o mestre supremo."

Nos momentos especiais, com certeza, mas o encantador é observar como a poesia escorre dos momentos banais com igual vitalidade e delicadeza. Poesia para acordar e para dormir, poesia até em prosa, conforme constataram duas escritoras. A inglesa Vita Sackville-West foi uma delas, conforme relatou em *Twelve days in Persia*: "Fomos despertados pela manhã com uma batida na porta e a voz de nosso anfitrião: 'a madrugada chegou', ele disse, 'e o Sol está nascendo'. Tão nobre e melodioso chamado nos pôs de pé imediatamente."

O mesmo requinte poético foi testemunhado pela exploradora e conterrânea, Freya Stark: "Enquanto me arrastava até a minha cama no terraço, ela (sua anfitriã), com aquela percepção persa para a beleza, que redime tantos defeitos, disse a um dos empregados que desviasse

---

2   Tradução livre da autora: "Be relentless in striving for the cause of Good. Bring the spring, you must; Banish the winter, you should"

o riacho para o pequeno jardim abaixo, de modo que seu murmúrio me acalmasse durante a noite."

Poetas de cama e mesa. Como disse a escritora Nahal Tajadod, no Irã, "Nunca estamos sozinhos: temos nossos poetas como companheiros, amigos e parentes". Não é incomum, portanto, que ao fim de uma refeição, Khayyam, Hafez e Rumi se incorporem às mesas na tertúlia que se segue e que as famílias contem histórias antigas e inspiradoras ou leiam trechos do repertório dos grandes poetas.

Na paz — e também na guerra — a poesia transborda em todas as fronteiras da vida dos iranianos. Sua língua e literatura são armas de resistência, que os ajudam a sobreviver golpe após golpe, invasão após invasão. Na antiguidade persa, os poetas iam ao campo de batalha, integrando o corpo estratégico dos reis, ao lado dos astrólogos e dos outros comandantes. O autor de *Espelhos do Invisível* complementa: "A poesia raramente era uma questão de entretenimento leve: reis e governantes entraram em guerra e desmembraram nações inteiras com base em prognósticos poéticos... A poesia, e especialmente a poesia de Hafez, ainda é usada seriamente como uma ferramenta adivinhatória."

Foi um imenso poema que preservou a língua — *Shahnameh* — e é a língua que perpetua as narrativas poéticas, que correm nos vasos sanguíneos dos iranianos como parte indissociável de seus atos. Uma não vive sem a outra. Ao explorar esse caráter poético de seu país, Azar Nafisi, autora de *Lendo Lolita em Teerã*, lembra como seu país resistiu aos árabes: "Os persas se vingaram e criaram sua história queimada e saqueada por meio do mito e da linguagem... Ferdowsi, nossa verdadeira pátria, nossa verdadeira história estava em nossa poesia."

Na sua articulação com a vida política, seja para afirmar seu nacionalismo ou para protestar contra as tiranias, os iranianos, analfabetos ou não, expressam-se poeticamente, recorrendo a sofisticados fragmentos das antigas narrativas do épico de Ferdowsi, relembrando a história do Irã e de seus reis e heróis. A guerra contra a opressão tem nos poetas seus maiores combatentes. Há séculos.

Mais recentemente, após a revolução islâmica, os governantes xiitas substituíram os nomes das ruas, purgando aqueles dados pelo Xá. Mudaram todos, menos aqueles que levam os nomes dos de Ferdowsi, Rumi, Hafez, Saadi. Mais fortes que os clérigos, que os reis, que os heróis, os poetas escaparam às perseguições, venceram a censura numa voz que nunca cala, apesar do conteúdo tão sublime quanto explosivo. De acordo com Jason Elliot, a presença dos poetas revela uma dissonância: "Poucos tiveram uma relação mais tempestuosa com a ortodoxia religiosa do que os poetas da nação", com seu universo sensual, enaltecendo os prazeres, e "eram quase universalmente sinceros contra os dogmáticos". As grandes obras da poesia persa, explica ele, são mais do que imagens bonitas: "Nas profundezas dessas linhas, os iranianos ouvem os ecos de seus eus históricos." E a história da poesia se cruza com a geografia, no berço cultural da Pérsia, na cidade de Shiraz, capital da beleza, do vinho (apesar da atual proibição) e dos poetas.

Os bardos de Shiraz

❝Não fale do destino: ah, mude de assunto,

E fale de odores, fale de vinho

Converse sobre as flores que florescem ao nosso redor."

Hafez.

Shiraz esbanja beleza. Entre avenidas arborizadas e cercadas de jardins exuberantes e de árvores frutíferas brotam as cúpulas azul-turquesa das mesquitas e dos mausoléus, que guardam alguns dos conjuntos de azulejos mais fascinantes do Irã. Quinta cidade mais populosa do país, emoldurada pelas montanhas Zagros, Shiraz é o centro da região de Fars, ao sul, pátria original do povo persa e que dá o nome nativo do idioma persa, o *fârsi* ou *pârsi*.

Berço do grande império persa da Antiguidade, ali repousam até hoje antigas relíquias, como as tumbas dos grandes reis e os remanescentes da capital cerimonial dos aquemênidas, Persépolis.

A partir do século XIII, Shiraz tornou-se uma das grandes cidades do mundo islâmico e centro de refinamento artístico e literário. Foi de Shiraz que saíram os arquitetos, pintores e estudiosos que criaram o Taj Mahal e embelezaram Samarcanda, capital do império de Tamerlão. Um destino que fascinou viajantes, a cidade foi imortalizada por escritores, como o marroquino Ibne Batuta: "A sorte de Shiraz foi que o monstro mongol não estava inclinado a devorar a província de Fars, sendo a região muito quente para pastores de estepe e muito longe dos principais centros tártaros no Azerbaijão." Ibne Batuta também repara que "seus habitantes são de boa figura e limpos em seus trajes. No mundo não há cidade, exceto Shiraz, que se aproximou de Damasco na beleza de seus bazares, jardins de frutas…"

O escritor marroquino acrescenta que a cidade dos poetas e dos rouxinóis também era famosa por seus jardins, "com perfume de laranja na primavera, e pela sentimentalidade arrebatadora das almas dos moradores".

É verdade. Shiraz respira poesia.

Poeta dos poetas

❝Agradeça pelas noites passadas em boa companhia,

E leve os presentes que uma mente tranquila pode trazer;

Nenhum coração é escuro quando a gentil Lua brilha."[3]

Hafez, *Songs of Hafez, The book of Oriental Literature*

---

3   Tradução livre da autora: "Give thanks for the nights spent in good company, And take the gifts a tranquil mind may bring; No heart is dark when the kind moon doth shine."

Uns cantam baixinho, outros falam sozinhos aos sussurros, como numa reza, uns abrem livros para recitar o poema da escolha aleatória. E todos, sem exceção, ajoelham-se e acariciam a pedra do túmulo de alabastro no centro do gazebo cercado por oito colunas, encimado por um domo de mosaicos que brilha lindamente quando iluminado à noite. Ainda que soem como oração, não são suras do Alcorão que eles declamam ali, nem é de um santo cuja sepultura eles veneram. Famílias inteiras, namorados, amigos se reúnem para, diariamente, homenagear um de seus poetas mais amados: Hafez, que nasceu, viveu e morreu em Shiraz há mais de seis séculos.

    ❝Se as lágrimas de Hafez não o comovem,

      por que, então, seu coração ainda não se transformou em pedra?"

    Hafez, *The ocean of love?*"[4]

O poeta persa que tanto inspirou Goethe viveu no século XIV para se transformar no pão de cada dia, de todo iraniano até hoje, no século XXI. Hafez revive em toda festa tradicional, em diferentes ocasiões da vida, na tristeza e na alegria. Está nas casas de ricos e pobres, de velhos e jovens, que aprendem seus poemas de cor e ainda os usam como provérbios e ditos populares. Seus livros são regularmente lidos e consultados para orientação e inspiração. No Irã, a propósito, dizem que há dois livros em todas as casas — o Alcorão e o *Divã* de Hafez. Um é lido, o outro não é, brincam os iranianos. Notável por falar nas entrelinhas, Hafez é invocado cotidianamente como oráculo que adivinha o futuro.

No pavilhão octogonal, sob a cúpula azulejada de sete cores em azul e verde, os visitantes se reúnem ao redor da lápide do poeta e, antes de abrir uma de suas maiores obras, o *Divã*, eles fecham os olhos e pensam na pergunta que querem que o poeta responda. Então, abrem arbitrariamente o livro, leem e interpretam o poema que o "destino" escolheu, em resposta à sua pergunta.

O ritual, conhecido como *Fal-e Hafez* ("profecias de Hafez") se repete nas redondezas do jardim, mantendo tremendamente ocupado um pequeno pássaro e seu velho dono. Diante de sua gaiola, enfileiram-se dezenas de jovens debaixo de seus chadores e *hijabs*, esperando resignadas à espera dos obséquios do periquito, que puxa com o bico, ao acaso, cartõezinhos que são entregues às moças. Neles estão pequenos versos de Hafez, com mensagens subliminares sobre o destino de cada uma.

Toda hora é hora para ler a sorte no Irã, prática enraizada na antiguidade persa. E o *Fal-e Hafez* é uma verdadeira obsessão na sociedade. Fazem isso no *Nowruz* (Ano-novo) e na *Yalda* (a noite mais longa do ano, que é a última noite do outono, em 21 de dezembro). Fazem isso no desespero e nos estados de graça, na saúde e na doença, na certeza e na dúvida. O negócio é tão lucrativo que os vendedores autônomos que comercializam a sorte dos outros à custa

---

4   Tradução livre da autora: "If Hafez's tears do not move you, then why has your heart not yet turned to stone?" Hafez: *The ocean of love*.

de Hafez se multiplicam. No sistema *off-Hafez*, o cliente paga e escolhe aleatoriamente um papelzinho. Simples assim e sedutor o bastante para atrair nove entre dez turistas.

Os poetas, ele sempre seduziu, como apregoava outro poeta, o norte-americano Ralph Waldo Emerson, para quem Hafez era, sobretudo, um "poeta para poetas". Também no Brasil, Manuel Bandeira, o mesmo que consagrou *Pasárgada* entre nós, dedicou ao persa um poema:

> Escuta o Gazal que fiz,
> Darling, em louvor de Hafiz:
> Poeta de Chiraz, teu verso
> Tuas mágoas e as minhas diz.
> Pois no mistério do mundo
> Também me sinto infeliz (…)

> Manuel Bandeira, *Gazal em Louvor de Hafiz*.

Considerado o mestre do gazal persa[5], Hafez exaltava as alegrias do amor, da espiritualidade e do vinho, vertendo um lirismo musical, tão preciso quanto infinito, e um uso brilhante de metáforas para expressar as experiências espirituais e místicas. Não é à toa que sua poesia é frequentemente cantada e ambientada na música clássica persa. O *Divã de Hafez*, sua maior obra, representa o que muitos acreditam ser o apogeu mais radiante da poesia persa.

> "Se bebo meu vinho, quem se machuca?
> Sou o guardião de meu segredo, consciente do meu tempo."

> Hafez, *The poems of Hafez*.

Ao lado do lirismo, Hafez manifestava com igual intensidade profundo desprezo pela hipocrisia religiosa. Seus versos são inequívocos ao protestar contra as falsas aparências do poder. Como ele próprio confessou, preferia envolver-se com os pecados a fingir ser exemplo de virtude. Ironicamente, seus versos permanecem tão controversos e atuais quanto quando foram escritos, o que pode ajudar a explicar a imensa estima de seus conterrâneos pelo poeta ao longo dos séculos.

No Irã moderno, aprisionado por um regime ditatorial, Hafez segue sendo uma figura quase divina, logo ele que dispensava a notoriedade. Dizem que, graças a ele, Shiraz, com seus mais de 2 mil anos, é considerada a cidade mais liberal do Irã. Creio que o poeta estaria de

---

5   Um tipo de verso romântico ou religioso, em que a parte de um verso tem de se repetir em todos os versos. É cantado, pode ser religioso, romântico ou político.

acordo com isso, diante de moças, que visitam seu túmulo, com *hijabs* coloridos, deixando escapar cabelo, ostentando olhos e lábios pintados, desafiando a ortodoxia dos costumes.

> 66 Embora eu seja velho, à noite
> me segure firme entre seus braços
> Assim, ao amanhecer, me levantarei como um jovem ao seu lado."[6]

Hafiz, *The British Museum Persian Love Poetry.*

Obviamente, Hafez, assim como o *Shahnameh*, o *Nowruz* e outras tradições pré-islâmicas não fazem graça aos teólogos xiitas mais conservadores, que tomaram o poder em 1979, e que tiveram de se submeter à força inabalável que esses costumes têm para os iranianos. No túmulo do maior poeta persa, referência obrigatória da longa tradição literária, está gravado um verso que não deixa dúvidas sobre a posição de Hafez diante dos conservadorismos.

> 66 Quando venhas ao meu túmulo, vem embriagado,
> de uma bebedeira que nunca decresça,
> cheio seu ânimo de um fervor que engrandece o amor, a esperança.
> Tem presente que a alegria deste mundo é curta,
> passará com os anos vividos.
> O importante é o que no final ficará,
> dessa embriaguez que levas na Alma."[7]

A morada desse gigante literário se situa num enorme jardim, que também é um cemitério, onde entre flores estão enterrados escritores, religiosos, personalidades importantes de Shiraz. A poucos quilômetros do monumento a Hafez, outro mausoléu presta homenagem a um antecessor de quase mil anos antes, também considerado um dos pais da prosa e da poesia persa, Saadi.

Humanismo na pena de um mestre

> 66 O caminho não é outro
> Senão o serviço das pessoas.
> Não está no rosário, nem no tapete de oração
> Nem no manto do dervixe."

Saadi de Shiraz: *Gulistan, O Jardim das Rosas.*

---

6   Tradução livre da autora: Though I am old, hold me tight in your arms at night / So at dawn I will rise beside you as a young man Hafez, *Persian Love Poetry*

7   Tradução de Aurélio Buarque de Holanda, do *Rubaiyat* de Hafez.

Na sede das Nações Unidas, um grande tapete persa decora o Salão das Nações, por onde passam políticos e diplomatas de centenas de países. Nele foi tecido à mão, em fios de ouro, o poema *Bani Adam* (*Os filhos de Adão*), de outro poeta amado pelos iranianos, Saadi de Shiraz, para quem o rompimento das barreiras entre os homens era imperativo.

> "Os povos do mundo são membros de um só corpo,
> Partilhando a mesma essência.
> Quando se oprime um único membro,
> Todos sofrem."

Perto de Hafez, na geografia de Shiraz e no olimpo poético, Saadi ajudou a fazer a cidade, também conhecida pela beleza dos seus jardins, a qualidade dos seus vinhos e a formosura de suas mulheres, como a cidade símbolo da poesia. Nascido ali em torno de 1200, Saadi perdeu seu pai cedo e foi enviado para estudar em Bagdá, onde viveu até começar a viajar pelo Oriente Médio, escapando de contingências políticas instáveis trazidas pela arrasadora chegada dos mongóis. Percorreu partes da Turquia, Síria, Egito, Índia e Ásia Central e relatou partes de suas viagens em sua prosa. Voltou a Shiraz já na meia-idade. Muitos comparam o escritor a Marco Polo, que viajou na região de 1271 a 1294. A diferença é que enquanto o veneziano surfava na boa vida das cortes, Saadi de Shiraz se perdia entre as pessoas comuns, conversando com mendigos, dervixes, comerciantes, intelectuais, religiosos, viajantes e até bandidos. Coerente com o que escreveu:

> "Saadi é uma rosa, mas é um espinho
> Aos olhos dos seus inimigos."[8]

> Saadi de Shiraz, *Gulistan, O Jardim das Rosas*.

Saadi percorreu regiões isoladas e devastadas por guerras, campos de refugiados remanescentes das invasões mongóis, viveu em caravanas na Rota da Seda. E escreveu sobre as desditas dos povos que enfrentaram deslocamentos, rupturas, conflitos, guerras. Suas obras mais populares são o *Gulistan, o Jardim das Rosas*, de 1258, (de onde vem o poema *Filhos de Adão*) e o *Bostan, O Pomar*. O primeiro, escrito sobretudo em prosa, contém anedotas, histórias, aforismas, sacadas humorísticas. Já o *Bostan* é inteiramente em verso e consiste em histórias enaltecendo as virtudes que se esperam de muçulmanos (justiça, liberdade, modéstia, contentamento) ou refletindo sobre as práticas e o comportamento dos dervixes. Saadi também é lembrado por retratar as irrealidades da experiência humana.

A capacidade de misturar com engenhosidade a cortesia, a ironia, o humor e a resignação o tornam um dos escritores mais encantadores da cultura persa. Membro de uma confraria sufi,

---

8   Tradução livre da autora: "Saadi is a rose, but to the eyes of enemies a thorn". *Saadi de Shiraz, O Jardim das Rosas*.

Saadi era um observador sábio, um reformador social, que combatia a corrupção e a injustiça, com pena de mestre.

> 66 Ninguém é mais maldito que um tirano,
> Pois na adversidade ele não tem amigos."
>
> Saadi de Shiraz: *Gulistan*.

Uma história famosa ilustra a personalidade do escritor. Conta-se que um dia, Saadi se sentou em uma loja de livros, onde seus livros eram vendidos. O vendedor de livros estava ausente, e alguém entrou e pediu um dos seus livros, sem saber que estava falando com o próprio poeta. Saadi então perguntou: "Por que você gosta de livros de Saadi?" Ele respondeu: "Oh, ele é um homem tão engraçado." O escritor deu-lhe um livro e, quando ele quis pagar, o escritor disse: "Não, eu sou Saadi, e quando você me chamou de homem engraçado, você me deu toda a recompensa que eu poderia desejar."

Outras grandes estrelas fazem companhia a Rumi, Ferdowsi, Hafez e Saadi na constelação de grandes poetas persas. No Ocidente, o mais conhecido talvez seja Omar Khayyam e seus *Rubaiyat*.

Um poeta que encantou, dentre outros, a poetisa brasileira Cecília Meirelles, que homenageou Omar Khayyam no poema *Terceiro Motivo da Rosa*:

> Se Omar chegasse
> esta manhã,
> como veria a tua face,
> Omar Khayyam,
> tu, que és de vinho
> e de romã,
> e, por orvalho e por espinho,
> aço de espada e Aldebarã?
> Se Omar te visse
> esta manhã,
> talvez sorvesse com meiguice
> teu cheiro de mel e maçã.[9]

---

9   Ver box.

Embriaguez sufi

66Um tal cheiro de vinho
Virá do meu sepulcro,
Que poderão os passantes
Embriagar-se aspirando-o."

Omar Khayyam, *Rubaiyat*.

Pela deslumbrante Samarcanda, um renomado centro de beleza e aprendizado, para onde migraram muitos artistas de Shiraz, trabalhou e viveu um dos maiores sábios orientais. Nascido em Nishapur, na Pérsia, em 18 de maio de 1048, no século XI d.C., foi na cidade usbeque que Omar Khayyam se tornou um célebre matemático, escrevendo alguns de seus mais importantes tratados de álgebra e geometria, ganhando reputação internacional. Sua obra sobre álgebra e astronomia se transformou num clássico no Oriente. Sua obra poética arrebatou o Ocidente.

Celebrado no Oriente e nas sociedades islâmicas como matemático e também astrônomo, Omar Khayyam se tornou, em 1074, diretor do Observatório de Merv, fazendo a reforma do calendário muçulmano. Mas foi como grande poeta e filósofo que ficou conhecido no Ocidente. Na novela *Samarcanda*, o escritor libanês Amin Maalouf combina história e ficção para percorrer a cidade, a história de Khayyam e a saga do *Rubaiyat*, evocando a Ásia Central no século XI, quando as cidades de Bukhara e Samarcanda eram as maiores do mundo.

O livro conta como Khayyam chega na cidade, com fama de poeta obsceno, que escreve sobre vinho e mulheres e cuja filosofia zomba do islã. Levado a julgamento, é reconhecido como gênio por um juiz, que lhe dá um pequeno livro em branco, com as melhores folhas de papel chinês. E recomenda ao poeta que anote ali sempre que lhe ocorrer um verso. A cabeça do grande poeta é salva e nasce o *Rubaiyat* de Omar Khayyam.

Fecha o teu Corão. Pensa livremente,
E, encara livremente o Céu e a Terra.
Ao pobre que passar, pedir-te esmola,
Dá-lhe a metade do que possuíres.[10]

Mais de 600 anos se passaram até que os poemas do persa fossem conhecidos na Europa. Traduzidas as obras para o inglês e francês a partir do século XIX, no Brasil, a mais famosa do *Rubaiyat* foi de outro poeta, Manuel Bandeira, a partir da tradução francesa. *Rubaiyat* é o plural da palavra persa *rubai* e quer dizer quadra ou quarteto, uma forma poética cuja métrica é digna de um matemático, feita com uma original combinação de sílabas. Segundo

---

10   Rubaiyat, na tradução de Manuel Bandeira.

Bandeira explica na introdução ao livro, o poema do persa teria se difundido no Ocidente porque "serviu como arma de combate contra as convenções, a afetação moralista, o *can't* da era vitoriana". A luva serve com perfeição a qualquer sociedade conservadora.

> Podes perseguir-me incessante,
> Ó imagem de outra ventura!
> Podeis, ó vozes amorosas, modular os vossos encantos!
> Olho só para o que escolhi.
> Só escuto o que já me embalou.
> Dizem-me: 'Deus te perdoará.'
> Recuso o perdão que não peço."

O poeta brasileiro elucida a filosofia que impregna os poemas, que se caracterizam por seu agnosticismo: "Não se pode negar nem afirmar coisa alguma, devemos contentar-nos com saber que tudo é mistério — a criação do mundo e a nossa, o destino do mundo e o nosso, jamais saberemos nada, jamais elucidaremos um só dos mistérios do universo; pelo seu imediatismo; goza o momento que passa, não te preocupes com o passado nem o futuro —, o passado é um cadáver que se deve enterrar, o futuro é indevassável..." Assim, como versou Khayyam:

> Uma vez que se ignora o que é que nos reserva
> O dia de amanhã, busca ser feliz hoje.
> Vai sentar-te ao luar e bebe. Pois talvez
> Não vivas mais quando amanhã voltar a Lua."

Seus versos exaltam o encanto dos prazeres modestos, sua perplexidade em relação às incertezas da vida, a impenetrabilidade dos mistérios da existência e seu desassossego em relação ao relacionamento do homem com Deus.

> Nenhum poder sobre o destino
> Te foi dado, sabes. Portanto
> Que adianta a ansiedade em que ficas
> Pela incerteza do Amanhã
>
> Então, se és um sábio, procura
> Tirar do momento presente
> O maior proveito possível.
> O futuro o que te trará?"

O escritor questiona todo tipo de dogma, como a existência da providência divina e da vida após a morte, ridiculariza as verdades religiosas e, diante das incertezas metafísicas, volta-se para a apreciação das belezas do mundo material e sensual tal como ele se apresenta. Para Khayyam, o único mandamento válido é viver plenamente no aqui e agora.

> 66 Abre-te, meu irmão, a todos os perfumes,
> Todas as músicas, todas as cores. Beija,
> Afaga todas as mulheres, e repete
> Que a vida é breve e serás pó na terra um dia."

Entre o pecado e a promessa do paraíso, Khayyam ficava sempre com o primeiro.

> 66 Nunca murmurei uma prece.
> Sabem todos que nunca
> Escondi meus pecados."

Essa afiada lucidez, combinada com uma permanente perplexidade, amargura, descrença diante da efemeridade da vida e dos fardos do destino, atraiu feito imã outro grande poeta entendido em fados. Da Pérsia dos séculos XI e XII, da era cristã a Lisboa de 1935, um poeta português se dedicou a fundo à obra de Omar Khayyam: Fernando Pessoa.

O escritor português estudou aspectos da civilização islâmica ao longo de trinta anos, dedicando ao sábio persa parte de sua obra, compondo ele mesmo vários *rubaiyats*, compartilhando sua melancolia, suas amarguras e encontrando no poeta persa uma inspiração convergente com seu sentimento de mundo.

Os *Rubaiyat* de Khayyam e os de Pessoa enfocam, de modo muito similar, o poder implacável do "fado", do destino, sobre as ações humanas, impedindo a realização dos desejos e a renovação da esperança. Se, de um lado, dividem o ceticismo e as descrenças, por outro cada um deles resolve isso à sua maneira. Khayyam faz do instante e dos prazeres da vida, tal como ela é, a fonte da recompensa, enquanto Pessoa parece não encontrar refúgio em canto algum, em instante nenhum.

> 66 Sob os ramos que falam com o vento,
> inerte, abdico do meu pensamento.
> Tenho esta hora e o ócio que está nela.
> Levem o mundo: deixem-me o momento!"
>
> Fernando Pessoa: *Canções de beber*.

Atraído por Khayyam, Pessoa também se entregou à leitura de poemas sufis de outros autores, dentre os quais Rumī e Hafez. Até hoje sobram controvérsias em torno da adesão de Omar a esse caminho místico. Seu ceticismo generalizado e suas convicções libertárias, presentes no *rubaiyat*, deixam dúvidas sobre até que ponto Khayyam era um sufi praticante.

Existem quadras do poeta em que "criticou severamente" as tradições sufistas de austeridade e a busca da verdade interior.

> ❝Dervixe, despoja-te dessas
> vestes pintadas, de que estás
> Tão orgulhoso e que, no entanto,
> Não trazias quando nasceste."

Discórdias à parte, há bastante concordância em torno do fato de que, ainda que o matemático não tenha sido um iniciado sufista, o seu modo de se expressar e versejar se enquadraria na linguagem e nos pilares da doutrina sufi tradicional, buscando o êxtase à entrega absoluta. O escritor Maalouf corrobora com essa visão na novela *Samarcanda*. Seu relato ricamente descritivo sobre os tribunais, o bazar, as vidas dos amantes, dos místicos e dos reis está construído com langor e deleite, em perfeita harmonia com o misticismo sufi, refletindo os paradoxos, a ironia sutil e o humor de pensadores de orientação sufi, como Khayyam.

A narrativa de Maalouf viaja através dos séculos e aporta informações muito além da poesia. Numa das passagens, ele rememora um dos fatos mais surpreendentes a respeito da vida de Khayyam: sua ligação com Hassan ibn Sabbah, mais conhecido pela alcunha de "Velho da Montanha", fundador da misteriosa Ordem dos Assassinos.

O poeta e o assassino

Há muitas lendas e controvérsias sobre a origem da relação entre Khayyam e Hassan. Na versão de Maalouf, eles se conhecem num caravançarai, na Rota da Seda. Já na introdução dos *Rubaiyat*, de Manuel Bandeira, ele cita a lenda de que o poeta era amigo de juventude de Hassan.

No livro de Maalouf, *Samarcanda*, Hassan explica a Omar sua fé: "Venho de uma família xiita tradicional. Sempre me ensinaram que os ismaelitas não eram mais que hereges. Até o momento em que conheci um missionário que, depois de discutir durante muito tempo comigo, fez minha fé vacilar."

A seita foi fundada no século XI por uma corrente do ismaelismo, que, por sua vez, é uma variação do xiismo. Conta Vali Nasr, que "os ismaelitas tinham uma inclinação esotérica e se tornaram imersos em filosofia e práticas místicas, ocasionalmente rompendo com alguns ensinamentos fundamentais do xiismo e até do Islã".

Sua sede era uma inexpugnável fortaleza, situada na região de Alamut, na província de Qazvin, no noroeste do Irã, capturada por Hassan e seus seguidores em 1090 e transformada em epicentro da seita durante mais de 160 anos. Era dali que Hassan e seus sucessores comandavam seus ataques e seus assassinos. Também se instalaram em regiões do Egito e da Síria. Segundo alguns relatos da época, Hassan tinha cerca de 60 mil seguidores.

Celebrizados por relatos aterrorizados e fantasiosos, cercados de mistérios, os assassinos eram guerreiros medievais que incutiam terror nos cristãos que lutavam pela Terra Santa na Idade Média, uma verdadeira máquina mortífera. Contam as lendas que antes de cada ataque, eles se drogavam com hashish, daí o nome "hashishins", convertido para assassinos. Apesar de saborosa, a teoria sobre o uso do haxixe não é encontrada em nenhuma fonte confiável. É também verdade que muito do que se atribui a eles vem de relatos de cruzados europeus, seus jurados inimigos.

A tese também é rejeitada pelo libanês Maalouf: "A verdade é outra. Segundo os textos que nos chegaram de Alamut, Hassan gostava de chamar seus adeptos de *Asasiyun*, aqueles que são fiéis ao *Asas*, o fundamento da fé. E foi essa palavra, mal compreendida pelos viajantes estrangeiros, que parecia conter eflúvios de haxixe."

Nos seus atentados contra inimigos políticos, os assassinos costumavam atacar, disfarçados de monges ou dervixes. Atuavam como espiões, infiltrando-se nas fileiras de seus adversários, a quem eles esfaqueavam. E estavam dispostos a morrer pela causa. Completa Maalouf: "Ninguém podia discutir isso; Hassan Sabbah conseguiu construir a máquina de matar mais temível da História."

Todos os "hashishins" eram guerreiros religiosos e eram treinados tanto na arte do combate quanto no estudo da religião, acreditando que estavam em uma *jihad*, uma guerra sagrada. Na sua fantasiosa crônica, o navegador Marco Polo, um dos responsáveis por divulgar a existência do grupo, enriquece a descrição da seita: "Nenhum deles sentia terror diante do risco de perder a própria vida, que eles tinham em baixa consideração, uma vez que pudessem executar o desejo de seu mestre."

Por conta disso, há pessoas que dizem que eles foram os primeiros terroristas da história. Nas palavras de Maalouf: "Pelos espetaculares crimes que ordenou, pelas lendas que se teceram em torno dele e de sua seita e de seu castelo, o Grande Mestre dos Assassinos aterrorizou durante muito tempo o Oriente e o Ocidente... Que reinado é pior que o da virtude militante?"

Conta Polo: "Não havia ninguém, por mais poderoso que, exposto à inimizade do Velho Homem da Montanha, pudesse escapar do assassinato." Dizem especialistas que o primeiro relato europeu sobre os assassinos teve origem na narrativa de um rabino espanhol, que viajou pela Síria em 1167. Ele teria sido a primeira fonte sobre o misterioso líder da seita, o Velho da Montanha. Consta que o líder dos assassinos passava a maior parte de seus dias em Alamut, produzindo trabalhos religiosos e desenvolvendo as doutrinas para sua Ordem.

Sabbah nunca mais deixaria sua fortaleza em sua vida. Após a invasão mongol na Pérsia, em dois momentos foram enviadas tropas para montar cerco e atacar as fortalezas dos Assassinos. Na segunda, sob comando de Hulagu Khan, neto de Genghis Khan, em 1256, os mongóis tomaram o castelo dos ismaelitas e arrasaram tudo que encontraram pela frente, apesar da admiração de seus conquistadores. Conta Maalouf que "o príncipe Hulagu foi o mesmo a admirar esse prodígio de construção militar".

Após a devastação da Fortaleza de Alamut, os remanescentes membros da Ordem tentaram restabelecer a seita, continuando com suas atividades por algum tempo de forma clandestina. Sem apoio político, a Ordem dos Assassinos foi extinta anos depois. Verdade ou não, conta a lenda que Khayyam e Hassan se separaram e não voltaram a ter contato. Só nos livros, como o de Maalouf, voltariam a se encontrar.

Poesia regada a vinho

> "Vinho! Meu coração enfermo
> Necessita desse remédio
> Para curar-se! Vinho cor-
> de-rosa! Vinho perfumado!"

Omar Khayyam, *Rubaiyat*

Entre tantas facetas — matemático, astrônomo, filósofo e poeta — desse admirador de Ibne Sina (Avicena), e comparável a ele, Omar Khayyam também se destacou como um dos maiores divulgadores e empolgados defensores do elixir de todos os esquecimentos e epifanias: o vinho. Diferente de Saadi e Hafez, ele não precisou nascer em Shiraz, também conhecida como a terra do vinho, para ser o maior propagandista da bebida e de seus milagres. Com precisão de matemático, Khayyam desfere seus argumentos:

> "Nosso tesouro? O vinho.
> O palácio? A taverna.
> E os fiéis companheiros?
> O vinho e a embriaguez."

E nisso ele não estava sozinho. Grande parte dos poetas sufis louvou o vinho em seus poemas, mas nenhum superou Khayyam em enaltecer o valor alquímico da bebida como fonte de revelação, de inspiração e de refúgio. Beber, beber e beber... o ato que em Khayyam redime todas as dores e desesperanças.

> "Me tenha eu transformado em pó na terra,
> modelareis com a minhas cinzas um vaso
> Que encherás de bom vinho. Então talvez
> despertarei de novo para a vida."

Os conselhos de Khayyam são seguidos a ferro e fogo no país onde o vinho passou a ser proibido após a revolução islâmica, coibindo uma paixão que antecede em muito o Islã e o próprio poeta. Há 2500 anos os persas bebem e bebem bem, apesar de todas as interdições intermitentes.

Um artigo da revista inglesa *The Economist*, de 27 de setembro de 2016, revelou como, desde o Império Aquemênida, os iranianos são inspirados pelo vinho, lembrando que o próprio Heródoto já havia endereçado o assunto, com a devida propriedade: "É costume entre os persas deliberar sobre assuntos de grande importância quando estão bêbados. No dia seguinte, quando sóbrios, a decisão a que chegaram na noite anterior é apresentada pelo dono da casa onde ela foi tomada, antes que comecem a beber novamente. Se for aprovada, eles a levam adiante. Se não for, abandonam o assunto. Às vezes, porém, acontece de estarem sóbrios durante a sua primeira deliberação. Neste caso sempre reconsideram a questão sob a influência do vinho."

O vinho flui alegremente nos subterrâneos da vida iraniana, produzido de forma artesanal em casa, com outras bebidas. Muitas donas de casa abandonaram a produção de geleias e compotas em favor da produção de vinho e aguardentes caseiros. Em geral, é bastante comum que as famílias façam seu próprio vinho, corroborando uma piada popular entre os iranianos: "Antes a gente rezava em casa e ia beber na rua. Agora a gente bebe em casa e reza na rua." Porque, assim como a poesia está para o vinho, o vinho está para o Irã.

Como anteriormente comentado, o fornecimento profissional é assegurado com a ativa colaboração de uma comunidade organicamente ligada à história da Pérsia: os armênios. Única comunidade a ter permissão para beber (além das embaixadas), dado que são cristãos, os armênios assumiram a liderança, na clandestinidade, do comércio furtivo de álcool no país. Como conta Nahal Tajadod: "Toda família tem seu 'armênio pessoal' e alguns têm reputação melhor que outros. O da minha tia entrega qualquer hora do dia e da noite, o de Nargess é famoso por sua vodca e o de Davar também traz algumas vezes carne de javali, que é proibida, porque se trata, efetivamente, de carne de porco."

E a Armênia tem grande expertise no assunto: uma das nações mais antigas do planeta, disputa com a vizinha Geórgia o posto de berço da fabricação de vinho. Ironicamente, o país ganhou fama e prestígio com o *brandy*, que conquistou bêbados célebres em todo o mundo.

Um dos mais distintos foi Winston Churchill. Em Ierevan, capital da Armênia, turistas se deliciam com sessões de degustação e de aprendizagem etílica no pequeno museu instalado na fábrica de brandy mais famosa no mundo, a *Ararat*. Contam os guias que anualmente Stalin enviava ao premier inglês um lote de 365 garrafas, uma vez que o titã da política britânica entornava um litro ao dia. Numa frase atribuída a ele, Churchill teria dito: "Eu tirei mais do álcool do que o álcool tirou de mim."

Pensando bem, o estadista bebia e vivia, segundo ditames fundamentais dos mestres da poesia e do sufismo. Ele seguia à risca a recomendação do mestre Hafez para tempos de paz e, sobretudo, de guerra. "Se você está cansado deste mundo e de toda a violência que existe nele, pegue a taça e deixe que este líquido amoroso deixe em paz seu coração." Pensamento em que era acompanhado pelo "pai poético" do vinho, Omar Khayyam.

> Não te esqueças que tens os dias
> Contados. Assim, compra vinho,
> Busca um retiro sossegado
> E, no vinho, a paz, o consolo."

Regada a vinho, toda poesia persa tradicional, juntamente com arte e música, alude de alguma maneira ao misticismo e é ao misticismo que é preciso recorrer para interpretá-la, como confirma Jason Elliot: "Grandes poetas como Hafez, cuja poesia é saturada de simbolismo místico sufi, são representantes de algo chamado a linguagem do invisível, daquilo que não é percebido."

Talvez, por essa razão, a poesia seja indissociável da arte que prescinde das palavras: a música.

A plenitude onisciente do semitom

> Um Gazal de Hafez flui como um prelúdio de Bach."
>
> Jason Elliot: *Mirrors of the unseen.*

Naquela manhã, os olhos negro-azeviche de Abul-Hasan Alí Ibn Nafí, mais conhecido como Ziryab, passearam pela primeira vez sobre as paredes brancas daquela que viria a ser sua cidade: Córdoba, a capital do emirado independente homônimo, renascida sob o damasceno Abd ar-Rahman ibn Mu'awiya (Abderraman I) como a nova Babilônia, cidade de referência para as três religiões, centro do saber e do prazer, a cujo chamado acudiam doutores e poetas vindos dos confins do mundo, entre eles um ex-escravo oriundo da longínqua Pérsia: Ziryab, "o pássaro negro".

Elegante e sofisticado, homem atento à moda e de hábitos refinados, Ziryab era o que hoje chamaríamos de *playboy* (ou, se preferirmos, de influencer). Com ele, chegaram ao Ocidente as últimas novidades da corte de Bagdá, do creme dental com sabor ao consumo de aspargos, o desodorante masculino e o xadrez. Entregue à volúpia da corte cordobesa em sua condição de *entreteneur* favorito do emir, Ziryab acabou criando uma nova ordem poético-musical em torno do chamado "modo grego-persa", de onde derivam o ghazal andaluz, a nuba magrebina, considerada a mãe de todas as músicas árabes, e o canto cigano espanhol. Também o fado lusitano.

Seu gesto, aparentemente inócuo, de acrescentar uma quinta corda ao *oud* (alaúde) persa lançou as bases para a transformação do instrumento em outro muito diferente: o violão. O primeiro instrumento democrático e global da história.

Seis séculos mais tarde, o violão viajaria da península ibérica para o Brasil, onde permitiria o nascimento de uma nova ordem musical...

De onde vem a música persa

O musicólogo escava entre os escombros procurando certezas, sem encontrá-las. Para quem não é musicólogo, apenas curioso, basta detectar a semelhança entre as imagens que podem ser observadas no Vale dos Reis egípcio e os instrumentos utilizados na interpretação do repertório clássico persa (*Radif*) — o alaúde tār, a cítara santur, a flauta de bambu ney —, de modo que estes devem ter sido parte do botim de guerra levado por Xerxes em seu regresso das terras faraônicas. Nada que possa ser afirmado categoricamente, claro.

Em tudo que diz respeito às origens da música persa, quem manda é a intuição, o palpite, já que os códices da época carecem de qualquer tipo de notação musical. As melodias são transmitidas de viva voz de uma geração a outra, estando sua recriação sujeita ao arbítrio do intérprete da vez. Só na primeira metade do século XX se procedeu a verter o corpus do *Radif* para a notação musical ocidental. "Mirza Abdullah foi quem primeiro transcreveu as melodias do *Radif*, só que o fez por necessidade: era um músico horroroso, incapaz de improvisar." (Amir Pourjavady, etnomusicólogo.)

Poesia e música, no *Radif*, engastam-se numa mesma pulsação, na qual o ritmo musical se ajusta à métrica da obra poética que serve de sustento à composição. O intérprete lê os versos de Rumi e Hafez como uma partitura, assim como o poeta procura sua inspiração entre os sons que a natureza lhe oferece.

A beleza sonora e poética do *Radif* se revela no conjunto da interpretação, de uma elegância sóbria, altiva, e descende ao recôndito, ao imperceptível: o microtom. "Basicamente, a música persa consiste em uma sucessão de microtons inter-relacionados." (Erum Naqvi, "iranóloga".)

Assistir pessoalmente a um recital de música persa constitui uma experiência transformadora e, até certo ponto, contraditória. Porque, sob o manto de austeridade solene que caracteriza o *Radif*, aparece uma sensualidade velada, ou perfumada, remanescente da tradição milenar do esoterismo xiita; o sussurro da flauta ney envolvendo o dervixe em seu girar planetário ao redor do Sol; o semblante concentrado do cantor trazendo para a vida os velhos versos de Saadi e Ferdowsi...

O clima de recolhimento que domina os rituais, às vezes, vira quebra do decoro, euforia coletiva; é assim no *khayyam khani*, gênero musical próprio da localidade de Bushehr, equivalente ao *qawwali* paquistanês. Inspirado nos *Rubaiyat*, de Omar Khayyam, o intérprete de *khayyam khani* é levado a um estado de embriaguez mística que termina contagiando a plateia. O acompanhamento é montado a partir dos instrumentos próprios da região, incluindo dois tipos de gaita de fole, ney jofti e ney hambon.

O desconhecido pop iraniano

Os tempos mudaram: para a maioria dos iranianos menores de 20 anos, o *Radif* é coisa do passado; uma música chata.

O jovem iraniano de hoje procura sua identidade nos versos incendiários do *ZedBazi*, um grupo de hip-hop capaz de encher estádios, apesar das restrições impostas pelo regime à livre circulação de músicas. "Como tudo no Irã", explica Erum Naqvi, "uma coisa é o que se escuta em público, e outra o que chega às casas pelas antenas parabólicas".

A lista de músicos exilados inclui os nomes de Habib Meftah, percussionista, e Saeid Shanbehzadeh, gaiteiro e bailarino, de origem afro-iraniana, como Ziryab, ambos residentes em Paris; os da cantora Golnar Shahyar e do multi-instrumentista Kaveh Sarvarian, com domicílios fixos em Viena e Madri, respectivamente; e o da jovem gaiteira Liana Sharifian, cuja paixão pelo instrumento a levou a se instalar na localidade de Ourense, onde cursa seus estudos de gaita de fole galega.

Nada, porém, que possa se comparar à epopeia vivida por Googosh (Faegheh Atashin), que foi musa da modernidade nos tempos do xá Reza Pahlavi, e sua cantora pop favorita. Foi por causa dela que as iranianas da época passaram a usar minissaia e o corte de cabelo "à la garçon" (conhecido como *googooshi*).

Exilada nos EUA após a Revolução, Googosh voltou a ser número 1 do *hit parade* underground em 2014 com *Behesht*, um manifesto em prol dos direitos da comunidade LGBT iraniana. Mais do que isso, conseguiu que o próprio Julio Iglesias interpretasse um de seus sucessos em farsi: *Bavar Kon*, disponível no YouTube.[11]

---

11   Texto de Chema García Martínez.

EPÍLOGO

A coisa mais linda que vi na vida também era a mais triste: um mausoléu na cidade de Shiraz. O santuário sagrado Ali-Ibn Hamzeh era um espaço que, de tão radiante, calava todos os sentidos, parava o tempo, tapava o som. De repente, era como se tivesse entrado no interior de uma coroa de pedras preciosas. Em poucos metros quadrados, milhões de minúsculos espelhos brancos e verdes, incrustados nas paredes e no teto abobadado, explodiam em brilho e se sobrepunham às austeras fiéis que, debaixo de negros chadores, rezavam contritas. No centro daquele mundo cintilante, um ataúde, desafiando o entendimento. O interior do mausoléu, consagrado a Ali bin Hamza, uma figura sagrada para os xiitas, é a imagem mais poderosa e mais representativa do sentimento que me ficou do Irã.

Entre a luz e a treva, a tristeza e a alegria, equilibra-se o imaginário persa milenar. Marcados pela dualidade, desde que Zaratustra apresentou o conceito de bom e mau, da verdade e da mentira, os persas balanceiam a luz e a escuridão, o azedo e o doce, o quente e o frio, o alegre e o triste, a verdade e a mentira. O mausoléu incorporava essa improvável e fascinante combinação, essa aliança do belo com o trágico. A morte, o luto, a dimensão dramática da vida no centro de um mundo de transbordante beleza. Dois singelos vasos com flores de plástico ao lado do túmulo ofereciam outro contraste perturbador.

Entre milhões de espelhos, as 1001 faces dessa Pérsia irrompem por meio de sua arte, numa polissemia que deslumbra ao mesmo tempo em que afirma sempre uma mesma essência, forjada a fogo e ferro, numa milenária história, atravessada pelas invasões, guerras e conquistas, pelas flutuações das fronteiras e pelas calamidades, pelos mandos e desmandos de aiatolás, ditadores, dinastias, invasores. Entre monumentos arruinados e guerras empreendidas, em que religiões mudaram de nome e de deus, a arte e a cultura haviam sobrevivido e sobrepujado as contingências terrenas. E seguem se manifestando num repertório sublime de linguagens atadas por um conjunto de tradições e crenças latentes e imemoriais. Freya Stark também teve a mesma compreensão ao ver um pequeno machado, todo esculpido, de um camponês do Luristão: "É um fato notável que quem faz as coisas manualmente ainda encontra tempo para adicionar ao seu trabalho alguma elaboração de mera beleza." A escritora também observou o prazer cotidiano que experimentava em Teerã ao ver essa mesma beleza na padronagem das sacas em que o lixo era carregado. Para os ocidentais, completa ela, a beleza "é o que se compra para exibir num museu".

A beleza que não está nas vitrines nem nos museus, que pode estar ali, do nosso lado, esperando para ser notada ou criada, em situações tão banais quanto a de depositar o lixo, apresentou-se a mim, pela primeira vez, de dentro da toalha de Esfahan. E me levou a percorrer milhares de quilômetros, anos de vida e capítulos de um livro, buscando a fonte dessa essência que transpira em tantas realizações tangíveis e intangíveis.

Este livro é minha contribuição para tentar abreviar o número de escalas dessa trajetória até que se deslumbre com a cultura persa e com o Irã. Simplesmente porque muda a vida de quem o visita. A jornalista brasileira Adriana Carranca é taxativa: "Dizem que existe a vida antes e depois de conhecer o Irã. Colocada assim, a frase pode soar exagerada. Mas não é... Porque o Irã fascina e muda a perspectiva do visitante."

Ninguém volta incólume de Pasárgada e disso sabia o poeta que, sem colocar os pés na Pérsia, profetizou o magnetismo dessa "outra civilização", uma terra que surpreende, a todo momento, com seu compromisso com a beleza estética, em dimensões múltiplas a enfeitar todas as dimensões do cotidiano. O mundo iraniano lembra o chador xiita, que cobre as mulheres, vestidas por baixo com joias e com roupas de festa. Sob uma capa circunspecta, um corpo que esbanja belezas. Como o mausoléu de Shiraz, guardando em seu interior pesaroso um festival de cores e de brilhos. O vendedor de tapetes, ouvido por Kapuscinski, resumiu tudo. Com ele comecei e com ele termino:

"O que fez os persas permanecerem por mais de dois milênios e meio é nossa força espiritual e não material — nossa poesia e não nossa tecnologia, nossa religião e não nossas fábricas. O que demos ao mundo? Demos poesia, miniatura e tapetes. Como você pode ver, todas essas coisas são inúteis do ponto de vista produtivo, mas é através dessas coisas que expressamos nosso verdadeiro eu. Demos ao mundo essa inutilidade milagrosa e única. O que demos ao mundo não tornou a vida mais fácil, apenas a enfeitou."

Manuel Bandeira acertou ao descrever essa Pasárgada, mítica terra das delícias, para quem o lugar representava toda a vida que podia ter sido e que não foi.

Também a minha Pasárgada, com os 1001 prazeres que só a beleza é capaz de proporcionar, muitas vezes me fez esquecer dos pesadelos da vida. Diferente de Bandeira, no meu caso, Pasárgada é a vida que podia ter sido e que foi. Maktoob!

GLOSSÁRIO

abaya: túnica escura e larga, de mangas compridas e de corpo inteiro.

Ahriman: diabo zoroastrista.

Ahura-Mazda: deus zoroastrista.

aiatolá: posto no topo da hierarquia clerical xiita.

andaruni/biruni: interior, privado/exterior, público.

ashura: principal data religiosa xiita, que lembra o falecimento do neto de Maomé, Iman Hussein.

aquemênida: império que governou a Pérsia por volta de 550 a 330 a.C.

avesta: cânone oficial dos ensinamentos e liturgias do zoroastrismo.

Avicena: sábio oriental cujos ensinamentos científicos atravessaram os séculos e os continentes.

azeri: dialeto turco.

bahai: religião originada na Pérsia no século XIX.

basijs: mulheres da polícia dos costumes iraniana.

bazari: comerciante nos bazares persas.

biruni/andaruni: exterior, público/interior, privado.

canatos: reinos mongóis.

caravançarais: grandes albergues planejados para receber mercadores, peregrinos e viajantes.

chador: lenço longo que cobre completamente os cabelos e os ombros das mulheres persas.

chahar baghs: jardim quadrangular persa inspirado nos quatro jardins do paraíso.

Chahar Shanbe Suri: festa zoroastrista celebrada para se livrar simbolicamente de todos os infortúnios e má sorte do ano que vai embora.

dakhmas ou Torres do Silêncio: torres circulares de pedra dos zoroastristas.

dervixe: praticante do islamismo sufista.

divã: coleção persa de poemas líricos.

djinn: gênio.

duduk: instrumento de sopro antigo dos armênios.

essênios: seita judaica monástica que existiu na Palestina entre os séculos II a.C. e I d.C.

Fal-e Hafez: ritual iraniano de adivinhação do futuro.

farangi: estrangeiros.

faravahar: símbolo zoroastrista, meio homem, meio animal.

farr: graça e carisma de origem divina, outorgada à realeza legítima.

farsi: idioma nativo persa.

fatwa: decreto islâmico.

Favardin: primeiro mês do calendário persa.

fesenjān: guisado de frango com nozes e molho de romã.

garmi: alimentos com natureza quente.

ghalamkar: arte persa de estampar com carimbos de madeira o algodão rústico.

ghazal: tipo de verso romântico ou religioso.

golab: água de rosas, em farsi.

hadith (ensinamentos): declarações e tradições do profeta Maomé.

Haft Sin (sete S's): sete itens simbólicos iniciados com a letra S em farsi, que decoram a mesa na comemoração do ano-novo (*Nowruz*).

haj: peregrinação a Meca.

hamman: casa de banho.

haoma: ver soma.

hijab: véu usado pelas iranianas.

Ibne Sinna: ver Avicena.

iman (ou imã): sacerdote muçulmano.

ismaelismo: seita, variação do xiismo.

kamanche: instrumento musical persa.

kebab: espetinho de carne e vegetais.

keffiyeh: lenço quadrado usado em volta da cabeça pelos homens do oriente médio.

kitman: comportamento dissimulado comum entre iranianos.

khanjar: adaga curva, cerimonial, usada na cintura.

khanoom: senhora usbeque.

khodahafez: adeus em persa.

kolkoze: fazenda coletiva no Uzbequistão.

Kufsch khordam (comer sapatos): antigo castigo persa que consistia em golpear a boca dos culpados com um sapato.

madrasa ou madraça: escola corânica.

magophonia: feriado nacional persa em comemoração à queda dos magos.

maktoob: aquilo que está escrito, destino.

majles: parlamento.

Mani (Maniqueu): profeta iraniano, fundador do maniqueísmo.

massagetas: tribo de nômades que viviam na Ásia Central na época do império aquemênida.

medos: povo da Média, uma das nações formadoras do primeiro império persa.

mitraísmo: culto ao deus Mitra pelos persas.

mohr: pequena peça de argila cravejada de orações a Alá, usada durante as orações.

Muharram: primeiro mês do calendário islâmico.

muezzin: religioso islâmico que, do alto dos minaretes das mesquitas, clama os fiéis para a oração cinco vezes ao dia.

mugal: império indiano entre os séculos XVI e XVII.

mulá: autoridade religiosa xiita.

nakhl: armação de quase nove metros de altura simbolizando o caixão do imã Hussein carregada nos ombros dos fiéis durante procissão.

Nakhl-Gardani: procissão em homenagem ao imã Hussein.

nas'taliq: estilo de caligrafia persa.

niqab: máscara amarrada atrás da cabeça que cobre o rosto inteiro, exceto por uma fenda na altura dos olhos.

Nowruz (novo dia): Ano-novo Persa de origem zoroastrista.

parsis: zoroastristas de origem persa que fugiram do Irã entre os séculos VIII e X.

Parto, Parta, Império: dinastia que dominou a Pérsia entre 247 a.C. e 224 d.C.

payakan: carro iraniano.

pahlavi: idioma persa antigo, precursor do farsi.

plov: prato tradicional da cozinha uzbeque.

qajar: dinastia persa do século XIX (1786 a 1925).

qanats: rede de canais de irrigação na Pérsia.

Qods: Força, corpo de elite da Guarda Revolucionária iraniana.

Quran: Alcorão.

rial: moeda iraniana.

rubai: forma poética em quadras, feita com uma original combinação de sílabas.

safávidas: primeira dinastia xiita da Pérsia (1501 ou 1502? a 1722 ou 1736?).

sama (o giro dos dervixes): meditação tradicional sufi.

sangak: pão iraniano cozido em cama de pequenas pedras.

sardi: alimentos com natureza fria.

sassânidas: dinastia persa anterior à invasão islâmica.

satrapia: unidade administrativa do sistema criado por Ciro II, O Grande, e seu filho Cambises, no império aquemênida.

savak: polícia secreta iraniana.

selêucidas: dinastia persa entre 312 a.C. e 63 a.C.

serraglio: o mesmo que harém.

setar: instrumento musical persa.

Shahnameh (Livro dos Reis): escrito por Ferdowsi entre o final do século X e o começo do século XI.

sharbat: infusão produzida a partir de um xarope feito do suco de frutas, ervas e flores servida em Teerã.

sharbat'e sekanjabin: bebida à base de menta e pepino.

sigheh: casamento temporário iraniano.

sofreh: toalha com que se cobre o tapete na sala.

soma (haoma): vegetal alucinógeno, que acompanhava os rituais zoroastristas.

souk: mercado árabe.

sufismo: misticismo islâmico.

sunitas: ramo do islamismo ao qual pertencem 80% dos muçulmanos.

sura: nome dado a cada capítulo do Alcorão.

suzani: tecido feito desde a Antiguidade na Ásia Central.

taqqiyah: permissão para um crente xiita mentir e dissimular a fim de proteger a fé.

taarof: código de cortesia; ato de recusar algo que é oferecido.

ta'zieh: gênero teatral persa tradicional.

tekyeh: lugar dedicado aos cultos islâmicos e cerimonias fúnebres xiitas.

timúridas: dinastia iniciada no século XIV.

tyubeteika: turbante uzbeque.

ulemás: árbitros do direito islâmico.

xiitas: ramo mais progressista do islamismo.

Yalda: primeira noite de inverno (a mais longa do ano) comemorada no Irã.

zand: dinastia de origem curda (1750 a 1794).

Zend Avesta ou Gathas: coleção de escrituras antigas e místicas.

zeresh: fruta vermelha, parecida com cranberry.

Zoroastro ou Zaratustra: profeta persa.

CRONOLOGIA SIMPLIFICADA DA PÉRSIA

Dinastia Aquemênida (c. 550–330 a.C.)

c.550–530 Ciro II, o Grande

529–522 Cambises II

522 Bardiya

521–486 Dario I

485–465 Xerxes I

465–424 Artaxerxes I

424 Xerxes II

423–405 Dario II

404–359 Artaxerxes II

358–338 Artaxerxes III

338–336 Artaxerxes IV

336–330 Dario III

Período helenístico (330–150 a.C.)

331 a.C.   Alexandre, o Grande, conquista a Pérsia.

312–225 a.C.   Após a morte de Alexandre, um de seus generais, Seleuco, funda o Império Selêucida.

Império Parto(a) (247 a.C.–224 d.C.)

247 a.C.–224 d.C.   Sob a liderança de Ársaces I, os nômades partas gradualmente conquistam territórios dominados pelos selêucidas e estabeleceram o Império Parta.

Dinastia Sassânida (224–651)

224–242 Artaxes I

240–270 Sapor I

270–271 Hormisda I

271–274 Vararanes I

274–293 Vararanes II

293 Vararanes III

293–302 Narses I

302–309 Hormisda II

309 Adarnases I

309–379 Sapor II

379–383 Artaxes II

383–388 Sapor III

388–399 Vararanes IV

399–420 Isdigerdes I

420 Sapor IV

420 Cosroes, o Usurpador

420–438 Vararanes V

438–457 Isdigerdes II

457–459 Hormisda III

457–459 Perozes I

484–488 Balas

488–496 Cavades I

496–498 Zamasfes

498–531 Cavades I

531–579 Cosroes I

579–590 Hormisda IV

590 Cosroes II

Casa de Miranes

590–591 Vararanes VI

Casa de Sasano, restaurada

591–628 Cosroes II

Casa de Ispabudã, rival

591–595 Bistam

Casa de Sasano

628 Cavades II

628–630 Artaxes III

Casa de Miranes, rival

629–630 Sarbaro

Casa de Sasano

629–630 Cosroes III

630 Borana

630 Sapor V

630 Perozes II

630–631 Azarmiductes

Casa de Ispabudã, rival

630–631 Hormisda V

Casa de Sasano

630–631 Hormisda VI

631 Cosroes IV

631 Cosroes V

631–632 Borana

632–651 Isdigerdes III

Domínio Árabe (633–1037)

633 — Invasão Árabe encerra o Império Sassânida e inicia o período dos califados islâmicos na Pérsia.

661 — Ali, genro de Maomé, é assassinado. Seus seguidores dissidentes dão início ao xiismo.

1010 — O poeta Ferdowsi completa o épico *Shahnameh*, o *Livro dos Reis*.

Domínio Turco (1037–1219)

1037–1194 — Império Seljúcida.

1037 — Avicena, polímata autor do *Cânone da Medicina*, morre.

1094 — Fundação da Ordem dos Assassinos, que se rebela contra os Seljúcidas.

Domínio dos mongóis e seus sucessores (1219–1500)

1121–1122 — Os mongóis invadem a Pérsia sob liderança de Genghis Khan.

1132 — Omar Khayyam (nascido em 1050), astrônomo, matemático e poeta autor do *Rubaiyat*, morre.

1248 — O poeta Shams de Tabriz (nascido em 1185), mentor espiritual de Rumi, morre.

1256 — Hulagu, neto de Genghis Khan, torna-se Ilkhan da Pérsia. Em **1265** ele morre e seu filho Abaqa assume o Ilcanato.

1273 — Jalaladim Maomé Rumi (nascido em 1207), jurista, teólogo e poeta sufista, morre.

1283 — Saadi de Shiraz (nascido em 1194), poeta autor de *Bostan* (1257) e *Golestan* (1258), morre.

1368 — Ibne Batuta (nascido em 1304), marroquino famoso por seus relatos de viagem que incluem a Pérsia, morre.

Império Timúrida (1381–1500)

1381   Tamerlão, um conquistador turco-mongol, funda o Império Timúrida.

1390   Hafez (nascido em cerca de 1315), poeta lírico e místico, morre.

Dinastia Safávida (1502–1722)

1502–1524   Ismail I

1525–1576   Tamaspe I

1576–1577   Ismail II

1577–1587   Maomé Codabanda

1587–1629   Abas I

1629–1642   Safi

1642–1666   Abbas II

1666–1694   Solimão

1694–1722   Sultão Hoseyn

1722–1730   Interlúdio afegão. Começa com a conquista afegã de Estafan e termina com a derrota e morte do governante afegão Ashraf e a recuperação Safávida da capital do império.

1722–1732   Tamaspe II

1732–1736   Abbas III

Império Afexárida (1736–1796)

1736   Após forçar Tamaspe II a depor em nome de seu filho Abbas III, o turcomano Nader Xá estabelece uma ditadura militar e funda o Império Afexárida.

Dinastia Qajar (1789-1925)

1796–1797   Maomé Cã Qajar

1797–1834   Fate Ali Xá Qajar

1834–1848   Maomé Xá Qajar

1848–1896   Nácer Aldim Xá Qajar

1896–1907   Mozafar Adim Xá Qajar

1907–1909   Maomé Ali Xá Qajar

1909–1925   Amade Qajar

1879   Descoberta do Cilindro de Ciro pelo arqueólogo Hormuzd Rassam.

1906   Revolução Constitucionalista. Após pressão popular, o Xá cria um governo parlamentar. O parlamento é chamado de Majles.

Dinastia Pahlavi (1925–1979)

1921–1925   Reza Khan, coronel do exército, captura Teerã e toma o poder. Em 1923 se torna primeiro-ministro e, em 1925, com apoio dos britânicos, é proclamado Xá da Pérsia e funda a Dinastia Pahlavi.

1935	O nome oficial do país muda de Pérsia para Irã.
1941	Britânicos invadem o sul e o oeste do Irã enquanto os soviéticos ocupam o norte do país. Reza Xá Pahlavi é forçado a abdicar do trono e é sucedido por seu filho, Mohammad Reza Pahlavi.
1951	Mohammad Mossadegh, político nacionalista, torna-se primeiro-ministro.
1953	Um golpe militar com apoio do Xá e da CIA derruba o governo de Mossadegh.
1979	Revolução Iraniana. O Xá Mohammad Reza é exilado e o líder islâmico Aiatolá Khomeini assume o poder, declarando a criação da República Islâmica do Irã.
1980–1988	Guerra Irã–Iraque
1989	Aiatolá Khomeini morre e Ali Khamenei o sucede como líder supremo.
1989	Eleição de Haxemi Rafsanjani para presidente, que desempenha a função durante dois mandatos.
1997	Presidente Mohammed Khatami é eleito com uma pauta reformista. Cumpre dois mandatos.
2005	Mahmoud Ahmadinejad torna-se presidente, função que exerce por oito anos.
2013	Hassan Rohani é eleito presidente. Reeleito em 2017, cumpre seu segundo mandato.

REFERÊNCIAS BIBLIOGRÁFICAS

ABDOLAH, Kader. *The House of the Mosque*. Edimburgo: Canongate, 2011.

ADGHIRNI, Samy. *Os iranianos*. São Paulo: Contexto, 2014.

AHMAD, Jala Al-i. Occidentosis: A Plague from the West. Tradução: R. Campbell. Berkley: Mizan Press, 1984.

AFRASIABJAN. "Julio Iglesias — Persian-Tajik song — Bavar kon". YouTube, San Bruno, 20 de abr. de 2009. Disponível em: <https://www.youtube.com/watch?v=T0sbUOLP0Fc>. Acesso em: 21 de out. de 2020.

ĀL-E AḤMAD, JALĀL. *Encyclopædia Iranica Online*, Nova York, 20 de jul. de 2003. Disponível em: <https://iranicaonline.org/articles/al-e-ahmad-jalal-1302-48-s>. Acesso em: 21 de out de 2020.

AMIRREZVANI, Anitta. *Os Fios da Fortuna*. Rio de Janeiro: Nova Fronteira, 2007.

ANDERSON, Jon Lee. "Mahmoud Ahmadinejad, O Cara". *Revista Piauí*, Rio de Janeiro, set de 2010. Disponível em: <https://piaui.folha.uol.com.br/materia/mahmoud-ahmadinejad--o-cara/>. Acesso em: 7 de mai. de 2020.

ANDRADE, Naiara. "Gloria Maria sobre viagem ao Irã para o 'Globo repórter': 'Não há radicalismos, como muita gente pensa'". *Extra*, Rio de Janeiro, 1 de set. de 2017. Disponível em: <https://extra.globo.com/tv-e-lazer/gloria-maria-sobre-viagem-ao-ira-para-globo-reporter-nao-ha-radicalismos-como-muita-gente-pensa-rvl-1-21772199.html>. Acesso em: 14 de abr. de 2020.

ASSIS, Machado de. *19 de novembro de 1893*. Disponível em: <http://www.cronicas.uerj.br/home/cronicas/machado/rio_de_janeiro/ano1893/19nov1893.html>. Acesso em: 21 de out. de 2020.

ASSENS, Rafael Cansinos (trad.). *Antologia de poetas persas*. Madrid: Lípari, 1991.

ASTUTO, Bruno. "Última imperatriz do Irã, Farah Diba relembra trajetória e os 40 anos de exílio". *O Globo*, Revista Ela, Rio de Janeiro, 13 de jan. de 2019. Disponível em: <https://oglobo.globo.com/ela/gente/ultima-imperatriz-do-ira-farah-diba-relembra-trajetoria-os-40-anos-de-exilio-23360591>. Acesso em: 14 de abr. de 2020.

ATOSSA THERAPEUTICS [Site Institucional]. "About Us". *Atossa Therapeutics*, Seattle. Disponível em: <https://atossatherapeutics.com/about-us/>. Acesso em: 15 de abr. de 2020.

BANDEIRA, Manuel. *Itinerário de Pasárgada*. São Paulo: Global, 2012.

BĀḠ iii. "In Persian Literature". *Encyclopædia Iranica Online*, Nova York, 20 de jul. de 2003. Disponível em: <http://www.iranicaonline.org/articles/bag-iii>. Acesso em: 23 de abr. de 2020.

BAER, Robert. *The Devil We Know: Dealing with the New Iranian Superpower.* Melbourne: Scribe Publications, 2009.

BAKHTIYAR, Afshin. *Iran, Manifestations of civilization.* Teerã: Farhangsara Mirdashti, 2010.

BELL, Gertrude. *Persian Pictures.* Londres: I.B. Tauris, 2014.

"BIOGRAFIA De William Morris, Líder Do Movimento De Artes E Ofícios". *LesKanaris.* Disponível em: <https://mz.leskanaris.com/5707-biography-of-william-morris-leader-of-the-arts-and-cr.html>. Acesso em: 15 de mai. de 2020.

BORGES, Jorge Luis. *Siete Noches.* Cidade do México: Fondo de Cultura Económica, 1992.

BLOW, David (Ed.). *Persia (Through Writer's Eyes).* Londres: Eland Publishing Ltd, 2007.

BRIONGOS, Ana M. *Negro Sobre Negro: Irán, Cuadernos de Viaje.* 5ª ed. Barcelona: Laertes Editorial, 2020.

BROOKS, Geraldine. *Nine Parts of Desire.* Londres: Penguin, 2007.

BYRON, George Gordon. *Letters and Journals of Lord Byron: With Notices of His Life.* Cambridge: Cambridge University Press, 2012.

CALVINO, Ítalo. *As Cidades Invisíveis.* São Paulo: Companhia das Letras, 1990.

CARRANCA, Adriana. CAMARGOS, Marcia. *O Irã Sob o Chador.* Rio de Janeiro: Globo, 2010.

CONTOS das mil e uma noites. 2ª ed. São Paulo: Melhoramentos, 1965.

"CONNECT the World. CNN Transcripts". CNN, Atlanta, 10 de jul. de 2016. Disponível em: <http://transcripts.cnn.com/TRANSCRIPTS/1607/10/ctw.01.html>. Acesso em: 15 de abr. de 2020.

CURTIS, Vesta Sarkhosh e CANBY, Sheila. *Persian Love Poetry.* Londres: The British Museum, 2013.

"D. PEDRO II". *Dicionário de Orientalistas de Língua Portuguesa.* Disponível em: <https://dolp.hypotheses.org/d-pedro-ii>. Acesso em: 23 de abr. de 2020.

DAFTARI, Amir. "Iran's Abbasi: The Middle East's most beautiful hotel". *CNN*, Atlanta, 28 de ago. de 2017. Disponível em: <https://edition.cnn.com/travel/article/iran-abbasi-hotel-esfahan/index.html>. Acesso em: 14 de abr. de 2020.

DANESHFOROUZ, Devlin Nestor. "House of Strength: The History and Traditions of The Zurkhaneh". *Medium*, 26 de jan. de 2018. Disponível em: <https://medium.com/@dforouznv/house-of-strength-the-history-and-traditions-of-the-zurkhaneh-4c41c58d569a>. Acesso em: 21 de out. de 2020.

DE BELLAIGUE, Christopher. "Talk Like an Iranian". *The Atlantic,* Boston, set. de 2012. Disponível em: <https://www.theatlantic.com/magazine/archive/2012/09/talk-like-an-iranian/309056/>. Acesso em: 14 de abr. de 2020.

DENHAM, Jess. "Hollywood whitewashing outcry as Leonardo DiCaprio lined up to play Persian poet Rumi". *The Independent*, Londres, 8 de jun. de 2016. Disponível em: <https://www.independent.co.uk/arts-entertainment/films/news/hollywood-whitewashing-outcry-as-gladiator-writer-says-he--wants-to-cast-leonardo-dicaprio-as-persian-a7070381.html>. Acesso em: 14 de abr. de 2020.

"DICAPRIO as a Persian poet? Sure, says Maz Jobrani". *CNN*, Atlanta, 12 de jul. de 2016. Disponível em: <https://edition.cnn.com/videos/tv/2016/07/12/maz-jobrani-diversity-hollywood-intv-ctw.cnn>. Acesso em: 23 de abr. De 2020.

DOWLATABADI, Mahmoud. *Missing Soluch.* Nova York: Melville House, 2007.

DOWLATABADI, Mahmoud. *The Colonel.* Nova York: Melville House, 2009.

DUNN, Ross E. *The Adventures of Ibn Battuta: A Muslim Traveler of the Fourteenth Century.* Berkley: University of California Press, 2012.

EAGLETON, Terry. *Reason, Faith and Revolution: Reflections on the God Debate.* New Haven: Yale University Press, 2010.

EAGLETON, Terry. "Eastern block. Edward Said got many things wrong, but his central argument was basically right. The west's denigration of the east has always gone with imperialist incursions into its terrain". *New Statesman*, Londres, 13 de fev. de 2006. Disponível em: <https://www.newstatesman.com/node/163735>. Acesso em: 6 de mai. De 2020.

EAMON, William. "Kepler and the Star of Bethlehem". *William Eamon* [Página oficial], 24 de dez. de 2011. Disponível em: <https://williameamon.com/?p=949>. Acesso em: 28 de abr. De 2020.

EBADI, Shirin. "Dilma Rousseff e o recuo no Irã". *Folha de S. Paulo*, São Paulo, 16 de abr. de 2015. Disponível em: <https://m.folha.uol.com.br/opiniao/2015/04/1621009-shirin-ebadi-dilma-rousseff-e-o--recuo-no-ira.shtml?origin=folha>. Acesso em: 15 de mai. de 2020.

EBADI, Shirin. *Until We Are Free: My Fight for Human Rights in Iran.* Nova York: Random House, 2016.

ELLIOT, Jason. *Mirrors of the Unseen: Journeys in Iran.* Londres: Picador, 2006.

ENCYCLOPEDIA IRANICA [Site Oficial]. Nova York: Edição Online, 1996- Disponível em: <http://www.iranicaonline.org/>. Acesso em: 15 de abr. de 2020.

ESCUDERO, Isabel Garcia. *Planeta Tejeda.* Editora Diputación de Cáceres, 2018.

ESFANDIARI, Golnaz." Iran's War On Fun". *RadioFreeEurope/RadioLiberty*, Praga, 2 de out. de 2011. Disponível em: <https://www.rferl.org/a/irans_war_on_fun/24346398.html>. Acesso em: 23 de abr. de 2020.

ÉSQUILO. *Os Persas: De Ésquilo.* Tradução de Trajano Vieira. São Paulo: Perspectiva, 2013.

FALLACI, Oriana. "An Interview With KHOMEINI". *New York Times*, Nova York, 7 de out. de 1979. Disponível em: <https://www.nytimes.com/1979/10/07/archives/an-interview-with-khomeini.html>. Acesso em: 17 de abr. de 2020.

FERDOWSI, Abolqasem. *Shahnameh, The Persian Book of Kings.* Washington, DC: Mage Publishers, 2004–2009.

FIRDUSI, Hakim Abdul-Qásim. *El Libro de los Reyes.* Histórias de Zal, Rostam y Sohrab. Madrid: Alianza Editorial, 2011.

FISHBURN, Evelyn. *Traces of The Thousand and One Nights in Borges.* Variaciones Borges, Pittsburg, vol. 17, p. 143–158, 2004.

FOUCAULT, Michel. *O enigma da revolta: Entrevistas Inéditas Sobre a Revolução Iraniana.* São Paulo: N 1 edições, 2019.

FRANK, Ben G. "The Taj Mahal, a 'teardrop on the face of eternity'". *Jerusalem Post*, Jerusalém, 13 de abr. de 2013. Disponível em: <https://www.jpost.com/travel/travel-news/the-taj-mahal-a-teardrop--on-the-face-of-eternity-309725>. Acesso em: 28 de abr. de 2020.

GOETHE, Johann Wolfgang von. *Selected Verse*. Londres: Penguin, 1982.

GOLSORKHI, Masoud. "A racist gore-fest". *The Guardian*, Londres, 19 de mar. de 2007. Disponível em: <https://www.theguardian.com/commentisfree/2007/mar/19/thereleaseofthebox>. Acesso em: 14 de abr. de 2020.

GORDON, Noah. *O Físico: A Epopeia de um Médico Medieval*. 7ª ed. Rio de Janeiro: Rocco, 1993.

GRIFFITHS, Mark D. "Having an Art Attack". *Psychology Today*, Nova York, 10 de mar. de 2014. Disponível em: <https://www.psychologytoday.com/us/blog/in-excess/201403/having-art-attack>. Acesso em: 15 de mai. de 2020.

HAFEZ. "Ode 44". Tradução: Richard Le Gallienne. *Poetry Foundation*, Chicago. Disponível em: <https://www.poetryfoundation.org/poems/50488/ode-44>. Acesso em: 23 de abr. de 2020.

HAFEZ, Shamseddin. *The Poems of Hafez*. Bethesda: IBEX Publishers, 2005.

HAFIZ. "Ghazal 3". Tradução: Shahriar Shahriari. *Hafiz on Love*, Los Angeles, 18 de out. de 1999. Disponível em: <https://www.hafizonlove.com/divan/01/003.htm>. Acesso em: 15 de mai. de 2020.

HAFEZ. *The Angels Knocking on the Tavern Door: Thirty Poems of Hafez*. Tradução: Robert Bly. Ed. Kindle. Nova York: HarperCollins, 2009.

"HAFEZ". *Zunái — Revista de poesia & debates*, São Paulo. Disponível em: <http://www.revistazunai.com/traducoes/hafez.htm>. Acesso em: 23 de abr. de 2020.

HAFIZ. *Poems from the Divan of Hafiz*. Tradução: Gertrude Lowthian Bell. Londres: William Heinemann, 1897.

HEDAYAT, Sadegh. *The Blind Owl*. Nova York: Grove Press, 2010.

HERÓDOTO. *The Histories*. Londres: Penguin, 2014.

HJELMGAARD, Kim. "Iran's Jewish community is the largest in the Mideast outside Israel — and feels safe and respected". *USA Today*, McLean, 1 de set. de 2018. Disponível em: <https://www.usatoday.com/in-depth/news/world/inside-iran/2018/08/29/iran-jewish-population-islamic-state/886790002/>. Acesso em: 21 de out. de 2020.

HUNTINGTON, Samuel. *O Choque de Civilizações e a Recomposição da Ordem Mundial*. Rio de Janeiro: Objetiva, 1997.

"IDRIES Shah Died London, November 23, 1996. Excerpt from the obituary in the London The Daily Telegraph". *Doris Lessing*, Periodicals. Disponível em: <http://www.dorislessing.org/on.html>. Acesso em: 23 de abr. de 2020.

"IRÃ diz que filme com Rodrigo Santoro é 'insulto' à civilização". *BBC Brasil*, São Paulo, 13 de mar. de 2007. Disponível em: <https://www.bbc.com/portuguese/cultura/story/2007/03/070313_iraofensa-300fn.shtml>.

IRAN (Country Travel Guide). 5ª ed. Melbourne: Lonely Planet, 2008.

"IRAN'S Wall Street: Whom Does the Bazaar Back?" *TIME*, Nova York, 03 de ago. de 2009. Disponível em: <http://content.time.com/time/world/article/0,8599,1914298,00.html>. Acesso em: 14 de abr. de 2020.

IRANI, D.J. *The Gathas: The Hymns of Zarathushtra*. Vancouver: Zaratustra, [S.I.]. Disponível em: <http://avesta.org/dastur/Dinshaw_J_Irani_The_Gathas.pdf>. Acesso em: 23 de abr. de 2020.

IRWIN, Robert. *Pelo Amor ao Saber — Os Orientalistas e Seus Inimigos*. Rio de Janeiro: Record, 2008.

J.B. "Why wine is integral to Persian culture". *The Economist,* Londres, 27 de set. de 2016. Disponível em: <https://www.economist.com/prospero/2016/09/27/why-wine-is-integral-to-persian-culture>. Acesso em: 23 de abr. de 2020.

JOBRANI, Maz. [Site oficial]. "Videos". *Maz Jobrani.* Disponível em: <https://www.mazjobrani.com/video/page/3/>. Acesso em: 23 de abr. de 2020.

JOBRANI, Maz. "Did you hear the one about the Iranian-American?"

TED, Nova York, jul. de 2010. Disponível em: <https://www.ted.com/talks/maz_jobrani_did_you_hear_the_one_about_the_iranian_american?language=en>. Acesso em: 23 de abr. de 2020.

JOBRANI, Maz. *I'm Not a Terrorist, But I've Played One On TV*. Nova York: Simon & Schuster, 2015.

JOBRANI, Maz. "Iranians Love Chandeliers | Maz Jobrani — I'm Not a Terrorist but I've Played One on TV". *YouTube,* San Bruno, 7 de fev. de 2017. Disponível em: <https://www.youtube.com/watch?v=SLd9mGm2XC8>. Acesso em: 23 de abr. de 2020.

JONEIDI, Majid. "Blogueiros iranianos protestam contra filme com Santoro". *BBC*, Londres, 16 de mar. de 2007. Disponível em: <https://www.bbc.com/portuguese/reporterbbc/story/2007/03/070316_iraprotesto300fn.shtml>. Acesso em: 14 de abr. de 2020.

"JORNALISTA Samy Adghirni conta curiosidades sobre a vida no Irã". *G1*, Rio de Janeiro, 2014. Disponível em: <http://g1.globo.com/globo-news/noticia/2014/08/jornalista-samy-adghirni-conta--curiosidades-sobre-vida-no-ira.html>. Acesso em: 14 de abr. de 2020.

KAPUSCINSKI, Ryszard. *Minhas viagens com Heródoto: Entre a História e o Jornalismo*. São Paulo: Companhia das Letras, 2006.

KAPUSCINSKI, Ryszard. *Shah of Shahs*. Londres: Penguin, 2006.

KHATLAB, Roberto. *As viagens de D. Pedro II: Oriente médio e África do norte, 1871 e 1876*. São Paulo: Benvirá, 2015.

KHAYYAM, Omar. *Rubaiyat*. Tradução: Manuel Bandeira. Rio de Janeiro: Ediouro, 2001.

KIAROSTAMI, Abbas. *Nuvens de Algodão*. São Paulo: Âyiné, 2018.

KIANI, Mona. "Sa'adi Poem placed at the Entrance of the United Nations Building NYC." *English Farsi*, 15 de fev. de 2020. Disponível em: <https://englisifarsi.com/blogs/news/saadi-poem-placed-at--the-entrance-of-the-un>. Acesso em: 23 de abr. de 2020.

KIEHL, Fernanda e FERRARA, Tiago. *O viajante* [blog]. Disponível em: <http://oviajante.uol.com.br/>. Acesso em: 15 de abr. de 2020.

KINZER, Stephen. *All the Shah's Men*. Hoboken: Wiley, 2008.

KRAFT, Joseph. "Letter From Iran". *New Yorker*, Nova York, 11 de dez. de 1978. Disponível em: <https://www.newyorker.com/magazine/1978/12/18/letter-from-iran>. Acesso em: 21 de out. de 2020.

LADINSKY, Daniel. *I Heard God Laughing: Renderings of Hafiz*. Walnut Creek: Sufism Reoriented, 1996.

LADINSKY, Daniel. "The mystical poet who can help you lead a better life". *BBC,* Londres, 9 de jan. de 2017. Disponível em: <http://www.bbc.com/culture/story/20170109-the-mystical-poet-who-can-help-you-lead-a-better-life>. Acesso em: 23 de abr. de 2020.

LIVRO das Mil e Uma Noites, 4 volumes. Tradução de Mamede Mustafa Jarouche. 2ª ed. Rio de Janeiro: Biblioteca Azul, 2015.

LOUKONIN, Vladimir; IVANOV, Anatoli. Persian Miniatures. Nova York: Parkstone International, 2014.

LUCCHESI, Marco (org.). *A flauta e a lua: poemas de Rumi*. Rio de Janeiro: Bazar do Tempo, 2016.

MAALOUF, Amin. *Samarcanda*. Madrid: Alianza Editorial, 2010.

MACGREGOR, Neil. "2600 years of history in one object". *TED*, Nova York, 2011. Disponível em: <https://www.ted.com/talks/neil_macgregor_2600_years_of_history_in_one_object>. Acesso em: 23 de abr. de 2020.

MAJD, Hooman. *The Ministry of Guidance Invites You to Not Stay: An American Family in Iran*. Londres: Penguin, 2013.

MARA, Nádia. "Epitáfio de Hafiz em Shiraz". *Literatura Persa* [blog], 18 de set. de 2014. Disponível em: <http://literaturapersa.blogspot.com/2014/09/epitafio-de-hafiz-em-shiraz.html>. Acesso em: 23 de abr. de 2020.

MARA, Nádia. "O sorriso". *Literatura Persa* [blog], 28 de out. de 2014. Disponível em: <http://literaturapersa.blogspot.com/2014/10/o-sorriso.html>. Acesso em: 07 de mai. de 2020.

"MATEUS 2:1-23". *Bíblia Online*. Disponível em: <bibliaonline.com.br/nvi/mt/2/1-23>. Acesso em: 28 de abr. de 2020.

MAXOURIS, Christina e MOSHTAGHIAN, Artemis. "More than 300 million people will celebrate Nowruz (and you should, too)". *CNN*, Atlanta, 21 de mar. de 2019. Disponível em: <https://edition.cnn.com/2019/03/20/world/what-is-nowruz-trnd/index.html>. Acesso em: 23 de abr. de 2020.

MEECH, Sandra. *Connecting Design to Stitch*. Concord: C&T Publishing, 2012.

MEHRAN, Marsha. *Rosewater and Soda Bread.* Nova York: Random House, 2008.

MEIRELES, Cecília. *3º Motivo da Rosa*. In: *Mar Absoluto e Outros Poemas*. Porto Alegre: Livraria do Globo, 1945.

MICHAUD, Roland; MICHAUD, Sabrina. *The Orient in a Mirror.* Londres: Thames & Hudson, 2003.

MOALLEM, Minoo. *Persian Carpets: The Nation as a Transnational Commodity.* Londres: Routledge, 2018.

MOHAMMADI, Kamin. *The Cypress Tree: A Love Letter to Iran*. Londres: Bloomsbury, 2011.

"MOHAMMED e os cães". *Answering Islam*. Disponível em: <https://www.answering-islam.org/mohamed/caes.html>. Acesso em: 23 de abr. de 2020.

MONTESQUIEU, Charles. *Cartas Persas*. São Paulo: Martin Claret, 2009.

MORIER, James. *A Second Journey through Persia, Armenia, and Asia Minor, to Constantinople, between the Years 1810 and 1816*. Londres: Elibron Classics, 2013.

MORIER, James. *The adventures of Hajji Baba of Ispahan*. San Bernardino: [S.I.], 2015

MORRIS, William. *Arte y artesanía*. Palma de Mallorca: José J. Olañeta Editor, 2018.

MORRIS, William. *Hopes and Fears for Art*. [S.I.]: Cullen Press, 2016.

MORRIS, William. *The Collected Works of William Morris*. Cambridge: Cambridge University Press, 2012.

MURPHY, Brian. *The Root of Wild Madder: Chasing the History, Mystery, and Lore of the Persian carpet*. Nova York: Simon & Schuster, 2005.

NAFISI, Azar. *Lendo Lolita em Teerã*. 2ª ed. São Paulo: A Girafa, 2003.

NAHAI, Gina. *Cry of the Peacock*. Nova York: Simon & Schuster, 1996.

NAIPAUL, V.S. *Entre os fiéis*. São Paulo: Companhia das Letras, 1999.

NAKHJAVANI, Bahiyyih. *Nós & Eles*. Porto Alegre: Dublinense, 2017.

NAQVI, Erum. *Teaching Practices in Persian Art Music*. In: *The Oxford Handbook of Philosophy in Music Education*. Oxford: Oxford University Press, 2012.

NASR, Vali. *The Shia Revival: How Conflicts within Islam Will Shape the Future*. Nova York: W. W. Norton & Company, 2007.

NIETZSCHE, Friedrich. *Assim falou Zaratustra*. São Paulo: Companhia das Letras, 2011.

NIETZSCHE, Friedrich. *Ecce Homo*. São Paulo: Companhia das Letras, 1995.

"NIETZSCHE and Persia". *Encyclopædia Iranica Online*, Nova York, 20 de jul. de 2003. Disponível em: <http://www.iranicaonline.org/articles/nietzsche-and-persia>. Acesso em: 23 de abr. de 2020.

NILUFAR. "Get the perfect eyebrow shape". *Persiennës*, Paris–Teerã, 15 de set. de 2014. Disponível em: <http://www.lespersiennes.com/en/get-the-perfect-eyebrow-shape-2/>. Acesso em: 21 de out. de 2020.

PAHLAVI, Farah. *An Enduring Love: My Life with the Shah*. [S.I.]: Miramax, 2005.

PAHLAVI, Farah. *My Thousand and One Days: An Autobiography*. Londres: W. H. Allen, 1978.

PAINE, Patty; TOUATI, Samia; LODGE, Jeff (eds.). *Gathering the Tide: An Anthology of Contemporary Arabian Gulf Poetry*. Reading: Ithaca, 2011.

PAMUK, Orhan. *Meu Nome é Vermelho*. São Paulo: Companhia das Letras, 2004.

PAMUK, Orhan. *O Romancista Ingênuo e o Sentimental*. São Paulo: Companhia das Letras, 2011.

PESSOA, Fernando. *Rubaiyat: Canciones para Beber*. Bilbao: El Gallo de Oro Ediciones, 2015.

PEREIRA, Teresa Pacheco; HALLETT, Jessica. The Oriental Carpet in Portugal: Carpets and Paintings, 15th–18th Centuries. Lisboa: Museu Nacional de Arte Antiga, 2007.

"PERSIAN Language and Literature — Persian Alphabet". *Iran Chamber Society,* Teerã, 16 de mar. de 2020. Disponível em: <http://www.iranchamber.com/scripts/persian_alphabet.php>. Acesso em: 26 de mai. de 2020.

PEZESHKZAD, Iraj. *My Uncle Napoleon*. Nova York: Modern Library, 2006.

POLO, Marco. *The Travels of Marco Polo*. Londres: Everyman's Library, 2008.

RAHIMI, Atiq. *As mil casas do sonho e do terror*. São Paulo: Estação Liberdade, 2003.

REGENCIA, Ted. "40 years on: Khomeini's return from exile and the Iran revolution". *Al Jazeera*, Doha, 31 de jan. de 2019. Disponível em: <https://www.aljazeera.com/news/2019/01/40-years-khomeini-return-exile-iran-revolution-190130090622584.html>. Acesso em: 23 de abr. de 2020.

ROBERTS, Paul William. *Journey of The Magi: Travels in Search of the Birth of Jesus*. 2ª ed. Londres: I.B. Tauris, 2006.

"RODRIGO Santoro vive imperador persa em filme; confira trailer." *Folha de S. Paulo*, São Paulo, 16 de dez. de 2006. Disponível em: <https://www1.folha.uol.com.br/folha/ilustrada/ult90u67172.shtml>. Acesso em: 14 de abr. de 2020.

"RUMI: Não sou cristão, nem judeu, Nem mago…" *Pensador*. Disponível em: <https://www.pensador.com/frase/MTU5MjQ2Ng/>. Acesso em: 23 de abr. de 2020.

RUMI, Jalal Al-Din. Rumi: *Poems*. Londres: Everyman's Library, 2006.

RUMI, Jelaluddin. *Selected Poems*. Londres: Penguin Classics, 2004.

RUSHDIE, Salman. *Shalimar, o equilibrista*. São Paulo: Companhia das Letras, 2006.

SACKVILLE-WEST, Vita. *Passenger to Teheran*. Nova York: Bloomsbury USA, 2007.

SACKVILLE-WEST, Vita. *Twelve Days in Persia*. Londres: Bloomsbury Academic, 2009.

SADJADPOUR, Karim. "The Ayatollah Under the Bed(sheets)". *Foreign Policy*, Washington DC, 23 de abr. de 2012. Disponível em: <https://foreignpolicy.com/2012/04/23/the-ayatollah-under-the--bedsheets/>. Acesso em: 23 de abr. de 2020.

SAID, Edward. *Orientalismo, o Oriente como Invenção do Ocidente*. São Paulo: Companhia das Letras, 2007.

SAID, Kurban. *Ali e Nino*. Rio de Janeiro: Nova Fronteira, 2000.

SALAMI, Ali. *Selected Poems of Hafiz*. Teerã: Mehrandish Books, 2016.

SANIEE, Parinoush. *El Libro de Mi Destino*. Barcelona: Salamandra, 2015.

SANT'ANNA, Affonso Romano. *Perdidos na Toscana*. Porto Alegre: L&PM, 2009.

SANTOS, Jesica L. "What Rumi and Khalil Gibran Would Tell Us About Love". *Huff Post*, Nova York, 20 de dez. de 2015. Disponível em: <https://www.huffpost.com/entry/what-rumi-and-khalil-gibr_b_8330948>. Acesso em: 23 de abr. de 2020.

SATRAPI, Marjane. *Persépolis*. São Paulo: Quadrinhos na Cia, 2004.

SATRAPI, Marjane. *The Complete Persepolis*. Nova York: Pantheon, 2007.

SCHWARZENBACH, Annemarie. *Morte na Pérsia*. Lisboa: Tinta da China, 2008.

"SECRETARY—GENERAL'S remarks at the School of International Relations". *United Nations*, Nova York, 30 de ago. de 2012. Disponível em: <https://www.un.org/sg/en/content/sg/statement/2012-08-30/secretary-generals-remarks-school-international-relations>. Acesso em: 23 de abr. de 2020.

SEPHERÍ, Sohrab. *Espacio Verde Todo Nada Todo Mirada*. Madrid: Ediciones del Oriente y de Mediterráneo, 2010.

SÉRGIO, Frei Paulo. "Na experiência dos opostos". *Franciscanos — Província Franciscana da Ima-culada Conceição do Brasil*, Petrópolis. Disponível em: <https://franciscanos.org.br/vidacrista/calen-dario/na-experiencia-dos-opostos/>. Acesso em: 23 de abr. de 2020.

SHAH, Idries. *Aprender a Aprender.* 2ª ed. Rio de Janeiro: Tabla, 2016.

SHAH, Idries. *Reflexões.* Rio de Janeiro: Tabla, 2016.

SHAH, Saira. *A Filha do Contador de Histórias.* São Paulo: Companhia das Letras, 2004.

SHAH, Sirdar Ikbal Ali. *The Book of Oriental Literature.* Londres: Octagon Press Ltd, 1975.

SHAHEEN, Kareem. "Rumi film will challenge Muslim stereotypes, says Gladiator writer". *The Guardian*, Londres, 6 de jun. de 2016. Disponível em: <https://www.theguardian.com/world/2016/jun/06/jalaluddin-al-rumi-film-muslim-stereotypes-gladiator-david-franzoni>. Acesso em: 14 de abr. de 2020.

SHIRAZI, Sheikh Mosleh al-Din Saadi. *The Golestan of Saadi.* Tradução: Richard Francis Burton. Disponível em <http://www.iranchamber.com/literature/saadi/books/golestan_saadi.pdf>. Acesso em: 23 de abr. de 2020.

SHIRAZI, Saadi. *Gulistan: o Jardim das Rosas.* Tradução: Omar Ali-Shah. São Paulo: Attar Editorial, 2000.

SHIRAZI, Saadi. *The Gulistan of Saadi: In Persian with English Translation.* Tradução: G.S. Davie. Scotts Valley: CreateSpace Independent Publishing Platform, 2016.

SIMPSON, John. "The plane journey that set Iran's revolution in motion". *BBC*, Londres, 1 de fev. de 2019. Disponível em: <https://www.bbc.com/news/world-middle-east-47043561>. Acesso em: 28 de abr. de 2020.

"SÍNDROME DE STENDHAL". In: *WIKIPÉDIA, a enciclopédia livre*, Flórida, 2019. Disponível em: <https://pt.wikipedia.org/w/index.php?title=S%C3%ADndrome_de_Stendhal&oldid=54116727>. Acesso em: 15 de abr. de 2020.

SMITH, Bob e SMITH, Roberta. "The arts are under threat — William Morris should inspire us to defend them". *The Guardian,* Londres, 12 de out. de 2015. Disponível em: <https://www.theguardian.com/commentisfree/2015/oct/12/arts-under-threat-william-morris-victorian-children>. Acesso em: 26 de mai. de 2020.

SOFER, Dalia. *The Septembers of Shiraz.* Nova York: Harper Perennial, 2009.

SOUZA, Rosane de. *Edição Genética da Tradução das Mil e Uma Noites de D. Pedro II.* Tese de doutorado em Estudos de Tradução. Florianópolis: Universidade Federal de Santa Catarina, 2015.

SPACCASSASSI, Geraldo. *Mitos Persas.* [S.I.] Clube de Autores, 2019.

STARK, Freya. *The Valleys Of The Assassins And Other Persian Travels.* Nova York: Modern Library, 2001.

SOARES, Noêmia Guimarães. *A tradução das Mil e uma noites.* In: SOARES, Noêmia Guimarães; SOUZA, Rosane de; ROMANELLI, Sergio (org.). *Dom Pedro II: Um Tradutor Imperial.* Florianópolis: Tubarão, Ed. Copiart, 2013.

STORYVILLE: Decadence And Downfall: The Shah Of Iran's Ultimate Party. Direção de Hassan Amini. British Broadcast Corporation (BBC), 2016. (75 minutos).

TAJADOD, Nahal. *Tehran, Lipstick and Loopholes.* Londres: Hachette Digital, 2010.

THAROOR, Ishaan. "Zack Snyder and the West Should Stop Killing Ancient Persians". *Time*, Nova York, 10 de mar. de 2014. Disponível em: <https://time.com/17578/300-greece-persians-xerxes/>. Acesso em: 23 de abr. de 2020.

"THE CYRUS Cylinder". *The British Museum*, Londres. Disponível em: <https://research.british-museum.org/research/collection_online/collection_object_details.aspx?objectId=327188&partId=1>. Acesso em: 23 de abr. de 2020.

"THE porn star who went to Iran for a nose job". *BBC*, Londres, 2016. Disponível em: <https://www.bbc.com/news/blogs-trending-36954386>. Acesso em: 14 de abr. de 2020.

THE Orientalist Sale. Londres: Sothebys, 2014.

THEATRO MUNICIPAL [Site Institucional]. "Salão Assyrio". *Theatro Municipal*, Rio de Janeiro. Disponível em: <http://www.theatromunicipal.rj.gov.br/sobre/salao-assyrio/>. Acesso em: 15 de abr. de 2020.

VENTURA, Zuenir. "Pasárgada não há mais". *O Globo*, Rio de Janeiro, 16 de jan. de 2016. Disponível em: <https://oglobo.globo.com/opiniao/pasargada-nao-ha-mais-18485503>. Acesso em: 17 de abr. de 2020.

VIDAL, Gore. *Criação.* Ed. Comemorativa 40 anos. Rio de Janeiro: Nova Fronteira, 2006.

WASHINGTON, Peter (ed.). *Persian Poets.* Londres: Everyman's Library, 2000.

"William Morris Society Brochure". *Morris Society*, Londres. Disponível em: <http://www.morrissociety.org/about/WilliamMorrisSocietyUSBrochure.pdf>. Acesso em: 23 de abr. de 2020.

WOOD, Frances. *The Silk Road, Two Thousand Years in the Heart of Asia.* Berkley: University of California Press, 2002.

"WOMEN to blame for earthquakes, says Iran cleric". *The Guardian*, Londres, 19 de abr. de 2010. Disponível em: <https://www.theguardian.com/world/2010/apr/19/women-blame-earthquakes-iran--cleric>. Acesso em: 23 de abr. de 2020.

XENOFONTE. *Ciropedia (A Educação de Ciro).* Rio de Janeiro: Ediouro, 2000.

"YALE Popular Music & Society in Iran Conference — THE PERSIAN RADIF". *Yale University*, New Haven, 27 de jun. de 2018. Disponível em: <https://www.youtube.com/watch?v=k50sy9ioRe8>. Acesso em: 23 de abr. de 2020.

ZARIF, Javad. "Iran's Message: Our Counterparts Must Choose Between Agreement and Coercion". *Youtube*, San Mateo, 3 de jul. de 2015. Disponível em: <https://www.youtube.com/watch?v=c-w7lHMKDpco>. Acesso em: 15 de abr. de 2020.

AGRADECIMENTOS

Quando eu era criança e vivia — literal e metaforicamente — rodeada de água, florestas e fantasias por todos os lados, não tinha conhecimentos para saber que existia uma Pérsia ou um Irã. Mas imaginava que além das montanhas que eu via a partir do quintal de casa, por detrás dos galhos das goiabeiras, havia outros países, com gente trajando roupas estranhas, como as que eu via no velho atlas, que me fascinavam. Nesses tempos em que os estereótipos se multiplicavam impunemente, as representações que mais me atraíam eram dos turcos de saias, um árabe com "cafiá", o lenço usado na cabeça pelos homens; as indianas de saris e pinta vermelha na testa e um africano de tanga. Muitas vezes, quando o tédio assomava, eu abria o atlas só pelo prazer de admirá-los. Aquela mistura de gente que eu não encontrava no meu pequeno pedaço de mundo — com exceção de gente de tanga — me encantava e me intrigava.

Naquele momento, se uma pitonisa me dissesse que eu faria um livro sobre o Irã eu ficaria aturdida. Creio que o país na época nem constava da minha galeria exótica de representações. Até porque o Irã de então era uma sociedade bastante ocidentalizada, onde o uso da vestimenta mais religiosa e dos trajes tradicionais era criminalizada.

Ainda hoje, passadas tantas décadas das imagens do velho atlas, me custa crer que cheguei até aqui, a escrever um livro sobre um tema tão desafiador, tão maior que eu mesma, que é o Irã. Se cheguei até esta página, é porque são muitos os agradecimentos. Em parte, eles se referem a todos os autores, escritores, jornalistas e acadêmicos que, com sua própria experiência e brilho, pesquisa e conhecimento, me ajudaram a pavimentar e a colorir a minha própria narrativa.

Se cheguei até esta página, é, sobretudo, porque tive o privilégio de contar com o apoio afetivo, existencial, reflexivo, existencial, técnico e qualitativo de um coletivo de pessoas e de profissionais para se realizar. Minha gratidão e carinho:

À amiga de todas as horas, Clarita Sampaio, por todo carinho e por acreditar fervorosamente, desde sempre, neste projeto, encorajando-me e, inclusive, ajudando-me a viabilizá-lo.

Ao meu "afilhado" (de casamento) Caio Blinder, amigo da vida inteira, por seu texto e olhar generosos. E pelas portas que abriu para que eu chegasse até aqui.

Ao meu editor Rugeri, que desde o primeiro momento abraçou entusiasticamente este projeto.

Aos dedicados e competentes profissionais: Heloísa Jahn, pela leitura crítica; Alice Noujaim, pela bibliografia e cronologia, Marco Mariutti pelo glossário, Rodrigo Leite, pela tradução dos textos em espanhol e Rafael Marczal pelos mapas.

Ao embaixador Antonio Salgado, ex-embaixador do Brasil, em Teerã, e sua mulher, Teresa Salgado, que me acolheram carinhosamente em minhas viagens até lá. À Teresa, minha especial gratidão por ler, corrigir, sugerir e fazer a apresentação deste livro.

Ao jornalista Samy Adghirni, ex-correspondente do jornal *Folha de São Paulo*, no Irã, por sua generosidade de ler, comentar, corrigir o texto do livro. E, sobretudo, por ajudar a enriquecê-lo a partir de suas reflexões sobre a experiência de viver no país.

Aos amigos, apoiadores de primeira hora, por me aconselharem, me informarem e me animarem ao longo desse caminho de quatro anos: Afsaneh Jamaly, Alice Penna e Costa, Arash Azadeh, Bia Corrêa do Lago, Bruno Thys, Edileide Macedo, meu compadre e também editor João Pinto Sousa, lá de Lisboa.

Aos iranianos, que vivem no Brasil, Estados Unidos e Irã, com quem me relacionei, por sua calorosa hospitalidade e disposição em me ajudar em variadas circunstâncias.

Se cheguei até aqui, é por cada um de vocês.

Muito Obrigada!
*Mersi**
* Obrigada em farsi

ÍNDICE

Projetos corporativos e edições personalizadas
dentro da sua estratégia de negócio. Já pensou nisso?

Coordenação de Eventos
Viviane Paiva
comercial@altabooks.com.br

Assistente Comercial
Fillipe Amorim
vendas.corporativas@altabooks.com.br

A Alta Books tem criado experiências incríveis no meio corporativo. Com a crescente implementação da educação corporativa nas empresas, o livro entra como uma importante fonte de conhecimento. Com atendimento personalizado, conseguimos identificar as principais necessidades, e criar uma seleção de livros que podem ser utilizados de diversas maneiras, como por exemplo, para fortalecer relacionamento com suas equipes/ seus clientes. Você já utilizou o livro para alguma ação estratégica na sua empresa?

Entre em contato com nosso time para entender melhor as possibilidades de personalização e incentivo ao desenvolvimento pessoal e profissional.

PUBLIQUE SEU LIVRO

Publique seu livro com a Alta Books. Para mais informações envie um e-mail para: autoria@altabooks.com.br

 /altabooks /alta-books /altabooks /altabooks

Este livro foi impresso nas oficinas gráficas da Editora Vozes Ltda.,
Rua Frei Luís, 100 – Petrópolis, RJ.